vbw – Vereinigung der Bayerischen Wirtschaft e. V. (Hrsg.)

Bildungsleistung durch Verbindlichkeit

vbw – Vereinigung der Bayerischen Wirtschaft e. V. (Hrsg.)

Bildungsleistung durch Verbindlichkeit

Gutachten

WAXMANN

Bibliografische Informationen der Deutschen Nationalbibliothek:
Die Deutsche Nationalbibliothek verzeichnet diese Publikation in der Deutschen Nationalbibliografie; detaillierte bibliografische Daten sind im Internet über http:dnb.dnb.de abrufbar.

Herausgeber: vbw – Vereinigung der Bayerischen Wirtschaft e. V.
Ansprechpartner: Dr. Christof Prechtl, stellv. Hauptgeschäftsführer,
Leiter Abteilung Bildung, Arbeitsmarkt, Fachkräftesicherung und Integration

Wissenschaftliche Koordination:
Prof. em. Dr. Dr. h. c. Dieter Lenzen, Vorsitzender des Aktionsrats Bildung

Dem Aktionsrat Bildung gehören an:
Prof. Dr. Yvonne Anders, Prof. Dr. Bettina Hannover,
Prof. Dr. Monika Jungbauer-Gans, Prof. em. Dr. Dr. h. c. Dieter Lenzen,
Prof. Dr. Nele McElvany, Prof. Dr. Tina Seidel, Prof. em. Dr. Rudolf Tippelt,
Prof. Dr. Karl Wilbers, Prof. Dr. Ludger Wößmann

Das Gutachten wurde unterstützt vom:
vbm – Verband der Bayerischen Metall- und Elektro-Industrie e. V.
Projektleitung: Michael Lindemann

Geschäftsstelle des Aktionsrats Bildung:
Manuela Schrauder, Christine Klement, Julia Jahn
www.aktionsrat-bildung.de

E-Book-ISBN 978-3-8188-5000-5
Print-ISBN 978-3-8188-0000-0
https://doi.org/10.31244/9783818850005

Steinfurter Str. 555, 48159 Münster
info@waxmann.com, www.waxmann.com
Gesamtgestaltung und Satz: Eike Rupp, München, www.eikerupp.de
Druck: mediaprint solutions GmbH, Paderborn
Gedruckt auf alterungsbeständigem Papier, säurefrei gemäß ISO 9706

Printed in Germany

Alle Angaben dieser Publikation beziehen sich ohne jede Diskriminierungsabsicht grundsätzlich auf alle Geschlechter.

Druckprodukt mit finanziellem
Klimabeitrag
ClimatePartner.com/12461-2503-1007

MIX
Papier | Fördert gute Waldnutzung
FSC® C016368
FSC www.fsc.org

Inhalt

Vorwort

Jeder ist seines Glückes Schmied – das Sprichwort ist gemeinhin bekannt. Doch das Bewusstsein, dass Erfolg in der Schule und im Beruf etwas ist, das man auch selbst in der Hand hat, scheint an mancher Stelle verlorengegangen zu sein. Viel zu gerne und viel zu schnell wird Verantwortung abgegeben. In Zeiten zunehmender Individualisierung in unserer Gesellschaft ist es oft Verbindlichkeit, die fehlt.

Voraussetzung für ein erfolgreiches Bildungssystem ist die verbindliche Verantwortungsübernahme auf allen Ebenen – vom Staat über die Institutionen bis hin zu jedem Einzelnen. Auf der individuellen Ebene meint Verbindlichkeit das Pflichtbewusstsein gegenüber dem eigenen Bildungserfolg und auch der späteren Rolle am Ausbildungs- und Arbeitsmarkt. Der neuerliche PISA-Schock liegt inzwischen mehr als ein Jahr zurück, doch die Aufarbeitung der Ursachen für das schlechte Abschneiden der deutschen Schülerinnen und Schüler ist noch nicht abgeschlossen. Inzwischen ist klar, dass nur ein Teil der Verschlechterungen in den Bildungsleistungen auf Veränderungen in der sozioökonomischen Zusammensetzung der Schülerschaft zurückzuführen ist. Als weitere Ursachenkomplexe müssen unter anderem eine unzureichende Förderung der Kernkompetenzen der Lernenden, veränderte Anreizwirkungen des Arbeitsmarktes sowie veränderte Erziehungspraktiken diskutiert werden. Auch die mangelnde Vergleichbarkeit von Bildungsleistungen durch das Fehlen zentraler Abschlussprüfungen und bundesweit stark divergierende Standards könnte dazu beigetragen haben, dass Schülerinnen und Schüler das Gefühl haben, Leistung lohne sich nicht.

Der Aktionsrat Bildung leitet aus seinen Analysen eine Reihe von Handlungsempfehlungen ab. Zunächst einmal ist die Ebene des Staates gefragt. Er muss verlässliche, vergleichbare Qualitätsstandards schaffen und gleichzeitig dafür Sorge tragen, dass das Monitoring der Lernleistungen zur Steigerung der Bildungsqualität genutzt wird. Die Ergebnisse müssen für das pädagogische Personal, die Schulaufsicht und die Eltern zugänglich gemacht werden. Gleichzeitig brauchen wir eine Ausdehnung und Flexibilisierung der Lernzeiten. Es muss möglich werden, stärker auf die individuellen Bedürfnisse der Kinder und Jugendlichen einzugehen. Durch Flexibilisierungsoptionen müssen wir ihr jeweils eigenes Lerntempo berücksichtigen. Nur so kann sichergestellt werden, dass alle Kinder und Jugendlichen die geforderten Mindeststandards in den unterschiedlichen Kompetenzbereichen erreichen.

Wir brauchen mit Blick auf unsere Pädagoginnen und Pädagogen effiziente Maßnahmen zur Fachkräftegewinnung und Personalentwicklung. Nicht zuletzt müssen wir in Bildungseinrichtungen mit insgesamt niedrigerem Leistungsniveau noch gezielter Förderprogramme einrichten.

Natürlich sind auch die Kinder und Jugendlichen selbst für ihren Bildungserfolg verantwortlich. Indem wir sie zu selbstgesteuertem Lernen befähigen, geben wir ihnen das Handwerkszeug mit, von dem sie ein Leben lang profitieren. Wir müssen sie im Kompetenzerwerb unterstützen, in der Leistungsfeststellung für Vergleichbarkeit und Transparenz sorgen und ihnen aufzeigen, dass sie sich auf die Verbindlichkeit von Standards verlassen können. Das pädagogische Personal muss den Schülerinnen und Schülern die Ergebnisse von Monitorings zur Verfügung stellen, damit sie eigenständig den Lernfortschritt reflektieren können. Wir müssen auch die Eltern einbinden, denn auch sie haben einen entscheidenden Einfluss auf den Bildungserfolg ihres Nachwuchses.

Wir können es uns nicht leisten, dass uns Jugendliche auf dem Bildungsweg verlorengehen. Der Schlüssel für ein selbstbestimmtes Leben, wirtschaftlichen Erfolg und für die Bewältigung der großen gesellschaftlichen und globalen Herausforderungen liegt in der Qualität unseres Bildungsangebots. Um unser Bildungssystem in Bayern und in Deutschland stetig weiterzuentwickeln, haben wir im Jahr 2005 den Aktionsrat Bildung ins Leben gerufen. Seither gibt er wertvolle Denkanstöße für die gesamte deutsche Bildungslandschaft.

Ich danke allen Mitgliedern des Aktionsrats Bildung für die hervorragende Arbeit, die sie mit diesem Gutachten erneut geleistet haben. Es kommt genau zum richtigen Zeitpunkt. Den Leserinnen und Lesern des Gutachtens wünsche ich eine erkenntnisreiche Lektüre!

Wolfram Hatz

Präsident
vbw – Vereinigung der Bayerischen Wirtschaft e. V.

Einleitung

Als sich vor inzwischen fast 25 Jahren abzeichnete und durch die „Programme for International Student Assessment"-Studie (PISA) von 2000 sichtbar wurde, dass deutsche Schülerinnen und Schüler im internationalen Leistungsvergleich sehr schlecht abschnitten, reagierte die – vorwiegend auch mediale – Öffentlichkeit mit einer Mischung aus Betroffenheit und Entsetzen. Man mochte sich nicht vorstellen, dass eine – insbesondere historisch – erfolgreiche Bildungsnation im Vergleich mit anderen Ländern diesen Titel nicht mehr verdiente. Aus Sorge um die ökonomische und politische Zukunft entstand eine breite Reformbewegung, in deren Zusammenhang nicht nur viele neue Konzepte für Schule und Bildung entstanden, sondern diese auch tatsächlich auf den Weg gebracht wurden, im bildungspolitischen Raum, in den Bildungsadministrationen, in den Bildungseinrichtungen bis hin zur Gründung etlicher Bildungsforschungsinstitute, die die Gründe für die desaströse Lage ermitteln sollten. Diese Bemühungen wurden nicht nur staatlicherseits unternommen, sondern auch von zahlreichen privaten Initiativen und von Stiftungen und Organisationen aus allen gesellschaftlichen Bereichen unterstützt. Dazu gehörte auch die Veröffentlichung erster Studien wie „Bildung neu denken" und folgend die Gründung des AKTIONSRATS**BILDUNG** durch die Vereinigung der Bayerischen Wirtschaft e. V. (vbw). Der Aktionsrat hat seit 2007 jährlich Gutachten mit Analysen und Empfehlungen zur Lage in den unterschiedlichen Sektoren und zu Schlüsselproblemen des deutschen Bildungssystems erarbeitet und veröffentlicht. Insgesamt stiegen die Ausgaben für das Bildungssystem in Bund und Ländern von 79,3 Milliarden Euro im Jahr 2000 auf 181 Milliarden Euro im Jahr 2023 (vgl. Statista 2024) an.

Dass diese Aktivitäten zunächst durchaus erfolgreich waren, zeigt exemplarisch die Leistungsentwicklung in den PISA-Tests seit 2000. Bis etwa 2012 verzeichneten die Leistungen in Lesen, Mathematik und Naturwissenschaften eine erhebliche Verbesserung, sanken aber dann zum Teil stark ab, bis unter den Ausgangswert von 2000. Das umfasst nicht nur den gemessenen Kompetenzerwerb der Lernenden, sondern auch den Umstand, dass ein erheblicher Teil von rund sieben Prozent eines Altersjahrgangs (vgl. Statistisches Bundesamt 2024a) keinen Schulabschluss oder andere Zertifikate mehr erwirbt. Daran lässt sich auf der Habenseite zunächst einmal zeigen, dass die Reformanstrengungen aufgrund der wissenschaftlichen Empfehlungen, auch des AKTIONSRATS**BILDUNG**, die richtigen waren. Vieles, was sich zentral durch Bund, Länder und die kommunalen Einrichtungsträger bearbeiten ließ, ist inzwischen in erheblichem Maße umgesetzt.

Warum dann aber der Rückfall seit über zehn Jahren? Der AKTIONSRAT**BILDUNG** geht im vorliegenden Gutachten der Hypothese nach, dass der Grund dafür in einem unzureichenden und sich womöglich verschlechternden Mitwirkungsverhalten jener Akteurinnen und Akteure liegen könnte, ohne die jede Reformbemühung und Investition im Bildungswesen leerläuft: die einzelnen Einrichtungen und ihr Personal, aber sicher auch Schülerinnen und Schüler sowie die für sie verantwortlichen Eltern und Familien. Der AKTIONSRAT**BILDUNG** formuliert diese Hypothese als Frage nach dem zureichenden oder unzureichenden Maß an Verbindlichkeit, mit dem die Empfehlungen und Reformansätze überhaupt aufgenommen werden.

Einleitend wird zur Bearbeitung dieser Thematik in Kapitel 1.1 ein Überblick über die historische Entwicklung des Pflichtbegriffs im Zusammenhang mit Bildung gegeben. Es wird verfolgt, wie sich das noch weit in das 20. Jahrhundert hinein übliche Begriffsverständnis verändert hat und ob beziehungsweise gegebenenfalls wie sich das Bildungsgeschehen möglicherweise seit der Mitte des zurückliegenden Jahrhunderts in Richtung einer ausschließlichen Aufgabe für den Staat und nicht mehr für die Individuen transformiert haben könnte (vgl. Kapitel 1.1). Ist vielleicht das Bewusstsein dafür verlorengegangen, dass Bildung auch eine Aktivität von Lernenden und ihrer Anstrengungsbereitschaft ist?

Diesem Gedanken und seinen Implikationen wird im Kapitel 1.3 nachgegangen. Dem Kapitel liegt die These zugrunde, dass die lernenden Individuen und die anderen Akteurinnen und Akteure Verantwortung übernehmen müssen und für ihr Verhalten rechenschaftspflichtig sind. Als Voraussetzung auf Seiten des Bildungssystems wird die Anforderung formuliert, dass die Individuen darauf vertrauen können müssen, dass ihnen im Bildungssystem mit Verlässlichkeit, Transparenz und Fairness begegnet wird. Das hat eine Fülle von Implikationen bis hin in die Makrostrukturen des Bildungssystems, z. B. bei der Frage der Vergleichbarkeit von Schulleistungen oder hinsichtlich des elterlichen Wissens über die Bedeutung der Bildung und des Wissens über das Bildungssystem. Um die Rechenschaftspflicht der Individuen vollumfänglich einfordern zu können, muss auch vorausgesetzt werden, dass Eltern in der Lage sind, die Leistungsfähigkeit ihrer Kinder gleichzeitig optimistisch, aber auch realistisch einzuschätzen.

Dass solche Fähigkeiten nicht einfach herzustellen sind, zeigt Kapitel 1.2. Der Arbeitsmarkt hat einen Teil seiner Anreizwirkung verloren, weil angesichts der demografischen Entwicklung die Bedrohung durch eine Sorge vor Arbeitslosigkeit nicht mehr motivierend genug ist. Im Übrigen, so zeigt das Kapitel, sind die

Zusammenhänge zwischen dem Erwerb von Basiskompetenzen und den gesellschaftlichen Kosten diesbezüglicher Defizite viel zu komplex, als dass daraus Anstrengungsmotivationen bezogen werden könnten.

In den lernphasenbezogenen Kapiteln (2 bis 7) werden dann in bewährter Form die allgemeinen theoretisch-historischen, die ökonomischen, vor allem aber auch die psychologischen Grundgegebenheiten für die Angehörigen der jeweiligen Altersgruppe konkretisiert, indem der Status quo der Leistungsstände, der Umsetzung von Reformempfehlungen in der Vergangenheit und darauf aufbauend die Handlungsempfehlungen dargestellt werden. Zur besseren Orientierung sind darüber hinaus die Handlungsempfehlungen auf den ersten Seiten des Gutachtens zusammengefasst, die lebensphasenübergreifend bedeutsam sind.

Dem vorliegenden Gutachten kommt schon deswegen eine besondere Bedeutung zu, weil kommende Gutachten und Empfehlungen zu (auch neuen) Entwicklungen des Bildungswesens, die in der Folge von KI, Kriegsgeschehen, Autoritarismus oder neuer Weltordnung auftreten, auf diese Einsicht angewiesen sind, dass nicht nur der Staat oder die Gesellschaft, sondern auch jedes Individuum für die Bewältigung solcher Herausforderungen verantwortlich ist.

Diese Bereitschaft ist für alle essenziell, die sich um die Stabilisierung des Bildungswesens und damit der Gesellschaft bemühen. Dazu gehört auch die Vereinigung der Bayerischen Wirtschaft e. V., der fortgesetzt für die Möglichkeit zu danken ist, jährlich, wie auch in diesem Jahr, wissenschaftliche Expertise in konkrete Handlungsempfehlungen transferierbar zu machen. Das gilt für ihren Präsidenten, Wolfram Hatz, ihren Hauptgeschäftsführer, Bertram Brossardt, und seinen Stellvertreter und Leiter der Abteilung Bildung, Arbeitsmarkt, Fachkräftesicherung und Integration, Dr. Christof Prechtl. Der Dank schließt den Projektleiter, Michael Lindemann, sowie die Mitarbeiterinnen der Geschäftsstelle des AKTIONSRATS**BILDUNG** ein, die bei der Erstellung des vorliegenden Gutachtens wieder mit Einsatz und Perfektion unterstützt haben, namentlich Christine Klement, Manuela Schrauder und Julia Jahn.

Zentrale Empfehlungen des AKTIONSRATS**BILDUNG**

Verbindlichkeit ist für ein qualitativ hochwertiges Bildungssystem von zentraler Bedeutung und schließt ein abgestimmtes und koordiniertes Zusammenwirken aller Akteurinnen und Akteure auf den unterschiedlichen Ebenen ein. Eine bedeutsame Zielstellung dieses Zusammenwirkens ist die Steigerung grundlegender Kompetenzen der Lernenden aller Bildungsstufen. Die diesbezüglichen Schwerpunkte und Begrifflichkeiten differieren je nach Lebensalter (z. B. „basale Kompetenzen" in der frühen Bildung sowie „Kernkompetenzen" und „Grundkompetenzen" im weiterführenden Bildungsverlauf). Während der staatlichen und institutionellen Ebene die Aufgabe zukommt, die strukturellen Voraussetzungen für erfolgreiche Lernprozesse zur Verfügung zu stellen, muss auf Seiten der Individuen (Lernende und deren Eltern/Familiensysteme sowie Lehrende) die selbsttätige und eigenverantwortliche Nutzung der bereitgestellten Angebote alters- und entwicklungsabhängig eingefordert werden.

Die nachfolgenden Empfehlungen beziehen alle Bildungsphasen ein und richten sich an die Akteurinnen und Akteure auf staatlicher, institutioneller und individueller Ebene, damit eine qualitätsvolle Bildung realisiert werden kann:

Staatliche Ebene

Wiederaufnahme des PISA-Bundesländervergleichs. Um die Bildungsleistungen in den einzelnen Bundesländern kontinuierlich, transparent und öffentlichkeitswirksam abzubilden, sollte der PISA-Bundesländervergleich wieder aufgenommen werden.

Verbindliche Qualitätsstandards und Monitoring der Lernleistungen. Grundlegende Qualitätsstandards müssen verbindlich formuliert und „Output" (Bildungsleistungen) wie auch „Input" (z. B. Verfügbarkeit von Ressourcen zur Unterrichtsversorgung) kontinuierlich gemessen werden. Die Daten zu den Lernleistungen müssen auf Individualebene dem pädagogischen Personal, der Schulaufsicht sowie den Eltern beziehungsweise dem Familiensystem zur Verfügung gestellt werden. Das Input-Monitoring muss auf System- und institutioneller Ebene zur Verbesserung der Steuerung genutzt werden.

Ausdehnung und Flexibilisierung der Lernzeiten. Als Anpassungsoption an unterschiedliche Lerngeschwindigkeiten bedarf es der Einführung von horizontalen (Gesamtdauer der Bildungsgänge) und vertikalen (erweiterte Fördermöglichkeiten im Tagesablauf) Flexibilisierungsoptionen in den einzelnen Bildungsphasen.

Fachkräftegewinnung und Personalentwicklung. Die Länder sind aufgefordert, verbindliche Strategien und Pläne vorzulegen, umzusetzen und auch zu evaluieren, um für alle Bildungsphasen ausreichend pädagogisches Personal zur Verfügung zu stellen.

Implementierung von gezielten Förderprogrammen. Für Einrichtungen, die einen hohen Anteil an Lernenden mit niedrigen Basiskompetenzen aufweisen, sowie bei signifikant heterogenen Ausgangslagen der Lernenden sollen gezielte Förderprogramme implementiert, weiterentwickelt, regelmäßig evaluiert und in eine systematische Organisationsentwicklung eingebettet werden.

Institutionelle Ebene

Nutzung der Monitoring-Ergebnisse zur Steigerung der Bildungsqualität. Das Leitungspersonal von Bildungsinstitutionen muss die Verantwortung dafür übernehmen und regelhaft sicherstellen, dass das auf Institutionenebene zur Verfügung gestellte Monitoring-Wissen verlässlich für die Steigerung der Bildungsqualität eingesetzt wird.

Diversifizierung und Fortbildung des pädagogischen Personals. In Bildungseinrichtungen sollen die spezialisierten Aufgabenbereiche der unterschiedlichen pädagogischen und sozialwissenschaftlichen Berufe, die sich in den multiprofessionellen Teams wiederfinden, klarer beschrieben werden. Das Personal soll zudem zu regelmäßigen Fortbildungen verpflichtet werden.

Individuelle Ebene

Stärkung des eigenverantwortlichen Lernens. Eltern beziehungsweise Familien und das pädagogische Personal sollen Kinder und Jugendliche in der Entwicklung von mehr Eigenverantwortung für ihr Lernen unterstützen. Mit steigendem Lebensalter der Lernenden ist zunehmend eine stärkere Eigenverantwortung bei der Gestaltung der Bildungsbiografien einzufordern.

Systematische Einbindung von Familien bei individuellem Förderbedarf. Im Falle von Kindern und Jugendlichen, die einen besonderen Förderbedarf aufweisen, sind die Eltern beziehungsweise Familien von Anfang an systematisch in die Umsetzung und Begleitung von Fördermaßnahmen einzubeziehen.

Nutzung von Monitoring-Ergebnissen für die Kompetenzsteigerung von Lehrenden und Lernenden. Das pädagogische Personal muss Sorge dafür tragen, dass Monitoring-Ergebnisse zur individuellen Förderung der Lernenden und damit zur Steigerung der Bildungsqualität genutzt werden. Die Ergebnisse sollen zudem für die kontinuierliche Weiterentwicklung der eigenen Kompetenzen eingesetzt werden.

1 Grundlagen

1.1 Verbindlichkeit und Pflicht

In den letzten Jahren sind einige Schulleistungsvergleiche erschienen, deren Ergebnisse für die deutschen Schulen auf einen Leistungsabfall hindeuteten und die dementsprechend mit großer Aufmerksamkeit rezipiert und kommentiert wurden. Beispielhaft dafür ist die PISA-Studie, die seit dem Jahr 2000 die Lese-, Mathematik- und Naturwissenschaftsleistungen von 15-Jährigen testet. Wie Abbildung 1 zeigt, wurden nach dem PISA-Schock 2000 signifikante Anstiege in den Schülerleistungen erreicht, die je nach Fach bis 2009 beziehungsweise 2012 zu verzeichnen waren und danach abflachten und sich dann in signifikante Rückgänge umkehrten. Besonders drastisch fallen die Rückgänge in jüngster Zeit aus, zwischen 2018 und 2022. In Mathematik beträgt der letzte Rückgang beispielsweise 25 PISA-Punkte, was in etwa dem entspricht, was Jugendliche im Durchschnitt in einem ganzen Schuljahr lernen (vgl. OECD 2023a). In allen drei Fächern sind die durchschnittlichen Leistungen mittlerweile unter das Ausgangsniveau gefallen, das ursprünglich den PISA-Schock ausgelöst hatte.

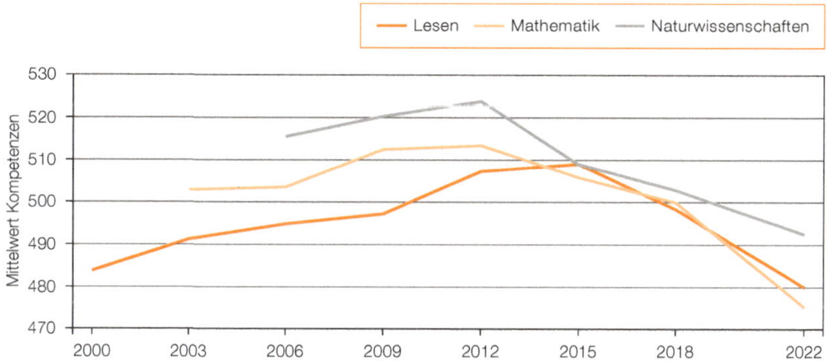

Abbildung 1: Verlauf der Leistungen in den PISA-Tests in Deutschland (eigene Darstellung in Anlehnung an Lewalter u. a. 2023; OECD 2023a)

1.1.1 Verantwortlichkeiten für Verschlechterungen

Bei der Ursachensuche für das verschlechterte Abschneiden deutscher Schülerinnen und Schüler bei den PISA-Vergleichsuntersuchungen ist eine Überlegung in den Fokus geraten, die nicht für alle populär klingt: Könnte es sein, dass die Empfehlungen zur Verbesserung der Outcomes im deutschen Bildungswesen nicht in ausreichendem Maß umgesetzt wurden? Vulgo: Haben eigentlich alle Handlungsträgerinnen und Handlungsträger beim Versuch der Verbesserung ihre Pflicht getan, Lehrerinnen und Lehrer, Eltern und Erziehungsberechtigte, der Staat und vor allem die Lernenden selbst?

Schon bei der Verwendung der Pflichtterminologie schrecken viele zurück, die es gewohnt sind, Bildung zuallererst im Zusammenhang mit Ansprüchen der nachwachsenden Generation an den Staat beziehungsweise die Gesellschaft zu thematisieren, etwa im Sinne der Frage, ob der Staat oder die Gesellschaft im Allgemeinen genug dafür tue, dass Bildungsgerechtigkeit erreicht wird, vor dem Hintergrund der teilweise sehr problematischen ungleichen Ausgangsbedingungen für die Teilnehmerinnen und Teilnehmer am Bildungssystem.

Der öffentliche Diskurs über die Ansprüche des Individuums gegenüber dem Staat hat sich seit der Mitte der 1960er Jahre darauf konzentriert, Forderungen an die Bildungspolitik zu richten. Das gilt nicht nur für die Initiativleistung des Buches von Georg Picht „Die deutsche Bildungskatastrophe“ (1964), sondern insbesondere auch für die stark verfassungsrechtliche und politische Argumentation von Ralf Dahrendorf in seinem 1965 erschienenen Buch „Bildung ist Bürgerrecht“. Darin warb er für „aktive Bildungspolitik“, „Expansion des Bildungswesens“ und dessen Reform. Er schreibt: „Die überzeugende Begründung einer aktiven Bildungspolitik kann (...) nur in Anknüpfung an den Gedanken eines Bürgerrechts auf Bildung erfolgen“ (Dahrendorf 1965, S. 22). Er postuliert deswegen Bildung als ein „soziales Grundrecht“ und fordert „Chancengleichheit“ im Sinne „materieller Chancengleichheit“, bei der die Bürgerinnen und Bürger auch tatsächlich in der Lage sind, diese wahrzunehmen.

Dabei gingen er und sein Umfeld über Jahrzehnte wie selbstverständlich davon aus, dass die dazu berechtigten Gesellschaftsmitglieder (z. B. Eltern) es als ihre Pflicht betrachten, ihren Beitrag zu der aktiven Gestaltung der Bildungsprozesse der Individuen zu leisten. Eine solche Erwartung wird heute allerdings oftmals abgewehrt. Es kann allerdings kein Zweifel darin bestehen, dass jede noch so perfekte aktive Bildungspolitik leerlaufen würde, wenn die Träger der Ausbildungspflichten – Eltern beziehungsweise Familien, Pädagoginnen und Pädagogen sowie vor allem die Bildungssubjekte selbst – diese Pflichten nicht erfüllen. Bildung ist nämlich ein Akt der Lernenden, eigentlich Selbstbildung, für den verschiedene mentale Voraussetzungen und Implikationen aus psychologischer Sicht gelten.

1.1.2 Verantwortungsfähigkeit und Vertrauen

Voraussetzungen dafür, dass die Individuen im Bildungssystem ihren Pflichten nachkommen, sind a) Verantwortungsübernahme und b) Vertrauen (vgl. vbw 2010). Verantwortungsübernahme bedeutet, dass die Person für ihr eigenes Handeln oder Nichthandeln und die Konsequenzen rechenschaftspflichtig ist („accountability"). Das Individuum ist also gegenüber dem Bildungssystem verpflichtet, seine Handlungen und Entscheidungen zu rechtfertigen und gegebenenfalls negative Folgen oder auch Sanktionen für diese negativen Folgen zu akzeptieren. Die Übernahme von Verantwortung für das eigene Handeln ist wiederum an mehrere Voraussetzungen geknüpft. Zunächst müssen Willensfreiheit und Autonomie gegeben sein. Nur wenn eine Person auch anders hätte handeln können, kann sie für ihre Entscheidungen und Handlungen verantwortlich gemacht werden. Wenn beispielsweise die Übergangsempfehlung zur Sekundarschule verbindlich ist, können Eltern nicht für die von ihrem Kind besuchte Sekundarschulform verantwortlich gemacht werden, wohl aber, wenn sie selbst diese Wahl treffen können. Weiter muss die Person die Fähigkeit zu einer rationalen Entscheidung haben, das heißt, sie muss die Konsequenzen ihres Handelns abschätzen können. Für verantwortungsvoll handelnde Individuen im Bildungssystem muss somit gewährleistet werden, dass sie das dafür notwendige Wissen und die erforderlichen Kompetenzen haben. Wenn beispielsweise Eltern nicht wissen, wo sie sich über Möglichkeiten einer Sprachförderung für ihr Kind informieren können, können sie nicht dafür verantwortlich gemacht werden, wenn sie keine Maßnahme in Anspruch nehmen. Oder wenn die Eltern selbst keine schulische Ausbildung genossen haben, die ihnen das Fachwissen vermittelt hat, das sie für die Unterstützung der Hausaufgabenbearbeitung ihres Kindes benötigen, können sie nicht dafür verantwortlich gemacht werden, wenn sie das Kind nicht selbst dabei unterstützen – wohl aber dafür, dass sie vielleicht nicht nach anderen Möglichkeiten der Unterstützung suchen. Eine weitere Voraussetzung für Verantwortung ist, dass die Person tatsächlich durch ihr eigenes Handeln Einfluss auf die Ereignisse nehmen kann: Objektive Kontrollmöglichkeiten müssen also gegeben sein. Wenn es beispielsweise keine inklusive Schule im

Einzugsbereich einer Familie gibt, können die Eltern nicht dafür verantwortlich gemacht werden, wenn ihr Kind aufgrund eines sonderpädagogischen Förderbedarfs eine Förderschule besucht. Und schließlich ist Voraussetzung für Verantwortungsübernahme, dass die Konsequenzen des Handelns der Person an Normen oder sozialen Vereinbarungen gemessen und danach bewertet werden können, ob sie positiv oder negativ sind. Ein Beispiel kann die Debatte über die Vor- und Nachteile sein, die sich daraus ergeben, wenn Eltern mit nichtdeutscher Erstsprache mit ihren in Deutschland die Schule besuchenden Kindern Deutsch oder ihre Herkunftssprache sprechen (für einen Überblick vgl. Edele/Kempert/Stanat 2020). Für Eltern ist hier eine Orientierung sicherlich oft schwierig, da sie mit widersprüchlichen Erwartungen der Schule und ihres Umfeldes konfrontiert sind.

Neben Verantwortungsübernahme ist Vertrauen Voraussetzung dafür, dass die Individuen ihre Pflichten im Bildungssystem wahrnehmen. Vertrauen bedeutet positive Erwartungen einer Person/Institution an den Ausgang einer Interaktion mit einer Person/Institution, obwohl es ihr nicht möglich ist, das Verhalten der anderen Person/Institution vollständig zu kontrollieren. Das Bildungssystem geht mit Vertrauen gegenüber den Individuen in Vorleistung, indem es mit der positiven Erwartung, dass sie kooperieren werden, auf Kontrolle verzichtet und sich damit abhängig macht (sogenannte Verletzbarkeit). Denn wird das entgegengebrachte Vertrauen von den Individuen nicht in kooperatives Handeln übersetzt, besteht das Risiko negativer Konsequenzen. Voraussetzungen dafür, dass die Individuen ihrerseits Vertrauen in das Bildungssystem haben (sogenanntes Systemvertrauen) und entsprechend kooperieren, sind neben individueller Verantwortungsübernahme, dass das System transparent ist und als wohlwollend, fair und vertrauenswürdig (Verlässlichkeit, Ehrlichkeit) wahrgenommen wird. Dabei beruht Vertrauen in Systeme wie das Bildungssystem, die durch eine hohe Komplexität charakterisiert sind, nicht unbedingt auf persönlichen Erfahrungen, sondern vor allem auch auf Informationen (z. B. Internet, Meinungen anderer), deren Wahrheitsgehalt die Person nicht selbst verifizieren kann (vgl. Bierhoff/Rohmann 2010).

Es wird erforderlich sein, für eine proobligatorische Haltung im Hinblick auf Bildung den Berechtigten klarzumachen, dass sie aus der Wahrnehmung ihrer Pflichten selbst auch Vorteile beziehen – der Staat im Hinblick auf die Sicherung von Freiheit und Prosperität, die Erziehungsberechtigten im Hinblick auf die Erleichterung ihrer Aufgabenwahrnehmung und die Lernenden bezüglich der Absicherung ihrer eigenen sozialen und ökonomischen Reproduktionsfähigkeit.

Um einen gegen das Obligatorische gerichteten Abwehrreflex nicht Platz greifen zu lassen, verwendet das vorliegende Gutachten den Begriff der „Verbindlichkeit“. Der klassische Pflichtbegriff ist, allerdings nur in Deutschland, aufgrund dessen historischer Belastung (preußischer Militarismus, obrigkeitsstaatliche Verhaltenserwartungen, Nationalsozialismus) mit etlichen Konnotationen versehen, die eine vorurteilsfreie Verwendung oder auch nur Aufnahme erschweren.

1.1.3 Pflicht und Verbindlichkeit – Gesellschaft und Individuum

Gleichwohl besteht kein kategorialer Unterschied zwischen beiden Begriffen, eher ein kontinuierlicher, der sich in der Sprachgeschichte herausgearbeitet hat. Um aber verstehen zu können, warum im kontinentaleuropäischen Denken der Verbindlichkeitsbegriff sowohl die Ansprüche der Individuen gegenüber der Gesellschaft als auch die der Gesellschaft gegenüber dem Individuum markiert, gilt es, sich einen Augenblick lang zu vergegenwärtigen, dass der Pflichtbegriff sich spätestens seit der Aufklärung immer dual verstanden hat, allerdings mit unterschiedlichen Schwerpunktsetzungen.

Sprachgeschichtlich unterscheidet das Grimm'sche Wörterbuch (vgl. Grimm/Grimm 1984, S. 1753) vier Entwicklungsstufen des Pflichtbegriffs, die sich auseinanderentwickelt haben: erstens das Wortfeld von „Verbindung, Teilnahme, Gemeinsamkeit, Gemeinschaft, Verkehr“ (auch geschlechtlicher), zweitens daraus semantisch resultierend die Sorge, Fürsorge, Obhut, Versorgung und Pflege, sozusagen als Aufgaben des Einzelnen in der Gemeinschaft, sodann drittens die Sitte und Gewohnheit (der Wahrnehmung der Sorgepflichten) und viertens die daraus erwachsenden Abhängigkeiten und der Dienst sowie das Konzept der Treue, worauf eine Gesellschaft angewiesen ist, wenn sie Fürsorge und Gemeinschaft sicherstellen möchte.

Wir haben es folglich in der deutschen Sprachgeschichte mit einer Konfiguration zu tun, der die Vorstellung zugrunde lag, der zufolge der Bestand einer Gemeinschaft durch Akte der Pflege am Einzelnen durch die Gesellschaft gesichert wird wie umgekehrt der Einzelne die Aufgabe hat, solche Akte für die Gesellschaft (und damit auch für sich selbst) zu vollziehen. Es gibt also sehr früh die Vorstellung von gegenseitigen Erwartungen der Gemeinschaft gegenüber dem Individuum und des Individuums gegenüber der Gesellschaft. Allerdings tritt zunehmend die Vorstellung auch semantisch hinzu, Gemeinschaft und Pflege könnten nicht ohne Abhängigkeit und Treue realisiert werden – und zwar sowohl gegenüber der Sitte als auch gegenüber den Gesetzen. Diese Sprachgeschichte wirft die Frage auf, warum im heutigen Sprachgebrauch selbst bei Intellektuellen und Akademikerinnen und Akademikern der negativ bewertete Abhängigkeitsgedanke der Pflicht in den Vordergrund tritt und somit die systemerhaltende Perspektive gewissermaßen dementiert wird.

Das lässt sich philosophiegeschichtlich und damit implizit sozialgeschichtlich verstehen, insoweit philosophische Theorie nicht im sozial leeren Raum entsteht und vergeht.

In der griechischen Antike wird gleich zu Beginn des alteuropäischen Pflichtdenkens in der Stoa eine Spur gelegt, die naturphilosophisch einsetzt und postuliert, nur eine Orientierung an der Gesellschaft, ihren Normen und ihrer Sitte sei naturgemäß, weil die Natur den Menschen vernunftbegabt habe und er insoweit die Notwendigkeit der Pflicht einzusehen in der Lage sei. Mit der Wendung der frühen Christen in die Richtung ihres Seelenheils verband sich demgegenüber der Pflichtgedanke nicht mehr primär mit den Ansprüchen der Gesellschaft, sondern denen des Individuums auf die Chance für ein ewiges Seelenleben. Eine Aussicht auf ein solches im Sinne einer Chance für die Gnade Gottes wurde allerdings mit der Wahrnehmung der Pflicht verknüpft, auch gegenüber anderen. Auf diesem Umweg konnte gewissermaßen funktionalistisch der systemische Bestandsbedarf der Gesellschaft in der Sorge um das eigene ewige Leben des Individuums begründet werden. Offenbar reichte in der Spätantike die Bindekraft einer naturphilosophischen Ableitung von Pflicht nicht mehr aus, um Pflicht als eine Handlungsorientierung darzulegen. Die Hoffnung auf die Gnade Gottes oder die Sorge davor, keine Gnade zu finden, traten im Christentum an die Stelle der Vernunft. Es hat in Deutschland bis zur Neuzeit, genauer bis zur Aufklärung, gedauert, dass die antike Naturphilosophie eine Wiederbelebung, etwa in der Philosophie Pufendorfs (vgl. Pufendorf 1672), fand, jetzt allerdings mit einem nachdrücklichen Akzent auf den Ansprüchen der Gesellschaft: „Jeder Mensch soll, soviel in seiner Macht steht, das friedliche Zusammenleben mit anderen pflegen und bewahren in Übereinstimmung mit der Anlage und dem Ziel des ganzen Menschengeschlechts“ (Pufendorf 1672, S. 2, 3, 15).

In den Folgeschriften der Frühaufklärung wird diese Epochenwende der Philosophie laufend ergänzt um Gesichtspunkte wie die Verpflichtungskraft der Gesetze und die Erzwingbarkeit von deren Einhaltung. In dieser Zeit entsteht der Begriff der Verbindlichkeit als Ausdruck der Vorstellung, dass der vernünftige Mensch, weil er die positiven Folgen der Pflichtwahrnehmung sieht, schon aus Klugheit Verbindlichkeit und Pflicht, Begriffe, die jetzt synonym verwendet werden, schätzt und befolgt. Das ist, salopp gesagt, eine Steilvorlage für Kants Pflichtphilosophie. Für ihn ist, auf dem Höhepunkt der deutschen Aufklärung, Pflicht absolut. Weil der Mensch seinen Willen beherrschen kann, kann er ihn auch einschränken. Recht und Ethik determinieren das Maß dieser Einschränkung, die nicht willkürlich ist, sondern a limine dadurch lizenziert wird, dass sie die Freiheit der anderen sichert und dadurch allererst eine (Höher-)Entwicklung der Menschheit möglich macht.

In der Folgezeit fallen zahlreiche Theoretiker über diesen moralischen Rigorismus her und wollen sich nicht mit dem Gedanken abfinden, dass, unfreundlich formuliert, auch sie selbst unter das Verdikt der Willenseinschränkung fallen müssen, allen voran Friedrich Nietzsche, der den Pflichtgedanken strikt ablehnt und das „Ich will" feiert. Aber auch andere wollen den kantischen Kategorismus nicht akzeptieren, sei es, dass sie die Einschränkung von Neigung (zugunsten der Pflicht) missbilligen oder, wie die Neukantianer, zu einer grundsätzlichen Beibehaltung des kantischen Kerngedankens bereit sind, aber den Zwang zur Pflicht durch eine Selbstbindung ersetzen wollen.

In diese Auseinandersetzung greift nicht zufällig ein Philosoph ein, der in der Philosophiegeschichte eigentlich eher zweitrangig ist, aber (vielleicht deshalb) zu einem Nestor der deutschen Pädagogik wird. Er vertritt aus dieser erziehungsnahen Sicht nämlich den Standpunkt, „dass die Rücksichtslosigkeit und Strenge (des kantischen Pflichtbegriffs) nicht mehr kann festgehalten werden" (Herbart 1831, S. 63). Ihm scheint nicht zu gefallen, dass ein Wille auch ein submissiver sein kann und nicht nur ein dominanter. Er sieht bei Kant den Willen gespalten „in dem Wollenden selbst, ein gehorchender, ein gebietender Wille (...)" (Herbart 1986, S. 193).

Wird dann in der folgenden Geschichte des Pflichtkonzepts in der Pädagogik im 19. und 20. Jahrhundert „geblättert", dann fällt auf, dass die Geschichte des Erziehungsdenkens sukzessive durchsetzt wird von einer Prädominanz des Individuums und seiner Ansprüche und Forderungen gegenüber der Gesellschaft oder bestenfalls durch Indifferenz ihr gegenüber – eine Grundlage, auf der die für das Bildungsgeschehen verantwortlichen Kräfte (Lehrkräfte, Eltern, Bildungspolitik und -verwaltung) in wachsendem Maße neutralisiert werden. Mit anderen Worten: Der notwendige Beitrag der/des Lernenden zu seinem Bildungsprozess tritt hinter die Verpflichtungen der Gesellschaft, von Staat und Lehrkräften zurück. Aber: Lernen ist eine Aktivität (und damit Pflicht) der/des Lernenden, nicht der „Anderen".

Auch außerhalb der Erziehungsphilosophie hat sich in der sozialen Wirklichkeit von Bildung beziehungsweise Erziehung diese Sicht einer Konzentration auf die Ansprüche des Individuums innerhalb von circa 200 Jahren sukzessive etabliert.

1.1.4 Schulpflicht in Pädagogik und Politik

Dieses lässt sich am besten an der Geschichte der Schule, insbesondere der Schulpflicht ablesen. Die Idee einer Schulpflicht ist ein Produkt der Reformation. Für deren Anhänger war es bedeutsam, dass die Kinder (und Erwachsenen) in der Lage sein sollten, die inzwischen übersetzte heilige Schrift selbst zu lesen. Anders wären die Bemühungen um eine Reformation gewissermaßen aus Einsicht und nicht nur durch unverständigen Glauben leergelaufen. Martin Luther verfasste deshalb im Jahr 1524 den Text „An die Ratsherren aller Städte deutschen Landes, dass sie christliche Schulen aufrichten und halten sollen“ (Luther 1983, S. 442–464). Am Ende des 16. Jahrhunderts (1592) führt folgerichtig das erste Land, das Herzogtum Pfalz-Zweibrücken, eine allgemeine Schulpflicht für Mädchen und Knaben ein. Im 17. Jahrhundert folgten sukzessive weitere protestantische Länder, ein Prozess, der sich mit der beginnenden Aufklärung beschleunigte.

Das Allgemeine Preußische Landrecht gilt allgemein als der politische Durchbruch bei der Einführung der Schulpflicht („Schulzwang“ genannt), insofern Schulen im § 1 II 12 als „Veranstaltungen des Staates“ bestimmt wurden. Der § 43 II 12 lautet dementsprechend: „Jeder Einwohner, welcher den nötigen Unterricht für seine Kinder in seinem Hause nicht besorgen kann oder will, ist schuldig, dieselben nach zurückgelegtem fünften Jahr zur Schule zu schicken“ (Rönne 1915, S. 265). Es handelt sich also nicht um einen Anspruch des Individuums gegenüber dem Staat, sondern umgekehrt des Staates gegenüber dem Individuum. Das war nur konsequent, weil eine Unterrichtspflicht gemäß den Usancen beim Adel und den wohlhabenden Familien prima facie bei den Eltern lag. Es handelte sich also nicht um eine allgemeine Schulpflicht. Diese wurde erst mit der Weimarer Reichsverfassung für die achtjährige Volksschule und die bis zum 18. Lebensjahr daran anschließende Fortbildungsschule de jure eingeführt, aber nur zögerlich in den Teilen des Reiches durchgesetzt, z. B. in Preußen erst 1927 (vgl. Hamann 1993, S. 218). Das lag auch daran, dass die Akteurinnen und Akteure auf der Reichsschulkonferenz 1920 keine fraglose Einigkeit bei der Einführung einer auch weiterreichenden Schulpflicht erzielen konnten. Die Reformpädagogik stand der Schule als Pflichtveranstaltung des Staates meistens kritisch gegenüber, auch als Reaktion auf den gerade erst zu Ende gegangenen Weltkrieg. Charakteristisch ist ein Satz Kerschensteiners für diese Sicht: „Das Leben ist hart und unerbittlich, die Schule soll gütig und nachsichtig sein" (zitiert nach Baumgartner u. a. 2017). So kam es erst 1938 mit einem „Reichsschulpflichtgesetz" zu einer verbindlichen Realisierung. Das ist leicht nachvollziehbar, ging es dem nationalsozialistischen Staat doch um eine starke Rechtsgrundlage für die Ansprüche des Staates gegenüber dem Individuum. Das mag einer der Gründe dafür sein, warum in der Nachkriegszeit die Bereitschaft geringer war, die Ansprüche der Gesellschaft durch den Staat gegenüber dem Individuum durchzusetzen, besonders in der Folge der sogenannten Studentenbewegung. Das galt umso mehr für die „Verhaltenspflichten" für die Schülerinnen und Schüler, die in zahlreichen Schulpflichtgesetzen der Länder enthalten waren und in den 1980er Jahren getilgt worden sind. Sie bestanden darin, die Pflicht zu kodifizieren, „sich der Schulordnung zu fügen" und damit die Ansprüche des Staates gegenüber den lernenden Individuen auf die unterste exekutive Ebene, die der einzelnen Schulen, zu verlagern. Dort wurden sie nicht selten komplett getilgt, so dass dem Lehrpersonal Rechtsgrundlagen entzogen wurden (beziehungsweise das Lehrpersonal entzog sich die Rechtsgrundlagen selbst im Rahmen der makropolitischen Stimmung), mit denen sie in der Lage gewesen wären, gesellschaftliche Ansprüche durchzusetzen.

Die erneute Zuwendung zur Reformpädagogik und deren Vorläufern, beginnend in den 1970er Jahren, war einer der Trigger für eine Wiederbelebung der Orientierung der Schulpädagogik am Individuum. Das setzte bereits ein mit der Revitalisation der Pädagogik Maria Montessoris und deren Vorstellung von Kindgemäßheit. Ellen Key, beeinflusst von der Nietzsche'schen Vorstellung von einer Höherzüchtung des Menschen, propagierte sogar das 20. Jahrhundert als ein „Jahrhundert des Kindes" (vgl. gleichnamiges Buch von Key 2000). Für politisch links orientierte pädagogische Ansätze spielten auch die russischen Pädagogen der Sowjetunion eine besondere Rolle, wobei hier allerdings der Funktionalismus einer Erziehung der nachwachsenden Generation zum Aufbau sozialistischer Gesellschaften die Orientierung zunehmend von Kinde weg in Richtung auf einen Erziehungsstaat verschob.

Bei den in den 1960er und insbesondere 1970er Jahren artikulierten Forderungen nach einer Expansion des Bildungswesens im Interesse der oft benachteiligten Individuen spielte immer wieder ein Bezug auf das erwähnte Buch von Georg Picht eine wichtige Rolle, das eigentlich eine Artikelserie war und mit dem Titel „Die deutsche Bildungskatastrophe" an die Politik mit der Aufforderung adressiert war, sich intensiver dem Bildungswesen zu widmen. Die Argumentation war aber gerade noch nicht auf die Individuen und ihre Rechte bezogen, sondern auf die Ansprüche der Gesellschaft:

„Bildungsnotstand heißt wirtschaftlicher Notstand. Der bisherige wirtschaftliche Aufschwung wird ein rasches Ende nehmen, wenn uns die qualifizierten Nachwuchskräfte fehlen, ohne die im technischen Zeitalter kein Produktionssystem etwas leisten kann. Wenn das Bildungswesen versagt, ist die gesamte Gesellschaft in ihrem Bestand bedroht" (Picht 1964, S. 17).

Trotzdem wurde der Text aber unablässig als Beleg für eine darin angeblich enthaltene Forderung nach mehr Bildungsgerechtigkeit verwendet, weil zwei politische Interessen durch ihn symbolisch koinzidierten. Insofern eine „Hebung der Bildungsreserven" aus ökonomischen Gründen gefordert wurde, passte das Wirtschaftsargument trefflich zu dem anderen politischen Ziel, allerdings der eher entgegengesetzten wirtschaftsnahen politischen Orientierung, eine größere Bildungsbeteiligung für die bisher unterprivilegierten Schichten zu realisieren. Dieses Argument ist in der Folgezeit besonders in einer eher wirtschaftsfeindlichen Atmosphäre als Folge des studentischen Protestes zunehmend in den Vordergrund gerückt. Das hat den AKTIONSRAT**BILDUNG** unter anderem dazu veranlasst, in seinem Gutachten „Bildungsgerechtigkeit" (vgl. vbw 2007) an die Notwendigkeit zu erinnern und entsprechende Empfehlungen dafür zu formulieren, diesem Mangel durch Bildungsmaßnahmen entgegenzuwirken. In diesem Gutachten wird kein Zweifel daran gelassen, dass die individuellen Interessen an einem sozialen Aufstieg und die gesellschaftlichen an einer produktiven Wirtschaft nicht gegeneinander ausgespielt werden können.

Genau das ist aber der Fall, wenn lernende Individuen aufgrund des Umgangs mit ihnen den Eindruck bekommen, selbst keinen Beitrag zu ihrer und der Zukunft der Gesellschaft leisten zu müssen, sowie umgekehrt die bloße Instrumentalisierung der Erziehung und Bildung des Individuums in totalitären Systemen zu deren Erhalt die Gerechtigkeitsansprüche des Individuums dementiert. Der Absicherung der individuellen Ansprüche gegenüber der Gesellschaft hat sich der AKTIONSRAT**BILDUNG** bereits in seinem Gutachten „Bildung und berufliches Souveränität" (vgl. vbw 2023) gewidmet und hat diese in den anderen Gutachten immer wieder thematisiert. Im vorliegenden Gutachten ruht der Fokus nun besonders auf den Erwartungen, die die Gesellschaft gegenüber den individuellen Akteurinnen und Akteuren im Bildungssystem hegen muss.

1.2 Leistungstrends: Befunde, Ursachen und ökonomische Konsequenzen

1.2.1 Ergebnisse von Leistungsvergleichsstudien im Zeitverlauf seit 2000

Mehrere Testzyklen messen die schulischen Leistungen deutscher Schülerinnen und Schüler in einer Weise, die repräsentativ für die jeweilige Schülerschaft und über die Zeit vergleichbar ist. Die nach 2000 zunächst ansteigenden und seit etwa 2012 abfallenden Trends in den PISA-Leistungen wurden bereits in Abbildung 1 gezeigt.

Auch im IGLU-Test (Internationale Grundschul-Lese-Untersuchung)[1], der seit dem Jahr 2001 die Leseleistungen von Viertklässlerinnen und Viertklässlern misst, zeigt sich ein ähnliches Bild (siehe Abbildung 2). Nachdem die Leistungen zwischen 2001 und 2006 gestiegen waren, setzte der Rückgang hier bereits zwischen 2006 und 2011 ein. Konsistent mit dem Vorrücken dieser Grundschuljahrgänge in die weiterführenden Schulen ist dann zeitversetzt einige Jahre später der Leistungsrückgang der in PISA getesteten 15-Jährigen zu beobachten. Auch in der Grundschule ist der Rückgang in jüngster Zeit besonders stark ausgeprägt: Allein zwischen 2016 und 2021 ist gegen Ende der Grundschule ein Rückgang in den Leseleistungen zu verzeichnen, der in etwa dem entspricht, was Kinder üblicherweise in einem halben Schuljahr lernen (vgl. McElvany u. a. 2023).

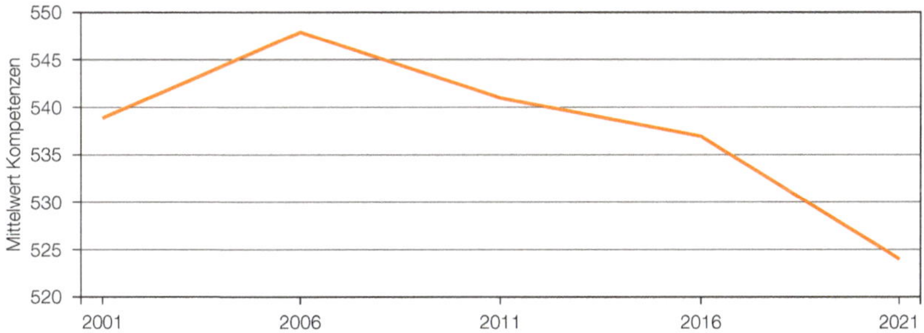

Abbildung 2: Verlauf der Leseleistungen in den IGLU-Tests in Deutschland (eigene Darstellung in Anlehnung an McElvany u. a. 2023)

---

[1] International firmiert der IGLU-Test unter dem Namen PIRLS (Progress in International Reading Literacy Study).

Ähnliche Rückgänge zeigen sich auch im nationalen Bildungsmonitoring des Instituts für Qualitätsentwicklung im Bildungswesen (IQB-Bildungstrends), die in ähnlicher Weise allerdings nur für 2022 im Vergleich zu 2015 für Deutsch in der neunten Klasse und für 2021 im Vergleich zu 2016 und 2011 für Deutsch und Mathematik in der vierten Klasse vorliegen.[2]

Wenngleich die Rückgänge jeweils am aktuellen Rand Ausmaße aufweisen, die zuvor noch nie dagewesen sind, ist ein negativer Trend in den Bildungsleistungen schon seit längerem zu beobachten. Wößmann (2024) fasst die Trends in allen über die Zeit vergleichbaren deutschen Leistungstests – PISA, TIMSS[3], IGLU und IQB – bis vor der Covid-19-Pandemie (bis einschließlich 2019) zusammen.[4] Dabei ergibt sich das Bild des Mundes eines „traurigen Smileys" (siehe Abbildung 3): Nach dem PISA-Schock waren die Leistungen zunächst bis etwa 2010/2011 systematisch angestiegen. Der Anstieg entspricht im Durchschnitt grob 70 bis 90 Prozent dessen, was Kinder üblicherweise in einem Schuljahr lernen. Danach drehte sich dieser Trend um: Bis 2019 waren etwa 60 Prozent des vorherigen Anstiegs wieder verlorengegangen. Dieser sich schon vor Corona abzeichnende Abwärtstrend zeigt sich in unterschiedlicher Ausprägung in allen verfügbaren Tests.

---

2 Die letzten verfügbaren Ergebnisse für Mathematik und Naturwissenschaften in der neunten Klasse liegen für 2018 vor. Der erste Test für Deutsch in der neunten Klasse wurde 2009 durchgeführt; da dort aber keine Förderschulen einbezogen wurden, sind Trends nur für Schülerinnen und Schüler ohne sonderpädagogischen Förderbedarf ausweisbar; diese zeigen auch zwischen 2009 und 2015 einen Rückgang in Lesen und Zuhören (vgl. Stanat u. a. 2023). Im ebenfalls getesteten Fach Englisch zeigt sich hingegen ein positiver Trend.

3 Trends in International Mathematics and Science Study.

4 Vgl. DIE ZEIT. Wochenzeitung für Politik, Wirtschaft, Wissen und Kultur (2021): Ausgabe 41, S. 39.

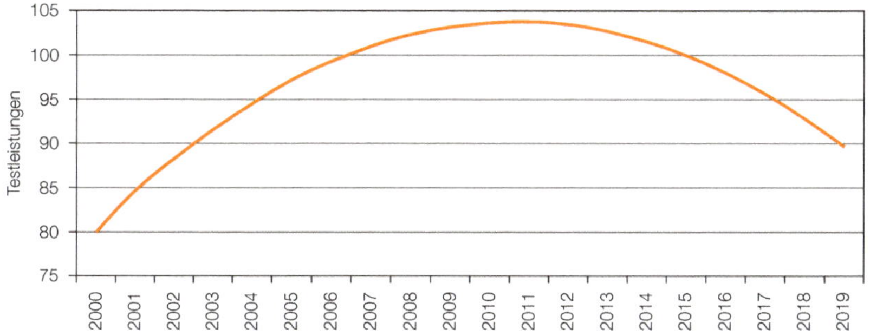

Abbildung 3: Verlauf der Testleistungen in Deutschland bis zur Covid-19-Pandemie: das traurige Smiley (vgl. Wößmann 2024)

Anmerkung: Beste quadratische Anpassungslinie an den Verlauf der Leistungen in allen Tests, die repräsentative Stichproben von Schüler/-innen in Deutschland (Nationalität spielt keine Rolle) in Mathematik, Naturwissenschaften oder Deutsch in einer jeweils über die Zeit vergleichbaren Metrik testen. Basierend auf 43 nationalen Testungen in elf fachspezifischen Tests aus den fünf Testzyklen PISA, TIMSS, IGLU, IQB-Bildungstrend im Primarbereich und IQB-Bildungstrend in der Sekundarstufe I. Fachspezifische Tests jeweils standardisiert auf Mittelwert und Standardabweichung von 100 Punkten im Jahr 2015.

Für die einzelnen Bundesländer liegen leider keine vergleichbar langen Testreihen vor. Von 2000 bis 2006 wurden die PISA-Tests repräsentativ für die einzelnen Bundesländer erhoben und berichtet. Es zeigte sich, dass der insgesamt positive Trend vor allem durch die ursprünglich relativ schlecht abschneidenden Bundesländer zustande gekommen ist: Die ursprünglichen Schlusslichter hatten in den sechs Jahren etwa die Hälfte ihres Rückstands aufgeholt (vgl. Wößmann 2015). Danach wurde der PISA-Bundesländervergleich nicht weitergeführt. Die IQB-Bildungstrends ermöglichen je nach Fach und Jahrgangsstufe prinzipiell Vergleiche seit 2009, 2011 oder 2012. Dabei zeigen sich für die einzelnen Bundesländer nahezu durchgängig signifikant negative Veränderungen. Ein Bundesland, das sich zumindest in einigen Bereichen gegen den Negativtrend gestemmt hat, ist Hamburg.

1.2.2 Mögliche Ursachenkomplexe für Verschlechterungen

Als mögliche Ursachenkomplexe für den Rückgang in den Schülerleistungen sind unter anderem Veränderungen im sozioökonomischen Hintergrund, in den Bildungsausgaben, im allgemeinen Fokus auf die Vermittlung von Basiskompetenzen, in der Unterrichtsqualität und in Anreizwirkungen vom Arbeitsmarkt diskutiert worden.

Mehrere Untersuchungen befassen sich mit Veränderungen in der Zusammensetzung der Schülerschaft. Aspekte des sozioökonomischen Hintergrundes wie der Hintergrund der Eltern in Bezug auf Bildung, Beruf und Migration weisen einen engen Zusammenhang mit den schulischen Leistungen der Kinder auf. Insoweit sich diese Aspekte über die Zeit verändert haben, könnten sie prinzipiell zu Veränderungen in den durchschnittlichen Schülerleistungen beitragen. Es zeigt sich aber, dass die deutlichen Leistungsrückgänge allenfalls zu einem Teil auf Veränderungen in der Zusammensetzung der Schülerschaft zurückgeführt werden können.

Beispielsweise sind die in IGLU gemessenen Lesekompetenzen von Viertklässlerinnen und Viertklässlern seit 2001 bis 2021 um 15 Punkte zurückgegangen, seit 2006 sogar um 23 Punkte (siehe Abbildung 3). Diese langfristigen Rückgänge lassen sich insgesamt nicht durch Veränderungen in der Zusammensetzung der Schülerschaft in Bezug auf Bildungsabschluss, Migrations- und beruflichem Hintergrund der Eltern und Buchbesitz – die selbst einen engen Zusammenhang mit den Schülerleistungen aufweisen – erklären (vgl. McElvany u. a. 2023, S. 123–125). Wird nur der Rückgang der letzten fünf Jahre betrachtet, der mit 13 Punkten am stärksten ausfällt, so lässt sich knapp ein Viertel dieses Rückgangs auf Veränderungen in der Zusammensetzung der Schülerschaft zurückführen.

Im IQB-Bildungstrend der Viertklässlerinnen und Viertklässler lässt sich rund ein Drittel des Rückgangs der Mathematikleistungen sowohl zwischen 2011 und 2021 als auch zwischen 2016 und 2021 auf Veränderungen in der Zusammensetzung der Schülerschaft in Bezug auf den beruflichen Hintergrund der Eltern, Buchbesitz, Migrationshintergrund und Familiensprache zurückführen (vgl. Stanat u. a. 2022, S. 108–113). In den verschiedenen Kompetenzbereichen im Fach Deutsch sind es zwischen 22 Prozent und 41 Prozent des Rückgangs seit 2016 und zwischen 41 Prozent und 48 Prozent des Rückgangs seit 2011. Im IQB-Bildungstrend der Neuntklässlerinnen und Neuntklässler lassen sich zwischen 25 Prozent und 36 Prozent des Rückgangs in den drei Kompetenzbereichen im Fach Deutsch zwischen 2015 und 2022 auf Veränderungen in der entsprechenden Zusammensetzung der Schülerschaft zurückführen (vgl. Stanat u. a. 2023, S. 197–204).[5]

---

[5] Für den PISA-Test liegen entsprechende Untersuchungen nicht in vergleichbarer Weise vor.

Insofern scheint zwischen einem Viertel und der Hälfte der Rückgänge in den Schülerleistungen der letzten fünf bis zehn Jahre mit Veränderungen in der sozioökonomischen Zusammensetzung der Schülerschaft zusammenzuhängen. Ein großer Teil der Rückgänge lässt sich so nicht erklären. Gerade die längerfristigen Trends hängen nicht systematisch mit Veränderungen in der Zusammensetzung der Schülerschaft zusammen.

Es ist auch nicht so, dass über die Zeit an den Bildungsausgaben gespart worden wäre. Ganz im Gegenteil: Die schulischen Ausgaben je Schülerin und Schüler sind zwischen 2010 und 2022 kontinuierlich um insgesamt 58,3 Prozent gestiegen (vgl. Statistisches Bundesamt 2024b). Auch inflationsbereinigt ist noch ein Anstieg um ein Drittel zu verzeichnen. Insofern lassen sich die Rückgänge in den Schülerleistungen nicht auf entsprechende Veränderungen in den Bildungsausgaben zurückführen.

Ein möglicher Erklärungsfaktor für den Verlauf der Schülerleistungen seit dem PISA-Schock besteht darin, dass in Politik, Gesellschaft und Bildungssystem zunächst ein klarer Fokus auf die Vermittlung von Basiskompetenzen gelegt wurde, der nach rund einem Jahrzehnt aber deutlich verlorengegangen ist. In den frühen 2000er Jahren nach dem PISA-Schock hatten die meisten Reformen im Schulsystem eine klare Ausrichtung auf die verbesserte Vermittlung der Basiskompetenzen. Ein Beispiel dafür ist die Einführung zentraler Abschlussprüfungen, die in den meisten Bundesländern, die diese zuvor nicht hatten, erfolgt ist. Es ist belegt worden, dass diese Reformen zu dem Anstieg in den PISA-Leistungen beigetragen haben (vgl. Lüdemann 2011).

Dieser klare Fokus auf die Basiskompetenzen ist in der Folge wieder verlorengegangen. Symptomatisch für einen fehlenden Wunsch nach klarer Transparenz der Leistungsentwicklung ist die Abschaffung des PISA-Bundesländervergleichs ab 2009. Die Einführung der Tests der IQB-Ländervergleiche hat die langfristige Vergleichbarkeit hingegen unterbrochen. Durch die Abkoppelung von der allgemein bekannten PISA-Studie haben die Ländervergleiche auch tendenziell weniger Sichtbarkeit und erhalten weniger öffentliche Aufmerksamkeit außerhalb des Fachpublikums. Darüber hinaus finden die Tests im selben Fach und in derselben Klassenstufe nur in langen Abständen von fünf oder sechs Jahren statt, was eine kontinuierliche Beobachtung der Leistungsentwicklung mit entsprechender Ursachenanalyse noch weniger ermöglicht als der Dreijahreszyklus der PISA-Studie. So wurde der seit Beginn der 2010er Jahre zu beobachtende Abwärtstrend in Politik und Gesellschaft lange Zeit zumeist kleingeredet und vielfach ignoriert.

Auch die zentralen Bildungsreformen seit den 2010er Jahren hatten ihren Fokus nicht mehr auf den Basiskompetenzen. Zahlreiche weitere, durchaus wichtige Themen wie Inklusion, drahtlose Internetverbindungen in den Schulen, Ganztagsbetreuung oder Schultoiletten sind in den Vordergrund gerückt, wodurch dem Thema der Basiskompetenzen weniger Aufmerksamkeit geschenkt wurde. Hamburg stellt in diesem Zusammenhang eine gewisse Ausnahme dar, da dort politisch explizit weiterhin ein klarer Fokus auf die Vermittlung von Basiskompetenzen gelegt wurde, auch unter Hintanstellung anderer Themen. Beispiele dafür sind die kontinuierliche Messung der schulischen Leistungen, die Einführung von Sprachstandstests ab dem Alter von viereinhalb Jahren, verbindliche vorschulische Sprachförderung, Fokussierung auf die Vermittlung der basalen Kompetenzen wie Lesen und Schreiben im Unterricht und die gezielte Förderung von Schulen und Kindern in herausfordernden Lagen. Insofern kommt die Tatsache, dass sich die Leistungen in Hamburg gegen den sonstigen Negativtrend entwickelt haben, nicht von ungefähr.

Auch im Bereich der Entwicklung der Unterrichtsqualität sind Defizite zu verzeichnen (vgl. Kapitel 4). Die Unterrichts- und Schulentwicklung wurde seit den 2010er Jahren nicht mehr so systematisch vorangetrieben wie in den Jahren nach dem PISA-Schock. Darüber hinaus hat sich die Qualität des Unterrichts nicht ausreichend an die Verschiebungen der Ausgangslagen in den jeweiligen Schulformen angepasst, um eine differenzierende Förderung entsprechend den heterogenen Lernausgangslagen zu ermöglichen.

Insgesamt dürfte ein Grund für den kontinuierlichen Leistungsabfall also im abhandengekommenen Fokus in der Schulpolitik liegen. Dies gilt sowohl für die fehlende Verbindlichkeit bei der Sicherstellung, dass alle Kinder ein Mindestniveau an Basiskompetenzen erlernen, als auch für die differenzierende Förderung leistungsstarker Schülerinnen und Schüler. Ein Aspekt davon besteht auch darin, dass keine jährliche Transparenz darüber besteht, welche Lernleistungen in den einzelnen Bundesländern und Schulen erreicht werden.

Schließlich hat auch der demografische Wandel am Arbeitsmarkt möglicherweise eine Verringerung der Anreizwirkungen für hohe schulische Leistungen zur Folge. Ein entscheidender langfristiger demografischer Trend besteht im Rückgang der Bevölkerung im erwerbsfähigen Alter (vgl. vbw 2023). Die geburtenstarken Jahrgänge der sogenannten Babyboomer scheiden aus dem Erwerbsleben aus, während die in den Arbeitsmarkt eintretenden Jahrgänge wesentlich kleiner sind. Die Geburtenzahl ist seit dem Höchstwert, der im Jahr 1964 erreicht wurde, deutlich gesunken; seit langem liegt die Anzahl der Kinder je Frau bei rund 1,6, was langfristig einen deutlichen Bevölkerungsrückgang impliziert.

Der seit Jahren zu beobachtende Rückgang der Erwerbsbevölkerung wird sich in den kommenden Jahren noch verstärken. Laut den BIBB-IAB-Qualifikations- und Berufsprojektionen ist damit zu rechnen, dass die Erwerbsbevölkerung (gemessen als Bevölkerung im Alter von 15 bis unter 74 Jahren) trotz angenommener Nettozuwanderung bis 2040 um knapp sieben Prozent sinken wird, von derzeit 63 Millionen auf dann 58,9 Millionen (vgl. Maier u. a. 2022). Aufgrund der Alterung der Bevölkerung fällt dieser Rückgang in der Erwerbsbevölkerung (in absoluten Zahlen) mehr als doppelt so groß aus wie der prognostizierte Bevölkerungsrückgang insgesamt.

Der deutliche Rückgang der Bevölkerung im erwerbsfähigen Alter führt tendenziell dazu, dass es Unternehmen zunehmend schwerfällt, ihren Bedarf an Arbeitskräften zu decken. Umgekehrt sehen sich Jugendliche einem deutlich umfangreicheren Angebot an unbesetzten Arbeitsplätzen gegenüber als in der Vergangenheit. Insofern dürften Jugendliche aufgrund der demografischen Entwicklung in Zukunft auch bei schlechteren Bildungsleistungen höhere Berufsausbildungs- und Arbeitsmarktchancen haben. Dies verringert die vom Arbeitsmarkt ausgehenden Anreize, hohe Bildungsleistungen zu erzielen.

1.2.3 Ökonomische Kosten des Rückgangs der Basiskompetenzen

Ein geringeres Niveau an Basiskompetenzen bedeutet, dass gesellschaftliche Partizipationsmöglichkeiten eingeschränkt werden. Dies beeinträchtigt auch die Grundlagen des demokratischen Zusammenlebens. Gesamtgesellschaftlich ist ein Rückgang der Basiskompetenzen darüber hinaus mit hohen ökonomischen Kosten verbunden.

Bildung gilt seit langem als wichtiger Faktor für wirtschaftlichen Wohlstand (vgl. z. B. Aghion/Howitt 2009; Hanushek/Wößmann 2015). Zum einen erhöht Bildung als Produktionsfaktor die Produktivität der Erwerbsbevölkerung und damit die gesamtwirtschaftliche Produktion. Zum anderen steigert Bildung die Innovationsfähigkeit der Wirtschaft; durch die Entwicklung neuer Technologien, Produkte und Prozesse erhöht sich das volkswirtschaftliche Wachstum. Auch erleichtert Bildung die Verbreitung und Anwendung neuer Produktionstechnologien. Auf diese Weisen trägt eine bessere Bildung zu höherem volkswirtschaftlichem Wachstum bei.

Empirisch zeigt sich die Rolle von Bildung für gesamtwirtschaftliches Wachstum insbesondere, wenn sie durch das Niveau der Basiskompetenzen der Bevölkerung gemessen wird. So konnte anhand der Daten zurückliegender Schülerleistungstests in Mathematik und Naturwissenschaften seit den 1960er Jahren gezeigt werden, dass die Basiskompetenzen der Menschen, die aufsummiert als „Wissenskapital“ der Nationen bezeichnet werden können, einschneidende Faktoren für das langfristige Wachstum von Volkswirtschaften sind (vgl. Hanushek/Wößmann 2015). Wie in Abbildung 4 dargestellt, weisen Länder, deren Bevölkerung höhere Bildungsleistungen erreichen, systematisch höhere langfristige Wachstumsraten des Bruttoinlandsprodukts pro Kopf auf.[6]

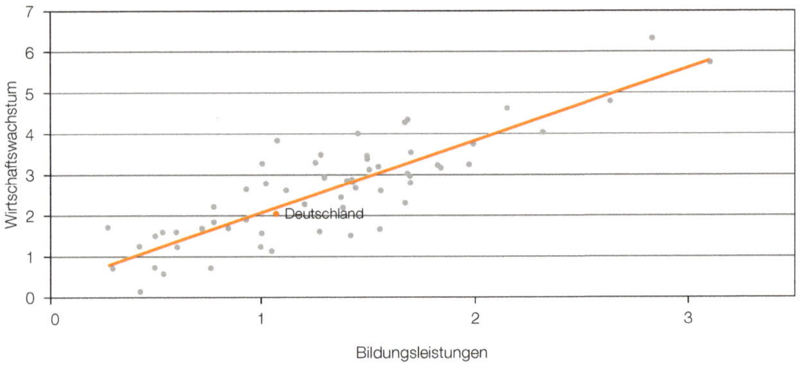

Abbildung 4: Basiskompetenzen und Wirtschaftswachstum (eigene Darstellung in Anlehnung an Hanushek/Wößmann 2016)

Anmerkung: Wirtschaftswachstum: durchschnittliche jährliche Wachstumsrate des Bruttoinlandsprodukts pro Kopf in Prozent, 1960 bis 2000. Bildungsleistungen: Leistungen in allen internationalen Mathematik- und Naturwissenschaftstests zwischen 1964 und 2003 in exponentiellen PISA-Punkten. Zusammenhang nach Herausrechnung des Effektes des Ausgangsniveaus des Bruttoinlandsprodukts pro Kopf. Jeder Punkt steht für ein Land.

Der Zusammenhang ist sehr eng: Es gibt keine Länder mit hohen Bildungsleistungen, die nicht schnell gewachsen sind, und umgekehrt ist kein Land mit niedrigen Bildungsleistungen schnell gewachsen. Unterschiede in den Bildungsleistungen der Bevölkerung können über drei Viertel der internationalen Unter-

6 Heller-Sahlgren und Jordahl (2024) zeigen, dass der Zusammenhang auch in einer aktualisierten Betrachtung robust ist.

schiede im langfristigen Wirtschaftswachstum erklären. Umfangreiche weitere Untersuchungen legen nahe, dass es sich bei diesem Zusammenhang weitgehend um einen kausalen Effekt besserer Bildung handelt (vgl. Hanushek/Wößmann 2015): Bessere Bildungsleistungen der Bevölkerung führen langfristig zu höheren wirtschaftlichen Wachstumsraten. Die Größe des Effektes ist beträchtlich: Eine Verbesserung der Bildungsleistungen um 25 PISA-Punkte geht langfristig mit einem um rund einen halben Prozentpunkt höheren jährlichen Wirtschaftswachstum einher. Im Gegensatz zu den Bildungsleistungen tragen Unterschiede in der Bildungsdauer nicht systematisch zur Erklärung der Wachstumsunterschiede bei.

Die großen Wachstumseffekte der Bildungsleistungen bedeuten im Umkehrschluss, dass Rückgänge in den Basiskompetenzen der Schülerschaft langfristig hohe volkswirtschaftliche Kosten mit sich bringen. Anhand des beschriebenen Zusammenhangs zwischen Basiskompetenzen und Wirtschaftswachstum lassen sich die zukünftigen gesamtwirtschaftlichen Auswirkungen von Veränderungen in den Bildungsleistungen quantifizieren. Dazu werden Projektionen über die zukünftigen Wachstumspfade der deutschen Volkswirtschaft mit den bisherigen und den gesunkenen Basiskompetenzen berechnet. Die Projektionen berücksichtigen dabei auch die Dynamik der Anpassungen: Es braucht Zeit, bis die aktuellen Schülerinnen und Schüler in den Arbeitsmarkt eintreten und sich die Wirtschaft daran anpasst, dass die geringer qualifizierten Arbeitskräfte einen spürbaren Anteil der gesamten Beschäftigung ausmachen. Diese Dynamik impliziert wiederum, dass es einige Zeit dauert, bis die wirtschaftlichen Folgen spürbar werden.

Die Perspektive der Berechnungen ist sehr langfristig bis zum Ende des Jahrhunderts, was in etwa der Lebenserwartung eines heute geborenen Kindes entspricht. Die Schätzungen werden in Gegenwartswerten berechnet, die das heutige monetäre Äquivalent der zukünftigen wirtschaftlichen Entwicklung für den Rest des Jahrhunderts darstellen. In der nahen Zukunft realisierte Beträge werden stärker gewichtet als später realisierte Beträge, wobei ein Diskontfaktor von drei Prozent verwendet wird.

Es zeigt sich, dass ein dauerhafter Rückgang um 25 PISA-Punkte, wie er zuletzt in Mathematik zu beobachten war, langfristig sehr hohe volkswirtschaftliche Kosten nach sich zieht. Für Deutschland ergibt sich aus solch einem Rückgang langfristig eine entgangene Wirtschaftsleistung von rund 14 Billionen Euro (vgl. Hanushek/Wößmann 2020). Das entspricht mehr als dem Dreifachen des jährlichen Bruttoinlandsprodukts beziehungsweise einem durchschnittlichen Verlust an abdiskontiertem Bruttoinlandsprodukt über den gesamten Zeitraum von gut sieben Prozent. Zum Ende des Jahrhunderts ist das Bruttoinlandsprodukt 30 Prozent niedriger als im Status quo, und die langfristige Wachstumsrate der Volkswirtschaft ist um einen halben Prozentpunkt niedriger. Sobald die niedriger qualifizierten Jahrgänge einen erheblichen Teil der Erwerbsbevölkerung ausmachen, fallen die Rückgänge der Bildungsleistungen gesamtwirtschaftlich also sehr stark ins Gewicht.

1.3 Verlorene Verbindlichkeit: psychische Konsequenzen für die Lernenden

Die Erörterung der Begriffe „Pflicht“ und „Bildungspflicht“ (vgl. Kapitel 1.1, S. 20) hat verdeutlicht, dass im gesellschaftlichen Diskurs die Vorstellung verblasst ist, nach der ein erfolgreiches Bildungssystem wechselseitige Verbindlichkeit zwischen Staat und Individuum voraussetzt: Der Staat hat gegenüber dem Individuum eine Fürsorge- und Angebotspflicht, hat also für ein qualitätsvolles Bildungssystem Sorge zu tragen und darüber hinausgehend Maßnahmen zu ergreifen, um Benachteiligungen zu kompensieren, die Individuen aufgrund ihrer Lernvoraussetzungen und Lebensumstände mitbringen können. Umgekehrt haben aber auch das Individuum (z. B. die Schülerin beziehungsweise der Schüler) oder die für es Verantwortlichen (z. B. die Eltern) die Pflicht, die bereitgestellten Chancen engagiert und selbsttätig zu nutzen. Dies bedeutet, das Individuum muss die Voraussetzungen dafür schaffen, dass es die Anforderungen des Bildungsangebots meistern und später die eigene Arbeitskraft dem Arbeitsmarkt zur Verfügung stellen kann. Dazu gehören z. B. die Bereitschaft, Anstrengung in Lernen zu investieren, regelmäßig in der Schule beziehungsweise am Arbeitsplatz anwesend zu sein oder die im Unterricht oder Arbeitskontext gesprochene Sprache zu lernen.

Es muss deshalb aus psychologischer Perspektive analysiert werden, was die Gründe dafür sind, dass heute im gesellschaftlichen Diskurs der Fokus stärker auf die Pflichten des Staates als auf die Pflichten des Individuums gerichtet ist. Dabei sind drei Thesen zu diskutieren: Die erste These lautet, dass gesunkene Leistungsanforderungen im Bildungssystem und die erhöhte Durchlässigkeit des Bildungssystems sowie seine föderale Struktur dazu beitragen, dass Verbindlichkeiten für das lernende Individuum gesunken sind – mit ambivalenten Folgen für seine psychologische Situation. Die zweite These besagt, dass eine veränderte gesellschaftliche Werteorientierung ihren Ausdruck in einer stärkeren Betonung individueller Rechte und Bedürfnisse und einer abnehmenden Bedeutung von an bestimmte Rollen gebundenen Erwartungen oder Pflichten des Individuums findet. Und schließlich wird in einer dritten These argumentiert, dass Erziehungspraktiken immer stärker darauf abzielen, das Individuum zu befähigen, seine eigenen Bedürfnisse und Rechte zu erkennen und ihnen zu folgen – bei gleichzeitig abnehmender Bedeutung von Erziehungszielen, die auf die Wahrnehmung von Pflichten gerichtet sind. Zu jeder These werden Möglichkeiten der Stärkung von Verbindlichkeit im Bildungssystem vorgestellt.

1.3.1 Mangelnde Verbindlichkeit im Bildungssystem

Wie im Kapitel 1.2 dargestellt, haben Arbeitgeberinnen und Arbeitgeber aufgrund der demografischen Entwicklung zunehmend Schwierigkeiten, ihren Bedarf an Arbeitskräften zu decken. Dies verringert die vom Arbeitsmarkt ausgehenden Anreize, hohe Bildungsleistungen zu erzielen.

Verringerte vom Arbeitsmarkt ausgehende Anreize, hohe Bildungsleistungen zu erbringen. Eine Möglichkeit, der Mangelsituation auf dem Arbeitsmarkt zu begegnen, besteht darin, die Anforderungen zu reduzieren, die Menschen für eine erfolgreiche Platzierung auf dem Arbeitsmarkt erfüllen müssen. Zwei Indikatoren dafür, dass es einen Trend zu verringerten Leistungsanforderungen im Bildungssystem und auf dem Arbeitsmarkt gibt, sollen im Folgenden genannt werden: Hochschulzugangsberechtigungen und Abiturnoten.

Der Anteil der Menschen mit einer Hochschulzugangsberechtigung hat sich in Deutschland über die vergangenen Dekaden hinweg drastisch erhöht. Während beispielsweise im Jahr 1975 nur 20,4 Prozent der altersspezifischen Bevölkerung eine allgemeine oder Fachhochschulreife besaßen, waren es 2021 bereits 48,4 Prozent (vgl. Statistisches Bundesamt 2023, S. 113). Die Zunahme in den 1950er bis 1970er Jahren ist vor allem auf die damalige starke Bildungsexpansion zurückzuführen. Damit können aber nicht die Erhöhungen in den Quoten erklärt werden, die sich in den vergangenen beiden Dekaden seit dem PISA-Schock 2000 weiterhin gezeigt haben: Im Jahr 2000 lag die Studienberechtigtenquote mit 37,2 Prozent (vgl. DZHW 2023) noch mehr als zehn Prozent niedriger als heute.

Eine Betrachtung der Ergebnisse der PISA-Studien im zeitlichen Verlauf verdeutlicht, dass die Erhöhung der Quoten nicht damit erklärt werden kann, dass sich der Anteil der Schülerinnen und Schüler auf höheren Kompetenzstufen erhöht hätte. Plausibler ist eine Erklärung über eine „Noteninflation" in der Sekundarschule. Vergleicht man die mittleren Abiturnoten in Deutschland im zeitlichen Verlauf, so ist ein Trend dahingehend zu beobachten, dass sie sich stetig verbessert haben – wobei dies nicht einer tatsächlichen Zunahme in den Kompetenzen entspricht, wie die IQB-Bildungstrends und PISA-Studien zeigen. Abbildung 5 zeigt für die verschiedenen Bundesländer und für Deutschland die mittleren Abiturnoten in einem Vergleich über die vergangenen zehn Jahre (eigene Berechnung auf der Grundlage der von der KMK (2023) bereitgestellten Statistiken). Hierbei wird für alle Bundesländer und für Deutschland eine stete Notenverbesserung sichtbar.

Zusammengenommen sprechen diese Befunde dafür, dass es über die vergangenen Jahre eine kontinuierliche Verbesserung von Abiturnoten und Erhöhung der Quoten von Menschen gegeben hat, die die Schule mit einer Hochschulzugangsberechtigung verlassen. Da es keinen entsprechenden Kompetenzzuwachs gegeben hat, sind diese Veränderungen damit zu erklären, dass die Anforderungen reduziert worden sind und vergleichbar gute Leistungen mit besseren Bewertungen honoriert worden sind. Dies bedeutet, dass sich über den beobachteten Zeitraum die Anforderungen/Pflichten abgeschwächt haben, denen das Individuum als lernende Person entsprechen muss. Wie in Kapitel 1.3 näher ausgeführt wird, sind in der Folge möglicherweise die Bildungsaspirationen Betroffener gestiegen und entsprechend an Übergängen optimistische Bildungsentscheidungen begünstigt worden.

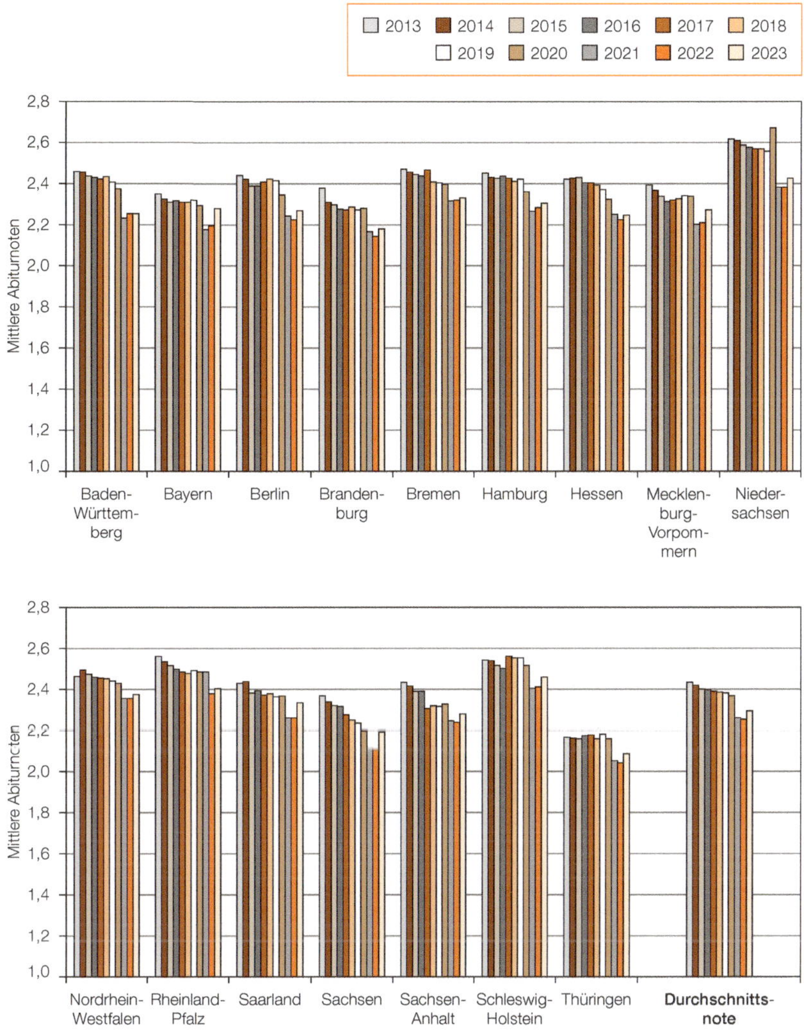

Abbildung 5: Mittlere Abiturnoten für 16 Bundesländer und Deutschland in den Jahren 2013 bis 2023 (eigene Berechnung auf Grundlage der von der KMK [2023] bereitgestellten Statistiken)

Durchlässigkeit und Bildungsföderalismus. Auch die zunehmende Durchlässigkeit des Bildungssystems und der Bildungsföderalismus tragen auf unterschiedliche Weise zu geringerer Verbindlichkeit bei.

- **Durchlässigkeit des Bildungssystems.** Mit dem Ziel stärkerer Chancengerechtigkeit sind im Bildungssystem in den 1960er bis 1970er Jahren zunehmend mehr Optionen geschaffen worden, wie Menschen in unterschiedlichen Phasen ihrer Bildungsbiografie Weichenstellungen korrigieren und höherwertige Bildungsabschlüsse erwerben können, die zuvor entweder nicht angestrebt oder nicht erfolgreich abgeschlossen worden sind. Ein Beispiel ist, dass es inzwischen für jede Schulform Übergänge gibt, die Schülerinnen und Schüler nutzen können, um den höchsten Bildungsabschluss, die Hochschulzugangsberechtigung, zu erlangen. Mit der Schaffung zunehmender Optionen sinkt aber psychologisch betrachtet auch die Verbindlichkeit vergangener Leistungen und einmal getroffener Bildungsentscheidungen.
  Die Studie von Schuchart und Maaz (2007) untersuchte diesen Sachverhalt in einer Zeit, in der in Deutschland noch das dreigliedrige Schulsystem existierte. Sie untersuchten die damals vielfältiger werdenden Optionen, am Ende der Sekundarstufe I Schulabschlüsse und damit einhergehende Zugangsberechtigungen unabhängig von der besuchten Schulart zu erwerben; im Besonderen die Möglichkeit des Erwerbs des mittleren Abschlusses beim Besuch einer Hauptschule. Schuchart und Maaz klassifizierten verschiedene Bundesländer nach dem Grad ihrer Offenheit und Restriktivität betreffend den Zugang zu über den Hauptschulabschluss hinausgehenden schulischen Weiterqualifizierungsoptionen. Auf der Grundlage des PISA-2000-Datensatzes fanden sie, dass bei gleichen Leistungen der Schülerin beziehungsweise des Schülers Eltern in Ländern, in denen die Möglichkeiten der Weiterqualifizierung vielfältig und weniger an bestimmte Leistungsvoraussetzungen gebunden waren (z. B. Niedersachsen, Nordrhein-Westfalen), häufiger die Möglichkeit nutzten, ihrem Kind zu einem höherwertigen als dem Hauptschulabschluss zu verhelfen, als in Ländern mit stärker restriktiven Bedingungen (z. B. Baden-Württemberg). In Bayern als einem Bundesland mit besonders hohen Leistungsanforderungen und nur wenigen Schulen, die erweitere Abschlussoptionen bieten, fanden Schuchart und Maaz eine nochmals um die Hälfte geringer ausgeprägte Wahrscheinlichkeit als in Baden-Württemberg, dass Eltern für ihr Kind eine Höherqualifizierung anstrebten (S. 657). Schuchart und Maaz zeigen weiter auf, dass die eigentlich mit den Entkopplungsoptionen adressierte Gruppe der leistungsstarken Hauptschülerinnen und Hauptschüler von ihnen wenig Gebrauch macht: Nur etwa die Hälfte der Eltern aus den 25 Prozent der leis-

tungsstärksten Schülerinnen und Schüler wünschen sich für ihr Kind den mittleren Abschluss (S. 661).
Diese Ergebnisse legen nahe, dass die erweiterte Durchlässigkeit des Bildungssystems zwar optimistische Bildungsentscheidungen begünstigt, dass diese aber nicht auf der Grundlage der tatsächlichen Leistungen oder des Leistungspotenzials der/des jeweiligen Lernenden getroffen werden. Aktuellere Studien verweisen darauf, dass es vielmehr der Bildungsstatus der Eltern ist, der die Inanspruchnahme einer Option zur Optimierung der Bildungsbiografie eines Kindes vorhersagt: Die Durchlässigkeit des Bildungssystems wird vor allem von Menschen genutzt, die einen privilegierten Bildungsstatus haben. Buchholz und Schier (2015) untersuchten die Erwachsenenkohorten aus dem Nationalen Bildungspanel (NEPS), die zwischen 1944 und 1986 in Westdeutschland geboren worden waren. Sie wollten herausfinden, ob die in den 1960er bis 1970er Jahren geschaffene Möglichkeit, nach Erwerb eines ersten Sekundarschulabschlusses noch einen höherwertigen Sekundarschulabschluss zu erwerben, tatsächlich von den Personen genutzt wird, die von dieser Erhöhung der Durchlässigkeit des Schulsystems besonders profitieren sollten, nämlich Menschen, deren Eltern selbst eine nur geringe schulische Bildung genossen hatten. Als positiver Befund zeigte sich, dass mit 27 Prozent der Personen ein sehr großer Anteil von der Möglichkeit Gebrauch gemacht hatte, einen Hauptschulabschluss oder die Mittlere Reife zu einem späteren Zeitpunkt mit einem höherwertigen Schulabschluss zu ergänzen. Wurde jedoch der Schulabschluss der Eltern der untersuchten Personen berücksichtigt, so zeigte sich, dass diese Möglichkeit ganz überwiegend genutzt wurde, wenn Personen mit ihrem ersten Sekundarschulabschluss einen geringerwertigen Schulabschluss erreicht hatten als ihre Eltern (42 Prozent gegenüber 24 Prozent, bei denen der erste Abschluss mindestens so hochwertig war wie der ihrer Eltern) und von Personen, deren Eltern den höchstmöglichen Schulabschluss erreicht hatten (42 Prozent gegenüber 25 Prozent, deren Eltern den geringstmöglichen Schulabschluss erreicht hatten). Ähnlich fanden Biewen und Tapalaga (2017) in NEPS-Erwachsenenkohorten, dass ein geringer Bildungsstatus der Eltern damit assoziiert war, dass Personen nach Abschluss der Sekundarschule eine Berufsausbildung begannen. Sie strebten keinen tertiären akademischen Abschluss und nach Abschluss einer Berufsausbildung keinen höherwertigen Abschluss an beziehungsweise studierten an einer Hochschule für Angewandte Wissenschaften. Die Autoren schlussfolgern, dass die Maßnahmen zur Steigerung der Durchlässigkeit des Bildungssystems nicht zur Abmilderung sozialer Selektivität beigetragen haben, sondern ganz im Gegenteil die Optionen zur Revision früherer Bildungsentscheidun-

gen vorzugsweise von denjenigen genutzt werden, deren Eltern einen vergleichsweise hohen Bildungsstatus hatten.
Zusammengefasst ist festzustellen, dass mit der Durchlässigkeit des Schulsystems die Verbindlichkeit vergangener Leistungen und einmal getroffener Bildungsentscheidungen abnimmt und gleichzeitig der erhoffte Effekt reduzierter sozialer Selektivität nicht erreicht wurde.

- **Abitur als Ländersache.** In Deutschland werden die Anforderungen und Bewertungsmaßstäbe für das Abitur auf Landesebene geregelt. Im Vergleich zu einem Schulsystem mit Zentralabitur wird in diesem föderalen System der Vielfalt der Lehrpläne und den unterschiedlichen Lernvoraussetzungen der Schülerschaft in den Ländern stärker Rechnung getragen. Auf der anderen Seite ist die Vergleichbarkeit der Abschlüsse über Bundesländer hinweg nicht gewährleistet. Dadurch sinkt die Kopplung zwischen standardisiert messbaren Leistungen und ihrer Bewertung sowie damit verbundenen zukünftigen Chancen auf dem Arbeitsmarkt. Aus der Sicht des Individuums wird damit die Verbindlichkeit der Abiturprüfung abgeschwächt. So kann es irritieren, dass Unterschiede in den mittleren Kompetenzen von Schülerinnen und Schülern, die in den IQB-Bildungstrends zwischen den Bundesländern vergleichend ermittelt werden (Leistungen), nicht den Schwankungen in der Studienberechtigtenquote (Chancen auf dem Arbeitsmarkt) zwischen Bundesländern korrespondieren: Im IQB-Bildungstrend 2021 (vgl. Stanat u. a. 2022) lagen die mittleren Kompetenzen der Schülerinnen und Schüler im Bereich Lesen in Sachsen und Bayern signifikant oberhalb und in Berlin signifikant unterhalb des Bundesdurchschnitts (vgl. Schneider/Wittig 2022, S. 83). Gleichzeitig lag die Studienberechtigtenquote im Jahr 2021 in Berlin mit 52,6 Prozent höher als im Bundesdurchschnitt (48,4 Prozent), hingegen in Sachsen (43,5 Prozent) und Bayern (43,5 Prozent) unterhalb des Bundesdurchschnitts (vgl. Statistisches Bundesamt 2023).
  Zusammenfassend kann höhere Verbindlichkeit geschaffen werden, indem die Vergleichbarkeit von Schulabschlüssen über die Bundesländer hinweg gestärkt wird (zum Vorschlag eines gemeinsamen Kernabiturs vgl. vbw 2011a).

- **Übergangsempfehlung am Ende der Grundschule.** In Deutschland können Eltern durch das Grundgesetz abgesichert als Teil ihres Erziehungsrechts die Schulform für ihr Kind wählen. Die Länder haben aber ein Eingriffsrecht, wenn sich ein Kind für die von den Eltern gewählte Schulform als nicht geeignet erweist (vgl. Baumert u. a. 2010). Interessanterweise greift der Staat nicht ein, wenn Eltern ihr Kind auf eine niedrigere Schulform schicken als von der Grund-

schule empfohlen wurde. Dadurch, dass die Länder von ihrem Eingriffsrecht in unterschiedlicher Weise Gebrauch machen, unterscheiden sich die Übergangsempfehlungen in ihrer Verbindlichkeit. In Bayern, Brandenburg und Thüringen ist die Empfehlung der Grundschule für die Eltern verbindlich: Wollen diese eine andere als die empfohlene Schulform, muss das Kind für einige Tage am Probeunterricht in der gewünschten Schule teilnehmen und kann an dieser nur dann verbleiben, wenn es eine Prüfung besteht. In Baden-Württemberg, Bayern, Berlin, Brandenburg, im Saarland, in Sachsen und Thüringen beruht die Übergangsempfehlung auf einem festgelegten Notendurchschnitt, den das Kind in bestimmten Fächern für eine Gymnasialempfehlung erreichen muss, aber die Eltern können sich über die Empfehlung hinwegsetzen. Eine besonders geringe Verbindlichkeit der Schulempfehlung besteht in Bremen, Hamburg, Hessen, Mecklenburg-Vorpommern, Niedersachsen, Nordrhein-Westfalen, Rheinland-Pfalz, Sachsen-Anhalt und Schleswig-Holstein, wo weder ein Notendurchschnitt erreicht noch ein Probeunterricht, eine Aufnahmeprüfung oder ein Probehalbjahr auf dem Gymnasium absolviert werden muss. Die Schulempfehlung beruht in diesen Ländern neben dem Leistungsstand auf stärker subjektiven Beurteilungsdimensionen wie Leistungsentwicklung und Arbeitshaltung (vgl. Deutscher Bundestag 2021).
Verbindliche Übergangsempfehlungen wirken als Anreiz für gesteigerte Leistungen. So fanden Bach und Fischer (2020) unter Nutzung von Daten des Nationalen Bildungspanels NEPS, dass verbindliche Übergangsempfehlungen mit signifikant besseren Leistungen in standardisierten Tests in Mathematik, Lesen, Zuhören und Orthographie in der vierten Klasse einhergingen (unter Kontrolle von Leistungen aus früheren Klassenstufen, in denen der psychologische Effekt der erwarteten Übergangsempfehlung noch nicht wirken konnte, und so unter Kontrolle von Unterschieden in den Schülerpopulationen der Länder) und mit einem signifikant erhöhten Anteil von Schülerinnen und Schülern auf den höchsten Kompetenzstufen 4 und 5 (für ähnliche Befunde aufgrund anderer Datenbasis vgl. Grewenig 2021). Dabei verbesserten sich insbesondere leistungsschwache Kinder durch die Verbindlichkeit der Übergangsempfehlung. Die Leistungsverbesserungen kamen dadurch zustande, dass die Kinder in der vierten Klasse im Schnitt 13 Minuten mehr Zeit in Hausarbeiten und Üben investierten (für ähnliche Befunde vgl. Grewenig 2021). Gleichzeitig gehen verbindliche Übergangsempfehlungen aber auch mit negativen Effekten einher. Bach und Fischer (2020) fanden, dass Kinder bei verbindlichen Übergangsempfehlungen mehr Angst in Bezug auf ihre schulischen Leistungen und ihre Zukunft erlebten und eine abgeschwächte intrinsische Motivation angaben. Interessanterweise fanden sie, dass Eltern

bei verbindlichen Übergangsempfehlungen nicht stärker selbst unterstützen oder z. B. häufiger Nachhilfeunterricht in die Wege leiten – wohl aber, dass Eltern bei nicht verbindlichen Übergangsempfehlungen ihren Kindern strengere Regeln und Überwachung (z. B. bei den Hausaufgaben) auferlegten. Kurtz u. a. (2010) fanden, dass Kinder die Situation des bevorstehenden Übergangs auf die Sekundarschule in dem Maße als bedrohlich (statt positiv herausfordernd) erlebten, je stärker ihre Eltern ihre Leistungen kontrollierten, belohnten und sanktionierten. Auch eine hohe schulbezogene Unterstützung durch die Eltern verstärkte bei den Kindern das Bedrohungserleben – möglicherweise, weil sie sie als überzogene Leistungserwartung der Eltern interpretierten.

Esser und Hoenig (2018) haben anhand von Daten aus dem Nationalen Bildungspanel NEPS die Frage untersucht, welche Effekte der Grad der Verbindlichkeit der Übergangsempfehlung der Grundschule hat. Gegeneinander abgewogen wurden die Überlegungen, dass verbindliche Übergangsempfehlungen, an denen Eltern sich auszurichten haben, einerseits für mehr Leistungsgerechtigkeit bei der Aufteilung der Kinder auf die verschiedenen Sekundarschultypen sorgen, andererseits aber möglicherweise Bildungsungleichheiten stabilisieren können. Die Ergebnisse zeigen, dass einem Kind umso wahrscheinlicher von der Schule eine Übergangsempfehlung auf das Gymnasium gegeben wurde, je besser seine Leistungen und Noten während der Grundschulzeit gewesen waren und, auch nach Kontrolle dieser Prädiktoren, je höher der sozioökonomische Hintergrund seiner Familie war. Die Frage, ob die Schulempfehlung in dem betreffenden Bundesland für die Eltern verbindlich ist oder nicht, hatte keinen Einfluss darauf, ob ein Kind eine Gymnasialempfehlung bekam oder nicht. Etwas anders stellten sich die Ergebnisse bei Betrachtung der tatsächlichen Übergänge auf das Gymnasium (gegenüber allen anderen Schulformen) dar. Hier erwies sich zunächst die Empfehlung selbst als starker Prädiktor. Darüber hinaus begünstigten wiederum ein hoher sozioökonomischer Status, gute Leistungen in der Grundschule und hohe Bildungsaspirationen der Kinder (als Maß für die Elternaspirationen interpretiert) den Übertritt aufs Gymnasium (allgemeine kognitive Fähigkeiten erwiesen sich in diesem Modell nicht mehr als bedeutsame Prädiktoren). Weiter zeigte sich ein Interaktionseffekt zwischen der Verbindlichkeit im jeweiligen Bundesland und den Leistungen des Kindes in der Grundschule. Dieser zeigte an, dass die Verbindlichkeit der Schulempfehlung allein noch nicht für eine stärkere Leistungsgerechtigkeit sorgt. Vielmehr galt dies nur dann, wenn die Empfehlungen tatsächlich die Leistungen des Kindes angemessen widerspiegelten.

Die Komplexität der Aufgabe der Lehrkraft, eine solche valide Übergangsempfehlung zu entwickeln, haben Anders/McElvany/Baumert (2010) untersucht. Sie baten Lehrkräfte, ihre insgesamt über 4.000 Viertklässlerinnen und Viertklässler auf jeweils 30 schul- und unterrichtsrelevanten Merkmalen (z. B. Begabung, Unterrichtsverhalten, psychische Stärke, Motivation, schulische Fähigkeiten, soziale Fähigkeiten, Selbstbeherrschung) einzuschätzen, die Noten der Kinder in Deutsch und Mathematik anzugeben und eine Übergangsempfehlung zu formulieren. Die Ergebnisse zeigten, dass sowohl die Noten als auch die Übergangsempfehlungen am stärksten aus den Einschätzungen der Lehrkräfte der Merkmale der Kinder vorhergesagt werden konnten, die unter „Begabung und Leistung" zusammengefasst werden können. Darüber hinaus waren aber auch Einschätzungen von Merkmalen, die unter „Motivation und Lerntugenden" subsumiert werden können, von hoher Vorhersagekraft für die Übergangsempfehlung. Einen geringeren, aber ebenfalls substanziellen Beitrag zur Vorhersage leisteten Einschätzungen, die den Bereich „Soziale Fähigkeiten und Sozialverhalten" betreffen. Anders/McElvany/Baumert (2010) schlussfolgern, dass es äußerst anspruchsvoll für eine Lehrkraft ist, den Lernstand und das Entwicklungspotenzial eines Kindes in der vierten Jahrgangsstufe valide einzuschätzen, selbst wenn sie das Kind schon mehrere Jahre unterrichtet hat. Hier wird deutlich, dass verbindliche Übergangsempfehlungen für mehr Leistungsgerechtigkeit eine hohe diagnostische Kompetenz von Lehrkräften (vgl. Artelt/Rausch 2014; Pit-ten Cate u. a. 2020) zur Voraussetzung haben und dass Übergangsempfehlungen vermutlich immer mit Unsicherheit behaftet sein werden. Die Ergebnisse von Esser und Hoenig (2018) zeigen weiterhin, dass die Noten in Bundesländern mit Verbindlichkeit der Übergangsempfehlung nicht enger mit den tatsächlichen Leistungen der Kinder zusammenhingen als in den Bundesländern ohne Verbindlichkeitsregelung. Dieses bedeutet: Die Validität der Entscheidung wird durch verbindliche Regelungen nicht erhöht.

Vor dem Hintergrund der berichteten Studienlage fällt es schwer, für alle Länder verbindliche Übergangsempfehlungen vorzuschlagen. Andererseits ist nicht gewährleistet, dass Lehrkräfte stets valide Übergangsempfehlungen aussprechen, wobei bei Verbindlichkeit die negativen Folgen einer nicht validen Empfehlung verstärkt werden, weil diese nicht durch die Eltern korrigiert werden kann. Verbindlichkeit der Übergangsempfehlungen der Grundschulen sind also nur in dem Maße angezeigt, in dem gewährleistet wird, dass Lehrkräfte und Eltern die diagnostische Kompetenz haben, valide Einschätzungen eines Kindes vorzunehmen.

Wohl aber kann festgehalten werden, dass es sinnvoll wäre, das Eingriffsrecht der Länder auf den Fall auszuweiten, bei dem Eltern eine niedrigere als von der Grundschule vorgeschlagene Schulform wählen: Hier sollte das Kind ebenso wie im umgekehrten Fall zum Probeunterricht oder zu einem Probehalbjahr oder zu einer Eignungsprüfung (wie in Sachsen praktiziert) eingeladen werden. Denn dass Eltern entgegen der Empfehlung ihr Kind nicht auf das Gymnasium schicken, geschieht meist in bildungsfernen Familien. Auch sollten Eltern darin unterstützt werden, in Kooperation mit der Grundschule die Schulwahl zu treffen, die angesichts des Leistungsniveaus und des Entwicklungspotenzials ihres Kindes tatsächlich angemessen ist. Geringe Verbindlichkeit von Übergangsempfehlungen kann zwar optimistische Bildungsentscheidungen bei Eltern begünstigen, diese können sich aber durchaus als nachteilig für das Kind erweisen: Osikominu/Pfeifer/Strohmaier (2021) fanden beim Vergleich von Baden-Württemberg, das 2011 die verbindliche Übergangsempfehlung abgeschafft hatte, mit Bayern, das immer verbindliche Empfehlungen hatte, heraus, dass durch die Aufhebung der Verbindlichkeit die Anzahl von Übergängen auf höherwertige Schulformen substanziell zunahm, und zwar insbesondere in wohlhabenderen Wohnvierteln, und gleichzeitig die Zahl der Klassenwiederholungen auf der weiterführenden Schule sich drastisch erhöhte.

- **Praxis der Vergabe von Studienplätzen.** Eine abnehmende Verbindlichkeit im Bildungssystem zeigt sich auch in der in den vergangenen Jahren deutlich veränderte Praxis der Vergabe von Studienplätzen an deutschen Hochschulen. Bundesweit zulassungsbeschränkt (das heißt mit einem nationalen Numerus clausus belegt) sind derzeit nur noch vier Studienfächer: Humanmedizin, Tiermedizin, Zahnmedizin und Pharmazie (vgl. Stiftung für Hochschulzulassung 2024). Wie Haase u. a. (2021) zeigen, gilt nur noch innerhalb der MINT-Fächer für viele Studiengänge, dass Studienplätze nach Abiturnote/Hochschulzugangsberechtigung als einzigem Auswahlkriterium vergeben werden; in Wirtschaft und Recht oder den Gesellschaftswissenschaften werden hingegen in der Regel zusätzlich externe Kriterien (z. B. Berufserfahrung) herangezogen. Besonders häufig in den Fachrichtungen Wirtschaft und Recht werden die Bewerberinnen und Bewerber neben der Abiturnote/Hochschulzugangsberechtigung zusätzlich mit Hilfe eines internen, von der jeweiligen Hochschule selbst entwickelten Verfahrens (z. B. Auswahltest, Gespräch) ausgewählt. Interessant ist auch der Befund, dass fast 20 Prozent aller Studiengänge in Deutschland auch Personen ohne eine Hochschulzugangsberechtigung offenstehen (vgl. Haase u. a. 2021, S. 130). Diese Befunde sprechen dafür, dass – der zunehmenden Heterogenität der Studienplatzinteressierten in Deutschland Rechnung tragend – die Wege in ein Hochschulstudium vielfältiger geworden sind, mit der Implikation, dass die Durchschnittsnote des Abiturs oder die Hochschulzugangsberechtigung und damit schulische Leistungen für den weiteren Bildungs- und Karriereweg der Person eine geringere Verbindlichkeit haben.

Dass für die Aufnahme eines Hochschulstudiums die Durchschnittsnote der Hochschulzugangsberechtigung immer weniger verbindlich wird, sollte kritisch beobachtet werden; insbesondere auch die Tendenz, dass kostenpflichtige Anbieter in Gestalt privater Hochschulen mit eigenentwickelten Aufnahmeverfahren auf den Markt treten und damit den Zusammenhang zwischen schulischen Leistungen und der Wahrscheinlichkeit eines Hochschulstudiums abschwächen. Für Lernende auf nichtgymnasialen Sekundarschulen könnte die Verbindlichkeit durch eine verstärkte berufliche Orientierung gestärkt werden (vgl. vbw 2023): Schulen sollten junge Menschen darin unterstützen, ihre Interessen und Fähigkeiten zu identifizieren und diese mit den Möglichkeiten, Anforderungen und Bedarfen des Arbeitsmarktes abzugleichen. Hierdurch könnten die Kontrollüberzeugungen und Handlungs-Ergebniserwartungen der Jugendlichen gefördert und erfolgreiche Berufswahlen beziehungsweise Berufsanpassungen unterstützt werden.

Psychologische Bedeutung reduzierter Verbindlichkeit im Bildungssystem. Die vorgenannten Befunde sprechen dafür, dass es eine geringere Verbindlichkeit in den Anforderungen gibt, denen das Individuum für eine erfolgreiche Platzierung im Bildungssystem und auf dem Arbeitsmarkt entsprechen muss. Welche psychologischen Folgen kann dies für das Individuum im Bildungssystem haben?

- **Kontrolle über Bildungs- und Erwerbstätigkeitsbiografie.** Geringe Verbindlichkeit kann negative motivationale Konsequenzen für die/den Lernenden haben, weil die Kontrolle, also das Ausmaß, in dem der eigene akademische berufliche Erfolg vom eigenen Handeln abhängt, subjektiv und objektiv abnimmt. In der Psychologie spricht man von objektiver Kontrolle, wenn das Auftreten eines Ereignisses vom Handeln des Individuums abhängig ist, und von subjektiver Kontrolle, wenn das Individuum nur meint, Ereignisse durch eigenes Handeln beeinflussen zu können, unabhängig davon, ob dies tatsächlich zutrifft (vgl. Seligman 1975). Nur dann, wenn eine Person die Erfahrung macht, dass gewünschte Ergebnisse durch eigenes Handeln erreicht werden können, ist sie auch motiviert, die entsprechenden Handlungen zu zeigen (vgl. Kontrollüberzeugungen bei Rotter 1966; Handlungs-Ergebniserwartungen bei Bandura 1988). Wenn Schülerinnen und Schüler z. B. beobachten, dass die Leistungsanforderungen und Benotungen in Abhängigkeit vom Bundesland unterschiedlich sind, können Gefühle von Nichtkontrollierbarkeit in der Konkurrenz um einen Ausbildungs- oder Studienplatz die Folge sein. Wenn der Zugang zu einem Hochschulstudium an das Bestehen einer nur ungenau kriterial definierten Aufnahmeprüfung gebunden ist, werden Studieninteressierte weniger davon überzeugt sein, durch Erfolg in der Schule das gewünschte Ergebnis einer Studienberechtigung selbst herbeiführen zu können. Wenn Jugendliche sodann glauben, dass sie trotz guter Leistungen nicht den gewünschten Job bekommen können oder umgekehrt auch mit weniger guten Leistungen einen durchaus attraktiven Job bekommen können, werden sie weniger motiviert sein, sich für gute Noten anzustrengen. Einerseits zielen Maßnahmen für mehr Durchlässigkeit im Bildungssystem darauf, die Optionen insbesondere auch für Lernende aus benachteiligten und bildungsfernen Hintergründen zu verbreitern; wie die zuvor genannten Studienergebnisse zeigen, haben sie jedoch andererseits nicht den gewünschten Effekt, solange sie nicht von Maßnahmen begleitet werden, die Menschen in ihren Bildungsentscheidungen kompetent machen.

- **Bildungsaspirationen und Wissen über das Bildungssystem.** Reduzierte Leistungsanforderungen, Durchlässigkeit des Bildungssystems und unverbindliche Übergangsempfehlungen können durchaus auch positive psychologische Effekte haben: Menschen können optimistischere Bildungsaspirationen entwickeln. Bildungsaspirationen beschreiben die Wünsche oder Hoffnungen, die Sozialisationsagenten (z. B. Eltern, Lehrkräfte) in Bezug auf die Bildungslaufbahn, Abschlusszertifikate, Noten etc. der/des Lernenden haben, sowie Erwartungen, das heißt Annahmen darüber, wie wahrscheinlich es ist, dass die Person einer bestimmten Leistungsanforderung entsprechen kann (vgl. z. B. Pinquart/Ebeling 2020; Khattab u. a. 2022). Wenn im Mittel bessere Noten vergeben werden oder mehr Optionen bestehen, an unterschiedlichen Stellen der Bildungsbiografie bisher nicht angestrebte oder erreichte höherwertige Bildungsabschlüsse zu erwerben, wird die Zuversicht von Eltern und Lernenden in das Leistungspotenzial und die Möglichkeiten der/des Lernenden gestärkt. Dieses kann an Übergängen in der Bildungslaufbahn optimistische Entscheidungen motivieren.
  Die Bildungsaspirationen von Eltern haben sich neben den Leistungen eines Kindes oder Jugendlichen als der stärkste Prädiktor dafür erwiesen, welche Bildungsabschlüsse erworben werden: Bereits im Vorschulalter des Kindes entwickeln Eltern solche Vorstellungen, die dann auch ihren Niederschlag in entsprechenden Vorstellungen des Kindes finden (vgl. z. B. Becker 2018; Zimmermann 2018; Gölz/Wohlkinger 2019; Astleithner/Vogl/Parzer 2021;

Schimmer 2022). Hohe Bildungsaspirationen der Eltern begünstigen hohe schulische akademische Fähigkeitsselbstkonzepte bei der Schülerin oder dem Schüler (vgl. Lazarides u. a. 2016; Buchmann/Grütter/Zuffianò 2022), die ihrerseits wiederum zu einem höheren schulischen Engagement und zu besseren Noten beitragen (Metaanalyse: Pinquart/Ebeling 2020; Khattab u. a. 2022; Chung u. a. 2023).

Auch optimistische Erwartungen von Lehrkräften haben sich günstig für Schülerinnen und Schüler erwiesen. Leistungsbezogene Erwartungen, die Lehrkräfte gegenüber Schülerinnen und Schülern haben, lassen sich nicht vollständig über deren tatsächliche Leistungen erklären, sie nehmen aber Einfluss auf zukünftige Leistungen (vgl. z. B. Gentrup u. a. 2020; für einen Überblick: Jussim/Robustelli/Cain 2009; Wang/Rubie-Davies/Meissel 2018).

Obwohl positive Effekte optimistischer Bildungsaspirationen und Erwartungen empirisch gut substanziiert sind, gibt es auch Evidenz dafür, dass sie nur dann lernbegünstigend wirken, wenn sie auf einer nicht zu stark positiv verzerrten Einschätzung der Kompetenzen, einer realistischen Einschätzung des Entwicklungspotenzials der/des Lernenden sowie einer guten Kenntnis des Bildungssystems basieren. Denn unrealistisch überhöhte Bildungsaspirationen führen dazu, dass in der Bildungslaufbahn stärkere Anpassungen in Richtung einer realistischen Erwartung erforderlich werden (vgl. z. B. Bittmann/Schindler 2021; Neumeyer u. a. 2022), die mit Frustrationen und Enttäuschungen einhergehen können (vgl. z. B. geringerer Schulzufriedenheit, Schotte/Winkler/Edele 2017; Klassenwiederholungen, Osikominu/Pfeifer/Strohmaier 2021). Diese Problematik lässt sich am Beispiel der Bildungsaspirationen von Eltern in Familien mit Migrationsgeschichte in Deutschland verdeutlichen. Diese Eltern haben im Mittel höhere Bildungsaspirationen für ihre Kinder als autochthone Eltern (vgl. z. B. Dollmann 2021; Rudolphi/Salikutluk 2021; Neumeyer u. a. 2022). Entsprechend schicken sie, wenn sie die Wahl haben, ihre Kinder wahrscheinlicher auf höherwertige Sekundarschulen (Gymnasium). Dieses kann die Motivation ihrer Kinder in der Schule steigern. Berücksichtigt man jedoch auf der anderen Seite die Kompetenzen dieser Schülerinnen und Schüler, so zeigt sich, dass sie an höheren Bildungsgängen stärker vertreten sind als Schülerinnen und Schüler aus autochthonen Familien mit vergleichbaren Leistungen (vgl. z. B. Dollmann u. a. 2021; Neumeyer u. a. 2022). Damit steigt für migrantische Jugendliche das Risiko akademischer Misserfolge.

Unrealistisch überhöhte Bildungsaspirationen werden durch die oben beschriebenen Trends absinkender und unklarer Leistungsanforderungen im Bildungssystem begünstigt, vermutlich vor allem für Eltern, die eine weniger gute Kenntnis des Bildungssystems haben. So fanden Marsh u. a. (2023), dass die Erwartungen von Eltern, Lehrkräften und Schülerinnen und Schülern umso höher ausfielen, je geringer die mittlere Leistung (und damit implizite Leistungsanforderung) an der jeweiligen Schule war. Die „inflationäre" Verteilung guter Noten kann beispielsweise implizit die Botschaft enthalten, dass eine relativ geringe Leistung schon als anerkennenswerte Leistung erachtet wird, also der Standard für die Bewertung sehr niedrig angesetzt ist. Wenn Eltern die Wahrscheinlichkeit überschätzen, dass ihr Kind ein Hochschulstudium absolvieren wird, kommunizieren sie ihrem Kind demgegenüber möglicherweise geringere Leistungsstandards, denen es entsprechen muss, als wenn die Eltern eine realistische Einschätzung haben.

Eine höhere Verbindlichkeit könnte erzeugt werden, indem Eltern und Lehrkräfte optimistische, aber gleichzeitig realistische Bildungsaspirationen und Erwartungen an Lernende entwickeln. Dazu müssten Eltern valides und regelmäßiges Feedback zum Leistungsstand und zu den Entwicklungsmöglichkeiten ihres Kindes erhalten. Dafür könnten standardisierte Testergebnisse aus Vergleichsarbeiten für individualisiertes Leistungsfeedback und eine auf diesen basierende Notengebung genutzt werden. Realistische Erwartungen von Lehrkräften können durch eine Schulung ihrer diagnostischen Kompetenz (vgl. Artelt/Rausch 2014; Pit-ten Cate u. a. 2020) und durch einen Unterricht gefördert werden, den die Lehrkraft unter Berücksichtigung der von ihren Schülerinnen und Schülern in standardisierten Tests erzielten Ergebnisse evidenzbasiert entwickelt (vgl. Gogolin/Hannover/Scheunpflug 2020). Im Ergebnis könnten Eltern und Lehrkräfte die Lernenden durch optimistische, angemessene Bildungsaspirationen und Erwartungen wirkungsvoll motivieren und in ihrer Lernentwicklung unterstützen.

Mehr Verbindlichkeit könnte auch dadurch erzeugt werden, dass Eltern gezielt Wissen über das deutsche Bildungssystem und die sich ihren Kindern darin bietenden Optionen vermittelt wird. Forster und Werfhorst (2020) fanden, dass auch nach Kontrolle des Bildungshintergrundes, des kulturellen Kapitals (Anzahl Bücher) und der Bildungsaspirationen der Eltern ein zunehmend großes Wissen der Eltern über das Bildungssystem bei ihrem Kind Abwärtsübergänge („downward transitions": von einer höheren Schulform auf eine niedrigere wechseln; die Schule nicht mit dem vorgesehenen Abschluss beenden) weniger wahrscheinlich und den Erwerb eines tertiären Bildungsabschlusses wahrscheinlicher machte. Dabei erwies sich das Wissen der Eltern als deutlich mit ihrem eigenen Bildungshintergrund assoziiert. Mit der gezielten Vermittlung von Wissen über das Bildungssystem könnte somit insbesondere für Lernende aus bildungsfernen Familien mehr Verbindlichkeit geschaffen werden.

1.3.2 Wertewandel: abnehmende Bedeutung materieller Werte

Ein weiterer Grund dafür, warum im aktuellen gesellschaftlichen Diskurs über das Bildungssystem eher Pflichten des Staates als Pflichten des Individuums thematisiert werden, sind Veränderungen in den Normen oder Werten, die Menschen für bedeutsam halten. In seiner Theorie des Wertewandels hat Inglehart (1998) datenbasiert postuliert, dass mit dem Lebensstandard einer Gesellschaft materielle Werte, also Wohlstand, Erfolg und Sicherheit, an Bedeutung verlieren, während umgekehrt postmaterielle Werte wie Lebensqualität und Selbstverwirklichung bedeutsamer werden. Dabei sind materielle Werte vor allem mit Pflichten des Individuums assoziiert: Es muss mit Ehrgeiz, Fleiß und Ausdauer nach Erfolg streben. Postmaterielle Werte sind hingegen auch mit Rechten des Individuums verbunden, wie z. B. dem Anspruch auf eine unbelastete Umwelt, auf hohe Wohnqualität oder gute Bedingungen am Arbeitsplatz. Die Inanspruchnahme dieser Rechte durch das Individuum zu ermöglichen, ist wiederum die Pflicht des Staates mit seinen Institutionen und Repräsentantinnen und Repräsentanten.

Für die Beschreibung eines möglichen Wertewandels über die Zeit eignet sich eine Differenzierung von Personen in verschiedene Kohorten, die jeweils innerhalb eines bestimmten Zeitraumes geboren worden sind. Weil diese sogenannten Generationen (vgl. Mannheim 1928) mit einem ähnlichen Lebensstandard aufgewachsen und durch dieselben gesellschaftlich-historischen Ereignisse beeinflusst worden sind, finden sich bei einem Vergleich Gemeinsamkeiten innerhalb von und Unterschiede zwischen ihnen in Bezug auf Verhaltensmuster, Werte oder Lebenseinstellungen. Für Deutschland werden die derzeit dem Arbeitsmarkt zur Verfügung stehenden Menschen eingeteilt in die sogenannten Babyboomer (Geburtsjahrgänge 1950 bis 1964, heute zwischen 60 und 74 Jahren alt), die Generation X (1965 bis 1980, heute zwischen 44 und 59), die Generation Y (1981 bis 1994, heute zwischen 30 und 43; auch als Millennials bezeichnet) und die Generation Z (1995 bis 2010, heute zwischen 14 und 29) (vgl. Frey/Ott 2023, S. 33). Wenn wie in der Demografie üblich eine Generation mit 30 Jahren veranschlagt wird, sind die Kinder der Babyboomer Angehörige der Generation Y und die Kinder der Generation X Angehörige der Generation Z.

Inglehart (1998) folgend sollten Menschen, die unter Bedingungen eines hohen Lebensstandards aufgewachsen sind, materielle Werte für weniger und postmaterielle Werte für stärker bedeutsam halten als Menschen, die unter ungünstigeren ökonomischen Bedingungen sozialisiert worden sind. Da der Lebensstandard in Deutschland über die Generationen der Babyboomer bis zur Generation Z in Deutschland angestiegen ist, sollten entsprechend materielle Werte (z. B. fleißig und ehrgeizig sein) über die Generationen hinweg an Bedeutung verloren und postmaterielle Werte (z. B. Familie und Arbeit vereinbaren können, selbstbestimmt leben können) an Bedeutung gewonnen haben. Während die Generationen, die unter ungünstigen sozioökonomischen Bedingungen aufgewachsen sind, vor allem nach einer Verbesserung ihrer individuellen materiellen Lage strebten, sind die jüngeren Generationen in ihrer Weltsicht stärker durch globale Herausforderungen wie Klimawandel, Kriege oder Fluchtbewegungen geprägt – die Befriedigung materieller Werte ist angesichts dieser geopolitischen Lage für viele junge Menschen nicht mehr von prioritärer Bedeutung. So befand beispielsweise die letzte Shell-Jugendstudie (vgl. Albert u. a. 2020), in der Jugendliche zwischen zwölf und 25 Jahren (Generation Z) befragt wurden, dass der Schutz der Umwelt (71 Prozent) für die Befragten einen noch bedeutsameren Wert darstellt als ein eigener hoher Lebensstandard (63 Prozent).

Es liegen nur wenige empirische Studien vor, die die Generationen in Bezug auf ihre Werte miteinander verglichen haben (vgl. z. B. Deloitte 2021; Leslie u. a. 2021). In einer Befragung des Instituts für Demoskopie Allensbach (2023) wurden die Generationen X, Y und Z (dort über leicht andere Geburtsjahrgänge definiert als bei Frey und Ott 2023) mit ihren Wertorientierungen, die sie im Jahre 2023 für wichtig und erstrebenswert gehalten haben, betrachtet. Dies war für 80,6 Prozent der Befragten aus der Generation Z das Ziel, „viel Spaß zu haben und das Leben zu genießen", gegenüber nur 70,4 Prozent der Angehörigen der Generation Y und 65 Prozent der Generation X. Viel zu leisten galt 30,5 Prozent der Generation-Z-Angehörigen, 36,7 Prozent der Generation-Y-Angehörigen und 34 Prozent der Generation-X-Angehörigen als bedeutsamer Wert. Umgekehrt waren 49 Prozent der Generation-Z-Angehörigen, 42,4 Prozent der Generation-Y-Angehörigen und 38,9 Prozent der Generation-X-Angehörigen ein hohes Einkommen und materieller Wohlstand besonders wichtig. Gleichwohl sich die Unterschiede zwischen den Gruppen vermutlich maßgeblich durch das unterschiedliche Lebensalter zum Befragungszeitpunkt erklären lassen, bestätigen sie dennoch die Vorhersage Ingleharts (1998), nach der materielle Werte an Bedeutung verloren und postmaterielle Werte an Bedeutung gewonnen haben. In jüngerer Zeit sind verschiedene Studien der Frage nachgegangen, wie sich auf Arbeitsplatz und Berufstätigkeit bezogene Werte über die Generationen und im Zuge der demografischen Entwicklung, Technologisierung und Digitalisierung verändert haben, verbunden mit dem Ziel, dass Arbeitgeberinnen und Arbeitgeber, die heute um die wenigen verfügbaren Arbeitskräfte konkurrieren, ihr Angebot stärker auf die Werte der Arbeitnehmerinnen und Arbeitnehmer einstellen können (vgl. z. B. Müller 2023). In einer weltweiten Befragung von Angehörigen der Generationen Y (hier als Millennials bezeichnet) und Z wählten aus sieben möglichen Gründen, die ausschlaggebend für die Wahl ihres Arbeitgebers gewesen seien, beide Gruppen am häufigsten eine „gute Work-Life-Balance" (39 beziehungsweise 32 Prozent) (vgl. Deloitte 2021). Wendekamm und Model (2019) berichten, dass die jungen Generationen weniger an der Übernahme von Leitungsaufgaben oder Führungsverantwortung, die typischerweise mit einem höheren Einkommen verbunden sind, als an beruflichen Herausforderungen interessiert sind, die Selbstentfaltung ermöglichen und mit den eigenen Werten übereinstimmen.

Die Generationen Y und Z haben die Erfahrung gemacht, dass mentale und körperliche Gesundheit, Wohlbefinden und Resilienz Voraussetzung dafür sind, dass Menschen lebenslang lernen und ihre Arbeitskraft lebenslang wirkungsvoll einsetzen können. Entsprechend fordern sie ein, dass die Voraussetzungen für eine gesundheitsbewusste und achtsame Lebensführung geschaffen werden (vgl. z. B. Albert u. a. 2020). Dabei hilft ihnen, dass sie in einem Arbeitnehmermarkt die Bedingungen mitbestimmen können, unter denen sie ein Arbeitsplatzangebot wahrnehmen wollen, im Unterschied zu der Situation, in der sich Angehörige der Babyboomer und der Generation X befunden haben. Entsprechend sehen sich Arbeitgeber auf einem Arbeitnehmermarkt zunehmend in der Pflicht, Angebote zu machen, die auch postmaterielle Werte berücksichtigen. Zu den Angeboten, die Arbeitgeber im Wettbewerb um die besten Bewerberinnen und Bewerber machen, gehören flexibilisierte und familienfreundliche Arbeitszeitmodelle, Kinderbetreuungsangebote, Nutzung von Coworking-Spaces, hybrides Arbeiten (Homeoffice), nachhaltige Gestaltung des Arbeitsplatzes oder betriebliche Angebote zur Förderung von Wohlbefinden und Gesundheit (vgl. z. B. Brandis 2023; Müller 2023).

Psychologische Bedeutung des Wertewandels. Die vorgenannten Befunde sprechen dafür, dass mit dem steigenden Lebensstandard solche Werte eine stärkere Betonung erfahren haben, die über materielle Werte hinausweisen. Welche psychologischen Implikationen haben gesellschaftlich geteilte Werte und der Wertewandel für das Individuum im Bildungssystem?

Den Einfluss gesellschaftlicher Werte auf die Motivation zu lernen haben Hofer/Fries/Grund (2017) in ihrer Theorie motivationaler Handlungskonflikte beschrieben. Sie nehmen an, dass sich für Kinder und Jugendliche in dem Maße, in dem attraktive außerschulische Aktivitätsangebote verfügbar sind, die Konkurrenz zwischen zwei Werten verschärft: Dem Streben danach, in der Schule fleißig mitzuarbeiten und erfolgreich zu sein (materieller Wert nach Inglehart 1998; als Leistungswerte bei Hofer/Fries/Grund 2017 bezeichnet), steht der Wunsch gegenüber, sich in der Freizeit wohl zu befinden (postmaterieller Wert nach Inglehart 1998; als Wohlbefindenswerte bei Hofer/Fries/Grund 2017 bezeichnet). Daraus können motivationale Interferenzen und konfligierende Handlungstendenzen erwachsen. Etwa ist eine Entscheidung für Leistungswerte (z. B. Hausaufgaben für die Schule machen) oft gleichzeitig eine Entscheidung gegen einen Wohlbefindenswert (z. B. mit Freunden Freizeit verbringen). Die Folgen motivationaler Interferenz sind, dass die Person einen negativen Einfluss der Anreize der jeweils unterlassenen Aktivität erlebt. So empfindet eine Schülerin beziehungsweise ein Schüler eine geringere Zufriedenheit beim Lernen und Arbeiten, wenn er oder sie auf eine mit einem Wohlbefindenswert verbundene Tätigkeit (z. B. sich mit Freunden treffen) verzichtet hat und umgekehrt (geringere Freizeitzufriedenheit, wenn auf Lernen und Arbeiten zugunsten einer mit Wohlbefindenswerten verbundenen Tätigkeit verzichtet wurde). Denkt die Schülerin beziehungsweise der Schüler immer wieder an die nicht ausgeführten Handlungen, werden negative Gefühle ausgelöst und die aufgabenirrelevante mentale Belastung kann kognitive Verarbeitungsprozesse beeinträchtigen. Dysfunktionale Problemlösestrategien bei konfligierenden Handlungstendenzen können im Aufschieben von Handlungen (Prokrastination), im Hin- und Hergehen zwischen Aktivitäten oder im Nichtbeenden von Aufgaben bestehen. Leistungseinbußen sind jeweils die Folge (Hofer/Fries/Grund 2017).

Betrachtet man die Theorie von Hofer/Fries/Grund (2017) in Bezug auf die Frage, was der Wertewandel für die psychologische Situation des Individuums im Bildungssystem bedeutet, so lässt sich folgende Vorhersage ableiten: In dem Maße, in dem postmaterielle Werte eine vergleichbar große Bedeutung erfahren wie materielle Werte, wird das Auftreten motivationaler Interferenzen in Arbeits- oder Lernkontexten wahrscheinlicher. Ein Beispiel bieten die oben zitierten Umfrageergebnisse zu Werten in Bezug auf den eigenen Arbeitsplatz bei Angehörigen der Generationen Y und Z: Sie erachten materielle Werte (hohes Einkommen und materiellen Wohlstand) und postmaterielle Werte (Familie, Wohlbefinden) für sehr bedeutsam, so dass sie möglicherweise besonders häufig von motivationalen Interferenzen betroffen sind. Die Theorie motivationaler Handlungskonflikte impliziert auch, dass in einer Zeit, in der postmateriellen Wohlbefindenswerten eine hohe Bedeutsamkeit beigemessen wird, mehr Lernende sich für die Verfolgung von Wohlbefindens- als von Leistungswerten entscheiden. Das gilt in Situationen motivationaler Interferenz. Anders war es in Zeiten, in denen materiellen Werten eine vergleichsweise höhere Bedeutung zukam.

Ein Phänomen, das möglicherweise damit erklärt werden kann, ist die heute bei Lernenden weitverbreitete Tendenz zum Prokrastinieren. Akademische Prokrastination, das heißt das selbstgewählte Aufschieben einer beabsichtigten und persönlich bedeutsamen Handlung trotz möglicher negativer Konsequenzen, die stärker wiegen als die positiven Konsequenzen des Aufschiebens, ist heute für gut 70 Prozent der Universitätsstudierenden ein Problem, 50 Prozent berichten von kontinuierlicher und als problematisch erlebter Prokrastination (vgl. Steel 2007; Klingsieck 2013). Prokrastination impliziert stets, dass eine andere Aktivität gegenüber der eigentlich intendierten Aktivität vorgezogen wird, und sollte sich entsprechend umso wahrscheinlicher zeigen, wie Wohlbefindenswerte und Leistungswerte eine vergleichbar starke Bedeutung für die/den Lernenden haben. So berichten Hochschulstudierende, sie müssten prokrastinieren, um sicherzustellen, dass sie ein angemessenes Ausmaß an Freizeit oder anderen für sie bedeutsamen Aktivitäten erfahren, und dass bis zu 30 Prozent ihrer täglichen Aktivitäten, die auf Wohlbefindenswerte zielen, Prokrastination sind, wie z. B. schlafen, Social Media nutzen, fernsehen oder im Netz surfen (vgl. Klingsieck 2013).

Mehr Verbindlichkeit im Bildungssystem kann helfen, motivationale Handlungskonflikte oder Prokrastinationstendenzen zu minimieren und dafür zu sorgen, dass Lernende sowohl ihre Leistungswerte als auch ihre Wohlbefindenswerte verfolgen und befriedigen können. Im Kern geht es um die Förderung von Selbststeuerung beim Lernen und von intrinsischen Formen von Motivation beim Lernen.

Zunächst müssen Lernende bei der Selbststeuerung ihres Lernens und damit der Übernahme von Verantwortung für ihr Lernen und ihre Lernergebnisse unterstützt werden. Selbstgesteuertes Lernen zeichnet sich durch die folgenden Merkmale aus: Die Person setzt sich beim Lernen und Arbeiten selbst Ziele (statt vorgegebene Ziele zu verfolgen), sie verfügt über (meta-)kognitive und motivationale Kompetenzen für die Zielerreichung (z. B. Lernstrategien, Aufmerksamkeitszuwendung, Anstrengungsbereitschaft, Motivation) und sie überwacht die Annäherung an ihre Ziele durch stetes Monitoring und Bewerten (vgl. Sitzman/Ely 2011). In dem Moment, in dem die lernende Person ein Lern- oder Arbeitsziel als ihr eigenes erlebt, übernimmt sie Verantwortung für ihr Lernen und Arbeiten. Selbststeuerung schließt weiterhin ein, dass die Person aus der Vielzahl ihrer persönlichen Ziele passend zur Situation eines auswählt (Bildung einer Zielintention), sich diesem Ziel verpflichtet (Gang über den Rubikon) und seiner Erreichung nachstrebt, indem es Planungen (Bildung einer Implementationsintention) und Handlungen initiiert (Intentionsrealisierung: Person richtet ihr Handeln auf das Ziel aus), dabei Ablenkungen widersteht und gegebenenfalls ihr Handeln an Umstände und Hindernisse im Verlauf anpasst. Abschließend bewertet die Person, ob ihre Handlungen erfolgreich waren oder nicht, und modifiziert gegebenenfalls ihr Vorgehen oder ihr Ziel (Intentionsdeaktivierung und postaktionale Bewertung, vgl. Heckhausen/Gollwitzer 1987).

Sowohl für Schülerinnen und Schüler als auch für Hochschulstudierende sind zahlreiche Interventionen und Trainings zur Förderung der Selbststeuerung beim Lernen entwickelt worden, wie verschiedene Literaturreviews und Metaanalysen zeigen (vgl. Cousins/Bol/Luo 2022; Gutierrez de Blume 2022; Wongdaeng/Higgins 2023; Xu u. a. 2023; Dörrenbächer-Ulrich/Dilhuit/Perels 2024). Besondere Unterstützung benötigen Lernende, die (noch) eine geringe Selbststeuerungskompetenz haben und denen es z. B. schwerfällt, eine unmittelbare Belohnung durch einen Wohlbefindenswert (z. B. mit Freunden Freizeit verbringen) für einen längerfristigen Leistungswert (z. B. die Klassenarbeit aufgrund guter Vorbereitung gut bestehen) aufzuschieben.

Lehrkräfte können Lernende auf zweierlei Weise dabei unterstützen, Selbstkontrollkompetenz zu erwerben: durch das direkte Vermitteln von Selbststeuerungsstrategien und durch die Schaffung einer Lernumgebung, in der selbstgesteuertes Lernen erforderlich ist und dadurch auf indirekte Weise gefördert wird (vgl. Dignath/Veenman 2021). Das direkte Unterrichten von Strategien kann so aussehen, dass die Lehrkraft als Modell die Anwendung einer Lernstrategie vorführt (beispielsweise erläutert, dass sie, wenn sie eine neue Aufgabe beginnt, sich zunächst einmal fragt, wie viel Zeit sie schätzungsweise dafür brauchen wird, und dann überlegt, ob jetzt der geeignete Moment ist, sich diese Aufgabe vorzunehmen) oder die Lernenden selbst eine Strategie anwenden lässt (z. B. „Unterstreiche die wichtigsten Aussagen im Text!“). Bedeutsam ist, dass die direkte Vermittlung davon begleitet wird, dass die Lehrkraft altersangemessen den Zweck der Strategie erklärt (z. B. „Vor dem Unterstreichen müssen wir an jeden Satz die Frage richten, ob wir ihn verstanden haben, und durch Verknüpfung mit Kontextwissen entscheiden, ob er wichtig ist oder nicht. Dadurch können wir den Text leichter verstehen und uns merken“). Damit bereitet die Lehrkraft vor, dass die Schülerinnen und Schüler lernen zu entscheiden, wann sie die Strategie zukünftig anwenden – auch ohne dazu aufgefordert zu werden. Durch direkte Unterweisung lernen die Schülerinnen und Schüler nicht nur die Strategien selbst kennen, sondern sie erwerben auch metakognitives Wissen darüber, wie selbstgesteuertes Lernen funktioniert. Durch die Erläuterung des Zwecks der Strategie machen die Lernenden außerdem die Erfahrung, dass es eine metakognitive Ebene beim Lernen gibt und dass man über sich selbst lernbegleitend nachdenken muss, um zu einer/einem selbstgesteuerten Lernenden zu werden.

Die zweite Vorgehensweise besteht im Herstellen eines Unterrichtssettings, in dem selbstgesteuertes Lernen unumgänglich ist. Beispiele bestehen darin, dass die Lehrkraft zu Beginn einer neuen Unterrichtseinheit die Schülerinnen und Schüler bittet aufzuschreiben, was sie schon zum Thema wissen – hier wird das wichtige Prinzip vermittelt, dass die Aktivierung von Vorwissen Verstehens- und Gedächtnisprozesse unterstützt. Ein anderes Beispiel ist kooperatives Lernen; wie das Gruppenpuzzle, wo jeder beziehungsweise jede einzelne Lernende in ihrer beziehungsweise seiner Gruppe Verantwortung für einen Teilbereich einer Aufgabe übernehmen muss und hierbei das wichtige Prinzip der Verantwortung für eigenes Lernen erkennen kann.

Hofer/Fries/Grund (2017) betonen, dass für die Vermeidung von motivationalen Handlungskonflikten Rahmenbedingungen geschaffen werden müssen, die den Lernenden helfen, auf den im jeweiligen Kontext realisierbaren Wert zu fokussieren und nicht von damit inkompatiblen Werten abgelenkt zu werden. Voraussetzung dafür, dass Lernende in einem Lehr-Lern-Kontext auf Leistungswerte fokussieren können, ist ein qualitätsvoller Unterricht, in dem durch kognitive Aktivierung, konstruktive Unterstützung und effektives Klassenmanagement der Anteil der tatsächlichen Lernzeit an der Unterrichtszeit sehr hoch ist (vgl. Klieme 2018). In einem solchen Unterricht können sich die Lernenden dem Lerngegenstand widmen, ohne dass durch sachfremde Belastung (z. B. schlecht gestaltete Lernmaterialien; schlechtes Klassenmanagement, das zu Unterrichtsstörungen führt) ihr Arbeitsgedächtnis überlastet oder sie von der Lernaktivität abgelenkt werden (vgl. Chandler/Sweller 1991). Hierfür erachten Hofer/Fries/Grund (2017) auch Strukturen als erwartbare Verknüpfungen von Ort, Zeit und Handlung als hilfreich, wie z. B. geregelte Zeitabläufe, routineartige Sequenzierung und getrennte Orte für Lernen und Freizeit, wodurch das Ausblenden alternativer Handlungsoptionen zum jeweiligen Zeitpunkt unterstützt wird.

Weiter können motivationale Handlungskonflikte dadurch weniger wahrscheinlich gemacht werden, dass qualitativ hochwertige Formen von Motivation gefördert werden. So fand Grund (2013), dass Studierende, die mit einer hochwertigen Motivation einen Text für ihr Studium lasen, beim Auftreten einer attraktiven

Freizeitalternative weniger einen Konflikt erlebten als Studierende, die den Text mit einer qualitativ niedrigen Form von Motivation studierten. Dieses bedeutet, weniger die Stärke als die Qualität der Motivation, mit der Lernende Leistungs- und Wohlbefindenswerte verfolgen, sagt vorher, wie erfolgreich sie ihr Lernen steuern können. Gemäß der Selbstbestimmungstheorie der Motivation (vgl. Deci/ Ryan 2000; Ryan/Deci 2020) ermöglicht intrinsische Motivation in besonderem Maße selbstbestimmtes Lernen und Handeln: Hier wird eine Lern- oder Arbeitsaktivität nur deshalb ausgeübt, weil sie als interessant erlebt wird oder Spaß macht. Von extrinsischer Motivation wird gesprochen, wenn eine Lern- oder Arbeitsaktivität für einen Zweck ausgeführt wird, der außerhalb der Handlung selbst liegt (z. B. für eine gute Note, für eine bessere Entlohnung). Bestimmte Formen extrinsischer Motivation erweisen sich dabei als ebenfalls günstig für selbstbestimmtes Lernen und Handeln, nämlich die sogenannte identifizierte Regulation, bei der die Person aufgrund bewusster, persönlicher Wertschätzung handelt, und die sogenannte integrierte Regulation, bei der die Handlung Teil der Identität der Person geworden ist. Eine umfangreiche Forschung zeigt, dass hochwertige, selbstbestimmte Formen von Motivation in Lehr-Lern-Kontexten gefördert werden, die für die/den Lernende/-n Autonomie, Kompetenzerleben und soziale Eingebundenheit gewährleisten (für einen Überblick vgl. Ryan/Deci 2020). In dem Maße, in dem Lehr-Lern-Formate im Bildungssystem nach dieser Maßgabe weiterentwickelt werden, kann erwartet werden, dass Lernende ihre Leistungswerte und ihre Wohlbefindenswerte befriedigen können und weniger motivationale Handlungskonflikte erleben. Dabei sollte Lernenden auch vermittelt werden, dass Lernen und Arbeiten nicht immer Spaß machen können (vgl. z. B. IfD 2023): Intrinsische Formen von Motivation entstehen oft erst nach einer Phase extrinsisch motivierter Lernaktivitäten, während der relevante Kompetenzen oder Wissen über die Bedeutsamkeit des Lerninhaltes erworben werden. Und diese Lernaktivitäten sind oft nicht nur freudvoll, sondern mit Anstrengung und dem Erleben von Misserfolgen verbunden.

1.3.3 Veränderte Erziehungsüberzeugungen und -praktiken

Als weiterer Einflussfaktor, der möglicherweise dazu beiträgt, dass die Pflichten des Individuums in Bezug auf seine Bildungs- und Arbeitsbiografie im gesellschaftlichen Diskurs in den Hintergrund getreten sind, müssen Erziehungsüberzeugungen und von diesen Überzeugungen beeinflusste Erziehungspraktiken untersucht werden. Die zu untersuchende These lautet deshalb, dass Erziehungspraktiken sich dahingehend gewandelt haben, dass Kindern weniger vermittelt wird, welche Pflichten oder Erwartungen sie zu erfüllen haben, während gleichzeitig ihre Überzeugung gestärkt wird, dass sie eigene Bedürfnisse erkennen und diesen folgen sollen.

Mit dem Anstieg des mittleren Lebensstandards ändern sich Erziehungsüberzeugungen, das heißt die sozial geteilten Überzeugungen, welche Ziele in der Erziehung von Kindern verfolgt werden sollen, damit sie zu kompetenten und wertgeschätzten Mitgliedern der jeweiligen Gesellschaft heranwachsen, und die Einstellung, durch welche Erziehungspraktiken diese Ziele erreicht werden können: In modernen Industrienationen mit einem hohen mittleren Lebensstandard haben Kinder nicht mehr die Funktion, zum Familienunterhalt beizutragen und die Eltern im Alter zu versorgen, sondern umgekehrt investieren Eltern über lange Zeit in die Erziehung und Ausbildung ihrer Kinder mit dem Ziel, dass diese materiell unabhängig und Persönlichkeiten werden, die nach ihren eigenen Wünschen und Zielen leben. Erziehungsziele wie Gehorsam oder das Erfüllen von Erwartungen, die andere an das Kind richten, werden dadurch ersetzt, dass Eltern es für besonders wichtig halten und in ihren Erziehungspraktiken darauf hinwirken, dass ihr Kind Selbstvertrauen gewinnt, seine persönlichen Stärken entwickelt und eigene Ziele zu verfolgen lernt. Dieser Trend in der Veränderung von Erziehungsüberzeugungen und -praktiken zeigt sich auch darin, dass die Familien kleiner werden, so dass Eltern in jedes Kind mehr materielle und zeitliche Ressourcen investieren können. Dieses geschieht allerdings in Gesellschaften mit vergleichsweise geringerem Lebensstandard, in denen im Mittel mehr Kinder in einer Familie geboren werden, so dass Erziehung stärker darauf abzielen muss, dass Kinder lernen, den für sie vorgesehenen Platz einzunehmen, sich anzupassen und Respekt gegenüber Älteren und Autoritäten zu zeigen (vgl. Markus/Kitayama 1991; Keller 2003; Triandis/Gelfand 2012; Nauck/Schnoor/Lotter 2017; Jaramillo u. a. 2017). Mit steigendem Lebensstandard werden somit Erziehungspraktiken begünstigt, die weniger die Pflichten und an das Kind gerichtete Erwartungen betonen und gleichzeitig das Recht des Kindes stärken, sich gemäß eigenen Bedürfnissen und Zielen zu entwickeln.

Studien, in denen Erziehungsüberzeugungen und -praktiken über historische Generationen hinweg datenbasiert vergleichend beschrieben worden wären, sind kaum auffindbar. Ecarius (2002) fand durch narrative Interviews mit Mitgliedern aus Dreigenerationenfamilien der Geburtsjahrgänge 1908–1929, 1939–1953 und 1967–1975 heraus, dass sich die Familie vom „autoritären Befehlshaushalt" zum „Erziehen mit mehr Freiräumen und Verhandeln" gewandelt hat (S. 6). Für die mittlere Elterngeneration beobachtete Ecarius eine weitgehende Übernahme der Erziehungspraktiken der ersten Elterngeneration, während die jüngste der drei Elterngenerationen eine deutlich veränderte Erziehung anwendete, als Ergebnis der Reflexion eigener negativer Erziehungserfahrungen. „An die Stelle einer Erziehung zur Übernahme von tradierten Selbstverständlichkeiten ist das Muster der Erziehung zur Selbständigkeit getreten (...). Mit diesem Erziehungskonzept werden Handlungsautonomie und ein relativ großer Grad der eigenständigen Lebensgestaltung angestrebt. Die Eltern der jüngsten Generation gehen starker auf die Bedürfnisse der Kinder ein, variieren die Erziehungsinhalte je nach der Persönlichkeit und den Besonderheiten der Kinder und verhandeln mit ihnen über Regeln“ (S. 258).

Müller/Jäde/Kairies (2023) führten qualitative Interviews mit Eltern der Geburtsjahrgänge 1970–1985 (aktuelle Elterngeneration) und 1945–1960 (Großelterngeneration). Die vergleichende Beschreibung der Erziehung, die die Befragten aus den beiden Generationen erfahren haben, zeigte in der aktuellen Elterngeneration relativ zur Großelterngeneration einen stärker kommunikativen „Verhandlungsanspruch in der Erziehung“ (S. 410), größere „Bewegungsspielräume“ (S. 412) für die Kinder, eine größere auf die Erziehung gerichtete Aufmerksamkeit und Reflexivität der Eltern (S. 408) und eine „stärker pädagogisch intentional ausgeprägte Alltagsgestaltung“ (S. 412). In beiden Generationen war Selbständigkeit des Kindes ein wichtiges Erziehungsziel, wobei die Großelterngeneration diese eher durch die Förderung von Selbstkontrolle (Verlässlichkeit, Regelkonformität) erreichen wollte, die aktuelle Elterngeneration hingegen durch die Förderung selbstbestimmten Handelns (S. 413).

Diese eher seltenen Studien, die Erziehungsüberzeugungen im historischen Wandel datenbasiert vergleichend beschreiben, kommen sämtlich zu dem Schluss, dass Kinder zunehmend darin gestärkt werden, gemäß ihren eigenen Zielen und Bedürfnissen zu leben. Demgegenüber verlieren Erziehungsziele, die auf Pflichten bezogen sind, wie z. B. Respekt und Gehorsam gegenüber Autoritäten, das Sicheinfügen oder das Befolgen von Regeln, an Bedeutung. Verantwortlich dafür ist ein wachsender Lebensstandard, der es Eltern ermöglicht, mehr Ressourcen in jedes ihrer Kinder zu investieren. Neben materiellen Ressourcen ist dies die Zeit, die Väter und Mütter mit ihnen verbringen. Doepke und Zilibotti (2019) beobachteten in verschiedenen OECD-Ländern eine kontinuierliche Zunahme der Stunden, die Väter und Mütter mit ihren Kindern verbringen. Beispielsweise verbrachten in den Niederlanden im Jahr 2005 Mütter vier und Väter drei Stunden pro Woche mehr mit ihrem Kind als noch 30 Jahre zuvor, im Jahr 1975 (S. 55). Craig/Powell/Smyth (2014) berichten, dass die Zeit, die Eltern mit ihren Kindern verbrachten, über die Jahre 1992–2006 zunehmend intensiv genutzt, also mit mehr kindzentrierten Aktivitäten verbracht wurde. Diese Trends zeigen sich, obwohl im gleichen Zeitraum der Anteil der Familien, in denen beide Eltern berufstätig waren, deutlich gestiegen ist. Beispielsweise betrug die Erwerbstätigenquote von Frauen in Deutschland im Jahre 1970 45,9 Prozent und im Jahre 2009 65,1 Prozent (vgl. Bundeszentrale für Politische Bildung 2010).

Was bedeuten diese Befunde für die Frage, ob veränderte Erziehungspraktiken dazu beigetragen haben, dass im Selbstverständnis von Lernenden eigene Pflichten wenig Betonung erfahren? Aktives und kontinuierliches elterliches Engagement („parental involvement") hat sich als bedeutsamer Prädiktor für Bildungserfolg erwiesen: Mehrere Metaanalysen zeigen, dass Kinder, deren Eltern Zeit in sie investieren, die viel mit ihnen sprachlich interagieren und Aktivitäten, die Lernen und Entwicklung fördern (z. B. lesen, Sport treiben), anregen oder mit den Kindern praktizieren, bessere Lernergebnisse und Bildungsabschlüsse erzielen (vgl. Fan/Chen 2001; Higgins/Katsipataki 2015; Ma u. a. 2016) und dass entsprechend Interventionsprogramme zur Förderung des elterlichen Engagements den Bildungserfolg von Kindern verbessern (vgl. Cosso/Suchodoletz/Yoshikawa 2022; Musendo u. a. 2023).

Dennoch gibt es Anlass für die Vermutung, dass extreme Ausprägungen elterlichen Engagements dazu beitragen, dass Kinder wenig Eigenverantwortung entwickeln, also auch nicht in ihrer Selbststeuerungskompetenz unterstützt werden. Die Rede ist von Erziehungsüberzeugungen und -praktiken, die für die entwickelten Industrienationen beschrieben werden, in denen bereits die Eltern (Generationen X und Y) der heute im Bildungssystem befindlichen Kinder und Jugendlichen in materiellem Wohlstand aufgewachsen sind: In der Literatur wird von „Intensiver Elternschaft" („intensive parenting", vgl. z. B. Knauf 2019) gesprochen (für ähnliche Konzepte siehe auch Intensive Mutterschaft [„intensive motherhood"; vgl. Hays 1996; Liss u. a. 2013], „overparenting" [vgl. Segrin u. a. 2012] oder Helikopter-Elternschaft [„helicopter parenting"; vgl. LeMoyne/Buchanan 2011]).

„Intensive Elternschaft" ist gekennzeichnet durch äußerst hohe Standards, die Eltern in quantitativer und qualitativer Hinsicht bei der Erziehung ihrer Kinder erfüllen müssen; durchaus mit der Implikation, dass Eltern verunsichert sind, Elternschaft als stressig und schwierig erleben (vgl. Kutrovátz 2017; Bach/Christensen 2021) und sogar damit, dass Menschen sich weniger wahrscheinlich für ein (weiteres) Kind entscheiden (vgl. Ruckdeschel 2024). Genauer geht es bei „Intensiver Elternschaft" um eine extrem hohe Investition von Zeit und materiellen Ressourcen in das Kind und um – und das ist spezifisch für diese Form elterlichen Überengagements gegenüber allen anderen oben genannten – die unbedingte Befriedigung seiner Bedürfnisse. Wie die im Folgenden zitierten Items aus dem Fragebogen zur Erfassung der Erziehungsüberzeugung „Intensive Elternschaft" von Liss u. a. (2013, S. 635) zeigen, wird von Eltern erwartet, dass sie eigene Bedürfnisse denen des Kindes unterordnen („The child's schedule should take priority over the needs of the parent's"; „Children's needs should come before their parents"), kindzentriert handeln („It is important to interact regularly with children on their level [e. g. getting down on the floor and playing with them])", Elternschaft als größtmögliche Erfüllung erleben („Being a parent brings a person the greatest joy he or she can possibly experience"), akzeptieren, dass Elternschaft erschöpfend und herausfordernd ist („Child rearing is the most demanding job in the world"; „Parenting is exhausting"), das Kind stetig kognitiv stimulieren („Finding the best educational opportunities for children is important as early as preschool") und eine konstante Aufmerksamkeit für es zeigen („Children should be the center of attention"; „Being a parent means never having time for oneself"). Während einige Forschende annehmen, dass die Ideologie der „Intensiven Elternschaft" mit einem Wiederaufleben tradierter Vorstellungen über die unterschiedliche Rolle von Mutter und Vater in der Erziehung einhergeht, verbinden andere mit ihr eine geschlechteregalitär geteilte Elternschaft durch engagierte Vaterschaft (vgl. Ishizuka 2019, S. 32; Scheibling/Milkie 2023).

Im Unterschied zu einem starken elterlichen Engagement („parental involvement"), bei dem es vor allem darum geht, die Entwicklung des Kindes durch lernunterstützende Aktivitäten und Angebote zu fördern, geht es bei der „Intensiven Elternschaft" vor allem um die konsequente Orientierung an den Bedürfnissen des Kindes. Dieses kann so weit gehen, dass elterliches Engagement, das vor allem durch das Anbieten von Lern- und Entwicklungsmöglichkeiten geprägt ist, als „Förderwahn" abgelehnt wird. Das fand Knauf (2019) heraus, die eine systematische Analyse von Texten vorgenommen hat, die Eltern in Familienblogs im Internet schreiben. Sie gab bei der Suchmaschine Google die Begriffe „Familie" und „Blog" ein, nutzte die ersten 100 mit diesen Suchkriterien gefundenen Blogs als ihre Stichprobe und durchsuchte sie nach Beiträgen zum Thema Erziehung. Die resultierenden 168 Blogposts aus 69 Blogs wertete sie nach den Prinzipien der qualitativen Textanalyse aus. Knauf (2019) schreibt: „Es wird deutlich, dass die konsequente Orientierung an den Bedürfnissen von Kindern das durchgängige Leitmotiv in den Aussagen zur Erziehung ist" (S. 175). In sämtlichen untersuchten Blogs wurde als „durchgängiges Paradigma sichtbar: Kinder und ihre Bedürfnisse sollen von den Eltern ernst genommen werden. Die konsequente

Bedürfnisorientierung wird dabei in den Blogs als Gegenentwurf zu traditionellen Erziehungsgrundsätzen entwickelt. Das Paradigma der Bedürfnisorientierung wird dabei vor der Folie eines ‚Früher' entwickelt, das als durch die Erziehungsmittel der engen Führung, der Kontrolle, des Zwangs und der Strafe gekennzeichnet beschrieben wird. Ziel dieser kritisch thematisierten Erziehung sei das allgemeine ‚Funktionieren' des Kindes, was durch Gehorsam und Anpassung erreicht werden solle. In Abgrenzung zu diesem traditionellen Erziehungskonzept entwerfen die Blogs das Bild eines neuen Paradigmas, das durch die drei Elemente Liebe, Nähe und sichere Bindung geprägt ist (...). Die Liebe der Eltern findet ihren Ausdruck in der Herstellung einer möglichst großen Nähe zwischen Eltern und Kind. Diese wird insbesondere hergestellt durch bedarfsgerechtes Stillen (statt Flasche und Brei), Tragen im Tragetuch (statt Kinderwagen) und das Schlafen im gemeinsamen ‚Familienbett' (statt im Kinderzimmer)" (S. 181). Tatsächlich sind Indikatoren für „Intensive Elternschaft" (z. B. in das Kind investierte Zeit) damit assoziiert, dass Kinder später abgestillt werden (vgl. Maralani/Stabler 2018). Im Unterschied zum permissiven oder Laissez-faire-Erziehungsstil (vgl. Baumrind 2005) zeichnet sich die „Intensive Elternschaft" dadurch aus, dass Eltern bereit sein müssen, eigene Bedürfnisse, die mit denen des Kindes inkompatibel sind, zurückzustellen. So schreibt Knauf (2019) auf der Grundlage ihrer Analyse von Familienblogs: „(...) Bloggende dokumentieren in den Blogs, dass sie angesichts der mit der intensiven Elternschaft verbundenen konsequenten Bedürfnisorientierung an ihre Grenzen stoßen. Dabei stellen sie nicht (...) die Anpassung an die eigenen Möglichkeiten in den Mittelpunkt, sondern betonen das eigene als fehlerhaft wahrgenommene Verhalten. (...) Es ist für diese Bloggenden demnach nicht das Paradigma, das verändert werden müsse, sondern das eigene, als defizitär eingestufte Verhalten. (...) Ihre Erklärungen wirken dabei fast wie eine Entschuldigung" (S. 184f.).[7]

Wie die Analyse von Knauf (2019) zeigt, wird es in der „Intensiven Elternschaft" abgelehnt, dem Kind Pflichten oder die Vorstellung zu vermitteln, dass es sich anpassen und in die Gemeinschaft einfügen muss. Solche Erziehungsziele werden abgelehnt, weil sie nur mit Kontrolle, Zwang und Strafe zu erreichen seien. Erziehungsüberzeugungen, die „Intensive Elternschaft" propagieren, sind nicht – wie man meinen könnte – auf Eltern aus der bürgerlichen Mittelschicht be-

---

7 Die folgenden beiden Links führen zu Blogs, in denen die Sichtweise der „Intensiven Elternschaft" propagiert wird. Da wird dann durchaus schon mal vorgeschlagen, dass das Kind zu Hause betreut werden soll, wenn es nicht in die Kita will: https://nestliebe.de/blogs/magazin-kindliche-entwicklung-beduerfnisorientiert-erziehen/bedurfnisorientiertes-erziehen-anders-als-manche-es-sich-vorstellen.

schränkt. Aus den Daten zweier repräsentativer Befragungen von Deutschen im Alter zwischen 20 und 39 Jahren ermittelte Ruckdeschel (2024), dass 26 Prozent der Aussage: „Eltern sollten ihre eigenen Bedürfnisse zum Wohle der Kinder völlig zurückstellen." (stark) zustimmten. Ishizuka (2019) befragte in einem experimentellen Design eine Stichprobe von über 3.500 US-amerikanischen Eltern mit im Haushalt lebenden Kindern. In sechs Vignetten wurde jeweils eine kurze Szene beschrieben, an der ein Kind und ein Elternteil beteiligt waren. Jede Vignette enthielt nun zwei alternative Reaktionen des Elternteils: eine, die für „Intensive Elternschaft" steht (bei Ishizuka als „concerted cultivation response" bezeichnet), und eine, die für einen Erziehungsstil steht, bei dem die Eltern das Kind stärker sich selbst überlassen – z. B. bei der Gestaltung seiner Freizeit – und klare Anweisungen und Regeln erteilen, die das Kind zu befolgen hat (bei Ishizuka als „accomplishment of natural growth" bezeichnet; der Stil erinnert an das Konzept des autoritären Erziehungsstils nach Baumrind 2005). Die Ergebnisse zeigten, dass die Befragten unabhängig davon, ob sie selbst der Mittelschicht (operationalisiert über einen College-Abschluss) oder der Unterschicht angehörten (operationalisiert über keinen College-Abschluss), die Verhaltensweisen, die für „Intensive Elternschaft" sprechen, deutlich positiver bewerteten als die, die den eher autoritären Erziehungsstil veranschaulichten. Ishizuka interpretiert seine Ergebnisse so, dass Erziehungsüberzeugungen, die die „Intensive Elternschaft" propagieren und die bisher vor allem mit Mittelschichtsfamilien assoziiert worden sind, auch in niedrigere Sozialschichten Einzug gehalten haben und dass entsprechende Erwartungen nicht nur an Mütter, sondern auch an Väter gestellt werden.

Psychologische Bedeutung von „Intensiver Elternschaft". Für alle genannten Formen überengagierter Erziehungsüberzeugungen gilt, dass sie wahrscheinlich in Erziehungspraktiken übersetzt werden, die – gemessen am Entwicklungsstand des Kindes – unangemessen stark helfend-assistierend und überwachend sind. Dieses bedeutet, dass die Eigenverantwortung des Kindes, die mit Selbststeuerung und der Wahrnehmung von Pflichten verbunden ist, kaum gefördert wird. In dem Versuch, möglichen Problemen oder negativen Erfahrungen des Kindes vorzubeugen, verhalten sich Eltern risikovermeidend und streben an, antizipatorisch mögliche Probleme des Kindes zu lösen (vgl. Segrin u. a. 2013, S. 570). Solche Eltern stimmen Aussagen zu, wie z. B. „I try to solve problems for my child before she/he even experiences them", oder „If my child is having problems with another person, I am not afraid to contact that person directly on my child's behalf", die in dem Fragebogen zur Erfassung von „overparenting" von Segrin u. a. (2012, S. 243) enthalten sind.

Eltern, die überengagierten Erziehungsüberzeugungen zuneigen, sind möglicherweise davon überzeugt, dass mehr von einer guten Sache (elterliches Engagement) noch besser für ihr Kind sei. Tatsächlich scheint aber ein umgekehrt U-förmiger Zusammenhang zwischen elterlichem Engagement und Ergebnissen für das Kind zu bestehen: Sowohl zu wenig als auch zu viel Engagement ist abträglich für seine Entwicklung (vgl. Schiffrin u. a. 2015). Es gibt keine Belege, dass die mit der „Intensiven Elternschaft" verbundene Erziehungspraxis die Entwicklung der Kinder günstig beeinflussen würde. So fanden beispielsweise Schiffrin u. a. (2015), dass „Intensive Elternschaft"-Überzeugungen bei Eltern vierjähriger Kinder zwar vorhersagten, wie stark sie im Alltag versuchten, Probleme von ihrem Kind fernzuhalten, was wiederum vorhersagte, wie stark die Eltern ihr Kind in kreative und physische Aktivitäten involvierten. Diese Aktivitäten sagten aber ihrerseits nicht Entwicklungsergebnisse für das Kind (z. B. kommunikative Fähigkeiten, motorische Skills, subjektive Zufriedenheit) positiv vorher. Wohl aber gibt es Belege dafür, dass elterliches Überengagement negative Folgen hat: Es ist beim Kind assoziiert mit höherer Ängstlichkeit, Depression und internalisierenden Verhaltensauffälligkeiten (Metaanalyse: Vgl. Zhang/Ji 2023), mit geringerem Wohlbefinden (vgl. z. B. LeMoyne/Buchanan 2011), mit schlechteren Coping-Strategien (vgl. Segrin u. a. 2013), geringerer (akademischer) Selbstwirksamkeit (vgl. Jung u. a. 2019; Eberly Lewis u. a. 2024; Hwang u. a. 2024), schlechteren Noten (Jung u. a. 2019), höheren Narzissmuswerten (Segrin u. a. 2012, 2013), geringen prosozialen Verhaltenstendenzen (vgl. Schiffrin u. a. 2021), mit größeren Sorgen betreffend den Übergang auf das College (vgl. Greene u. a. 2019) und mit in Leistungskontexten ungünstigen Vorstellungen von Intelligenz als unveränderbar („fixed mindset", vgl. Ching/Li/Chen 2023).

Überengagierte Erziehungspraktiken sind auch inkompatibel mit einer altersgemäßen Förderung von Eigenverantwortlichkeit, Selbststeuerung und psychosozialer Anpassung. Knauf (2019) verweist darauf, dass „Intensive Elternschaft" Implikationen für die Bildungsinstitutionen Kindertageseinrichtung und Schule hat: „Zielt das elterliche Erziehungsverhalten insbesondere auf Stärkung der Kinder und die Pflege der Individualität, kann dies zu Konflikten mit den Erfordernissen nach Anpassung und Gemeinsinn kommen, die in Gruppensettings im Vordergrund stehen. Ist die Nähe zwischen Eltern und Kind wesentlich für die Erziehung in der Familie, so wächst der Wunsch der Eltern, auch die Zeit, die sie nicht mit ihren Kindern verbringen, zu überwachen oder gar zu kontrollieren … Die Intensive Elternschaft beinhaltet dabei einerseits ein hohes (…) Engagement für Kinder (…). Andererseits kann dies bedeuten, dass mit diesem Einsatz oft auch eine fordernde Einstellung gegenüber Kindertageseinrichtung und Schule einhergeht, bei der die Kompetenz der Fachkräfte weniger akzeptiert wird" (S. 187). Schließlich sind mit der konsequenten Ausrichtung elterlichen Verhaltens an den Bedürfnissen des Kindes Konflikte vorprogrammiert, weil Aktivitäten, die mit unmittelbarer Bedürfnisbefriedigung einhergehen, oft – zumindest, wenn im Übermaß praktiziert – abträglich für die Entwicklung des Kindes sind; man denke als Beispiele an die Nutzung digitaler Unterhaltungsangebote oder den Verzehr ungesunder Lebensmittel.

Mehr Verbindlichkeit könnte geschaffen werden, wenn Eltern vermittelt wird, dass für eine erfolgreiche Entwicklung ihres Kindes Erziehungspraktiken zum Ausgleich gebracht werden müssen, die einerseits darauf abzielen, das Kind beim Erkennen und Befriedigen der eigenen Bedürfnisse zu unterstützen, und die andererseits darauf abzielen, seine Eigenverantwortung und Selbststeuerung, z. B. beim Lernen, zu stärken. Die Fähigkeit zur Selbststeuerung wird im Vorschulalter über die Fähigkeit gemessen, eine unmittelbare Belohnung (eine Süßigkeit) für eine später zu erzielende größere Belohnung (zwei Süßigkeiten) auszuschlagen. In der klassischen Studie von Mischel u. a. (2011) wird Kindern eine Süßigkeit gegeben und in Aussicht gestellt, dass sie eine weitere Süßigkeit bekommen, wenn sie mit dem Verzehr der Süßigkeit bis zur Rückkehr der Versuchsleitung (nach 15 Minuten) warten. Die Fähigkeit zum Belohnungsaufschub („delay of gratification") gilt als Indikator für eine hohe Selbststeuerungskompetenz und hat sich als starker Prädiktor für Bildungserfolg erwiesen (vgl. Mischel u. a. 2011; Moffett u. a. 2011). Dafür entscheidend, ob ein Kind lernt, sich selbst zu regulieren, ist, dass das Verhalten der Erziehenden für das Kind vorhersagbar und verlässlich ist. Moffett/Flannagan/Shah (2020) fanden in einer experimentellen Studie, dass Kinder signifikant länger auf die in Aussicht gestellte Süßigkeit warteten, wenn sie die Erfahrung gemacht hatten, dass die Versuchsleitung zuverlässig war, als wenn sie sich als unzuverlässig erwiesen hatte. Dazu hatte die Versuchsleitung dem Kind unmittelbar vor dem „delay of gratification test" angekündigt, es könnte für das Erstellen einer Bastelarbeit entweder auf attraktivere Materialien warten oder mit den vorhandenen, wenig attraktiven Materialien starten. In der Bedingung mit verlässlicher Versuchsleitung kam diese nach 2,5 Minuten wie angekündigt mit attraktiven Materialien zurück, während sie in der Bedingung mit nicht verlässlicher Versuchsleitung mit leeren Händen zurückkam. In einer verlässlichen Umgebung lernen Kinder, sich selbst zu regulieren, und haben einen besseren Start in ihre Bildungslaufbahn. Eine Erziehungspraktik, die an einer unmittelbaren und unbedingten Bedürfnisbefriedigung für das Kind orientiert ist, schafft keine Verlässlichkeit für das Kind und dürfte damit seine Selbststeuerungskompetenz und Eigenverantwortung eher schwächen.

2 Frühe Bildung

Kinder aus bildungsfernen oder sozial benachteiligten Familien erhalten oftmals weniger Anregung und Unterstützungsangebote in ihren Familien. Bereits im Alter von zwei bis drei Jahren zeigen sich deutliche Kompetenzunterschiede von Kindern, z. B. in der sprachlichen Entwicklung, aber auch in anderen Kompetenzbereichen wie den frühen mathematischen Fähigkeiten oder Aspekten der sozioemotionalen Entwicklung. Diese lassen sich zu einem großen Anteil durch den Bildungsstand der Eltern, die soziale oder kulturelle Herkunft und die familiale Anregungsqualität erklären (vgl. Skopek/Passaretta 2021). Die Kompetenzunterschiede bleiben in den folgenden Jahren stabil oder vergrößern sich weiter. Dementsprechend bestehen bereits bei der Einschulung in die Grundschule große Unterschiede in den schulrelevanten Kompetenzen, die sich zudem auf die Herkunft der Kinder zurückführen lassen. Wenige Jahre später offenbaren Schulleistungsstudien in der Grundschule aktuell, dass insbesondere in den Fächern Deutsch und Mathematik ein zu großer Anteil von Kindern (etwa 20–25 Prozent) in diesen Fächern die Mindesterwartungen nicht erfüllt, das heißt, diesen Kindern fehlen die basalen Grundkompetenzen im Lesen, Schreiben und Rechnen und damit die Grundvoraussetzungen für eine erfolgreiche weitere Bildungskarriere sowie für die Teilhabe in der Gesellschaft (vgl. Frey u. a. 2023; McElvany u. a. 2023). Auch die Anzahl der Kinder mit Verhaltensauffälligkeiten und Problemen in der Selbstregulation sowie der sozioemotionalen Entwicklung steigt stetig an (vgl. SWK 2022a). In besonderem Maße sind wiederum Kinder betroffen, die in Familien mit schwachem sozioökonomischem Hintergrund aufwachsen, und Kinder mit einer anderen Familiensprache als Deutsch.

Nationale und internationale empirische Forschung beschäftigt sich bereits seit einigen Jahrzehnten mit den Auswirkungen des Besuchs von Kindertageseinrichtungen (im Folgenden Kitas) oder der Nutzung vorschulischer Bildungsprogramme auf die kognitiv-leistungsbezogene sowie die sozioemotionale Entwicklung. Die Forschungsbefunde wurden auch in unterschiedlichen Überblicksarbeiten und Metaanalysen aufgearbeitet (vgl. z. B. Anders 2013; Melhuish u. a. 2015; Ulferts/Wolf/Anders 2019). Mit Blick auf die kognitiv-leistungsbezogene Entwicklung profitieren Kinder von einem frühen Eintritt in die Kita. Dieses gilt vor allem für Kinder, die mit einer anderen Familiensprache als Deutsch aufwachsen, für die die deutschsprachige Lernumgebung einer Kita in besonderem Maße förderlich ist. In Bezug auf die sozioemotionale Entwicklung zeigen sich sehr heterogene Befunde. Allerdings weisen unterschiedliche Studien darauf hin, dass bei Kindern unter drei Jahren moderate Betreuungsumfänge sowie Betreuungsstabilität relevant sind. Ausschlaggebend für die Größe und Persistenz möglicher positiver Effekte sowohl mit Blick auf die kognitiv-leistungsbezogene als auch auf die sozioemotionale Entwicklung ist die Qualität der pädagogischen Prozesse, welche sich auf die Interaktionen zwischen Fachkräften und Kindern, die Interaktionen von Kindern untereinander sowie die Interaktionen von Kindern in Auseinandersetzung mit Raum und Material bezieht (z. B. Anders/Roßbach 2019). Hervorgehoben wird diesbezüglich die Qualität der Interaktionen zwischen Fachkräften und Kindern und damit auch die Bedeutsamkeit der Qualifikationen und Kompetenzen der Fachkraft. Der Besuch qualitativ hochwertiger Kitas sowie die Teilnahme an qualitativ hochwertigen Bildungsprogrammen kann große nachhaltige positive Effekte auf die Entwicklung der Kinder, ihre Bildungskarrieren sowie ihre gesamte Lebensbewältigung haben, die sich in einzelnen Studien noch im mittleren Erwachsenenalter nachweisen lassen (vgl. z. B. Anders 2013 für einen Überblick).

2.1 Verbindlichkeit – Status quo

2.1.1 Umsetzungsstand von Reformempfehlungen

Struktur und Steuerung der frühen Bildung. Die außerfamiliale, institutionelle Erziehung, Bildung und Betreuung von noch nicht schulpflichtigen Kindern sind in Deutschland Aufgabe der Kinder- und Jugendhilfe. Entsprechend gehören die frühe Bildung und ihre Einrichtungen nicht zum Bildungssystem, sondern zur Kinder- und Jugendhilfe. Diese Einbettung bringt Implikationen sowohl für die Steuerung als auch für die pädagogische Ausrichtung und das Verhältnis von Kindertagesbetreuung und Schulsystem mit sich. Schulische und vorschulische Bildung werden auf Bundesebene von unterschiedlichen Ministerien verantwortet. Die rechtlichen Grundlagen und Verantwortungen sind auf den Ebenen des Bundes, des Landes und der Kommune gleichermaßen geregelt. Das Achte Buch des Sozialgesetzbuches Kinder- und Jugendhilfe (SGB VIII) bildet das zentrale Gesetz auf Bundesebene. Allerdings werden auf Bundesebene lediglich allgemeine Vorgaben gemacht, die dann auf Ebene der Länder inhaltlich ausgestaltet werden. Die Länderausführungsgesetze regeln die spezifische Umsetzung der Kindertagesbetreuung in den einzelnen Bundesländern. Hierzu gehören organisatorische Rahmenbedingungen, Aufgaben und Ziele der Kindertagesbetreuung, der Bildungsauftrag, Regelungen zur Zusammenarbeit mit Grundschulen, zur Sprachförderung und Aspekte der Strukturqualität (z. B. Personalschlüssel).

Die kommunale Ebene stellt die Umsetzungsebene dar. Hierdurch entstehen zum Teil große Unterschiede in den Rahmenbedingungen und der Gestaltung der frühen, institutionellen Bildung zwischen Bundesländern. Ein weiteres Prinzip stellt die Trägervielfalt dar, welche durch das Subsidiaritätsprinzip, also den Vorrang freier Träger (wie z. B. die christlichen Kirchen) vor öffentlichen Trägern, befördert wird. Diese Vielfalt bildet sich auch in Träger- und Einrichtungsgrößen ab, die sich durch das Vorhandensein von großen Trägern und Dachverbänden und gleichzeitig eine Vielzahl von Kleinstträgern widerspiegelt. Dezentralität, Variabilität und große Freiheitsgrade in der Gestaltung des Bildungsangebots sind zentrale Charakteristika des frühen Bildungs- und Betreuungssystems in Deutschland. Die Freiheitsgrade in der Gestaltung des Bildungsauftrags werden dabei bis auf die Ebene der einzelnen frühpädagogischen Fachkräfte heruntergetragen.

Verbindlichkeit der Teilhabemöglichkeiten an früher Bildung. In der Infrastruktur und Nutzung früher Bildungsangebote bestehen in Deutschland große regionale Unterschiede. Die historischen Unterschiede zwischen West- und Ostdeutschland bilden sich auch heute noch in der Infrastruktur und den Nutzungsquoten von Familien mit Kindern unter drei Jahren ab. Seit etwa 18 Jahren wurde die Anzahl der Betreuungsplätze stetig erhöht und seit dem 01.08.2013 haben Kinder ab dem vollendeten ersten Lebensjahr einen Rechtsanspruch auf frühkindliche Förderung in einer Kita oder in der Kindertagespflege. Parallel ist auch die Teilhabe an früher Bildung von Kindern unter drei Jahren, vor allem in den westlichen Bundesländern, stetig angestiegen. 2006 wurden deutschlandweit lediglich 13,6 Prozent aller Kinder unter drei Jahren außerfamilial betreut, in den westlichen Bundesländern betrug der Anteil acht Prozent, in den östlichen Bundesländern bereits 39,7 Prozent. Im Jahr 2023 befanden sich bundesweit 36,4 Prozent der Kinder unter drei Jahren in Betreuung – in Ostdeutschland 54,2 Prozent, in Westdeutschland 32,7 Prozent. Bei der Interpretation der Zahlen ist zu berücksichtigen, dass hier auch die Kinder im ersten Lebensjahr in der Grundgesamtheit gezählt werden, obgleich für diese Kinder kein Rechtsanspruch besteht und außerfamiliale Betreuung in diesem Alter in den meisten Fällen nicht gewünscht wird. Das Elterngeld unterstützt zudem die Möglichkeit der ausschließlich familialen Betreuung des Kindes im ersten Lebensjahr. Die Betreuungsquoten der Kinder ab vollendetem erstem Lebensjahr sind deutlich höher. Dennoch wird auch mehr als zehn Jahre nach Einführung des Rechtsanspruches auf einen Betreuungsplatz dieser nicht immer erfüllt. Die Betreuungsquoten für Kinder ab drei Jahren sind deutlich höher, im letzten Jahr vor der Einschulung besuchen fast alle Kinder eine Kita. Allerdings gibt es deutliche Unterschiede in Abhängigkeit vom Migrationshintergrund. Der Sachverständigenrat für Integration und Migration (SVR) hat kürzlich eine Analyse vorgelegt, in der er feststellt, dass trotz politischer Anstrengungen um die Angleichung der Betreuungsquoten von Kindern mit und ohne Migrationshintergrund bestehende Unterschiede in den letzten Jahren gleichgeblieben sind oder sich sogar verstärkt haben (vgl. SVR 2024). Für Kinder unter drei Jahren lag die Betreuungsquote bei Kindern ohne Migrationshintergrund bundesweit bei 43 Prozent, hingegen waren lediglich 22 Prozent der Kinder mit Migrationshintergrund in dieser Altersgruppe in außerfamilialer Betreuung. Der Anteil der Kinder zwischen drei und sechs Jahren ohne Migrationshintergrund in Kindertagesbetreuung liegt seit mehreren Jahren bei 99 beziehungsweise 100 Prozent, der Anteil an Kindern mit Migrationshintergrund in dieser Altersgruppe lag 2022 lediglich bei 78 Prozent und hat sich im Vergleich zu Vorjahren sogar verringert. Besonders geringe Teilnahmequoten zeigen sich bei armutsgefährdeten Kindern mit Migrationshintergrund. Zudem wies der Sachverständigenrat darauf hin, dass Kinder mit Migrationshintergrund häufiger segregierte Kitas besuchen. Kinder mit nichtdeutscher Familiensprache haben eine deutlich höhere Wahrscheinlichkeit, eine Einrichtung zu besuchen, in der mehr als die Hälfte der Kinder eine nichtdeutsche Familiensprache sprechen. Unterschiedliche Studien weisen darauf hin, dass Unsicherheit, mangelnde Sprachkenntnisse der Eltern, Überforderung mit den bürokratischen Hürden des Anmeldeverfahrens sowie fehlendes Vertrauen wichtige Ursachen für die geringere Inanspruchnahme von frühen Bildungs- und Betreuungsangeboten sind (vgl. Rönnau-Böse u. a. 2023). Es existieren nicht nur große Unterschiede zwischen west- und ostdeutschen Bundesländern, sondern insgesamt gibt es eine große Varianz.

Bildungsverständnis und Verbindlichkeit von Bildungsplänen. Die frühe Bildung in Deutschland folgt einer sozialpädagogischen Tradition. Das heißt, dass der Bildungsauftrag ganzheitlich verstanden wird und oftmals die Förderung der sozioemotionalen Entwicklung und des Sozialverhaltens im Vordergrund steht. Die Bildung folgt einem kind- und situationsorientierten Ansatz, in dem pädagogische Situationen entlang der kindlichen Interessen gestaltet werden und das kindliche Spiel einen großen Stellenwert hat. Das enttäuschende Abschneiden Deutschlands in den internationalen Schulleistungsstudien, welches zum ersten Mal im Jahr 2000 dokumentiert wurde, führte auch zu Schlussfolgerungen mit Blick auf den Bildungsauftrag der Kitas. Insbesondere wurde bemängelt, dass die Förderung kognitiver und schulnaher Fähigkeiten in den Kitas zu kurz kam. Außerdem wurde kritisiert, dass die besonderen Bedürfnisse von Kindern aus bildungsfernen Familien sowie von Familien mit Migrationshintergrund zu wenig in der pädagogischen Arbeit der Kitas berücksichtigt wurden. Als Reaktion darauf wurden zwischen 2002 und 2006 Bildungs-, Erziehungs- oder Orientierungspläne für die pädagogische Arbeit in Kitas (Bildungspläne) entwickelt (vgl. Diskowski 2009; Schuster-Lang 2013). Diese sind als verbindliche Orientierungshilfen für die Praxis konzipiert. Sie sollen allerdings auch von der Praxis interpretiert und an die jeweiligen Gegebenheiten vor Ort angepasst werden. In den Bildungsplänen werden das Bildungsverständnis, Bildungsbereiche und Bildungsprozesse beschrieben, nicht aber zu erreichende Kompetenzniveaus von Kindern.

Die Inhalte der Bildungsarbeit stehen im Zentrum der Pläne. Hier zeigen sich große Überschneidungen zwischen den Bundesländern. Sprache, Auseinandersetzung mit der Natur, Persönlichkeitsentwicklung und der Umgang mit Zahlen sind Beispiele für Bildungsbereiche, die für alle Bundesländer zentral sind. Gleichwohl zeigen sich Unterschiede in der Betonung von Aspekten, die regional von unterschiedlicher Relevanz sind, wie z. B. der Umgang mit Diversität und Multikulturalität oder der Bildungsbereich Religion. Hinsichtlich der Förderung kognitiver und früher schulnaher Fähigkeiten und Kompetenzen grenzen sich die Bildungspläne klar von „Schulfächern" ab. Alle Bildungspläne betonen zudem das kindorientierte und ganzheitliche Verständnis von früher Bildung.

Der Entwicklung und Implementierung von Bildungsplänen wird unter Gesichtspunkten der Steuerung eine große Bedeutung beigemessen (vgl. Diskowski 2009), da so ein Abschied von der absoluten Unverbindlichkeit der pädagogischen Arbeit in Kitas geschaffen wurde (vgl. Anders/Roßbach 2019). Einhergehend damit wurden auch die Notwendigkeit einer bereichsspezifischen Förderung und fachdidaktische Perspektiven anerkannt. Sowohl entwicklungspsychologische Arbeiten als auch Arbeiten aus der pädagogischen Psychologie hatten bereits zuvor eine bereichsspezifische Förderung nahegelegt (vgl. Roßbach 2005). Dieses bedeutet allerdings nicht, schulisches oder lehrgangsorientiertes Unterrichten in den Kitas zu implementieren oder das spezifische Bildungsverständnis aufzugeben, sondern die Anreicherung des pädagogischen Alltags mit entwicklungsangemessenen didaktisch-methodischen Vorgehensweisen. Ein Bekenntnis zu den jeweiligen Bildungsplänen wird in der Regel von den öffentlich finanzierten Kitas gefordert. Empirische Überprüfungen der Umsetzungen der Bildungspläne finden allerdings über Befragungen von Fachkräften hinaus nicht statt. Existierende Forschungsarbeiten weisen darauf hin, dass die Bildungspläne aufgrund der großen Freiheit in der Interpretation und Ausgestaltung nur eingeschränkt darauf Einfluss nehmen, dass gezielte, bereichsspezifische Förderung tatsächlich einen größeren Stellenwert in den Einrichtungen hat (vgl. Smidt/ Schmidt 2012).

Pädagogische Qualität in Kitas: ihre Höhe, Maßnahmen der Sicherung und Weiterentwicklung und die Verbindlichkeit von Evaluationen. Wie oben dargestellt ist eine hohe Qualität der pädagogischen Prozesse und Interaktionen eine Voraussetzung für starke und positive Bildungseffekte. Anders und Oppermann (2024) haben kürzlich eine Erweiterung des Struktur-Prozess-Modells pädagogischer Qualität in Kitas vorgeschlagen (siehe Abbildung 6), in der nicht nur die Charakteristika qualitativ hochwertiger Interaktionen und Prozesse expliziert werden, sondern auch personale und institutionelle Voraussetzungen einer hohen pädagogischen Interaktionsqualität abgebildet sind.

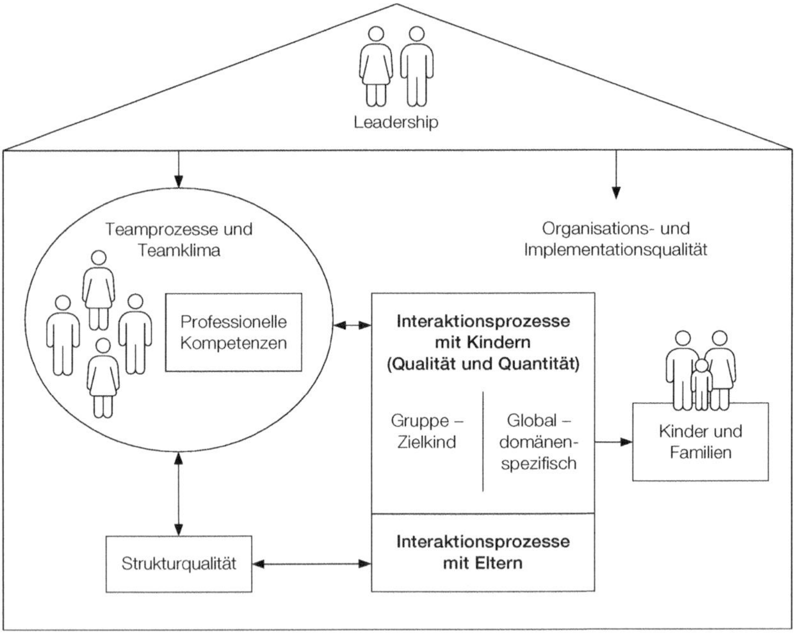

Abbildung 6: Erweiterung des Struktur-Prozess-Modells pädagogischer Qualität in Kindertageseinrichtungen (vgl. Anders/Oppermann 2024)

In dem Vorschlag wird aufgegriffen, dass gängige Qualitätskonzepte sowohl die Qualität kognitiver Anregung als auch die Qualität der Förderung sozioemotionaler Entwicklung berücksichtigen. Dabei zeichnet sich hohe Qualität im Bereich der sozioemotionalen Förderung z. B. durch ein warmes emotionales Klima, sensitive und feinfühlige Interaktionen sowie durch die Förderung des Wohlbefindens, (Selbst-)Vertrauens und der Autonomie aus (vgl. Harms u. a. 1998; Pianta/Hamre 2009; Siraj-Blatchford u. a. 2015). Mit Blick auf die kognitive Förderung wird die Bedeutsamkeit kognitiv anregender (verbaler) Interaktionen zwischen Fachkräften und Kindern hervorgehoben (vgl. Pianta/Hamre 2009; Siraj-Blatchford u. a. 2015). Aufgegriffen wird auch die Notwendigkeit einer hinreichenden Quantität qualitativ hochwertiger Bildungsangebote. Ferner werden qualitative Charakteristika der Interaktionsprozesse mit Familien beschrieben.

Als Voraussetzungen werden neben Merkmalen der Strukturqualität (z. B. Anteil der mittelbaren pädagogischen Arbeitszeit an der Gesamtarbeitszeit, Fachkraft-Kind-Schlüssel) auch Voraussetzungen auf Seiten der pädagogischen Fachkraft im Sinne ihrer professionellen Kompetenzen beschrieben. Darüber hinaus wird die Rolle von Teamklima und Teamprozessen für die Zusammenarbeit und Qualitätsentwicklung dargestellt. Letztlich werden auch weitere Aspekte der Organisations- und Implementationsqualität sowie die Relevanz von Leadership herausgearbeitet. Auf Basis des Modells und des Forschungsstandes zur Qualitätsentwicklung lassen sich einzelne strukturelle Voraussetzungen, Fort- und Weiterbildung, Teamentwicklung, weitere Systeme der fachlichen Unterstützung (z. B. Fachberatung) sowie verbindliche Evaluationen der pädagogischen Qualität als Möglichkeiten der Sicherung und Weiterentwicklung ableiten.

Zur Darstellung des Status quo wird zunächst gefragt, wie hoch die pädagogische Prozessqualität in deutschen Kitas ist. Hierzu liegen nur wenige überregionale Untersuchungen vor. Ende der 1990er Jahre wiesen 69 Prozent der Gruppen in deutschen Kitas in einer großen repräsentativen Beobachtungsstudie eine mittelmäßige Prozessqualität auf; in nur 29 Prozent der beobachteten Gruppen wurde eine gute Qualität festgestellt (vgl. Tietze 1998). Etwa 15 Jahre später zeigte die NUBBEK-Studie ähnliche Qualitätswerte in der durchschnittlichen globalen und domänenspezifischen Prozessqualität (Tietze u. a. 2013). Bei weniger als zehn Prozent fand man eine gute oder sehr gute Qualität. Gleichzeitig wurde in der NUBBEK-Studie eine große Varianz in den Ausprägungen der Prozessqualität belegt. Vergleichbare Ergebnisse lieferte die BiKS-Studie, die in zwei Bundesländern umfassend die Qualität von Kitas untersuchte (vgl. Kuger/Kluczniok 2009). Weitere Untersuchungen in Deutschland wiesen ebenfalls auf geringe bis mittelmäßige Ausprägungen in der Interaktions- und Anregungsqualität hin (vgl. z. B. Suchodoletz u. a. 2014; Wildgruber u. a. 2016; Anders/Roßbach 2019). Mit Blick auf die Merkmale besonders entwicklungsförderlicher Fachkraft-Kind-Interaktionen zeigen Untersuchungen, dass kognitiv aktivierende und sprachlich anregende Interaktionen bislang selten in der pädagogischen Praxis beobachtet werden können (vgl. z. B. König 2009; Hopf 2012; Viernickel u. a. 2013; Anders/Enß/Wolf 2022). Angebote der bereichsspezifischen Förderung weisen nicht nur oftmals eine geringe Prozessqualität auf, sondern sie finden auch sehr selten statt. Besondere Berücksichtigung verdient die Tatsache, dass unterschiedliche Studien immer wieder dokumentieren, dass in Gruppen mit einem höheren Anteil von Kindern mit Migrationshintergrund eine geringere Prozessqualität erreicht wird (vgl. z. B. Kuger/Kluczniok 2009). Im nächsten Schritt ist zu fragen, wie die benannten Aspekte zur Sicherung und Weiterentwicklung pädagogischer Prozessqualität reguliert und ausgeprägt sind.

Die Verbindlichkeit von Strukturqualität. Der Personalschlüssel in Gruppen mit Kindern unter drei Jahren betrug im Jahr 2021 durchschnittlich 1 zu 3,8, in Gruppen mit Kindern über drei Jahren bis zum Schuleintritt 1 zu 8,1 Kinder, wobei große Unterschiede zwischen west- und ostdeutschen Bundesländern bestehen (vgl. Autorengruppe Bildungsberichterstattung 2022). Allgemein werden in den westdeutschen Bundesländern bessere Personalschlüssel beobachtet als in den ostdeutschen Bundesländern. Auch in Gruppen mit einem höheren Anteil an Kindern mit Migrationshintergrund ist die Personalausstattung etwas besser. Mit Blick auf die mittelbare pädagogische Arbeitszeit (mpA), also die Arbeitszeit, die den Fachkräften z. B. für Vor- und Nachbereitung pädagogischer Angebote oder die Zusammenarbeit mit Familien zur Verfügung steht, ist festzustellen, dass nur eine sehr geringe oder keine Bereitstellung von mpA üblich ist. Auch hier variiert der Anteil mpA sowohl zwischen den Bundesländern als auch innerhalb der Länder (vgl. BMFSFJ 2021a). Das Qualifikationsgefüge der frühpädagogischen Fachkräfte in Deutschland hat sich in den letzten Jahren wenig geändert (vgl. Autorengruppe Fachkräftebarometer 2014, 2019, 2021). Der Anteil der Fachkräfte mit einschlägigem Hochschulabschluss hat sich zwischen 2006 und 2020 verdoppelt, doch es existieren weiterhin große Unterschiede zwischen den Bundesländern. Die Einbindung gut qualifizierter Fachkräfte mit Hochschulabschluss in die frühpädagogische Praxis zeigt sich weiterhin als Herausforderung. Die Ausbildung zur Erzieherin oder zum Erzieher ist breit aufgestellt und konzentriert sich nicht nur auf den frühkindlichen Bereich. Innerhalb der Ausbildungsgänge bestehen zudem große Unterschiede in der curricularen Ausrichtung. Fort- und Weiterbildung ist daher dringend notwendig, um aktuellen Herausforderungen professionell begegnen zu können und qualitativ hochwertige Bildungsarbeit zu gewährleisten.

Die Verbindlichkeit von Fort- und Weiterbildung. Die Vorgaben zur Fort- und Weiterbildung von frühpädagogischen Fachkräften werden in allen Bundesländern in entsprechenden Gesetzen oder Verordnungen geregelt. In einer Analyse von 2022 zeigten sich inhaltlich auch hier große Unterschiede zwischen den Ländern. Bei der Mehrheit der Bundesländer fanden sich explizite Hinweise, dass die Träger ihren Fachkräften die Teilnahme an Fort- und Weiterbildungen ermöglichen sollen. In Hamburg und Berlin werden überdies auch die Selbstverpflichtung der zuständigen Behörde zur fachlichen Weiterentwicklung von Angeboten der Fort- und Weiterbildung sowie die Feststellung des Fortbildungsbedarfes in den Regelungen festgehalten. Bezüglich des Umfangs der Teilnahme an Fort- und Weiterbildungen finden sich in den meisten Ländern keine verbindlichen Vorgaben.

Die Verbindlichkeit von externen Evaluationssystemen. Zur Qualitätssicherung und Qualitätsentwicklung werden in einigen europäischen Ländern (z. B. England, Niederlande) externe Evaluationssysteme eingesetzt, in denen die pädagogische Qualität der frühpädagogischen Arbeit unter Rückgriff auf standardisierte Beobachtungsverfahren regelmäßig extern überprüft wird. In Deutschland existiert eine verpflichtende externe Evaluation lediglich in Berlin, in den anderen Bundesländern werden interne und externe Evaluationen mit weniger Verbindlichkeit beziehungsweise auf freiwilliger Basis genutzt. Eine Veröffentlichung von Evaluationsergebnissen auf Basis einzelner Einrichtungen, die eine größere Transparenz gerade auch für die Familien schaffen würden, findet bislang allerdings noch nicht statt.

Der Bund hatte mit dem Gute-Kita-Gesetz und jetzt mit dem Kitaqualitätsgesetz auf die Weiterentwicklung dieser und anderer Qualitätsaspekte hingewirkt. Auch dieses Gesetz war durch viele Freiheitsgrade in der Investition der finanziellen Mittel und der intendierten Maßnahmen gekennzeichnet. Die Evaluation zeigte, dass Partizipation einerseits einen Erfolgsfaktor darstellte, andererseits orientierten sich nicht alle Maßnahmen an den tatsächlich größten Bedarfen in den Bundesländern. Viele der getroffenen Maßnahmen können in ihren Wirkungen auch erst zu einem späteren Zeitpunkt bewertet werden (vgl. Rönnau-Böse u. a. 2023).

Verbindlichkeit sprachlicher Bildung in Kindertageseinrichtungen und Kinder mit zusätzlichem Sprachförderbedarf. Sprache gilt als Querschnittsdomäne und der Entwicklung der sprachlichen Fähigkeiten kommt für die gesamte weitere Entwicklung, Bildungskarriere und Integration eine besondere Bedeutung zu. Fehlende sprachliche Kompetenzen in der Bildungssprache Deutsch werden auch als zentrale Ursache der Bildungsbenachteiligung von Kindern mit einer anderen Familiensprache als Deutsch angesehen. Vor diesem Hintergrund sind sowohl die Qualität der alltagsintegrierten sprachlichen Bildung und Förderung als auch der ergänzenden Angebote für Kinder mit zusätzlichem Sprachförderbedarf von besonderer Relevanz.

Verbindlichkeit von Diagnostik des Sprachstands. Die individuelle Diagnostik des Sprachstands ist eine wichtige Voraussetzung und Komponente einer qualitativ hochwertigen sprachlichen Bildung. Erfolgreiches sprachpädagogisches Handeln erfordert Adaptivität an die individuellen sprachlichen Kompetenzen, so dass die Lern- und Unterstützungsangebote an diese anschließen können. So sind sprachliche Anregungen in der Zone der proximalen Entwicklung am effektivsten (vgl. Ruberg/Rothweiler 2012). Dementsprechend ist Sprachstandsdiagnostik auch für die alltagsintegrierte sprachliche Bildung eine essenzielle Voraussetzung. Darüber hinaus ist Diagnostik für eine verlässliche Identifikation von Kindern mit Sprachförderbedarf notwendig, auch um ermitteln zu können, in welchen Bereichen ein Kind Förderung benötigt (Selektions- und Förderdiagnostik). Schließlich kann Diagnostik auch genutzt werden, um den Erfolg von Fördermaßnahmen zu bewerten.

Vorliegende Instrumente zur Einschätzung sprachlicher Fähigkeiten und Fertigkeiten für Kinder können einer der drei Kategorien, den Sprachentwicklungstests, den Sprachscreenings und den Beobachtungsverfahren, zugeordnet werden. Die höchste Akzeptanz im frühpädagogischen Feld haben Beobachtungsverfahren. Diese setzen sich zusammen aus einer systematischen Beobachtung und anschließenden Beurteilung der beobachteten Merkmale und Fähigkeiten. Diese Beurteilung erfolgt meist anhand eines standardisierten Kriteriensystems mit Hilfe von Ratingskalen.

Beobachtungsverfahren weisen eine geringere Standardisierung als Tests und Screenings auf, was sich negativ auf die Objektivität, Reliabilität und Validität der Ergebnisse auswirkt. Sie sind stärker anfällig für subjektive Verzerrungen aufgrund von Urteils- und Beobachtungsfehlern, insbesondere bei der Anwendung durch diagnostische Laien. Für eine sichere Anwendung von Beobachtungsverfahren sind umfangreiche Schulungen notwendig. Zudem muss angenommen werden, dass pädagogische Fachkräfte aufgrund der starken Belastung und des Fachkräftemangels nicht immer eine systematische Beobachtung durchführen und stattdessen die Beurteilung der sprachlichen Fähigkeiten auf Basis ihres „naiven Alltagseindrucks" vornehmen. Es wurde gezeigt, dass solche informellen Urteile stärker von Verzerrungen betroffen sind. So wird sprachlich zurückhaltenden beziehungsweise schüchternen Kindern häufiger trotz unauffälliger Sprachfertigkeiten ein Sprachförderbedarf attestiert (vgl. Wolf u. a. 2015). Die diagnostische Qualität von Beobachtungsverfahren zur Sprachstandsfeststellung in der frühen Bildung wird nicht immer geprüft, was angesichts der möglichen Konsequenzen der Sprachstandsfeststellung (z. B. Defizitbewusstsein, Stigmata, keine Förderung trotz Förderbedarf) kritisch zu diskutieren ist.

Verfahren zur Messung von Sprachverstehen, die in der Kindertagesbetreuung zur Identifikation von Kindern mit Sprachförderbedarf eingesetzt werden, müssen einer Reihe von Qualitätsanforderungen genügen (z. B. klassische Testgütekriterien, Spezifität der Diagnostik, Berücksichtigung von Mehrsprachigkeit). Die von den Bundesländern eingesetzten Verfahren zur Sprachstandsfeststellung wurden jedoch überwiegend nicht ausreichend geprüft beziehungsweise wurden die Ergebnisse der Fachöffentlichkeit nicht bereitgestellt (vgl. Becker-Mrotzek u. a. 2013). Neugebauer und Becker-Mrotzek (2013) haben die Verfahren zur Bestimmung des Sprachstands, die von den Bundesländern zur Identifikation von Kindern mit Sprachförderbedarf eingesetzt werden, hinsichtlich der von Becker-Mrotzek u. a. (2013) definierten Qualitätsanforderungen untersucht. Im Fazit kommen die Autoren zu dem Schluss, dass ein großer Handlungsbedarf bezüglich der Weiterentwicklung der Qualität dieser Verfahren besteht. In den Jahren seit dieser Veröffentlichung waren auf Ebene der Bundesländer kaum Änderungen zu verzeichnen (vgl. Autorengruppe Bildungsberichterstattung 2022). Laut Bildungsbericht 2022 führen insgesamt sieben Bundesländer (Baden-Württemberg, Berlin, Brandenburg, Bremen, Hamburg, Saarland, Sachsen) flächendeckend und mit allen Kindern Sprachstandsbestimmungen durch, in sieben weiteren Ländern ist die Sprachstandsfeststellung inzwischen nur noch für einen Teil der Kinder verpflichtend (z. B. nur Kinder, deren beide Elternteile nichtdeutscher Herkunft sind, oder Kinder, die keine Kita besuchen). Neben Thüringen werden nun auch in Sachsen-Anhalt keine Sprachstandsverfahren mehr flächendeckend und auch nicht für einen Teil der Kinder durchgeführt. Außerdem wird in Sachsen ein neues Verfahren (SOPESS, vgl. Petermann u. a. 2009) eingeführt, das allerdings für Schuleingangsuntersuchungen konzipiert wurde. Zudem wurde im Saarland ein Beobachtungsverfahren statt des vorherigen Verfahrens „Früh Deutsch lernen“ implementiert. Weitere standardisierte Verfahren, die zur Identifikation von Kindern mit Sprachförderbedarf eingesetzt werden können, werden auf der Internetseite von „BiSS-Transfer“[8] dargestellt und bewertet.

Verbindlichkeit von Sprachförderung. Neben der Frage der grundsätzlichen Einführung von Sprachdiagnostik für alle Kinder ist die verbindliche Verknüpfung mit nachhaltigen Sprachfördermaßnahmen zu diskutieren. Die bislang eingeführten Diagnostikverfahren setzen in der Regel deutlich zu spät ein, um noch eine intensive und effektive Förderung für einen besseren Schulstart zu ermöglichen. Auch werden nicht immer alle Kinder durch die Diagnostik erreicht. Eine besondere Herausforderung stellen diejenigen Kinder dar, die keine Kita besuchen. Eine verbindliche Überführung in Fördermaßnahmen wird nicht immer umgesetzt. Allerdings befindet sich das System, auch in Reaktion auf die Ergebnisse der jüngsten Schulleistungsstudien, im Wandel und diverse Bundesländer starten Initiativen, um eine verpflichtende frühe Zusatzförderung auf Basis von Diagnostik zu implementieren. Ein Vorreiter ist an dieser Stelle das Land Hamburg, welches zur Sicherstellung der vorschulischen Förderung von allen Kindern mit besonderem Förderbedarf die Schulpflicht vorgezogen hat. Hiermit ist kein vorzeitiger Besuch der Grundschule verbunden, sondern ein verpflichtender Besuch der Vorschule für solche Kinder, bei denen ein Sprachförderbedarf festgestellt wurde.

Sprachfördermaßnahmen, die sich speziell an Kinder mit einem besonderen Förderbedarf richten, werden auch als additive Maßnahmen bezeichnet. Es steht die Förderung ausgewählter Sprachkomponenten im Vordergrund, wie z. B. Wortschatz, Grammatik oder die phonologische Bewusstheit. Die Förderung findet in Kleingruppen statt, zusätzlich zu den Regelangeboten im pädagogischen Alltag. In der Praxis kamen und kommen dabei strukturierte Programme zum Einsatz (wie z. B. „hören, lauschen, lernen“ für die Förderung der phonologischen Bewusstheit; vgl. Küspert/Schneider 2006), in denen die frühpädagogische Fachkraft nach einem festen Curriculum und vorbereiteten Materialien über einen Zeitraum von mehreren Wochen mit den Kindern arbeitet. Der Ablauf der Übungseinheiten ist vorgegeben und orientiert sich in der Regel nicht an den spezifischen Sprachkompetenzen der Kinder. Ziel dieser Programme ist die Förderung der kindlichen Sprachentwicklung durch ein wiederholtes und strukturiertes Sprachangebot und spielerische Übungen. Diese Programme wurden nur zu

---

[8] Vgl. https://www.biss-sprachbildung.de/angebote-fuer-die-praxis/tool-dokumentation/qualitaetscheck-der-diagnose-tools/qualitaetscheck-der-diagnose-tools-fuer-den-elementarbereich/.

einem Teil mit methodisch angemessenen Wirksamkeitsstudien überprüft. Die resultierenden Befunde konnten überwiegend keine Effekte auf die kindlichen Sprachkompetenzen und die schriftsprachliche Entwicklung belegen (z. B. Koch 2003, 2009; Roos/Polotzek/Schöler 2010; Gasteiger-Klicpera/Knapp/Kucharz 2010; Wolf u. a. 2011; Sachse u. a. 2012). Als Ursachen wurden insbesondere die kurze Förderdauer, der späte Einsatz im letzten Jahr vor der Einschulung, eine unzureichende Qualifizierung der pädagogischen Fachkräfte, eine fehlende Überprüfung und die fehlende Anpassung der Fördermaßnahmen an die individuellen Ausgangskompetenzen diskutiert (vgl. z. B. Roos u. a. 2010).

Eine Ausnahme stellt hierbei die Förderung der phonologischen Bewusstheit dar. Internationale Studien und Metaanalysen haben gezeigt, dass Fördermaßnahmen für die phonologische Bewusstheit mit moderaten Effekten auf den Schriftspracherwerb verbunden sind (vgl. z. B. Bus/IJzendoorn 1999; Ehri u. a. 2001). In der Folge hat dies auch in Deutschland zur Entwicklung mehrerer entsprechender Programme geführt. Metaanalysen ergaben für die Förderung der phonologischen Bewusstheit in der deutschen Sprache geringe, aber immer noch substanzielle Effekte auf den Schriftspracherwerb, insbesondere auf die Rechtschreibfertigkeiten (vgl. Fischer/Pfost 2015; Wolf/Schroeders/Kriegbaum 2016). Unterschiede zu den angloamerikanischen Befunden, in denen deutlich größere Effekte auf den späteren Schriftspracherwerb gefunden wurden, wurden vor allem durch die höhere orthografische Transparenz in der deutschen Sprache erklärt.

Verbindlichkeit der Förderung weiterer Basiskompetenzen. Neben der Diagnostik und Förderung der sprachlichen Kompetenzen ist die Förderung früher mathematischer und sozioemotionaler Kompetenzen als Teil der Basiskompetenzen ebenso zentral. Diese werden aber in gängigen Diagnostikverfahren oftmals nicht berücksichtigt. Dabei existieren ergänzende Programme zur Förderung von mathematischen und sozioemotionalen Kompetenzen die wissenschaftlich evaluiert wurden, durchaus. Ihr Einsatz erfolgt oft ohne eine vorherige Diagnostik.

Verbindlichkeit von Zusammenarbeit mit Familien und Elternbildung. Aufgrund der herausragenden Bedeutung der familialen Voraussetzungen und Anregungsbedingungen für die kindliche Entwicklung kommt auch der Zusammenarbeit der Kitas mit Familien sowie weiteren Angeboten der Elternbildung und frühen Hilfen eine besondere Bedeutung zu. Zusammenarbeit mit Familien ist als Handlungsfeld in den Bildungsplänen für die frühe Bildung angelegt und auch als bedeutsame Qualitätskomponente beschrieben (vgl. Anders/Oppermann 2024). Qualitativ hochwertige Zusammenarbeit mit Familien benötigt entsprechende Arbeitszeit, allerdings ist der Anteil der mittelbar pädagogischen Arbeitszeit in der Regel gering (S. 76). Daher verwundert es nicht, dass die Zusammenarbeit mit Familien in vielen Kitas unterentwickelt ist (vgl. z. B. Betz u. a. 2019; Hummel/Cohen/Anders 2022; Hummel u. a. 2022). Hinzu kommt, dass sich Fachkräfte durch die Anforderungen, die Kommunikation mit Eltern an sie stellt, überfordert fühlen. Gleichwohl ist eine gute Kommunikation eine wichtige Voraussetzung für das Vertrauen, das Eltern in die Kita haben (vgl. Hummel/Cohen/Anders 2022). Neben der Zusammenarbeit mit Familien, die aus der Kita heraus erfolgt, existieren unterschiedliche Möglichkeiten von frühen Hilfen, das heißt der Unterstützung von Familien und Elternbildung, die auch schon deutlich früher ansetzen können. Auch hier ist eine große Vielfalt von Angeboten und Angebotsstrukturen in Deutschland festzustellen. Qualitativ hochwertige Angebote können positive Auswirkungen auf die Anregungsbedingungen in der Familie sowie auf die kindliche Entwicklung haben (vgl. z. B. Cadima u. a. 2018; Cohen u. a. 2020a). Erfolgreiche Ansätze sind wissenschaftsbasiert und ihnen gelingt es gleichermaßen, diejenigen Familien mit Unterstützungsbedarf zu erreichen und eine hohe Qualität der Angebote sicherzustellen. Qualitativ hochwertige Programme zeichnen sich dabei durch eine hohe Adaptivität der Angebote an die jeweilige Zielgruppe aus und weisen einen hohen Grad an Professionalität auf individueller, professioneller und systemischer Ebene auf (vgl. Cohen u. a. 2020b). Allerdings zeigt die Forschung, dass die unterschiedlichen Ziele offenbar schwer miteinander zu vereinbaren sind.

Ein erfolgreiches Programm in vielerlei Hinsicht stellt das Programm „Chancenreich“[9] der Carina Stiftung im Kreis Herford dar. Dort erhalten alle Eltern mit Neugeborenen das Angebot, das Programm „Chancenreich“ in Anspruch zu nehmen. Dieses ist modular aufgebaut. Die Eltern erhalten Unterstützung durch Familienbesucherinnen, die die Familien in den ersten drei Lebensjahren mehrfach aufsuchen und beraten. Darüber hinaus sind Elternkurse zur Stärkung der Bindung von Eltern und Kindern beziehungsweise zur Stärkung der Erziehungskompetenzen Teil des Programms. Die Eltern erhalten weitere Materialien (z. B. ein Handbuch), Beratung zur Relevanz der U-Untersuchungen beim Kinderarzt

---

9 Vgl. https://www.chancenreich-herford.de/.

sowie weitere Möglichkeiten der Vernetzung. Es wird auf die Anmeldung in einer Kita spätestens im Alter von drei Jahren hingewirkt. In dem Programm wird mit einem ökonomischen Incentive gearbeitet und alle Eltern erhalten bei Abschluss des Programms einen zusätzlichen Bonus von 500 Euro, wenn sie unterschiedliche Module absolviert haben (insbesondere einen Elternkurs und die Inanspruchnahme von Familienbesuchen) sowie ihr Kind im Alter von drei Jahren in einer Kita angemeldet haben. Das Programm hat sein Angebot außerdem durch digitale Angebote erweitert. Es zeichnet sich zudem dadurch aus, dass es wissenschaftlich auf seine Auswirkungen evaluiert wurde und sich erfolgreich im Sinne der positiven Entwicklung der familialen Anregungsqualität gezeigt hat. Besonders förderlich zeigten sich Elternkurse, die sich auch in einem verbesserten Wortschatz der Kinder niederschlugen. Außerdem konnte das Programm sowohl bildungsschwache als auch bildungsstärkere Eltern erreichen (vgl. Wilke u. a. 2014; Cohen/Anders 2019; Cohen u. a. 2020a).

Verbindlichkeit und Fachkräftemangel. Das Feld der Kindertagesbetreuung befindet sich seit vielen Jahren im Ausbau. Damit einhergehend ist auch die Anzahl der frühpädagogischen Fachkräfte in den Einrichtungen kontinuierlich gestiegen. Dennoch besteht ein großer Fachkräftemangel, und der Beruf des Erziehers beziehungsweise der Erzieherin gehört zu den sogenannten Mangelberufen. Es besteht zwar seit 2013 ein Recht auf einen Platz in der Kindertagesbetreuung, bislang konnten die Kapazitäten allerdings nicht so ausgebaut werden, dass allen Eltern mit Platzbedarf und Wunsch nach Betreuung tatsächlich ein Betreuungsplatz zur Verfügung gestellt werden kann. Der Personalmangel ist die Hauptursache für diesen Tatbestand. Aktuelle Prognosen gehen von unterschiedlichen Entwicklungen in ost- und westdeutschen Bundesländern aus. Aktuelle Analysen machen deutlich, dass bis 2030 in den westdeutschen Bundesländern zwischen 50.000 und 90.000 Fachkräfte fehlen (vgl. Autor:innengruppe Kinder- und Jugendhilfestatistik 2024). Zusätzlich ist zu berücksichtigen, dass der Rechtsanspruch auf Ganztagsbetreuung an den Grundschulen und den dafür notwendigen Ausbau der Hortbetreuung auf dieselbe Berufsgruppe zugreift. Das BMFSFJ hat vor dem Hintergrund dieser Zahlen und Entwicklungen kürzlich eine Gesamtstrategie „Fachkräfte in Kitas und im Ganztag" entwickelt und veröffentlicht (vgl. BMFSFJ 2024a). Mit Blick auf die oben skizzierten Notwendigkeiten zur Herstellung von Verbindlichkeit im Bildungs- und Qualitätsanspruch und zur Förderung von mehr Chancengerechtigkeit ist zu konstatieren, dass diese in der Regel ebenfalls zusätzliche Zeit- und Personalbedarfe implizieren.

2.1.2 Bewertung des Umsetzungsstands

Aus der Darstellung des Status quo wird deutlich, dass die dezentrale Steuerung und Einbettung des frühkindlichen Bildungs- und Betreuungssystems in die Kinder- und Jugendhilfe eine Reihe von Folgen haben, die sich auf die Verbindlichkeit der Realisierung des Bildungsauftrags negativ auswirken. Zunächst einmal führen die hohen Freiheitsgrade in der Ausgestaltung des Systems und des Bildungsauftrags zu einer hohen Varianz in allen zentralen Aspekten zwischen Bundesländern, Trägern, Einrichtungen und Fachkräften. Dieses impliziert, dass Kinder in Abhängigkeit von ihrem Wohnort und dem sozialen und kulturellen Hintergrund ihrer Eltern nicht nur unterschiedliche Chancen auf Teilhabe an früher Bildung haben, sondern auch unterschiedlich hohe Chancen auf qualitativ hochwertige Bildung beziehungsweise eine Förderung bei Vorliegen eines zusätzlichen Förderbedarfs (vgl. Autorengruppe Bildungsberichterstattung 2022; Rönnau-Böse u. a. 2023). Die dezentrale Steuerung impliziert außerdem fehlende Abstimmung zwischen unterschiedlichen Unterstützungsangeboten für Kinder und Familien (vgl. Barnes u. a. 2019). Auch mehr als zehn Jahre nach der Einführung des Rechtsanspruchs auf einen Betreuungsplatz ab dem vollendeten ersten Lebensjahr können nicht alle Eltern, die einen Platz für ihr Kind wünschen und benötigen, darauf zurückgreifen. Unter denjenigen Kindern, die gar nicht oder erst spät eine Kita besuchen, sind überrepräsentativ viele Kinder aus sozial schwachen Familien oder Familien mit Migrationshintergrund.

Verpflichtende externe Evaluationen der Umsetzung der Bildungspläne existieren in der Regel genauso wenig wie externe Evaluationen der pädagogischen Qualität und in einigen zentralen Aspekten der Strukturqualität, wie z. B. dem Personalschlüssel oder dem Anteil der mittelbaren pädagogischen Arbeit an der Gesamtarbeitszeit, liegen die Vorgaben deutlich unter wissenschaftlich geforderten Werten beziehungsweise Mindeststandards. Der Status der pädagogischen Qualität macht zudem deutlich, dass die bisherigen Anstrengungen noch nicht zu einer hinreichenden Verbesserung geführt haben. Zusammenarbeit mit Familien ist als Arbeitsbereich der Kitas unterrepräsentiert und nicht hinreichend unterfüttert, vor dem Hintergrund der zunehmenden Diversität aber umso wichtiger. Dementsprechend spricht der aktuelle Status für eine verbindliche Weiterentwicklung der Systeme der Fort- und Weiterbildung sowie fachlicher Unterstützung und eine verbindliche Förderung von Kindern mit zusätzlichem Förderbedarf auf Basis von Diagnostik. Insgesamt sind eine fehlende Verzahnung und curriculare Abstimmung zwischen dem System der frühen Bildung und Betreuung und dem Schulsystem zu konstatieren, welche durch die Einbettung in zwei getrennte Systeme zusätzlich befördert wird.

Aktuell verzeichnet der frühkindliche Bildungsbereich einen starken Mangel an pädagogischen Fachkräften, der sich durch den Rechtsanspruch auf Ganztagsbetreuung in den Grundschulen noch weiter verstärken wird. Der Fachkräftemangel führt aktuell dazu, dass in besonders betroffenen Regionen das Angebot bereits eingeschränkt wird (z. B. durch Umstellung von einem Ganztags- auf ein Halbtagsangebot oder tageweise Schließungen). Allein die Verbesserung der strukturellen Qualitätsindikatoren geht allerdings direkt und indirekt mit einem steigenden Fachkräftebedarf einher. Weitere qualitätssteigernde Maßnahmen, wie z. B. der Einsatz von Funktionsstellen zur Teamentwicklung, führen zusätzlich zu einem noch größeren Bedarf.

2.2 Erwartungen

2.2.1 An die Bildungs- und Familienpolitik des Staates

Zunächst einmal ist auf Ebene der Bildungs- und Familienpolitik die Erwartung zu formulieren, dass der Bildungsauftrag der frühen Bildung und seine Bedeutsamkeit für alle Kinder und insbesondere für solche Kinder, die in anregungsärmeren Familien aufwachsen, umfassend und verbindlich anerkannt werden und dass die Realisierung dementsprechend konsequent in die Wege geleitet, durch Gesetzgebung untermauert, aus Gesetzen entstehende Ansprüche erfüllt und auf allen Ebenen unterstützt wird.

Hierzu gehört auch die Akzeptanz und Wertschätzung des Anspruchs dieses Bildungsauftrags in Analogie zum schulischen Bildungsauftrag. Die Anerkennung und Wertschätzung des Bildungsanspruchs sollte in einer angemessenen finanziellen Unterfütterung, dem Ausbau der frühen Bildung und Betreuung sowie der weiteren qualitativen Weiterentwicklung münden, um die Verbindlichkeit des Bildungsanspruchs sicherzustellen. Die Erfüllung des gesetzlichen Anspruchs auf einen Platz in einer Kita oder in der Kindertagespflege ab dem vollendeten ersten Lebensjahr ist Voraussetzung hierfür. Auf Ebene von Politik und Gesetzgebung sollte ein bundeseinheitliches und ministerienübergreifendes Verständnis des Bildungsauftrags der frühen Bildung sowie von Mindeststandards für eine qualitativ hochwertige frühe Bildung und Betreuung angestrebt werden. Frühe Bildung und schulische Bildung sollten anschlussfähig nahtlos mit gemeinsamen oder aufeinander abgestimmten Curricula ineinander übergehen und die Bedarfe des jeweils anderen Bildungsbereichs aufgreifen. Hierzu bedarf es der Entwicklung eines gemeinsamen Bildungsverständnisses und Kooperation anstatt Abgrenzung zwischen unterschiedlichen Ressorts.

Da hinreichend gut ausgebildete und fachlich unterstützte Fachkräfte eine Grundvoraussetzung zur Herstellung von Verbindlichkeit einer qualitativ hochwertigen frühen Bildung für alle Kinder darstellen, sollten Initiativen und Strategien zur Sicherung und Gewinnung von Fachkräften oberste Priorität haben.

Um Verbindlichkeit und Verlässlichkeit früher Bildungsangebote für alle Kinder sicherzustellen, müssen gesetzliche Rahmenbedingungen geschaffen werden, die eine verbindliche Förderung aller Kinder mit zusätzlichem Förderbedarf sicherstellen.

Es wird sich hier explizit für eine ergänzende, intensive Förderung im Kontext der Kitas ausgesprochen, die mindestens ein Jahr andauert. Dieser Kontext bietet zentrale Vorteile. Die frühpädagogischen Fachkräfte kennen die Kinder, ihren Hintergrund und ihre Interessen. Dieses Wissen ist zentrale Voraussetzung für die Kontextualisierung von Bildungsangeboten, z. B. für den Bezug zu Erfahrungen des Kindes. Frühpädagogische Fachkräfte haben außerdem die notwendigen Qualifikationen für die Konzipierung altersangemessener, kindorientierter pädagogischer Angebote. Voraussetzungen für die Wirksamkeit solcher ergänzenden Angebote sind eine kontinuierliche fachliche Unterstützung beziehungsweise Fort- und Weiterbildung der Fachkräfte sowie die Bereitstellung zeitlicher Ressourcen. Eine engere Kooperation mit der Grundschule über eine stärkere Abstimmung curricularer Fragen und eine Abstimmung der Bildungsangebote am Übergang von Kita und Grundschule erscheint hierbei ideal. Ein erfolgreiches und darüber hinausgehendes Konzept wurde im Rahmen des Projekts KIDZ (Kindergarten der Zukunft in Bayern; vgl. Roßbach u. a. 2012) erprobt. Im Rahmen dieses Projekts arbeiteten dafür abgeordnete Grundschulkräfte und Erzieherinnen und Erzieher gemeinsam in frühpädagogischen Einrichtungen, um insbesondere die Bildung in kognitiv-sprachlichen Domänen zu stärken. Dieses Modellprojekt wurde wissenschaftlich evaluiert und konnte mit Blick auf die Steigerung der frühpädagogischen Qualität und die kindliche Kompetenzentwicklung große Erfolge zeigen, die sich auch noch im Grundschulalter nachweisen ließen (vgl. Roßbach/Sechtig/Freund 2010; Roßbach u. a. 2012). Ein Herausnehmen der Kinder aus dem Kitakontext und eine Förderung durch Fachkräfte beziehungsweise Grundschullehrkräfte, die die Kinder nicht gut kennen und über keine langjährige frühpädagogische Ausbildung verfügen, erscheint hier aufgrund des empirischen Forschungsstands nicht angemessen und könnte tatsächlich zu einer Stigmatisierung beitragen.

In dieser Diskussion wird oftmals auch die Frage der Notwendigkeit einer Kitapflicht für alle Kinder, zumindest im letzten Kitajahr vor der Einschulung, aufgeworfen. Diesbezüglich sind einerseits die gesetzlichen Voraussetzungen zu berücksichtigen sowie die Tatsache, dass aktuell nicht allen Kindern ein Kitaplatz zur Verfügung gestellt werden kann. Zusätzlich ist die Anzahl der Kinder, die im letzten Jahr vor der Einschulung keine Kita besuchen, sehr gering. Bei einer Einführung wären auch die Rahmenbedingungen und die Flexibilität zu diskutieren. Eine Kitapflicht, die analog zur Schulpflicht für alle Kinder umgesetzt wird, bringt auch Einschränkungen in der Freiheit der Gestaltung des Familienalltags (z. B. Urlaubszeiten, Großelternzeiten, sonstige Freizeitangebote) mit sich, die reflektiert im Verhältnis zur Machbarkeit und der kleinen Anzahl der Kinder, die im letzten Jahr vor der Einschulung tatsächlich keine Kita besuchen, diskutiert werden sollte.

2.2.2 An die Kinder- und Jugendhilfe und das Bildungssystem

Auf Systemebene wird die Erwartung formuliert, dass die notwendige Infrastruktur geschaffen wird, um allen Kindern die Teilhabe an früher Bildung zu ermöglichen. Die Inanspruchnahme eines Kitaplatzes sollte dabei so vereinfacht werden, dass bürokratische Hürden keinen Hinderungsgrund mehr darstellen können. Ferner können auf systemischer Ebene vertrauensbildende Maßnahmen (z. B. Beratung durch Hebammen) geschaffen werden, um diejenigen Familien von der Nutzung einer Kita für ihr Kind zu überzeugen, die aus mangelnder Informiertheit, fehlendem Vertrauen und Ängsten davor zurückschrecken. Zusätzlich sollten Maßnahmen getroffen werden, die im Rahmen eines föderalistischen und dezentralen, auf Partizipation ausgerichteten Systems sicherstellen, dass die Bildungspläne tatsächlich implementiert werden und qualitätssichernde und qualitätssteigernde Maßnahmen der frühpädagogischen Qualität unter Berücksichtigung der Zusammenarbeit mit Familien beziehungsweise Elternbildung umgesetzt werden, z. B. durch Festlegung von hinreichenden Zeiten für mittelbare pädagogische Arbeit, Teilnahme an Fortbildungen und die Schaffung von Funktionsstellen für die Qualitätsentwicklung innerhalb der Einrichtungen.

Auf Systemebene sind darüber hinaus die Schaffung von bedarfsgerechten Fortbildungsangeboten und der Möglichkeit, diese wahrzunehmen, die Schaffung von weiteren Ausbildungsplätzen und von Möglichkeiten zur Qualifikation von Quereinsteigerinnen und Quereinsteigern sowie weitere Maßnahmen der Fachkräftesicherung zu verorten. Ferner sollten Maßnahmen getroffen werden, die den Verbleib des im Feld tätigen Fachpersonals sicherstellen (z. B. über Erhöhung der Attraktivität des Berufs, aber auch über Maßnahmen zur Stärkung der psychischen Gesundheit und Burnoutprävention).

Um die Verbindlichkeit einer qualitativ hochwertigen frühen Bildung für alle Kinder sicherzustellen, können sowohl lokale verpflichtende, externe Evaluationssysteme als auch ein bundesweites Monitoring der Prozessqualität eingeführt werden, wie es in einigen anderen Ländern üblich ist. Hierzu wurde kürzlich von der pädquis Stiftung eine Machbarkeitsstudie durchgeführt, die notwendige Rahmenbedingungen herausarbeitet (vgl. Kluczniok u. a. 2024).

Schließlich ist die Erwartung zu formulieren, dass ein verlässliches System eingerichtet wird, welches für alle Kinder frühzeitig einen zusätzlichen Förderbedarf abklärt und dann eine verpflichtende Förderung bei vorhandenem Bedarf einleitet.

2.2.3 An die frühpädagogischen Einrichtungen

Die Einrichtungen und ihre Leitungen nehmen aktuell im Anmeldeverfahren für einen Betreuungsplatz eine zentrale Rolle ein. Daher können auch auf dieser Ebene vertrauensbildende Maßnahmen dafür implementiert werden, die Nutzungshürden von Familien abzubauen, die aktuell seltener oder später einen Betreuungsplatz in Anspruch nehmen (z. B. Familien mit Migrationshintergrund).

Die Einrichtungen mit ihren Leitungen und Fachkräften haben die Aufgabe, ein qualitativ hochwertiges pädagogisches Angebot im Sinne der Bildungspläne für alle Kinder bereitzustellen, so dass diesen Teilhabe ermöglicht wird und sie auf die nächsten Aufgaben im Leben vorbereitet werden. Wichtige institutionelle Rahmenbedingungen für eine qualitativ hochwertige Interaktionsqualität bei der pädagogischen Arbeit mit den Kindern und den Familien sind das Vorhandensein von angemessenen Leadership-Konzepten, von Personal- und Teamentwicklung, Qualitätsentwicklung und -management sowie in der Sicherstellung einer hohen Implementationsqualität der Bildungspläne und des pädagogischen Konzepts (vgl. Anders/Oppermann 2024).

Eine zentrale Rolle kommt der Leitungskraft zu, die außerdem fachliche Unterstützung für alle pädagogischen Fachkräfte sowie Fort- und Weiterbildungsangebote ermöglicht und koordiniert. Ferner ist die Rolle von internen und externen Evaluationen hervorzuheben. Auf Einrichtungsebene ist schließlich auch die Implementierung von Maßnahmen zur Stärkung der Akzeptanz einer höheren Verbindlichkeit des Bildungsauftrags zu verorten, die dann in die pädagogische Arbeit einfließen kann, z. B. durch die Stärkung der Quantität von Bildungsangeboten, die Schaffung von Strukturstellen zur Qualitätsentwicklung, die verbindliche Nutzung von Entwicklungsdokumentationen und Lern- und Entwicklungsplänen, der Entwicklung eines professionellen Konzepts der Zusammenarbeit und Kommunikation mit Familien etc.

Zur verbindlichen Sicherung der Anschlussfähigkeit des Bildungsauftrags zwischen Kita und Grundschule wird auf institutioneller Ebene zunächst ein klares Commitment zur Kooperation und zur Ausgestaltung eines gemeinsamen Bildungsverständnisses erwartet. Hierfür kann ein systematisches Kooperations- und Übergangsmanagement unter Einbezug aller Akteurinnen und Akteure (Leitungen, Fach- und Lehrkräfte, Familien, Kinder) eingesetzt werden.

2.2.4 An die Bildungsakteurinnen und Bildungsakteure

Pädagogisches Personal. Die pädagogischen Fachkräfte sind die zentralen Akteurinnen und Akteure zur Gestaltung pädagogisch wertvoller Bildungsangebote. Die fachliche Qualifikation, Fort- und Weiterbildung gelten als zentrale Stellschrauben zur Sicherung der professionellen Kompetenzen, zu denen neben Fachwissen und fachdidaktischem Wissen auch die pädagogischen Überzeugungen gehören. Dementsprechend ist zunächst auch auf der individuellen Ebene die Zustimmung und Akzeptanz eines verbindlichen Bildungsauftrags zu erwarten, der auch Schulvorbereitung und ein entsprechend durchgängiges Bildungsverständnis inkludiert. Auch die Akzeptanz von Verfahren zur Feststellung des kindlichen Entwicklungsstands stellt eine Voraussetzung für die verbindliche Umsetzung eines oben skizzierten Bildungsauftrags dar, ebenso wie ein Rollenverständnis, welches neben der pädagogischen Arbeit mit den Kindern auch die Zusammenarbeit mit den Familien umfasst. Darüber hinaus ist ein Rollenverständnis zentral, in dem die Fachkräfte sich selbst als stetig lernende und professionell Weiterentwickelnde sehen, welches mit intensiven Fort- und Weiterbildungsinteresse und entsprechender Wahrnehmung von Angeboten einhergehen sollte.

Eltern und Familien. Die Familien stellen die erste Lern- und Entwicklungsumwelt des Kindes dar und haben sehr großen Einfluss auf die kindliche Entwicklung und ihre Bildungschancen. Relevant sind Quantität und Qualität der (bildungsbezogenen) Aktivitäten in der Familie sowie das emotionale Klima (vgl. z. B. Kluczniok u. a. 2013). Diese Prozesse werden von strukturellen Merkmalen (Bildungsstand, Einkommen, Familiensprache) sowie bildungsbezogenen Überzeugungen beeinflusst. Eltern haben Recht und Pflicht, ihre Kinder zu erziehen, müssen dieser Verantwortung allerdings auch nachkommen. Dementsprechend stehen sie auch in den Jahren vor der Einschulung in der Pflicht, ihre Kinder bestmöglich zu unterstützen, ihnen Bildungsangebote durch den Besuch einer Kita zukommen zu lassen oder gegebenenfalls Unterstützungsprogramme anzunehmen. Eine besondere Rolle kommt der Förderung der deutschen Sprache als Bildungssprache zu.

2.3 Handlungsempfehlungen

Aus den formulierten Erwartungen ergeben sich folgende Empfehlungen auf Ebene des Staats, des Systems und der einzelnen Akteurinnen und Akteure.

2.3.1 An den Staat

Schaffung eines bundeseinheitlichen verbindlichen Bildungsplans und verbindlicher Qualitätsstandards. Der Bildungsanspruch und die Bildungsfunktion der Kitas auch im Sinne der Schulvorbereitung müssen vollumfänglich anerkannt werden und sich in einem verbindlichen bundeseinheitlichen Bildungsplan und bundeseinheitlichen Qualitätsstandards abbilden. Hierbei muss eine verbindliche curriculare Verknüpfung von früher und schulischer Bildung angestrebt werden (z. B. über einen Bildungsplan 0–10).

Verbindliche Kompetenzdiagnostik und Förderung ein Jahr vor der Einschulung. Es sollten die rechtlichen Grundlagen für eine verbindliche frühe Kompetenzdiagnostik und verpflichtende Förderung von Kindern mit Förderbedarf mindestens ein Jahr vor der Einschulung geschaffen werden (z. B. in Anlehnung an das Hamburger Modell).

Erhöhung der Platzangebote in der Kindertagesbetreuung. Die Anzahl der Plätze in der Kindertagesbetreuung muss so weit erhöht werden, dass der gesetzliche Anspruch auf einen Betreuungsplatz ab dem vollendeten ersten Lebensjahr verbindlich eingelöst werden kann. Der frühe Bildungsbereich muss entsprechend seiner Bedeutsamkeit finanziell unterfüttert werden, so dass die strukturellen Voraussetzungen für qualitativ hochwertige Bildungsangebote gegeben sind.

2.3.2 An das Bildungssystem

Schaffung struktureller Voraussetzungen für qualitativ hochwertige Bildungsangebote. Auf der Systemebene müssen die strukturellen Voraussetzungen im Sinne von Mindeststandards für qualitativ hochwertige Bildungsangebote verbindlich realisiert werden: ein verbindlicher Personalschlüssel in Anlehnung an wissenschaftliche Kriterien, ein verbindlicher Anteil an mittelbarer pädagogischer Arbeitszeit, verbindliche Fortbildungsangebote, weitere, dauerhafte fachliche Unterstützung (z. B. durch Fachberatung) und die Schaffung von zusätzlichen Funktionsstellen für Teamentwicklung in ausgewählten Qualitäts- und Bildungsbereichen.

Kompetenzdiagnostik und gezielte Förderung durch hierfür qualifiziertes Personal innerhalb der Kitas. Bei allen Kindern muss frühzeitig (mindestens ein Jahr vor der Einschulung) und verbindlich eine Kompetenzdiagnostik zur Identifikation von Förderbedarfen implementiert werden. Ein identifizierter Förderbedarf sollte immer verbindlich und verpflichtend zur Teilnahme an effektiven, intensiven und langfristig angelegten Förderangeboten führen. Es bedarf eines ergänzenden Förderangebots durch entsprechend geschulte frühpädagogische Fachkräfte innerhalb der Kitas. Die frühpädagogischen Fachkräfte kennen nicht nur die Kinder in ihren Besonderheiten und Interessen und haben so die notwendigen fachlichen Voraussetzungen für die wichtige Kontextualisierung, sie haben außerdem Erfahrung und Kompetenz in der Konzipierung altersgerechter Bildungsangebote und können außerdem den Transfer und die Abstimmung mit anderen Bildungsangeboten im Kitaalltag leisten. Ferner wird so die Gefahr der Stigmatisierung umgangen.

Verbindliches Qualitätsmanagement und nationales Monitoring der Prozessqualität. Es müssen verbindliche Qualitätsmanagement- und Qualitätsmanagemententwicklungssysteme implementiert werden, um die Quantität und Qualität früher Bildungsangebote zu stärken und Mindeststandards zu sichern. Interne und externe Evaluationen werden als Teil von Qualitätsmanagement- und Qualitätsmanagemententwicklungssystemen verstanden. Darüber hinaus muss endlich ein nationales Monitoring der Prozessqualität eingeführt werden.

Kooperationsverträge zwischen Kitas und Grundschulen. Um die notwendige curriculare Anschlussfähigkeit von früher und schulischer Bildung sicherzustellen und eine reibungslose Einschulung zu ermöglichen, werden verbindliche Kooperationsverträge für das Übergangsmanagement zwischen Kitas und Grundschulen dringend empfohlen.

Fortbildungspflicht für das Kitapersonal in Kern- und Bedarfsinhalten. Es wird empfohlen, eine Pflicht zu regelmäßigen Fortbildungen in Kern- und Bedarfsinhalten (z. B. zu sprachlicher Bildung, früher mathematischer Bildung, Förderung sozioemotionaler Fähigkeiten, Zusammenarbeit mit Familien, Leadership für Kitaleitungen) zu implementieren.

2.3.3 An die frühpädagogischen Institutionen

Organisations- und Teamentwicklung zur Implementierung des Bildungsauftrags. Auf Ebene der Institutionen muss eine Organisations- und Teamentwicklung zur verbindlichen Implementierung des Bildungsauftrags stattfinden, so dass der Bildungsauftrag (auch im Sinne der Schulvorbereitung) als geteiltes pädagogisches Verständnis gelebt wird und neben der Kitaleitung unterschiedliche Fachkräfte pädagogische Verantwortung für Teilbereiche übernehmen können.

Verbindliche Umsetzung des Übergangsmanagements mit den Grundschulen. Mit Blick auf die Kooperation mit den aufnehmenden Grundschulen müssen die beschriebenen curricularen Abstimmungen und das Übergangsmanagement im Sinne der abzuschließenden Kooperationsverträge verbindlich umgesetzt werden.

Stärkung der Zusammenarbeit mit den Familien. Darüber hinaus muss das Arbeitsfeld „Zusammenarbeit mit Familie“ bei zu stärkenden zeitlichen und qualifikatorischen Ressourcen unbedingt gestützt und ausgebaut werden.

Maßnahmen zur Steigerung der Bildungsteilnahme von Kindern aus sozial schwachen Familien und Familien mit anderen Familiensprachen als Deutsch. Es wird nachdrücklich empfohlen, unterschiedliche Anstrengungen zu unternehmen, um lokal zur Teilhabe von Kindern aus sozial schwachen Familien und Familien mit anderen Familiensprachen als Deutsch beizutragen. Hierzu gehört der Rückgriff auf und die Kooperation mit vertrauenschaffenden Strukturen (z. B. andere Anbieter der Kinder- und Jugendhilfe), um über die Vorteile eines Kitabesuchs zu informieren, gegebenenfalls vorhandene Missverständnisse aufzulösen, Hospitationen in den Einrichtungen zu ermöglichen und bei der Anmeldung zu unterstützen.

2.3.4 An die Bildungsakteurinnen und Bildungsakteure

Fachkräfte. Die frühpädagogischen Fachkräfte sind die zentralen Akteurinnen und Akteure zur Entwicklung qualitativ hochwertiger Bildungsangebote und für qualitativ hochwertige Interaktionen zwischen Fachkräften und Kindern sowie Fachkräften und Familien. In dem Ausmaß, in dem die beschriebenen Empfehlungen auf Einrichtungs-, System- und staatlicher Ebene umgesetzt werden, erhalten die Fachkräfte den Spielraum, qualitativ hochwertige Bildungsangebote zu konzipieren und anzubieten. Trotz der schwierigen Rahmenbedingungen zählen frühpädagogische Fachkräfte zu den fortbildungsaktivsten Berufsgruppen. Es wird allerdings deutlich empfohlen, die Teilnahme an Fortbildungen zu Kern- und Bedarfsthemen (z. B. zu sprachlicher Bildung, früher mathematischer Bildung, Förderung sozioemotionaler Fähigkeiten, Zusammenarbeit mit Familien, Leadership für Kitaleitungen) verpflichtend festzuschreiben.

Familien. Die familiale Anregungsqualität nimmt entscheidenden Einfluss auf die kindliche Entwicklung. Nicht alle Familien besitzen die notwendigen persönlichen oder strukturellen Ressourcen und das Wissen, um eine anregungsreiche familiale Umwelt bereitzustellen. Ansätze der Familienunterstützung, frühe Hilfen sowie Elternkurse haben sich als wirksame Maßnahmen zur Verbesserung der familialen Anregungsqualität erwiesen. Es wird daher eine verbindliche Teilnahme an solchen Angeboten im ersten Lebensjahr des Kindes vorgeschlagen sowie ein verbindliches Beratungsgespräch zum Kitabesuch für alle Eltern, die ihre Kinder im Alter von drei Jahren nicht in einer Einrichtung angemeldet haben.

3 Primarstufe

3.1 Verbindlichkeit – Status quo

3.1.1 Umsetzungsstand von Reformempfehlungen

Die Gesellschaft hat in vielerlei Hinsicht ein elementares Interesse daran, dass junge Menschen sich bilden: Nicht nur für die Individuen selbst sind durch Bildung gewährte bestmögliche Lebenswege entscheidend, auch die Gesellschaft braucht sie für die aktive Teilhabe am gesellschaftlichen Zusammenleben, am Wirtschaftsleben und der Politik eines Landes. Zu den zentralen Bildungszielen der Grundschule zählt deshalb zunächst der Erwerb elementarer Kernkompetenzen im Sinne von grundlegenden Kulturtechniken wie Lesen, Schreiben und Rechnen. Deren Erwerb wieder zu stärken, steht im Mittelpunkt, ohne dabei den anderen Bildungszielen der Grundschule ihre Relevanz abzusprechen. Der aktuelle Umsetzungsstand zeigt Handlungsbedarf. So haben die Ergebnisse der Internationalen Grundschul-Lese-Untersuchung (IGLU) im Mai 2023 anhand einer für Deutschland repräsentativen Stichprobe deutlich gemacht, dass erstens das mittlere Kompetenzniveau der Schülerinnen und Schüler in der Trendanalyse weiter abgesunken ist, zweitens ein substanzieller Anteil von rund 25 Prozent der Kinder in der vierten Klasse – und damit in 14 von 16 Ländern der Bundesrepublik Deutschland kurz vor dem Übergang auf die weiterführende Schule – die Mindestkompetenzstufe im Bereich Lesen nicht erreicht und drittens der Bildungserfolg sowohl in Bezug auf den Kompetenzerwerb als auch auf die Übergangsempfehlungen auf die weiterführende Schule in Deutschland immer noch substanziell auch von der familiären Herkunft der Kinder abhängt (vgl. McElvany u. a. 2023). Die sozialen und migrationsbezogenen Disparitäten in Deutschland konnten seit Beginn der IGLU-Erhebungen im Jahr 2001 nicht reduziert werden.

Die Ergebnisse des nationalen IQB-Bildungstrends bestätigen diese Befundmuster und weisen insbesondere auf deutliche Unterschiede zwischen den Ländern der Bundesrepublik beim Erreichen der nationalen Bildungsstandards hin (vgl. Stanat u. a. 2023). So erreichten 2021 mit –8 (Lesen) beziehungsweise –10 Prozentpunkten (Zuhören und Orthografie) deutlich weniger Kinder den Regelstandard als bei der vorangegangenen Erhebung 2016. Gleichzeitig verfehlten im Lesen fast 19 Prozent, beim Zuhören rund 18 Prozent und bei der Orthografie sogar 30 Prozent der Kinder den Mindeststandard. Dabei handelte es sich um Zuwächse im Umfang von +6 (Lesen) beziehungsweise +8 Prozentpunkten (Zuhören und Orthografie). Hinsichtlich mathematischer Kompetenzen verdeutlichte die TIMSS-Studie 2019, dass die Viertklässlerinnen und Viertklässler in Deutschland statistisch signifikant über dem internationalen Durchschnitt, aber unter dem EU- und OECD-Mittelwert lagen (vgl. Schwippert u. a. 2020). Der vertiefende Blick auf die Kompetenzstufen zeigte, dass etwa ein Viertel der Kinder die Mindestkompetenzstufe nicht erreichte. Für die naturwissenschaftlichen Kompetenzen, bei denen die Viertklässlerinnen und Viertklässler statistisch signifikant oberhalb des internationalen Mittelwerts (vergleichbar mit dem Mittelwert der teilnehmenden EU-Länder und signifikant unterhalb des durchschnittlichen Kompetenzwerts der teilnehmenden OECD-Länder) abschnitten, lag der Anteil unterhalb der Mindestkompetenzen bei 28 Prozent (vgl. Schwippert u. a. 2020). Für beide Domänen gilt, dass die sozioökonomischen sowie migrationsbezogenen Disparitäten auch bei TIMSS 2019 substanziell waren.

Ergebnisse zum Stand der Kernkompetenz Lesen (vgl. McElvany 2024)

Die Internationale Grundschul-Lese-Untersuchung (IGLU) 2021 konnte als zentrales Ergebnis zeigen, dass die Viertklässlerinnen und Viertklässler in Deutschland mit einer erreichten Punktzahl von 524 über eine mittlere Lesekompetenz verfügen und somit im internationalen Vergleich auch im Mittelfeld zu verorten sind (vgl. McElvany u. a. 2023). Zusätzlich ist hier auf die eher hohe Leistungsstreuung (77 Punkte) in Deutschland hinzuweisen. Im europäischen Vergleich konnten einige Länder auch deutlich höhere Punktzahlen erzielen, wie z. B. Italien (537 Punkte), Polen (549), Finnland (549) oder England (558 Punkte). Außerhalb von Europa erreichten Singapur (587 Punkte) und Hongkong (573 Punkte) die besten Leistungsergebnisse.

Der 20-Jahres-Trend, der mit den IGLU-Daten abbildbar ist, zeigt für Deutschland einen Abfall der mittleren Lesekompetenz und eine vergrößerte Leistungsstreuung im Vergleich zum ersten Zyklus der IGLU-Studie 2001 (vgl. Frey u. a. 2023, S. 111–130). Dabei fiel die mittlere Lesekompetenz aus IGLU 2021 verglichen mit allen bisherigen IGLU-Zyklen signifikant geringer aus (2001: 539 Punkte, 2006: 548 Punkte, 2011: 541 Punkte, 2016: 537 Punkte). Ein besonders starker Rückgang der mittleren Lesekompetenz war von 2016 zu 2021 zu verzeichnen (vgl. auch Ludewig u. a. 2022). Dieser Leistungsrückgang konnte nur teilweise durch die pandemiebedingten Beeinträchtigungen und die sich verändernde Schülerschaft erklärt werden.

Aufgeschlüsselt nach den fünf Kompetenzstufen in IGLU zeigte sich folgendes Bild: Der Anteil der schwachen Leserinnen und Leser ist 2021 mit nun 25 Prozent angestiegen. Das bedeutet, dass ein Viertel der Schülerinnen und Schüler, die in Deutschland die vierte Klasse besuchen, nicht den international festgelegten Mindeststandard erreichen, der für einen erfolgreichen Übergang vom „Lesenlernen“ zum „Lesen, um zu lernen“ notwendig ist (mindestens Kompetenzstufe III – „Verstreute Informationen miteinander verknüpfen“) (vgl. Lorenz/Goldhammer/Glondys 2023). Verglichen mit den Vorjahren (2001: 17 Prozent, 2006: 13 Prozent, 2011: 15 Prozent, 2016: 19 Prozent) ist der Anteil 2021 somit deutlich gestiegen. Die Gruppe der guten und sehr guten Leserinnen und Leser (Kompetenzstufe IV und V) hat sich 2021 auf 39 Prozent reduziert (2001: 47 Prozent, 2006: 52 Prozent, 2011: 46 Prozent, 2016: 47 Prozent), was auf einen Rückgang innerhalb der Gruppe der gut Lesenden (Kompetenzstufe IV) zurückzuführen ist.

Hinsichtlich der geschlechtsspezifischen Disparitäten zeigte sich in Deutschland wie auch in nahezu allen Teilnehmerstaaten und -regionen eine signifikant höhere mittlere Lesekompetenz zugunsten der Mädchen (Kompetenzvorsprung der Mädchen 2001: 13 Punkte, 2021: 15 Punkte) (vgl. McElvany u. a. 2023).

Mit Blick auf die sozialen Disparitäten zeigte IGLU 2021, dass die Schülerinnen und Schüler aus sozial privilegierteren Familien in Deutschland nach wie vor starke Kompetenzvorsprünge aufweisen (vgl. Stubbe u. a. 2023). So lag der Vorsprung in Deutschland 2021 bei Kindern mit mehr als 100 Büchern zu Hause verglichen mit Kindern mit maximal 100 Büchern zu Hause bei 42 Punkten (Leistungszuwachs von etwa einem Schuljahr). Dieser Vorsprung ist nominell, aber nicht statistisch signifikant höher in der Vergleichsgruppe (VG) der EU beziehungsweise der OECD (35 beziehungsweise 36 Punkte) und signifikant höher als beispielsweise in Italien (22 Punkte) oder Finnland (30 Punkte).

Die sozialen Disparitäten wurden ebenfalls in den Übergangspräferenzen am Ende der vierten Klasse deutlich: Auch bei gleichen Ausgangsvoraussetzungen (Lesekompetenz und kognitive Grundfähigkeiten) ist die Chance für ein Kind aus einer (Fach-)Arbeiterfamilie durchschnittlich 2,5 mal geringer, eine Gymnasialpräferenz seiner Lehrkraft zu erhalten, als für Kinder aus Familien der oberen Dienstklasse (vgl. Stubbe u. a. 2023).

Bezüglich der gesprochenen Sprache zeigt sich, dass Schülerinnen und Schüler, die zu Hause immer oder fast immer die Testsprache – also hier Deutsch –

sprechen, einen Kompetenzvorsprung von im Mittel 40 Punkten aufweisen gegenüber Kindern, die dies manchmal oder nie machen. Somit liegt Deutschland hierbei statistisch signifikant über dem Durchschnitt der VG EU und der VG OECD mit 27 beziehungsweise 29 Punkten (vgl. Stubbe u. a. 2023) oder auch anderen europäischen Ländern, wie beispielsweise Dänemark (22 Punkte) oder Tschechien (16 Punkte).

Der Umsetzungsstand von Reformen und die damit verbundenen Leistungsresultate sowie der Verbindlichkeitsgrad von Reformen der Grundschulen sind durch zentrale Entwicklungen auf verschiedenen Systemebenen charakterisiert:

Schülerinnen und Schüler. Auf der Ebene der Lernenden ist die Schülerschaft der Grundschulen vor dem Hintergrund der demografischen Entwicklung in Deutschland von zunehmender sprachlicher Heterogenität geprägt. In der für Deutschland repräsentativen IGLU-Stichprobe wurde nachgezeichnet, dass der Anteil der Viertklässlerinnen und Viertklässler, die nur manchmal oder nie Deutsch zu Hause sprechen, in den fünf Jahren zwischen IGLU 2016 und IGLU 2021 um 4,4 Prozent angestiegen ist und damit inzwischen bei 21 Prozent liegt (vgl. McElvany u. a. 2023). Dieses macht eine umfassende, systematische Sprachförderung, die verbindlicher Teil des Bildungssystems ist, essenziell notwendig. Dennoch gibt es bisher keine bundesweit einheitlichen Standards für eine Sprachdiagnostik (Zeitpunkt, Instrumente, Durchführende, Mindestwerte, Interpretationen) und damit verbundene Sprachförderung (Ort, Durchführende, Konzepte, Dauer). Das in Hamburg seit längerem verfolgte Konzept einer verpflichtenden Diagnostik bei Viereinhalbjährigen mit anschließender verbindlicher Förderung in einer Vorschulklasse einer Grundschule, wenn bei einem Kind ein „ausgeprägter" beziehungsweise „besonders ausgeprägter" Sprachförderbedarf festgestellt wurde, kann aufgrund der langjährigen Erfahrungen und positiven Entwicklung der Schülerschaft in Hamburg als Vorbild genutzt werden (vgl. Stadt Hamburg 2024a).

Neben der zunehmenden sprachlichen Heterogenität auf der Ebene der Lernenden ist auch bei Grundschülerinnen und Grundschülern mit sonderpädagogischem Förderbedarf (SPF) eine Zunahme zu verzeichnen (siehe Abbildung 7). Daten von der Kultusministerkonferenz (KMK) ermöglichen es, die Entwicklung der Anteile von Grundschülerinnen und Grundschülern mit SPF über 20 Jahre abzubilden. So zeigt sich, dass im Jahr 2000 insgesamt 40.711 Schülerinnen und Schüler mit SPF die Grundschule besuchten, was einem Anteil von 1,2 Prozent entspricht. Über 20 Jahre später ist der Anteil um das 2,5-Fache angestiegen, so dass 3,0 Prozent (91.855) der Lernenden an Grundschulen im Jahr 2022 einen SPF hatten. Mit diesem Anstieg gehen einige Herausforderungen einher. So berichteten Lehrkräfte beispielsweise, sich mit der Umsetzung der Inklusion überfordert zu fühlen, was unter anderem auf die Größe der Inklusionsklassen zurückzuführen ist, die oftmals mit der Größe von Regelklassen vergleichbar ist (vgl. Anders 2022). Kritik wird zudem von der Gewerkschaft Erziehung und Wissenschaft Nordrhein-Westfalen (GEW) geäußert, da Kinder mit SPF nicht mehr ausschließlich von Lehrkräften unterrichtet werden müssen, sondern auch von „anderen pädagogischen Fachkräften" (vgl. GEW 2021) betreut werden können. Stark inklusionsorientierte Bundesländer wie z. B. Bremen, Schleswig-Holstein oder Hamburg werden inzwischen der UN-Behindertenrechtskonvention jedoch schon größtenteils gerecht (vgl. Steinmetz u. a. 2021).

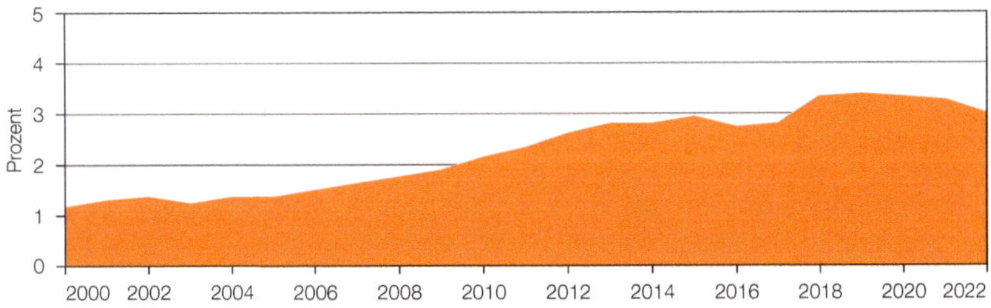

Abbildung 7: Anteil der Grundschülerinnen und Grundschüler mit sonderpädagogischem Förderbedarf 2000 bis 2022 (eigene Darstellung, basierend auf Daten der KMK: 2010a, 2010b, 2014a, 2014b, 2022, 2024a, 2024b, von 2003 bis einschließlich 2017 ohne Niedersachsen)

Lehrkräfte. Auf der Ebene des Personals zählt der Mangel an Lehrkräften zu den zentralen Herausforderungen. Bei gleichzeitiger Betrachtung des Lehrkräfteangebots und Lehrkräftebedarfs zeigt sich eine gravierende Differenz (vgl. KMK 2023b). Diese negative Differenz, so prognostiziert es eine Modellberechnung der KMK (2023b), wird noch bis 2033 vorzufinden sein. Zudem ist zu betonen, dass der Mangel an Lehrkräften über alle Lehrämter hinweg besteht und durch Aspekte wie beispielsweise veränderte Geburtenraten und Zuwanderung, aber auch schulischen Bedarf wie Ganztagsangebote, Inklusion oder Ähnliches beständig ist (vgl. KMK 2023b). Bei Betrachtung der unbesetzten Lehrkräftestellen im Jahr 2023 zeigt sich, dass 40 Prozent der Schulleitungen von Sonder- und

Förderschulen angeben, drei und mehr unbesetzte Lehrkräftestellen zu haben, was unter den befragten Schulformen den größten Mangel darstellt. Nur 48 Prozent der Schulleitungen von Grundschulen gaben an, 2023 keine unbesetzte Lehrkräftestelle zu haben (vgl. Verband Bildung und Erziehung 2023). Das 2023 veröffentlichte Deutsche Schulbarometer bestätigt die personelle Herausforderung weiterhin; so gaben in etwa zwei Drittel der Schulleitungen an, dass der Personalmangel die größte Hürde in ihrem Alltag darstellt (vgl. Robert Bosch Stiftung 2023). Das Ergebnis aus der Befragung von Lehrkräften des Schulbarometers 2024 vervollständigt das Bild weiter, indem 26 Prozent der Lehrkräfte, vor allem Grundschul- und Förderschullehrkräfte, den Personalmangel als größte Herausforderung ansehen (vgl. Robert Bosch Stiftung 2024). Der Mangel an Personal beschränkt sich allerdings nicht nur auf die Lehrkräfte, denn 41 Prozent der Schulleitungen gaben an, dass grundsätzlich mehr Personal, und sieben Prozent, dass die Einstellung von Konrektorinnen und Konrektoren oder eine weitere Schulleitung ihren Alltag deutlich entlasten würde (vgl. Robert Bosch Stiftung 2023). Dieses ist insofern von hoher Bedeutung, da 95 Prozent der befragten Schulleitungen über eine hohe oder sehr hohe Belastung berichteten (vgl. Robert Bosch Stiftung 2023).

Neben einer fachlichen Ausbildung der Lehrkräfte sollten diese auch lernen, mit aktuellen Gegebenheiten und Herausforderungen im Bildungswesen umgehen zu können. Grundlage bilden hierfür die im Lehramtsstudium oder in einer Fortbildung behandelten Schwerpunkte beziehungsweise Themen. Im Rahmen des „Tuesdays for Education“ (TfE), dessen Basis die Internationale Grundschul-Lese-Untersuchung bildet, wurden unter anderem die Schwerpunkte betrachtet, die Lehrkräfte innerhalb ihrer Ausbildung behandelt haben und welchen möglichen Bedarf an Fortbildung sie sehen. Es zeigte sich mit Blick auf die Sicherung des Erwerbs der Kernkompetenzen, dass nur ein kleiner Anteil der Grundschülerinnen und Grundschüler von Lehrkräften unterrichtet wird, die im Rahmen ihrer Ausbildung den Schwerpunkt Zweitspracherwerb oder digitale Kompetenzen behandelt haben (vgl. Kleinkorres u. a. 2023). Der Großteil der Schülerinnen und Schüler wird zudem von Grundschullehrkräften unterrichtet, bei denen Theorien des Lesens oder Methoden zur Messung der Lesekompetenz kein Schwerpunktthema in der Aus- und Fortbildung dargestellt haben (vgl. Kleinkorres u. a. 2023). Dabei wird deutlich, dass im Rahmen der Lehramtsausbildung speziell auch die Förderung der Lesekompetenz nicht immer ausreichend thematisiert wird. Das wirft die Frage auf, welche Fortbildungsbedarfe somit bei den Lehrkräften bestehen. Ein zentrales Ergebnis hierzu war, dass ca. 50 Prozent der Grundschülerinnen und Grundschüler von Lehrkräften unterrichtet werden, die ihren Bedarf an Fortbildungen bei der gezielten Förderung des Zweit- und Fremdspracherwerbs sehen. Zudem wird Themen wie der Nutzung digitaler Medien im Leseunterricht und der Gestaltung des Unterrichts im Zusammenhang mit digitalen Kompetenzen eine hohe Priorität bei den Bedarfen an Fortbildungen zugeschrieben und weniger den Themen, die sich mit der Vermittlung und Förderung von Lesekompetenzen befassen (vgl. Kleinkorres u. a. 2023). Diese Selbsteinschätzung macht deutlich, wie wichtig es ist, diese Themen vermehrt schwerpunktmäßig bereits in der Lehramtsausbildung einzubringen.

Auf der Ebene des Personals sind ebenso die Quer- und Seiteneinsteigerinnen und -einsteiger als wachsende Gruppe hervorzuheben. So stieg deren Anzahl in neun Jahren um 2.455 Personen (2013: 698, 2022: 3.153) (vgl. KMK 2023a). 2020 wurde beschlossen, die Gruppe der Seiteneinsteigerinnen und Seiteneinsteiger in Personen mit und ohne Hochschulabschluss auf Masterniveau auszudifferenzieren, wodurch sich diese für das Jahr 2022 auf 1.860 mit und 1.293 ohne Hochschulabschluss auf Masterniveau aufgliedern lassen (vgl. KMK 2023a). Bei Betrachtung der in den Vorbereitungsdienst eingestellten Bewerberinnen und Bewerber ohne lehramtsbezogenen Studienabschluss wird deutlich, dass der zweitgrößte Anteil im Primarbereich und im Bereich der Sekundarstufe I liegt (13,8 Prozent; vgl. KMK 2023a). Starke Differenzen zeigen sich auch auf Bundeslandebene. So hat Nordrhein-Westfalen die meisten Einstellungen von Seiteneinsteigerinnen und Seiteneinsteigern zu verzeichnen, Bayern hingegen keine. Auf fachlicher Seite lässt sich erkennen, dass die meisten Seiteneinsteigerinnen und Seiteneinsteiger in beruflichen Fächern eingesetzt werden, gefolgt von naturwissenschaftlichen Fächern und Deutsch (vgl. KMK 2023a). Neben Fragen der Vorbereitung und begleitenden Fortbildung dieser Gruppe stellt jedoch das frühe Wiederausscheiden eines substanziellen Anteils ein zu beachtendes Problem dar. Dieses könnte unter anderem dadurch begründet sein, dass Seiteneinsteigerinnen und Seiteneinsteiger häufig in Schulen in herausfordernden Umfeldern eingesetzt werden, da dort besonderer Bedarf besteht. Gleichzeitig sind sie damit aber von Anfang an beruflich sehr herausgefordert, und zwar besonders in einem kollegialen Umfeld, dem nur begrenzte Ressourcen für die Unterstützung der neuen Lehrpersonen zur Verfügung stehen.

Bildungsinstitution. Auf der institutionellen Ebene ist der Anteil der Grundschulen mit Ganztagsbetrieb weiter gestiegen (2020: 71,2 Prozent im Vergleich zu 2002: 10,3 Prozent). Mittlerweile nehmen 47,2 Prozent aller Schülerinnen und Schüler im Primarbereich am Ganztagsbetrieb teil. Dabei ist bei Grundschulen die häufigste Organisationsform die offene Ganztagsschule (siehe Abbildung 8; vgl. KMK 2021a).

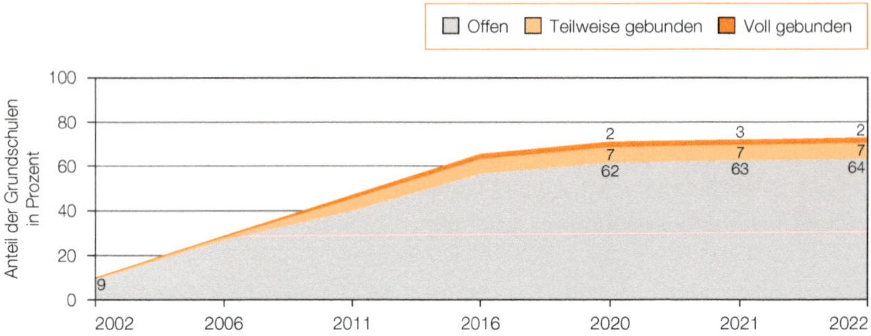

Abbildung 8: Übersicht Ganztagsangebot 2002 bis 2022 (eigene Darstellung, basierend auf Daten der KMK 2021a)

Ab dem Schuljahr 2026/2027 haben alle Kinder im Grundschulalter einen im SGB VIII verankerten Rechtsanspruch auf ganztägige Betreuung, der stufenweise ab Klasse 1 jährlich aufwachsend eingeführt wird (vgl. Bundesgesetzblatt 2021). Dabei ist zu berücksichtigen, dass die Definition eines Ganztagsangebots dann mit acht Stunden an fünf Werktagen oberhalb der bisherigen KMK-Definition liegt (vgl. Bundesgesetzblatt 2021). Bisher sind die Effekte des Ausbaus der Ganztagsschulen mit Blick auf eine bessere Kompetenzförderung der Kinder jedoch nicht ausreichend deutlich (vgl. Theis u. a. 2018). Ein wesentlicher Grund hierfür dürfte sein, dass der Ausbau mit sehr unterschiedlichen Konzepten hinsichtlich der Verbindlichkeit, der Ausgestaltung, der Angebote, der Anbietenden, der Verzahnung mit dem Unterricht und der Qualitätssicherung erfolgte. Eine Weiterentwicklung der Konzepte für den Ganztagsbereich würde auch den Kernunterricht entlasten, der die vielfältigen Bedarfe und Herausforderungen aktuell schwerlich auffangen kann.

Eine weitere strukturelle Änderung der vergangenen zwei Jahrzehnte betrifft die Flexibilisierung der Schuleingangsphase, die in vielen Bundesländern inzwischen in einem, zwei oder drei Jahren und teilweise auch jahrgangsübergreifend durchlaufen werden kann, um den unterschiedlichen Eingangsvoraussetzungen der Kinder besser entsprechen zu können (siehe Tabelle 1).

Tabelle 1: Übersicht (flexible) Schuleingangsphase (Jahrgangsstufen 1 und 2) der Bundesländer

Bundesland	Flexible Verweildauer	Zentrale Merkmale	Quelle
Baden-Württemberg	1 – 3 Jahre	Jahrgangsübergreifend oder -bezogen	Ministerium für Arbeit und Sozialordnung, Familie, Frauen und Senioren Baden-Württemberg 2012
Bayern	1 – 3 Jahre	Nur an teilnehmenden Grundschulen, jahrgangsübergreifend	StMUK o. J.
Berlin	1 – 3 Jahre	Jahrgangsübergreifend oder -bezogen	Bildungsserver Berlin Brandenburg o. J.
Brandenburg	1 – 3 Jahre	Jahrgangsübergreifend	Bildungsserver Berlin Brandenburg o. J.
Bremen	Keine	Jahrgangsübergreifend, flexibler Einstieg in Grundschulen: volle vs. reduzierte Stundenzahl, spätestens mit Beginn des zweiten Schulhalbjahres volle Stundenzahl	Carle 2014
Hamburg	Keine	–	Elternkammer Hamburg 2018
Hessen	1 – 3 Jahre	Jahrgangsübergreifende Klassen in teilnehmenden Grundschulen	Hessisches Kultusministerium 2016
Mecklenburg-Vorpommern	1 – 3 Jahre	Keine Noten	Bildungsserver Mecklenburg-Vorpommern o. J.
Niedersachsen	1 – 3 Jahre	Jahrgangsübergreifende Klassen in teilnehmenden Grundschulen	Niedersächsisches Kultusministerium o. J.
Nordrhein-Westfalen	1 – 3 Jahre	Jahrgangsübergreifend oder -bezogen	Ministerium für Schule und Bildung des Landes Nordrhein-Westfalen o. J.
Rheinland-Pfalz	Keine	–	Landesregierung Rheinland-Pfalz o. J.
Saarland	1 – 3 Jahre	Jahrgangsübergreifend	Ministerium der Justiz Saarland 1996
Sachsen	Keine	Schuleingangsphase durch Grundschulen selbst gestaltet	Sächsisches Staatsministerium für Kultus o. J.
Sachsen-Anhalt	1 – 3 Jahre	In der Regel altersgemischt	Kultusministerium des Landes Sachsen-Anhalt 2009

Bundesland	Flexible Verweildauer	Zentrale Merkmale	Quelle
Schleswig-Holstein	1 – 3 Jahre	Jahrgangsübergreifend, Grundschule entscheidet über Ausgestaltung	Schleswig-Holsteinisches Schulgesetz 2007
Thüringen	1 – 3 Jahre	Jahrgangsübergreifend	Carle 2014

Für diesen Bereich ist festzuhalten, dass es bisher noch wenig empirische Evidenz zu den Auswirkungen der flexiblen Schuleingangsphase gibt, wohl aber Studien zu jahrgangsübergreifenden Unterrichtskonzepten. Aus pädagogischer Sicht sind zwei Aspekte grundsätzlich hervorzuheben: Zum einen sollte die Option des längeren Verweilens nur dann greifen, wenn die Möglichkeiten der bestmöglichen Förderung mit dem Ziel des Durchlaufens der Grundschulzeit in der eigentlich vorgesehenen Zeit für einzelne Kinder nicht erreichbar ist und durch diese Möglichkeit ein erfolgreicherer Schulbesuch unterstützt werden kann. Zum anderen gilt es auch, die mit der Flexibilisierung verbundenen Chancen für leistungsstärkere Kinder zu nutzen, die flexibler in der Tiefe (z. B. in Kleingruppen) gefördert werden können und für die gezielt ein schnelleres Durchlaufen der Klassenstufen realisiert werden kann.

Unterricht. In Bezug auf die reine Unterrichtszeit in der Grundschule ist festzuhalten, dass diese im internationalen Vergleich eher gering ausfällt – so werden in der vierten Klasse im Mittel rund 60 Minuten weniger für Leseunterricht oder lesebezogene Aktivitäten aufgewendet, als dieses im Durchschnitt der EU- oder OECD-Länder der Fall ist (vgl. Schilcher/Glondys/Wild 2023).

Die Digitalisierung der Grundschulen war ein weiteres bildungspolitisches Entwicklungsziel der letzten Jahre, das unter anderem durch den DigitalPakt gefördert werden sollte. Allerdings ergab die IGLU-2021-Erhebung, dass die Grundschulen in Deutschland sowohl hinsichtlich der Ausstattung als auch bezüglich der Nutzung im internationalen Vergleich unterdurchschnittlich abschnitten (vgl. Lorenz u. a. 2024a). So liegt die Bereitstellung digitaler Medien für jede Schülerin und jeden Schüler im Leseunterricht in Deutschland bei 18,2 Prozent der Grundschulkinder, im Durchschnitt der teilnehmenden EU-Länder hingegen bei 36,4 Prozent (OECD-Schnitt: 36,2 Prozent). Auch die Nutzungshäufigkeit digitaler Medien ist im internationalen Vergleich insgesamt betrachtet und auch differenziert für verschiedene Leseaktivitäten in Deutschland gering ausgeprägt (mindestens einmal pro Woche: digitale Texte Lesen 29,3 Prozent, Fakten und Definitionen recherchieren 23,3 Prozent, Rechercheprojekte durchführen

10,1 Prozent). Individualisierte Leseaktivitäten mit digitalen Geräten für verschiedene Schülergruppen finden in Deutschland im Unterricht von zwei Dritteln der Viertklässlerinnen und Viertklässler nur manchmal statt; zur individuellen Diagnostik werden sie bei der Hälfte nie eingesetzt.

Auf der inhaltlichen Ebene des Unterrichts ist ein Förderprogramm, das auch viele Grundschulen in den letzten Jahren einbezogen hat, das Bund-Länder-Programm „BiSS" – Bildung durch Sprache und Schrift (vgl. Trägerkonsortium BiSS-Transfer 2024). Dabei handelt es sich um eine Initiative zur Verbesserung der Sprachförderung, Sprachdiagnostik und Leseförderung in Kindertageseinrichtungen und Schulen mit dem Fokus auf Kindern und Jugendlichen bis zur Sekundarstufe I. Gestartet ist das Programm 2013 mit dem vorrangigen Ziel, bundeslandspezifische Maßnahmen in verschiedenen Modulen wissenschaftlich zu evaluieren und gegebenenfalls weiterzuentwickeln. Im Rahmen dessen ist ein Netzwerk entstanden, das sich über ganz Deutschland erstreckt und auch über das Projekt hinaus im Austausch ist. Ergänzend dazu begann 2020 mit „BiSS-Transfer" die Transferphase der Initiative, die sich über fünf Jahre erstreckt und für die Dissemination der Erkenntnisse verantwortlich war (vgl. Trägerkonsortium BiSS-Transfer 2024). Ein früheres Programm in Reaktion auf die Befunde zu substanziellen Leistungsdisparitäten zwischen Kindern mit und ohne Migrationshintergrund war FÖRMIG – Förderung von Kindern und Jugendlichen mit Migrationshintergrund (vgl. Gogolin u. a. 2011). Auch an den Initiativen „Leistung macht Schule" zur Förderung leistungsstarker und potenziell besonders leistungsfähiger Schülerinnen und Schüler (vgl. Weigand u. a. 2022) sowie „Schule macht stark" für Schülerinnen und Schüler an Schulen in sozial benachteiligter Lage (vgl. BMBF/KMK 2019) sind bundesweit Grundschulen beteiligt. Das zum Schuljahr 2024/2025 begonnene Startchancen-Programm wird perspektivisch ebenfalls rund 2.400 Grundschulen bundesweit umfassen und über seine drei Säulen der Infrastrukturförderung, des Chancenbudgets und der Personalausstattung die Weiterentwicklung der Grundschulen mitbestimmen.

Neben der bereits thematisierten Quantität der Leseunterrichtszeit ist zusätzlich auf der inhaltlichen Ebene die Qualität des Unterrichts als zentrales Element hervorzuheben. Um qualitätsvollen Unterricht gestalten zu können, ist systematische und standardisierte Diagnostik essenziell. Dadurch wird eine kontinuierliche Erfassung der Kompetenzstände ermöglicht, welche den Ausgangspunkt für individuelle und zielgerichtete Förderung darstellt. Die Daten aus IGLU zeigten jedoch, dass die befragten Lehrkräfte der Diagnostik eine eher geringe Bedeutung zugemessen haben (vgl. Kleinkorres u. a. 2024). Ebenso haben diese

Daten gezeigt, dass im Leseunterricht in Deutschland weniger Lesestrategien (wie z. B. Elaborationsstrategien) eingesetzt werden als in vergleichbaren EU-Teilnehmerstaaten und -regionen (vgl. Kleinkorres u. a. 2024). Der regelmäßige Einsatz dieser Lesestrategien ist allerdings von hoher Bedeutung für die Weiterentwicklung von Lesekompetenz und – gute Fähigkeiten im flüssigen Lesen vorausgesetzt – besonders auch für die Weiterentwicklung des Leseverständnisses. Ein qualitätsvoller Unterricht ist vor allem auch dann möglich, wenn die passende Umgebung dafür gegeben ist. Die Klassenführung, die neben der kognitiven Aktivierung und der konstruktiven Unterstützung zur Unterrichtsqualität zählt, beschreibt dieses Umfeld. Daten der letzten IGLU-Studie zeigen für Deutschland, dass die Klassenführung von den Grundschülerinnen und Grundschülern bedeutend schlechter eingeschätzt wird als die beiden anderen Aspekte der Unterrichtsqualität (vgl. Kleinkorres u. a. 2024). Dieses ist besonders besorgniserregend, da eine gute Klassenführung für ein geregeltes und ruhiges Umfeld sorgt und somit die Voraussetzung für ein erfolgreiches Lernen schafft. Daher sollte stets eine gute Klassenführung angestrebt und vermehrt in den Fokus genommen werden. Mit Blick auf die Verbesserung der Lesekompetenz wird daher deutlich, dass neben der Erhöhung der Quantität auch die Verbesserung der Qualität des Unterrichts durch Klassenführung, Verwendung von Lernstrategien und standardisierter Diagnostik ein zentrales Ziel sein sollte.

Bildungssystem. Auf der Ebene des Bildungssystems sind für die Grundschulen außerdem die „Plöner Beschlüsse" der Kultusministerkonferenz von grundlegender Relevanz, in denen ein umfassendes Monitoring etabliert wurde (vgl. KMK 2006). Hierzu gehört die Beteiligung Deutschlands an den internationalen Schulleistungsvergleichsstudien IGLU und TIMSS für den Grundschulbereich, die seitdem auch konsequent umgesetzt wurde. In diesem Kontext führten die Ergebnisse der letzten IGLU-Studie unter anderem zu einer intensiven Diskussion darüber, wie die Leseförderung an den Grundschulen optimiert werden kann, in deren Folge in mehreren Bundesländern zusätzliche Lesezeit geschaffen wurde (siehe Schulministerien in Brandenburg, Bremen oder Nordrhein-Westfalen). Eine zweite Säule impliziert die Einführung von Bildungsstandards für verschiedene Fächer und Klassenstufen und deren regelmäßige Überprüfung durch das zu diesem Zweck eingerichtete IQB – hier sind für die Grundschulen die Bildungsstandards Deutsch und Mathematik am Ende der vierten Jahrgangsstufe relevant.[10] Die dritte und die vierte Säule umfassen die Qualitätssicherung durch Tests auf der Schulebene, um Unterricht und Schulentwicklung zu unterstützen

---

[10] Vgl. https://www.iqb.hu-berlin.de/institut/ab/primar_de/bista/subject.

(Vergleichsarbeiten VERA 3 für die Grundschulen) sowie die Veröffentlichung eines umfassenden Bildungsberichts durch Bund und Länder alle zwei Jahre (siehe Tabelle 2).

Tabelle 2: Gesamtstrategie Bildungsmonitoring der Kultusministerkonferenz (vgl. KMK 2006)

Säule	Verfahren und Instrumente	Konkretisierung für den Bereich Primarstufe
1	Teilnahme an internationalen Schulleistungsstudien	PIRLS/IGLU, TIMSS
2	Überprüfung bzw. Umsetzung von Bildungsstandards für die Primarstufe, die Sekundarstufe I und die Allgemeine Hochschulreife	Bildungsstandards Primarstufe Deutsch und Mathematik
3	Verfahren zur Qualitätssicherung auf Ebene der Schulen	VERA 3
4	Gemeinsame Bildungsberichterstattung von Bund und Ländern	Bildungsbericht, Kapitel Allgemeinbildende Schule

Zukünftige Herausforderungen für das Bildungssystem mit Blick auf das Monitoring betreffen einerseits das Monitoring selbst, das sich immer in Bezug auf die Methoden und die erfassten Konstrukte weiterzuentwickeln hat. Andererseits müssen die Befunde zwischen den Bundesländern abgestimmte Veränderungen im Bildungssystem sowie Konsequenzen für die Einzelschulen nach sich ziehen. Dieser Schritt umfasst neben der Bereitstellung entsprechender Daten auch die Kopplung mit Informationen über wirksame Interventionen in Reaktion auf die Ergebnisse und deren kompetenter Implementation in der Einzelschule. Voraussetzung hierfür ist auch eine entsprechende Aus- und Fortbildung der Bildungsakteurinnen und Bildungsakteure in der schulischen Praxis. Insgesamt fehlen bislang umfassende Konzepte des Wissenschaft-Praxis-Transfers für die Fläche. Diese sind indessen nötig, um im Bereich des Monitorings zukünftig eine stärkere Verbindlichkeit zu implementieren: Monitoring-Ergebnisse auf allen Ebenen (Schulen, Klassen, Individuen) sollten verbindliche Konsequenzen für das Handeln aller Beteiligten – Schulleitungen, Lehrkräfte, Lernende, Familien – und die passgenaue Förderung auf individueller Ebene haben. Deren Wirksamkeit wiederum sollte regelmäßig überprüft und bei Bedarf angepasst werden („Accountability-Ansatz").

Best-Practice-Beispiele aus dem Ausland. Um eine einheitlichere Ausgangslage zum Schulbeginn zu unterstützen und Kinder im Falle von Entwicklungsbedarfen oder geringerer Unterstützung im Elternhaus frühzeitig zu fördern, setzen viele Länder mit höheren mittleren Kompetenzen in der Grundschule auf eine strukturierte verpflichtende Vorschule mit Lernzielen in Form von eigenen vorschulischen Curricula (vgl. National Education Systems 2023; Reynolds u. a. 2022; McElvany u. a. 2023). So ist beispielsweise in Schweden (IGLU-Ergebnis 2021: 544) seit 2019 ein Jahr Vorschulbildung für alle Kinder in dem Jahr, in dem sie sechs Jahre alt werden, verpflichtend (nationales Curriculum unter anderem zum Lesen „language and communication" für die Vorschulerziehung ab einem Jahr). Auch in Polen (IGLU-Ergebnis 2021: 549) ist die Teilnahme an der Vorschulbildung in dem Jahr, in dem die Kinder sechs Jahre alt werden, verpflichtend (Lehrplan mit definierten erwarteten Ergebnissen in Bezug auf die körperliche, emotionale, soziale und kognitive Entwicklung). In Finnland (IGLU-Ergebnis 2021: 549) folgt die verpflichtende einjährige Vorschule auf der Basis lokaler Curricula einem eigenen nationalen Curriculum. Weitere verpflichtende Vorschulangebote gibt es unter anderem in Bulgarien (ab fünf Jahren „Vorbereitungsklassen" in Kindergärten oder Schulen), Tschechien (IGLU-Ergebnis 2021: 540) oder Dänemark (IGLU-Ergebnis 2021: 539).

Allgemeine und verpflichtende standardisierte Screenings sind in mehreren Ländern mit Erfolg eingeführt worden. So testen die Schulen in Singapur[11] (IGLU-Ergebnis 2021: 587) zu Beginn der ersten Klasse die Lese- und Rechenfähigkeiten der Schülerinnen und Schüler. Diejenigen, die zusätzliche Hilfe benötigen, werden ergänzend zum regulären Unterricht in kleinen Lernförderprogrammen unterrichtet, damit sie mit ihren Altersgenossinnen und Altersgenossen mithalten können (vgl. Ludewig u. a. 2023). England (IGLU-Ergebnis 2021: 558) hat ein verpflichtendes Phonetik-Screeningverfahren („key stage 1") für alle Sechsjährigen am Ende eines Schuljahres. Für Kinder, die die festgelegten Schwellenwerte nicht erreichen, gibt es „open access" und manualbasierte Förderprogramme von Lehrkräften unter Einbezug der Familien und eine verpflichtende Wiederholung des Screeningtests ein Jahr später. Eine standardisierte Testung in der Vorschule zur Erfassung der basalen Lesefähigkeiten der Kinder findet man in Dänemark (IGLU-Ergebnis 2021: 539). In den Niederlanden existiert seit 2014/2015 ein umfangreiches Monitoring-System (IGLU-Ergebnis 2021: 527) (vgl. Ludewig u. a. 2023).

Ein mehrstufiges Maßnahmenmodell zur Förderung auf unterschiedlichen Niveauebenen hat Finnland implementiert, das neben der Förderung im Klassenkontext auch die Überweisung an Spezialistinnen und Spezialisten vorsieht,

---

11 Vgl. https://ncee.org/country/singapore/.

die in Abhängigkeit von den Bedarfen individuell oder in Kleingruppen mit den Schülerinnen und Schülern arbeiten (siehe Tabelle 3; vgl. National Education Systems 2023).

Tabelle 3: Mehrstufenmodell der Förderung in Finnland (vgl. Ludewig u. a. 2023)

Drei Stufen der Unterstützung in Finnland	
1	**Grundförderung** Förderunterricht, Teilzeitunterricht für besondere Bedürfnisse und individuelle Beratung.
2	**Intensivere Förderung** Schülerinnen und Schüler erhalten einen individuellen Lernplan, der Teilzeit- und Sonderschulunterricht sowie individuelle Betreuung umfasst. Der Lernfortschritt und die Anwesenheit der Schülerinnen und Schüler werden regelmäßig überwacht und die Lernpläne bei Bedarf angepasst.
3	**Besondere Unterstützung** Schülerinnen und Schüler, die mehr als eine Teilzeitunterstützung im Unterricht benötigen, werden an eine Vollzeitbetreuung verwiesen (acht Prozent der Schülerinnen und Schüler).

Ein weiteres Best-Practice-Beispiel ist der Einbezug von zusätzlichen Expertinnen und Experten in die Grundschulen. So beschäftigt beispielsweise das Ministerium für Bildung in Singapur Expertinnen und Experten, die explizit mit Schülerinnen und Schülern arbeiten, welche besondere Defizite – insbesondere auch im Lesen – aufweisen (vgl. Ludewig u. a. 2023). Diese erstellen Maßnahmen und Interventionen zur Leseförderung und unterstützen die Schulen beziehungsweise Lehrkräfte bei der Implementierung. Auch in Dänemark hat jede Gemeinde eine zentral angestellte Person, die auf das Lesen beziehungsweise die Lesekompetenz spezialisiert und beratend tätig ist. Zusätzlich gibt es Beraterinnen und Berater auf Schulebene, die in der Regel Lehrkräfte mit zusätzlichen Qualifikationen sind. Diese agieren auf der Ebene der einzelnen Schulen und helfen dort, die Fördermaßnahmen zu koordinieren und zu implementieren.

3.1.2 Bewertung des Umsetzungsstands

Die Kompetenzen der Schülerinnen und Schüler haben sich in den letzten 20 Jahren nicht nur nicht verbessert, sondern in der Lesekompetenz sogar deutlich verschlechtert. Das Sinken der Lesekompetenz lässt sich nur zum Teil durch die veränderte Schülerschaft und Schulschließungen während der Covid-19-Pandemie erklären. Insgesamt ist keine Steigerung der Bildungsgerechtigkeit mit Blick auf die in den Grundschulen erworbenen Kompetenzen oder die Übergänge auf die weiterführenden Schulen im 20-Jahres-Trend festzustellen.

Auch wenn einige wichtige Entwicklungen an den Grundschulen stattgefunden haben, wurde auf andere Bedarfe bisher nicht konsequent genug und einheitlich verbindlich reagiert. Der Blick auf Maßnahmen in anderen Ländern bestätigt einige der Empfehlungen der Bildungsforschung auch für das deutsche Bildungssystem im Bereich der Grundschulen. Im Resultat ist der Umsetzungsstand differenziert zu bewerten:

Lernende. Auf der Ebene der Lernenden ist eine Zunahme der sprachlichen Heterogenität festzustellen. Dies macht weiterhin eine umfassende und systematische Sprachförderung und Sprachdiagnostik nötig, die dann auch bundesweit einheitlichen Standards folgen müsste. Zudem führt die steigende Zahl an Grundschülerinnen und Grundschülern mit sonderpädagogischem Förderbedarf zu weiteren (personellen) Herausforderungen, welche durch bürokratische Hürden zusätzlich verstärkt werden.

Personal. Hinsichtlich des Personals ist als zentrales Thema der Lehrkräftemangel zu nennen, der sich voraussichtlich auch noch über eine längere Zeit hinstrecken wird und besonders an Sonder- und Förderschulen ausgeprägt ist. Auch in der Lehrkraftausbildung konnten Verbesserungsansätze ausgemacht werden: So sollten insbesondere Maßnahmen zur Förderung der Lesekompetenz (z. B. grundlegende Theorien und Diagnostik) künftig verstärkte Schwerpunkte im Lehramtsstudium sein. Die Quer- und Seiteneinsteigerinnen und -einsteiger sollten aufgrund ihrer deutlich gestiegenen Anzahl perspektivisch auch stärker mitberücksichtigt werden, obwohl sich auch hier starke bundeslandspezifische Unterschiede finden lassen.

Institutionen. Auf der Ebene der Bildungsinstitutionen stellt der deutlich gestiegene Ganztagsbetrieb an Grundschulen, vor allem im Bereich des offenen Ganztags, in den letzten 20 Jahren eine zentrale Entwicklung dar. Mit dem im Schuljahr 2026/2027 kommenden Rechtsanspruch auf ganztägige Betreuung besteht eine Chance, dass der Ganztag perspektivisch verstärkt einheitlich und strukturiert umgesetzt wird. Durch eine Verzahnung der Angebote am Vor- und Nachmittag, die zusätzlichen zeitlichen Ressourcen sowie die Gestaltung des schulischen Alltags durch multiprofessionelle Teams könnte der Kernunterricht damit entlastet werden. Durch die Einführung der flexiblen Schuleingangsphase in vielen Bundesländern wurde eine wichtige strukturelle Änderung vorgenommen, die dabei hilft, den unterschiedlichen Eingangsvoraussetzungen besser gerecht werden zu können. Hinsichtlich der Digitalisierung zeigt sich, auch im Vergleich mit anderen Ländern, dass Deutschland Aufholbedarf in Bereichen wie beispielsweise der Bereitstellung digitaler Medien für die Kinder im Leseunterricht oder in der Nutzungshäufigkeit der digitalen Medien im Unterricht aufweist.

In den letzten Jahren wurden einige Förderprogramme durchgeführt, die den Fokus auf unterschiedliche Gruppen von Schülerinnen und Schülern (z. B. leistungsstark oder sozial benachteiligt) gerichtet haben. Das Startchancen-Programm[12] (Beginn im Schuljahr 2024/2025) wird perspektivisch die Entwicklung der Grundschulen maßgeblich mitbestimmen. Mit Blick auf die Qualität des Unterrichts an Grundschulen konnten Daten aus der IGLU-Studie zeigen, dass vor allem die Klassenführung von den Schülerinnen und Schülern weniger gut eingeschätzt wird. Da eine gute Klassenführung allerdings durch die Gewährleistung eines geregelten und ruhigen Umfeldes eine essenzielle Voraussetzung für erfolgreiches Lernen ist, muss sie künftig vermehrt in den Fokus genommen werden. Wird der Blick erweitert auf die Gesamtheit des Bildungssystems, dann kristallisiert sich mit den „Plöner Beschlüssen" der Kultusministerkonferenz bereits ein umfassendes System zum Gesamtmonitoring des Bildungssystems heraus, das von der Teilnahme an internationalen Vergleichsstudien bis hin zur Qualitätssicherung auf Schulebene reicht. Eine bessere Vernetzung dieser bereits bestehenden Infrastrukturen des Monitorings sollte das weiterführende Ziel an dieser Stelle sein, um die Ergebnisse daraus gewinnbringender zur Optimierung des Bildungssystems nutzen zu können.

3.2 Erwartungen

3.2.1 An die Bildungspolitik des Staates

Um zu einer positiveren Entwicklung der Bildungsleistungen in Deutschland zu kommen, ist mehr realisierte Verbindlichkeit auf Ebene der Bildungspolitik nötig: Die Verantwortlichkeiten der Grundschulen (und deren Grenzen) sind im Sinne der Fokussierung klarer zu definieren und mit einer zielgerechten Ressourcenausstattung zu unterlegen. Aktuelle Befunde einer differenziellen Ressourcenknappheit in Abhängigkeit von der wirtschaftlichen Lage der Schülerschaft widersprechen diesem Grundsatz (vgl. Lorenz u. a. 2024a). Mit Blick auf die vielfältigen Herausforderungen im Kontext der Grundschulen ist die Politik auch gefragt, ganzheitliche Konzepte zu etablieren, die eine passgenaue und wirksame Begleitung der Grundschulen sowie der Familien bei der Lösung sozialer Probleme

[12] Vgl. https://www.bmbf.de/DE/Bildung/Schule/Startchancen-Programm/startchancen-programm_node.html.

und Herausforderungen umschließen (vgl. McElvany u. a. 2023). Ein Konzept, welches einen Anhaltspunkt liefern kann, um Ressourcen zielgerichtet verteilen zu können, ist der Schulsozialindex. Mit dem Schulsozialindex wird es ermöglicht, die soziale Zusammensetzung einer Schule mit einem Wert zu beziffern. So kann Schulen mit einer hohen Belastung durch eine sozial benachteiligte Schülerschaft durch den gezielten Ressourceneinsatz verstärkt geholfen werden.[13] Welche Indikatoren zur Ermittlung dieses Index herangezogen werden, variiert stark zwischen den Bundesländern. Allerdings ist festzuhalten, dass der Schulsozialindex bereits in sehr vielen Bundesländern existiert oder sich in der Entwicklung befindet (siehe Tabelle 4).

Tabelle 4: Übersicht über die Schulsozialindices nach Bundesland und einfließende Indikatoren

Bundesland	**Indikatoren zur Ermittlung des Schulsozialindex**	**Quelle**
Baden-Württemberg	Sozialindex vorhanden; Indikatoren: Anteil Kinder in Bedarfsgemeinschaften, Anteil Kinder mit Migrationshintergrund, Anteil Schülerinnen und Schüler mit mehr als 100 Büchern im Haushalt, durchschnittliche Kaufkraft, Anteil Haushalte ohne Schulabschluss	Anders 2024
Bayern	Sozialindex noch in der Entwicklung (bislang im Rahmen des Startchancen-Programms)	Klemm/Kneuper 2019; Anders 2024
Berlin	Sozialindex vorhanden; Indikatoren: Berliner Schultypisierung (STYPS): Befreiung von der Zuzahlung zu Lernmitteln, erste Sprache zu Hause ist nicht Deutsch, Förderbedarfe der Integration, Lehrerausstattung in Bezug auf den Bedarf, räumlicher Index (basiert auf Kinderarmut, Arbeitslosengeld und Transferbezug)	Anders 2024
Brandenburg	Sozialindex seit Februar 2024; Indikatoren: Schülerwohnortgemeinden, gewichtet nach SGB-II-Quote, nicht-deutsche Familiensprache, sonderpädagogischer Förderbedarf	Anders 2024
Bremen	Sozialindex vorhanden; Indikatoren: Sprachförderbedarf nach Sprachstandtests vor der Einschulung, Nicht-Abiturquote, Fälle von Körperverletzung, Empfänger von Transferleistungen und Kinderarmut, Arbeitslosenzahl, Nichtwähleranteil	Klemm/Kneuper 2019

[13] Vgl. https://www.schulministerium.nrw/schulsozialindex.

Bundesland	Indikatoren zur Ermittlung des Schulsozialindex	Quelle
Hamburg	Bereits länger vorhandener Sozialindex; Indikatoren 2021 überarbeitet: nicht-deutsche Familiensprache, sonderpädagogischer Förderbedarf, Bezug von Leistungen nach dem Bildungs- und Teilhabepaket, Anteil der Schulabgängerinnen und -abgänger mit allgemeiner Hochschulreife, Anteil Hilfebedürftiger unter 15 Jahren in den jeweiligen Wohngebieten, Anteil von Sorgeberechtigten mit Erhalt von Hilfen zur Erziehung, Anteil der Arbeitslosen an der Bevölkerung zwischen 15 und 65 Jahren in den Wohngebieten, Wahlbeteiligung	Klemm/Kneuper 2019; Anders 2024
Hessen	Sozialindex vorhanden; Indikatoren: Anteil der Arbeitslosen an der Wohnbevölkerung, SGB-II-Quote, Anteil der Einfamilienhäuser an der Gesamtzahl der Wohnungen, Anteil der zugewanderten Schülerinnen und Schüler der jeweiligen Schule	Klemm/Kneuper 2019
Mecklenburg-Vorpommern	Sozialindex ist noch in der Planung	Klemm/Kneuper 2019; Anders 2024
Niedersachsen	Sozialindex am 30.05.2024 neu vorgestellt; Indikatoren: Anteil Migrationshintergrund, Anteil ohne deutsche Staatsangehörigkeit, Sprachfördermaßnahmen, Befreiung von der entgeltlichen Lernmittelausleihe, sonderpädagogischer Förderbedarf, Unterrichtsversorgung	Anders 2024
Nordrhein-Westfalen	Sozialindex vorhanden; Indikatoren: Kinder- und Jugendarmut, Anteil der Schülerinnen und Schüler mit vorwiegend nichtdeutscher Familiensprache, Zuzug aus dem Ausland, Anteil von Schülerinnen und Schülern mit Förderschwerpunkten	Klemm/Kneuper 2019
Rheinland-Pfalz	Sozialindex noch in der Entwicklung (bislang im Rahmen des Startchancen-Programms), Bekanntgabe der am Startchancen-Programm teilnehmenden Grundschulen; Indikatoren: Faktor Armut, gemessen an der Lernmittelfreiheit, Migrationshintergrund, sozialpädagogischer Förderbedarf	Anders 2024
Saarland	Kein Sozialindex	Klemm/Kneuper 2019; Anders 2024
Sachsen	Kein Sozialindex	Klemm/Kneuper 2019; Anders 2024

Bundesland	Indikatoren zur Ermittlung des Schulsozialindex	Quelle
Sachsen-Anhalt	Kein Sozialindex	Klemm/Kneuper 2019; Anders 2024
Schleswig-Holstein	Indikatoren wie in Baden-Württemberg	Anders 2024
Thüringen	Auswahl der Grundschulen für das Startchancen-Programm nach folgenden Indikatoren: Armut, sozialpädagogischer Förderbedarf und Migrationshintergrund	Anders 2024

Hinsichtlich des Unterrichts ist eine klare Prioritätensetzung in Bezug auf die Sicherung der grundlegenden Kompetenzen wie der Lese- und Mathematikkompetenz in den ersten Grundschuljahren notwendig (vgl. McElvany u. a. 2023; Schwippert u. a. 2020). Sowohl für die fachlichen als auch für die pädagogischen Aspekte gilt es, die Lehrkraftausbildung in Deutschland weiterzuentwickeln und die zentralen Elemente verbindlich standortübergreifend zu verankern. Verlässliche Prognosen zur notwendigen Personalzahl und die Stärkung des Images des Lehrkraftberufs liegen ebenfalls in der Verantwortung der Bildungspolitik. Schließlich ist in Anerkennung der Realität Deutschlands als Einwanderungsgesellschaft und einer zunehmenden sprachlichen Diversität in Familien eine politische Entscheidung zur Einführung eines verbindlichen Systems der gezielten Sprachdiagnostik und wirksamen Sprachförderung im Kontext der Grundschule notwendig.

3.2.2 An das Bildungssystem

Mehr Verbindlichkeit ist auch auf der Ebene des Bildungssystems nötig. Hierzu gehört eine klare Definition und transparente Kommunikation der für den Schulbeginn notwendigen Voraussetzungen bei den Kindern – sowohl in Richtung der Familien als auch der Kindertagesstätten (vgl. Kapitel 2). Auf der Basis bildungspolitischer Vorgaben und Rahmen gilt es innerhalb des Bildungssystems Teilhabestandards zu definieren, Konzepte zu deren Erreichung zu erarbeiten und verbindlich zu implementieren. Damit die Grundschulen ihrer Aufgabe nachkommen können, alle Kinder entsprechend ihrer Potenziale zu fördern und das Erreichen von Mindeststandards sicherzustellen, ist für alle Grundschulen ein verbindliches System der Diagnostik, passgenauen Intervention und anschließender Überprüfung des Erreichens der Förderziele bei den Lernenden in Verbindung mit pädagogischen Konsequenzen bei verfehlten Zielen zu etablieren, dessen

Ergebnisse auch auf Systemebene dokumentiert und begleitet werden. Die individuelle Diagnostik ist dabei an feste Zeitpunkte, standardisierte Diagnostikinstrumente und definierte Schwellenwerte zu knüpfen, an die sich bei Nichterreichen verbindlich eine gezielte Förderung im Rahmen von empirisch als wirksam belegten Förderkonzepten und Ansätzen anschließt, deren Wirksamkeit ebenfalls evaluiert und Maßnahmen bei Bedarf angepasst werden. Für die kontinuierliche Weiterentwicklung des Bildungssystems ist auch zu erwarten, dass neue wissenschaftliche Befunde zeitnah Eingang in die schulische Praxis finden. Entsprechende Transferkonzepte sind nach wie vor in der Breite nicht implementiert, auch wenn die Transferforschung ihrerseits in den vergangenen Jahren einige Aufmerksamkeit bekommen hat (vgl. Holtappels 2019; Ludewig u. a. 2024). In diesen Kontext gehört es auch, groß angelegte Förderprogramme zukünftig so auszurichten, dass evidenzbasierte Maßnahmen zum Einsatz kommen und deren Implementation in die schulische Praxis einem festen Skalierungskonzept folgt, das Weiterentwicklung von Lehren und Lernen in die Breite bringt (vgl. Glennan 2004).

3.2.3 An die Bildungsinstitutionen

Verbindlichkeit für das schulische Lernen ist im Grundschulalter durch Anreiz und Rahmenbedingungen seitens der Schulen sicherzustellen, da Grundschulkinder altersgemäß noch nicht in der Verantwortung zu sehen sind, Einsicht in die Notwendigkeit des Lernens bestimmter Inhalte oder eines bestimmten Leistungsniveaus zu haben (zur Förderung der Selbstregulation im Grundschulalter vgl. Dignath/Büttner 2008). Bildung ist dabei den Kindern als verbindliches Ziel zu vermitteln, das Grundlage für individuelle Qualifikation, spätere Berufstätigkeit und die Wahrnehmung der Rolle als Bürgerin beziehungsweise Bürger ist. Um alle Kinder optimal zu fördern und Rückstände zeitnah aufzuholen, benötigen die Grundschulen ein verbindliches Konzept, das eine bewusste Differenzierung und Kombination von erstens einem qualitativ hochwertigen (Lese-)Unterricht im regulären Klassenkontext für alle Schülerinnen und Schüler vorsieht, zweitens ein Aufholen von frühzeitig erkannten (lesebezogenen) Kompetenzrückständen in Kleingruppen sowie drittens eine individuelle Unterstützung von Schülerinnen und Schülern mit besonderem Förderbedarf (siehe Abbildung 9) beinhaltet.

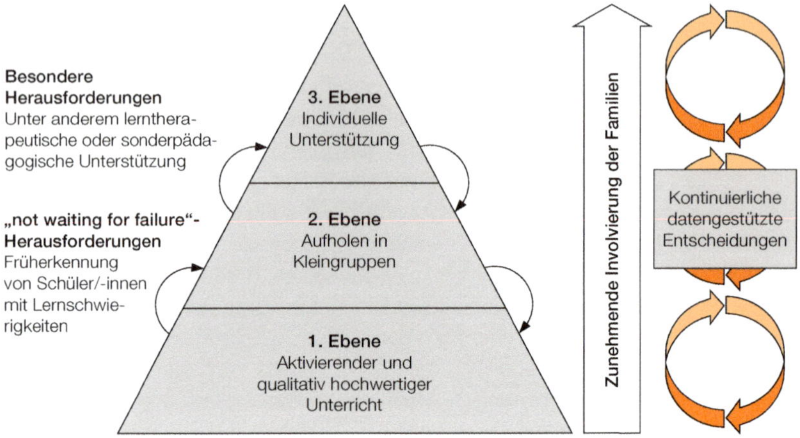

Abbildung 9: Förderung und Differenzierung (eigene Darstellung in Anlehnung an Paleczek 2020 und Al Otaiba u. a. 2022)

Die Verbindlichkeit systematischer Schulentwicklung auf der Basis empirischer Daten zur eigenen Schule und aktueller wissenschaftlicher Befunde ist ebenso eine Erwartung an Grundschulen wie die Implementation von Konzepten für gezielte Unterstützungsangebote für Familien mit entsprechendem Bedarf sowie der aktiven Zusammenarbeit mit weiteren Partnern wie z. B. dem Jugendamt (vgl. z. B. StMUK 2024). Die Zusammenarbeit mit Familien im Sinne einer Bildungspartnerschaft ist dabei verbindlich zu regeln. Auf der Seite der Familien gibt es vermehrt Bedarf zur Verbesserung der schulischen Unterstützung ihrer Kinder. Gründe hierfür können vielseitig sein und somit auch die notwendigen Lösungsansätze, die zur Optimierung der elterlichen Unterstützung beitragen können (siehe Tabelle 5). Es wird erwartet, dass die Bildungsinstitutionen auch an der Hürde der mangelnden elterlichen Unterstützung arbeiten, so dass die Schülerinnen und Schüler durch ein allumfassendes Unterstützungssystem von elterlicher wie auch schulischer Seite profitieren können.

Tabelle 5: Hürden und Lösungsansätze fehlender elterlicher Unterstützung (vgl. Ministerium für Kinder, Jugend, Familie, Gleichstellung, Flucht und Integration des Landes Nordrhein-Westfalen o. J.)

Hürden	Lösungsansätze
Fehlende Information über verschiedene Aspekte (Erwartungen, Stand der Kinder, etc.)	Einsatz systematischer Diagnostik und Information der Ergebnisse über Elternabende oder Elternschreiben; vermehrter Einbezug der Eltern (z. B. Schulelternbeirat): Kommunikation von Eltern für Eltern; Erwartungshaltungen von allen Seiten kommunizieren
Fehlende Volition etwas zu machen	Kommunikation der Relevanz der partnerschaftlichen Zusammenarbeit und der gemeinsamen Ziele für das Kind
Fehlende finanzielle oder zeitliche Ressourcen	Einbezug des Ganztags und gezielter Fördermöglichkeiten (z. B. Leistungen für Bildung und Teilhabe)
Fehlende Kompetenzen (sprachlich, fachlich etc.)	Einbezug des Ganztags (z. B. gezielte Betreuung und Anlaufstelle für die Kinder)

3.2.4 An die Bildungsakteurinnen und Bildungsakteure

Auf der Ebene der Bildungsakteurinnen und Bildungsakteure ist mit Blick auf eine Steigerung der Bildungsleistungen eine klare Erwartung hinsichtlich der Leistungen der Schülerinnen und Schüler und deren Kommunikation von Interesse (zur Wirkung und Mechanismen von Leistungserwartungen auf Lernende vgl. Kapitel 1.3). Die Erwartungen an die Leistungserfolge und die damit verbundene Priorisierung von schulischen Belangen lassen sich aus der Perspektive unterschiedlicher Akteurinnen und Akteure im Bildungssystem betrachten. Insbesondere sind dabei Familien und deren Unterstützung ihrer Kinder, Lehrkräfte und die Schülerinnen und Schüler selbst (Wunsch, in der Schule gute Leistungen zu erbringen) zu nennen.

Über die meisten dieser Aspekte kann durch die Daten der IGLU-2021-Studie ein Überblick über die Entwicklung der letzten 20 Jahre aus Sicht der Schulleitungen gegeben werden. Es zeigt sich bei allen Akteursgruppen eine konstante mittlere Erwartungshaltung von 2001 bis 2021, wenn auch auf etwas unterschiedlichen Niveaus. So wird der Wunsch der Schülerinnen und Schüler, gute Leistungen in der Schule zu erbringen, im Mittel durch die Schulleitungen als hoch eingeschätzt (vgl. Lorenz u. a. 2024b). Für eine weitere Steigerung der schulischen Motivation der Schülerinnen und Schüler sind neben der intrinsischen Motivation auch Formen der extrinsischen Motivation von großer Relevanz („self-determination theory“ [SDT]; vgl. Ryan/Deci 2002). Die identifizierte Regulation spielt hier eine entscheidende Rolle. Individuen, in diesem Fall die Schülerinnen und Schüler, handeln dann selbstbestimmt, weil das Lernen für sie aktiv als wertvoll anerkannt und somit instrumentell eingesetzt wird. Aus dieser bewussten Entscheidung heraus können dann Interesse und Spaß entstehen, wofür jedoch zunächst ein gewisses Maß an Kompetenz durch diese identifizierte Regulation aufgebaut werden muss (vgl. Ryan/Deci 2002). Die weiteren Bildungsakteurinnen und Bildungsakteure sollten gezielt an diesem Kompetenzaufbau und den entsprechenden Überzeugungen der Schülerinnen und Schüler hinsichtlich der Wertigkeit des Lernens arbeiten. Somit ist es hilfreich, den Grundschülerinnen und Grundschülern, die dafür noch nicht die nötige Antizipationsfähigkeit haben können, die Relevanz des Lernens und die damit verbundenen Möglichkeiten (z. B. vom „Lesenlernen“ hin zum „Lesen, um zu lernen“) aufzuzeigen.

Die IGLU 2021-Studie und die darin erfasste Einschätzung durch die Schulleitungen zeigen zudem, dass lediglich ein geringer Anteil der Schülerinnen und Schüler elterliche Unterstützung zur Erreichung guter Leistungen erfährt (siehe Abbildung 10; vgl. Lorenz u. a. 2024b). Ein ähnliches Befundmuster zeigt sich in Hinblick auf die Schulleitungseinschätzung bezüglich des elterlichen Engagements, um sicherzustellen, dass die Schülerinnen und Schüler bereit sind, für ihre Leistungen zu lernen (siehe Abbildung 10; vgl. Lorenz u. a. 2024b). Werden die Leistungserwartungen durch die Schulleitung, die Eltern und die Lehrkräfte gleichzeitig betrachtet, so zeigt sich, dass die Leistungserwartungen durch die Eltern und die Lehrkräfte am wichtigsten für die Lesekompetenz der Schülerinnen und Schüler sind und einen signifikanten Zusammenhang zur Lesekompetenz aufweisen (vgl. Lorenz u. a. 2024b). So ist hierbei unter anderem der Ausbau der Elternarbeit von großer Relevanz. Problematisch ist es jedoch, dass Familien ihre Kinder oft nicht so fördern können, wie dies notwendig wäre. Dennoch ist die Begleitung der Kinder durch ihre Familien während der Grundschulzeit von großer Relevanz (vgl. BMFSFJ 2021b). Die von den Grundschulen als Bildungsinstitutionen erwarteten aktiven Partnerschaften für die von ihnen beschulten Kinder benötigen die Eltern oder andere Familienmitglieder für genau diese partnerschaftliche Zusammenarbeit im Sinne der Kinder. So besagt das Schulgesetz für das Land Nordrhein-Westfalen beispielsweise, dass „Schule und Eltern (…) bei der Verwirklichung der Bildungs- und Erziehungsziele partnerschaftlich zusammen (wirken)“ (IM NRW o. J.a) und „Eltern sollen sich aktiv am Schulleben, in den Mitwirkungsgremien und an der schulischen Erziehung ihres

Kindes beteiligen“ (IM NRW o. J.b). So ist in den jeweiligen Schulgesetzen der Bundesländer die Zusammenarbeit von Eltern und Schule mit ihren jeweiligen Rechten und Pflichten niedergeschrieben. Daraus wird deutlich, dass Eltern auch besonderen Pflichten nachkommen müssen, die sie nicht der Schule überlassen können. Dazu gehören unter anderem, dass die Eltern dafür Sorge tragen müssen, dass die Kinder am Unterricht und an zugehörigen Veranstaltungen teilnehmen und „die ihnen obliegenden Pflichten erfüllen“ (vgl. Krüger/Schmitt 2012, S. 142).

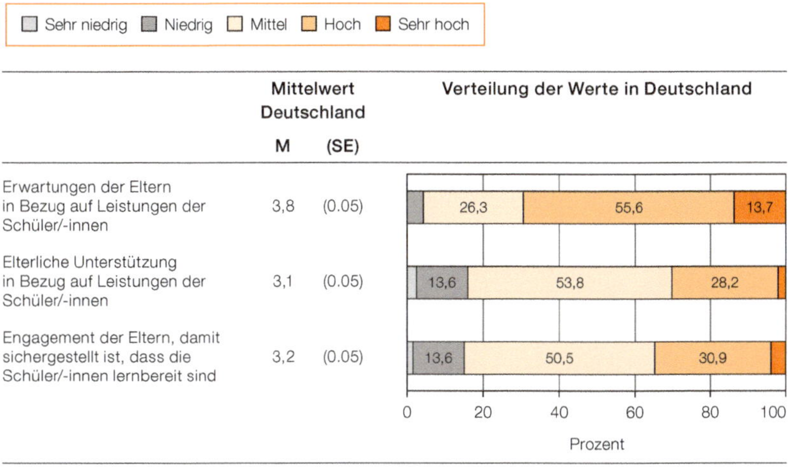

Abbildung 10: Angaben der Schulleitungen zur Unterstützung von Leistungserfolgen durch Eltern (in Anlehnung an Lorenz u. a. 2024b; Quelle: PIRLS/IGLU 2021)

Anmerkung: Einschätzung der Priorität der Eltern (1 = sehr niedrig bis 5 = sehr hoch) durch die Schulleitungen; Angaben in Prozent der Schüler/-innen.

3.3 Handlungsempfehlungen

Die Aufarbeitung des Status quo der Reformen in den Grundschulen in Deutschland und die damit einhergehenden Erwartungen an die unterschiedlichen Ebenen des Bildungssystems führen zu der Frage, was die Konsequenz daraus ist und wie mit diesem bestehenden Wissen weitergearbeitet werden sollte, um die Veränderungen der Grundschulen mit all ihren Aspekten gemeinsam mit den Akteurinnen und Akteuren voranzutreiben.

3.3.1 An den Staat

Verbindlicher Fokus auf Kernkompetenzen im Unterrichtskontext. Der Staat ist verpflichtet, den Fokus innerhalb des Grundschulbereichs nachdrücklich auf den Erwerb und die Förderung der Kernkompetenzen im Unterrichtskontext zu legen. Darüber hinaus müssen begleitende Konzepte erarbeitet werden, wie mit sozialen Herausforderungen im Grundschulkontext umgegangen werden kann und soll.

Bildungsgerechtigkeit durch ein verbindliches System von Diagnostik und Förderung stärken. Die Erhöhung der Bildungsgerechtigkeit ist eine zentrale Aufgabe des Staates. Besonders in Deutschland ist die Verknüpfung von familiärer Herkunft und dem schulischen Erfolg besonders stark. Dieses ist kein unausweichlicher Automatismus und es liegt in der Verantwortung des Staates, hieran etwas zu ändern. Ein wirksames Werkzeug stellt dabei die Einführung systematischer und standardisierter Kompetenz- und Entwicklungsdiagnostik vor und während der Schulzeit dar, die bei Bedarf mit anschließender verbindlicher Förderung verbunden ist. Dies gilt insbesondere auch, aber nicht ausschließlich für den Bereich der Sprachkompetenzen.

3.3.2 An das Bildungssystem

Flexibilisierung der Grundschulzeit. Die große Heterogenität der Entwicklungsstände bei Schulanfängerinnen und Schulanfängern und die Unterschiede im weiteren Förderbedarf und Entwicklungstempo machen eine (weitere) Flexibilisierung der Grundschulzeit notwendig. Hier gilt es im Sinne der bereits teilweise implementierten flexiblen Eingangsphase die gesamte Grundschulzeit in ihrer Dauer variabler zu gestalten und in begründeten Einzelfällen bei Bedarf ein längeres Verweilen zu ermöglichen, bis ein Übergang in eine adäquate weiterführende Schule möglich ist.

Weiterentwicklung und verbindliche Ausgestaltung der Ausbildung der Grundschullehrkräfte. Die Ausbildung der Grundschullehrkräfte an den Universitäten muss weiterentwickelt und verbindlich ausgestaltet werden. Dies gilt insbesondere für die Bereiche, die zu einer verlässlichen Förderung der Kernkompetenzen im späteren Unterricht notwendig sind. Auch nach der universitären Ausbildung müssen kontinuierlich Fortbildungen angeboten und von den Lehrkräften wahrgenommen werden, so dass mit den dynamischen Entwicklungen und neuen empirischen Befunden Schritt gehalten werden kann.

Bildungswirksame Nutzung des Ganztags verbindlich vorgeben und durch entsprechende Ressourcen ermöglichen. Der Ausbau des Ganztags an den Schulen in Deutschland bietet große Chancen. Damit sich diese auch in Bildungserfolgen manifestieren, ist neben dem quantitativen Ausbau die Sicherstellung der bildungsbezogenen Qualität der Angebote unerlässlich. Dies setzt verbindliche Vorgaben zu Konzepten, Zeiten und Personal sowie die Bereitstellung entsprechender Ressourcen voraus.

3.3.3 An die Bildungsinstitutionen

Verbesserung und verbindliche Etablierung des Wissenschaft-Praxis-Transfers. Auf der Ebene der Institutionen sollte eine Verbesserung des Wissenschaft-Praxis-Transfers angestrebt werden, so dass die gewonnenen Ergebnisse mit einer stärkeren Verknüpfung von evidenzbasierten Handlungsempfehlungen für die Praxis nutzbar gemacht werden können. Zusätzlich ist die Stärkung des reziproken Charakters eines Wissenschaft-Praxis-Transfers zentral, so dass Erkenntnisse nicht nur von der Wissenschaft in die Praxis getragen werden, sondern auch umgekehrt.

Einführung einer verbindlichen evidenz- und datenbasierten Schulentwicklung. Die kontinuierliche Schulentwicklung muss evidenz- und datenbasiert ausgebaut werden. Das bestehende Konzept zum Gesamtmonitoring des Bildungssystems in Deutschland bietet zur Sammlung relevanter Informationen einen geeigneten Ausgangspunkt. Weitere Schritte sind datenbasierte Möglichkeiten der individuellen Schul- und Unterrichtsentwicklung. Schließlich gehört auch die Rezeption, Auswahl und Implementation aktueller Forschungsbefunde zu den wünschenswerten Aufgaben der Schulen, um eine evidenz- und datenbasierte Schulentwicklung auf Basis eines kontinuierlichen Monitorings zu ermöglichen. Entsprechende Kompetenzen der Bildungsakteurinnen und Bildungsakteure müssen zukünftig systematisch in die Aus- und Fortbildung integriert werden.

3.3.4 An die Bildungsakteurinnen und Bildungsakteure

Kommunikation von Leistungserwartungen durch die Lehrkräfte. Das Bildungssystem in Deutschland, auch bereits auf der Ebene der Grundschulen, ist unter anderem auf Leistung ausgerichtet. Diese Leistung geht mit bestimmten Erwartungshaltungen der unterschiedlichen an Bildung beteiligten Personen einher. Diese Leistungserwartungen müssen durch die Lehrkräfte sowohl den Familien als auch den Schülerinnen und Schülern transparent kommuniziert und mit individuellem Feedback und Unterstützungshinweisen verbunden und verbindlich durchgesetzt werden.

Bildungspartnerschaften von Grundschulen und Familien. In Bezug auf die Familien ist zu fordern, dass die Stärkung der verbindlichen Bildungspartnerschaft im Vordergrund stehen muss. Das Verhältnis zwischen Grundschule und Familien steht partnerschaftlich auf einer Ebene, so dass die Familien und die Grundschulen in der Pflicht stehen, diese Beziehung nachhaltig zu stärken. Dieser Anspruch ist den Familien von Anfang an zu kommunizieren, und feste Strukturen und Maßnahmen zur Ausgestaltung dieser Bildungspartnerschaft sind begleitend zum Bildungsverlauf bereitzustellen.

4 Sekundarstufe

4.1 Verbindlichkeit – Status quo

Jugendliche der Sekundarstufe werden in regelmäßigem Turnus sowohl bei internationalen Bildungsmonitoring-Studien wie PISA (vgl. Lewalter u. a. 2023) als auch beim nationalen Monitoring der Bildungsstandards (z. B. IQB-Bildungstrend) (vgl. Stanat u. a. 2023) in ihren Bildungsergebnissen beobachtet. Für diese Schülerinnen und Schüler ist somit für die letzten 25 Jahre sehr gut dokumentiert, wie sich Bildungsdefizite zunächst verringert haben und sich nun aber seit mehreren Jahren wieder verstärken.

Für die Erklärung von Unterschieden in den Bildungsergebnissen sind Familien und deren Unterstützungsmöglichkeiten im sozialen Umfeld bedeutsam. Auch die Sekundarschülerinnen und Sekundarschüler selbst spielen eine zentrale Rolle – ihre kognitiven Voraussetzungen, ihre individuelle Motivation sowie ihre Überzeugungen und Bereitschaften, für ihr Lernen und ihre individuelle Bildungsbiografie Verantwortung zu übernehmen. Der dritte zentrale Faktor ist die Schule und dabei vor allem die Qualität des Unterrichts (vgl. Hattie 2023). Sekundarschulen haben daher die Aufgabe, verbindlich dafür zu sorgen, dass Schülerinnen und Schüler am Ende ihrer Pflichtschulzeit (und damit am Ende der Sekundarstufe) über ausreichend Kernkompetenzen verfügen, um in den Arbeitsmarkt einzusteigen und an gesellschaftlicher Kommunikation teilhaben zu können. Insofern stehen die negativen Bildungstrends der Sekundarschülerinnen und Sekundarschüler in starkem Kontrast zum Bildungsauftrag, den Sekundarschulen zu erfüllen haben.

4.1.1 Umsetzungsstand von Reformempfehlungen

Entwicklung von Kernkompetenzen in den letzten 25 Jahren. In der Sekundarstufe nehmen vor allem Basiskompetenzen im Lesen, in der Mathematik und den Naturwissenschaften eine besondere Stellung für Kernkompetenzen in der Bildung ein. Die Entwicklung von Basiskompetenzen lässt sich für Deutschland unter anderem durch die international vergleichend angelegte PISA-Studie abschätzen. Mit PISA werden seit 2000 in einem dreijährigen Turnus Basiskompetenzen in den Bereichen Lesen, Mathematik und Naturwissenschaften an einer repräsentativ angelegten Stichprobe von 15-Jährigen getestet.

Entwicklung der durchschnittlich erreichten Basiskompetenzen. In der PISA-Studie 2022 erfolgte zusätzlich zum Bericht über aktuelle Basiskompetenzen auch eine Abschätzung der Entwicklungen in den letzten 25 Jahren (vgl. Lewalter u. a. 2023). Dabei wird ein kurvenartiger Verlauf der im Durchschnitt erreichten Leistungen deutlich, mit einem Anstieg in allen drei Basiskompetenzen von 2000 bis 2012, gefolgt von einem Rückgang der Leistungen innerhalb der letzten zehn Jahre (vgl. auch Kapitel 1.2). Naturwissenschaftliche Kompetenzen gehen seit 2012, Lesekompetenzen seit 2015 und mathematische Kompetenzen seit 2018 zurück. Auch im OECD-Durchschnitt lässt sich ein negativer Trend beobachten. Gegenwärtig liegen die Leistungen deutscher 15-Jähriger bei PISA im OECD-Durchschnitt. Die einzige Ausnahme bilden die Naturwissenschaften, hier liegt Deutschland noch signifikant über dem OECD-Durchschnitt. Allerdings sind auch hier die in Deutschland erreichten Kompetenzwerte so niedrig wie noch nie.

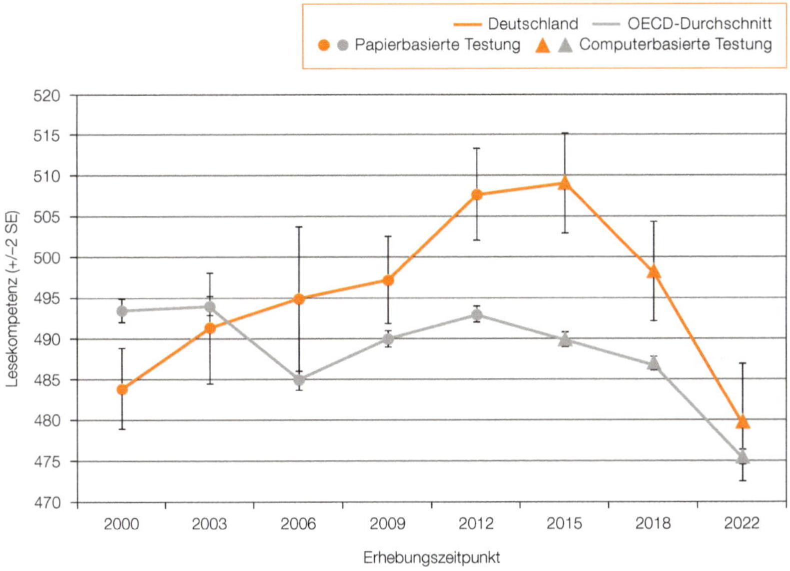
Deutschland
OECD-Durchschnitt
Papierbasierte Testung
Computerbasierte Testung
Lesekompetenz (+/–2 SE)
520
515
510
505
500
495
490
485
480
475
470
2000
2003
2006
2009
2012
2015
2018
2022
Erhebungszeitpunkt

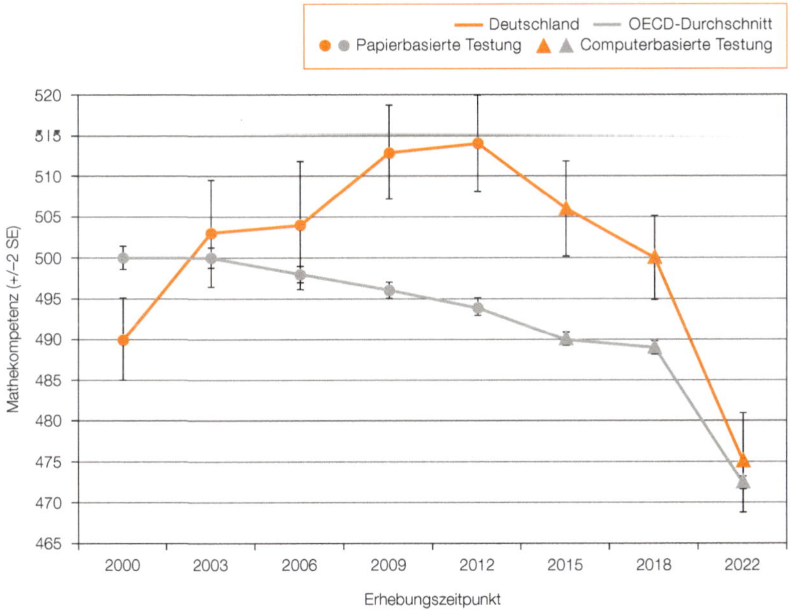
Deutschland
OECD-Durchschnitt
Papierbasierte Testung
Computerbasierte Testung
Mathekompetenz (+/–2 SE)
520
515
510
505
500
495
490
485
480
475
470
465
2000
2003
2006
2009
2012
2015
2018
2022
Erhebungszeitpunkt

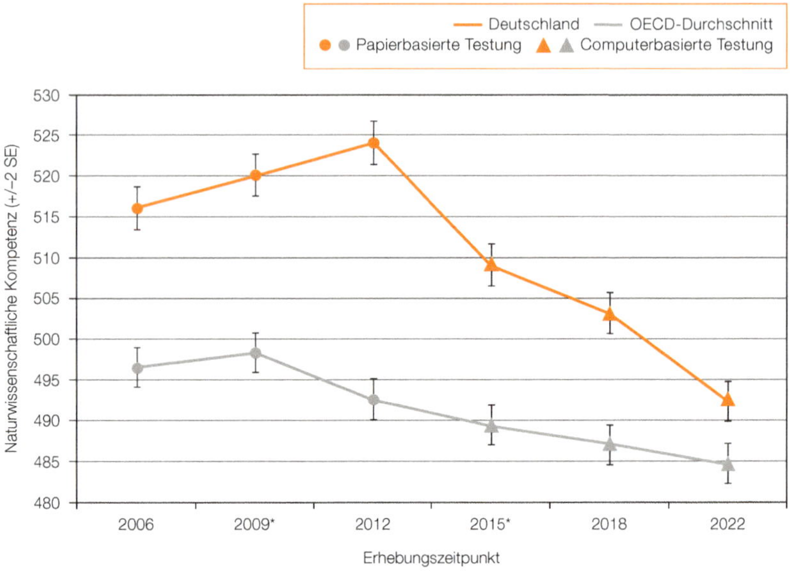

* Naturwissenschaftliche Kompetenz als Hauptdomäne.

Abbildung 11: Entwicklung der mittleren Basiskompetenzen (Lesen, Mathematik, Naturwissenschaften) von 2000 bis 2022 in Deutschland und im OECD-Durchschnitt (vgl. Lewalter u.a. 2023)

Beim Lesen zeigen vertiefende Analysen relative Schwächen insbesondere bei den für höhere Kompetenzen erforderlichen Kombinationen aus dem Ermitteln relevanter textbezogener Informationen, Integration der Informationen in Sinnzusammenhänge und dem Bewerten der gelesenen Informationen. Dabei variieren die in den Aufgaben zu lesenden Textsorten zwischen kontinuierlichen (z. B. Zeitungsartikel) und nicht-kontinuierlichen Texten (z. B. Tabellen, Abbildungen mit Legenden und Beschriftungen), aber auch zwischen verschiedenen Textarten digitaler Art (ab 2018). Bei den mathematischen Kompetenzen verdeutlichen vertiefende Analysen relative Schwierigkeiten bei komplexen Aufgabenstellungen mit wenig gegebenen Informationen, die mathematikbezogene Problemlösungen und Schlussfolgerungen erfordern. Naturwissenschaftliche Kompetenzen umfassen Fähigkeiten, naturwissenschaftliche Phänomene zu erklären, naturwissenschaftliche Herangehensweisen für die Planung von Untersuchungen anzuwenden und naturwissenschaftliche Evidenzen angemessen zu interpretieren. Auch hier zeigen sich relative Schwächen bei den komplexeren Aufgabenstellungen, in denen die drei Fähigkeiten mit vertieftem Wissen angewendet werden müssen.

Leistungsstreuungen und Anteile an leistungsschwachen und -starken Jugendlichen. Die Leistungsstreuungen geben Auskunft darüber, wie heterogen die Basiskompetenzen über die untersuchten Jugendlichen hinweg verteilt sind. Betrachtet man die Entwicklungen der letzten 25 Jahre, zeichnet sich wiederum ein U-förmiger Verlauf ab (vgl. Baumert u. a. 2001; Prenzel u. a. 2004; Prenzel u. a. 2007; Klieme u. a. 2010; Prenzel u. a. 2013; Reiss u. a. 2016; Reiss u. a. 2019; Lewalter u. a. 2023). Während in der Folge von PISA 2000 die Streuungen in den drei Basiskompetenzen bis 2012 etwas abnahmen, sind sie aktuell wieder auf dem Stand von damals. Das bedeutet, dass die erworbenen Basiskompetenzen wieder erheblich zwischen den Jugendlichen variieren, von sehr schwachen Leistungen auf den unteren Kompetenzstufen bis hin zu hohen Leistungen auf den oberen Kompetenzstufen, wie sie bei PISA gemessen werden (seit PISA 2006: sechs Kompetenzstufen, I = niedrigste Stufe, VI = höchste Stufe). In Tabelle 6 sind die Standardabweichungen und die jeweiligen Anteile an schwachen und starken 15-Jährigen für die einzelnen Erhebungswellen bei PISA zusammengefasst.

Tabelle 6: Entwicklung der Standardabweichungen bei den PISA-Erhebungen und Anteile von schwachen und starken 15-Jährigen auf den unteren beziehungsweise oberen beiden Kompetenzstufen

	Lesen			Mathematik			Naturwissenschaften		
	SD	Schwach	Stark	SD	Schwach	Stark	SD	Schwach	Stark
2000	111	23 %	9 %	103	24 %	12 %	102	26 %	k. A.
2003	109	19 %	10 %	103	22 %	16 %	111	24 %	k. A.
2006	112	20 %	10 %	99	20 %	16 %	100	15 %	12 %
2009	95	19 %	8 %	98	19 %	k. A.	101	15 %	13 %
2012	91	15 %	9 %	96	18 %	18 %	95	12 %	12 %
2015	100	16 %	12 %	89	17 %	13 %	99	17 %	11 %
2018	106	21 %	11 %	95	21 %	13 %	103	20 %	10 %
2022	106	26 %	8 %	95	30 %	9 %	106	23 %	10 %

Anmerkung: Einteilungen auf Kompetenzstufen variieren in den Jahren 2000 bis 2006. Ab 2009 durchgängige Anwendung von sechs Kompetenzstufen in allen drei Domänen. Schwach: prozentualer Anteil auf den untersten zwei Kompetenzstufen. Stark: prozentualer Anteil auf den oberen beiden Kompetenzstufen. K. A.: Hier erfolgte nur der Bericht für die oberste Stufe, nicht aber für die darunter liegende zweite, so dass die über die Jahre etablierte Form der Zusammenlegung der oberen und unteren beiden Stufen hier nicht berichtet werden kann.

Beim Lesen sieht man eine Abnahme der Leistungsstreuungen bis 2012, danach wieder eine Zunahme bis 2022. Der Anteil der schwachen Leserinnen und Leser nimmt seit 2012 ebenfalls wieder zu und lag 2022 bei einem Viertel der getesteten 15-Jährigen. Der Anteil an Jugendlichen mit starken Lesekompetenzen variiert über die Jahre zwischen acht und zwölf Prozent. Zuletzt war er 2022 mit acht Prozent allerdings auch mit am niedrigsten. In der Mathematik lässt sich nach einer Abnahme der Leistungsstreuung seit 2018 wieder eine Zunahme feststellen. Der Anteil an Jugendlichen mit schwachen Mathematikkompetenzen nimmt seit 2015 wieder zu und belief sich 2022 auf fast ein Drittel der 15-Jährigen. In den Naturwissenschaften lag die Streuung durchgängig hoch. Auch hier nehmen die Standardabweichungen seit 2015 wieder zu, der Anteil an schwachen Kompetenzen nimmt zu und erreicht fast ein Viertel, der Anteil an starken Kompetenzen ist leicht rückläufig.

Negative Entwicklung von Motivation und positiven Einstellungen zum Lernen. Eine Abschätzung der motivationalen Entwicklungen mit Bezug zu den Basiskompetenzen erfolgt bei PISA in der Regel mit Fokus auf eine der drei Basiskompetenzen, die in einem jeweiligen Testzyklus im Vordergrund steht. Exemplarisch kann für mathematische Basiskompetenzen wiederum PISA 2022 herangezogen werden (vgl. Diedrich u. a. 2023). Hier wurden motivationale Schülermerkmale zu Emotionen, Motivationen, Einstellungen und Verhaltensweisen untersucht. Interessant bei PISA 2022 ist das Ergebnis, dass auffällig viele Jugendliche im Mathematikunterricht gelangweilt (41 Prozent) und müde (49 Prozent) sind. Auf der anderen Seite der positiven Affekte berichten sie über Zuversicht (36 Prozent), Interesse (35 Prozent) und Motivation (30 Prozent). Bemerkenswert ist auch, dass die Jugendlichen sowohl für Mathematik als auch für Deutsch mehrheitlich davon ausgehen, dass ihre Fähigkeiten hier relativ fixiert und unveränderlich sind (statisches Selbstbild). Ihre Intelligenz dagegen halten die 15-Jährigen im Vergleich für signifikant weniger fixiert. Da die drei Aspekte von Freude und Interesse an Mathematik, mathematikbezogene instrumentelle Motivation, Selbstwirksamkeitserwartung und mathematikbezogene Ängstlichkeit über die PISA-Zyklen mit Schwerpunkt Mathematik vergleichbar erhoben wurden, wird bei PISA 2022 auch ein Entwicklungstrend berichtet (vgl. Diedrich u. a. 2023, S. 108).

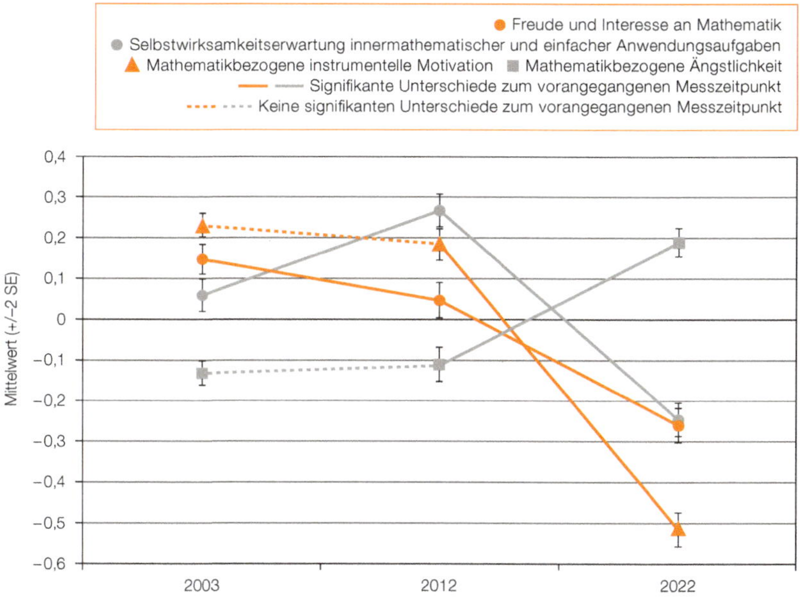

Abbildung 12: Merkmale der Schülerinnen und Schüler in Bezug auf das Fach Mathematik in den Jahren 2003, 2012, 2022 (vgl. Diedrich u.a. 2023, S. 108)

Auffällig sind auch hier die negativen Entwicklungen in den letzten zehn bis 15 Jahren. Die mathematikbezogene Ängstlichkeit hat zugenommen, während Freude und Interesse, instrumentelle Motivation und die Selbstwirksamkeitserwartungen deutlich zurückgegangen sind. Ähnliche negative Entwicklungen für Motivation und Interesse für das Fach Deutsch werden auch im IQB-Bildungstrend 2022 berichtet (vgl. Stanat u. a. 2023). Zudem ist zu beobachten, dass auch die allgemeine Schulzufriedenheit abnimmt, insbesondere für Jugendliche ohne Zuwanderungshintergrund und aus der zweiten Generation nach Zuwanderung. Darüber hinaus gibt es Hinweise, dass der Unterricht variationsarm und vorrangig lehrkraftzentriert erfolgt (vgl. Stanat u. a. 2023). Aktuelle Analysen aus PISA 2022 zeichnen ein ähnliches Bild, demzufolge die Schülerinnen und Schüler im internationalen Vergleich von weniger Unterstützung durch die Lehrperson berichten, weniger ermutigt werden, mathematisch zu denken, und Mathematikunterricht und Aufgabenstellungen selten in den Kontext aktueller gesellschaftlicher Herausforderungen gestellt werden (vgl. Schiepe-Tiska u. a. 2023).

Entwicklung der herkunftsbezogenen Ungleichheiten im Erwerb von Basiskompetenzen. Deutschland ist es in den letzten 25 Jahren nicht wesentlich gelungen, herkunftsbezogene Ungleichheiten im Erwerb von Basiskompetenzen zu reduzieren. Es zeigt sich auch für PISA 2022 ein überdurchschnittlich ausgeprägter Zusammenhang zwischen Merkmalen der sozialen Herkunft sowie des Zuwanderungshintergrunds und den in PISA gemessenen Basiskompetenzen (vgl. Mang u. a. 2023). Dieser Zusammenhang fällt für Deutschland nach wie vor höher aus als in den meisten anderen OECD-Staaten. Basiskompetenzen werden überdurchschnittlich stark vom beruflichen Status der Erziehungsberechtigten aufgeklärt. Auch nach den Ergebnissen des IQB-Bildungstrends 2022 hat der Zusammenhang zwischen herkunftsbezogenen Merkmalen und Basiskompetenzen von 2015 bis 2022 zugenommen, während er zuvor von 2009 bis 2015 stabil geblieben war (vgl. Stanat u. a. 2023).

Im Vergleich zu PISA 2012 ist der Anteil der 15-Jährigen mit Zuwanderungshintergrund bei PISA 2022 um 13 Prozent gestiegen und verteilt sich auf alle Arten des Generationsstatus in der Zuwanderung. Insbesondere 15-Jährige der ersten Generation sind mit einem Anteil von neun Prozent seit 2012 deutlich angestiegen und erklären sich vermutlich durch die starke Zuwanderung in Deutschland, beginnend im Jahr 2015. Laut IQB-Bildungstrend 2022 kamen 30 Prozent der Jugendlichen in erster Generation fluchtbedingt nach Deutschland (vgl. Stanat u. a. 2023). Ukrainische Jugendliche haben bei PISA 2022 noch nicht an den PISA-Erhebungen teilgenommen (siehe Tabelle 7).

Tabelle 7: Prozentuale Anteile der 15-Jährigen mit Zuwanderungshintergrund in den Jahren 2012 und 2022 (vgl. Mang u. a. 2023, S. 185)

	2012		2022	
Zuwanderungsstatus	%	**(SE)**	%	**(SE)**
Zuwanderungsstatus eindeutig zuzuordnen?				
Nicht zuzuordnen	17,6	(0.9)	**12,8**	(1.2)
Zuzuordnen	82,4	(0.9)	**87,2**	(1.2)
	Gültige %[1]	**(SE)**	**Gültige %[1]**	**(SE)**
Ohne Zuwanderungshintergrund	74,2	(1.0)	**61,3**	(1.2)
Mit Zuwanderungshintergrund	25,8	(1.0)	**38,7**	(1.2)
Generationsstatus				
Ein Elternteil im Ausland geboren	10,2	(0.5)	**12,8**	(0.5)
Zweite Generation	11,9	(0.8)	**16,6**	(0.7)
Erste Generation	3,7	(0.4)	**9,2**	(0.7)

	2012		2022	
Herkunftsländer	%	**(SE)**	%	**(SE)**
Ehemalige UdSSR	4,5	(0.4)	**6,1**	(0.4)
Türkei	5,1	(0.5)	5,3	(0.5)
Polen	2,7	(0.3)	3,1	(0.2)
Arabische Länder[2]	[3]	[3]	4,8	(0.5)
Anderes Land	13,5	(0.7)	**19,9**	(0.8)

[1] Gültige % = Prozentangaben beruhen nur auf Angaben der Schüler/-innen, die eindeutig zuzuordnen sind.
[2] Als arabische Länder gelten die Teilnehmerstaaten der Arabischen Liga.
[3] Die arabischen Länder wurden erstmals in PISA 2022 als auszuweisende Ethnie aufgenommen. Kein Vergleich zu PISA 2012 möglich.

Anmerkung: Gerundete Werte, auf der Grundlage von Angaben der Schüler/-innen; fett hervorgehoben: signifikante Unterschiede zwischen 2012 und 2022 ($p < .05$).

Auffällig im Vergleich zu PISA 2012 (also zehn Jahre zuvor) ist der starke Leistungsrückgang insbesondere bei Jugendlichen der ersten Zuwanderungsgeneration (siehe Tabelle 8). Dieser Zusammenhang wird umso stärker, je weniger zu Hause regelmäßig Deutsch gesprochen wird (vgl. auch Stanat u. a. 2023). Gerade bei den 15-Jährigen der ersten Generation zeichnet sich ab, dass im Vergleich zu 2012 zu Hause weniger Deutsch gesprochen wird. Damit werden die geringeren Leistungen der Jugendlichen mit Zuwanderungshintergrund in starkem Maße durch Deutsch als zu Hause gesprochene Sprache vermittelt. Hinzu kommen weitere Maße der sozialen Herkunft wie sozioökonomischer beruflicher Status, Anzahl der Wohlstandsgüter und der Bildungsabschluss der Erziehungsberechtigten. Je positiver diese Merkmale ausgeprägt sind, desto positiver die erreichten Basiskompetenzen.

Tabelle 8: Regressionsmodell zu Zuwanderungshintergrund, sozialer Herkunft und mathematischer Kompetenz für PISA 2022 und PISA 2012 (vgl. Mang u. a. 2023, S. 189)

	Modell I		**Modell II**		**Modell III**	
	b	**(SE)**	**b**	**(SE)**	**b**	**(SE)**
2022						
Ohne Zuwanderung	**508***	(2.9)	**499***	(2.4)	**500***	(2.4)
Ein Elternteil im Ausland geboren	−27[a]	(4.9)	−16[a]	(4.2)	−12[a]	(4.2)
Zweite Generation	−41[a]	(4.9)	−12[a]	(4.4)	−2	(5.0)
Erste Generation	**−90[a]**	(7.2)	−51[a]	(6.9)	-30[a]	(8.2)
Nicht zuzuordnen	−70[a]	(12.3)	−30[a]	(11.0)	-24[a]	(11.3)
Sozioökonomischer beruflicher Status[1]			**19[a]**	(1.7)	**18[a]**	(1.7)
Besitz Wohlstandsgüter[1]			**25[a]**	(1.7)	**24[a]**	(1.6)
Bildungsabschluss der Erziehungsberechtigten[1]			**5[a,b]**	(1.2)	**5[a,b]**	(1.2)
Sprachgebrauch[2]					**−25[a]**	(5.4)
n	4.639		4.639		4.639	
R^2	0,08		0,24		0,24	
2012						
Ohne Zuwanderung	535*	(3.4)	531*	(3.1)	531*	(3.1)
Ein Elternteil im Ausland geboren	−28[a]	(5.9)	−19[a]	(5.6)	−18[a]	(5.7)
Zweite Generation	−47[a]	(6.5)	−23[a]	(6.4)	−19[a]	(6.9)
Erste Generation	−53[a]	(13.5)	−40[a]	(12.3)	−33[a]	(13.5)
Nicht zuzuordnen	−60[a]	(12.5)	−37[a]	(12.1)	−35[a]	(11.4)
Sozioökonomischer beruflicher Status[1]			26[a]	(2.5)	26[a]	(2.5)
Besitz Wohlstandsgüter[1]			9[a]	(1.7)	9[a]	(1.7)
Bildungsabschluss der Erziehungsberechtigten[1]			10[a]	(2.1)	10[a]	(2.1)
Sprachgebrauch[2]					−13	(8.5)
n	3.761		3.761		3.761	
R^2	0,03		0,18		0,18	

* Die hier angegebene Regressionskonstante ist der geschätzte Mittelwert in der Gruppe der Schüler/-innen ohne Zuwanderungshintergrund. Für die Schülerinnen und Schüler mit Zuwanderungshintergrund gibt der Regressionskoeffizient jeweils die Abweichung von der Regressionskonstanten an.

[a] Signifikante Partialregressionskoeffizienten ($p < .05$).

[1] Z-standardisiert.

[2] Referenzgruppe: Deutsch als Familiensprache.

[b] Eingeschränkte Vergleichbarkeit der Signifikanz zwischen den Erhebungen aufgrund der Überarbeitung der Abschlussklassifikation von ISCED-97 zu ISCED-11.

Anmerkung: Daten beruhen auf Angaben der Schüler/-innen; fett hervorgehoben: Unterschied zum Regressionskoeffizienten für 2012 statistisch signifikant ($p < .05$).

Nach dem aktuellen Bildungsbericht 2022 ist der Bildungserfolg von Kindern und Jugendlichen eng mit der sozialen Situation der Familien verbunden (vgl. Autorengruppe Bildungsberichterstattung 2022). Die Verbesserung der sozialen Lebenslagen in den Familien ist daher ein wichtiger Ansatzpunkt für eine Verbesserung der Bildungsleistungen. 48 Prozent der Jugendlichen mit Migrationserfahrung wachsen in Familien auf, bei denen mindestens eine soziale Risikolage besteht (sozial, bildungsbezogen, finanziell) (siehe Abbildung 13).

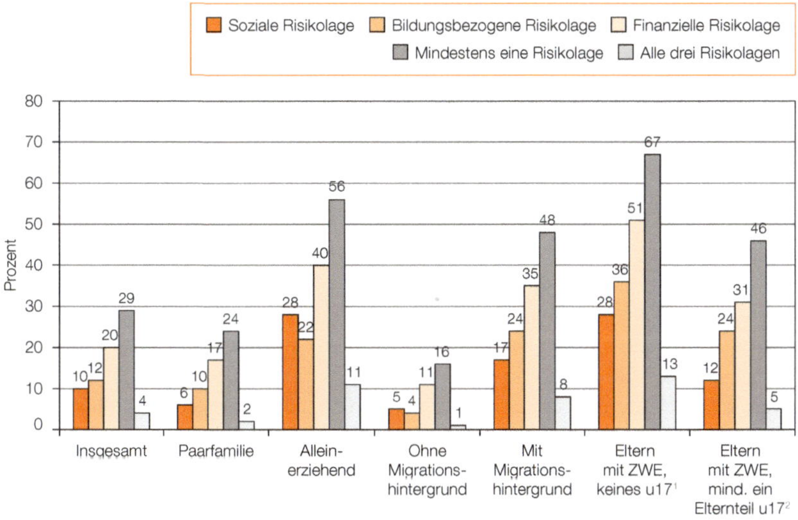

[1] Beide Elternteile in der Familie mit Zuwanderungserfahrung (ZWE), kein Elternteil war zum Zuwanderungszeitpunkt nach Deutschland jünger als 17 Jahre.

[2] Beide Elternteile in der Familie mit Zuwanderungserfahrung, mindestens ein Elternteil war zum Zuwanderungszeitpunkt nach Deutschland jünger als 17 Jahre.

Abbildung 13: Risikolagen der unter 18-Jährigen 2020 nach Familienform und Migrationshintergrund (vgl. Autorengruppe Bildungsberichterstattung 2022, Tabelle A4-2)

4.1.2 Bewertung des Umsetzungsstands

Bereits seit etwa zehn Jahren nimmt die Leistungsfähigkeit in der Sekundarstufe insbesondere mit Bezug zu den erreichten Basiskompetenzen im Lesen, in Mathematik und den Naturwissenschaften ab. Eine zusätzliche Beförderung der Leistungsabnahmen erfolgte zudem durch die fortlaufenden Krisen, insbesondere die Covid-19-Pandemie, aber auch die aktuellen Kriegssituationen.

Auffällig für die Bildungsentwicklungen ist, dass nicht nur die im Durchschnitt erreichten Leistungen insgesamt abgenommen, sondern auch die Heterogenität (Streuung) der von den jungen Heranwachsenden erzielten Bildungsleistungen zugenommen hat. Besorgniserregend ist die Tatsache, dass derzeit die prozentualen Anteile an Jugendlichen im unteren Leistungsbereich besonders ausgeprägt sind. Mit 25 bis 30 Prozent aller 15-Jährigen befinden sich sehr nennenswerte Anteile in einem Leistungsbereich, der eine zukünftige Teilhabe am Arbeitsmarkt und in der Gesellschaft sehr schwierig machen wird. Aber auch der obere Leistungsbereich ist beachtenswert, da der Anteil an Jugendlichen mit ausgeprägt hohen Kompetenzen über die letzten 25 Jahre tendenziell auch eher zurückgegangen ist beziehungsweise stagniert und vor allem an den Gymnasien immer weniger Schülerinnen und Schüler in diesen Spitzengruppen vertreten sind. Mit der Zunahme der Leistungsstreuungen verbunden ist auch eine nach wie vor sehr enge Kopplung zwischen sozialer Herkunft und Migrationserfahrungen und den erworbenen Basiskompetenzen.

Deutschland hat im internationalen Vergleich immer noch einen der stärksten sozialen Gradienten. Auch wenn das Bildungssystem, insbesondere mit Blick auf den Gymnasialbesuch, seit 2000 durchlässiger geworden ist (vgl. auch Kapitel 1.3), hat sich dieses noch nicht in einer Reduktion der Kopplung mit Bildungsleistungen (wie in PISA gemessen) niedergeschlagen (vgl. Wößmann u. a. 2024). Weiterhin sind Migrationserfahrungen gekoppelt an den Erwerb von Basiskompetenzen. Hier hat sich die Zusammensetzung der Schülerschaft in der Sekundarstufe in den letzten 25 Jahren verändert mit einem aktuellen Anteil von ca. 39 Prozent an Jugendlichen mit Migrationserfahrung (vgl. Lewalter u. a. 2023; Stanat u. a. 2023). Seit PISA 2012 hat sich damit der Anteil um zehn Prozent erhöht (vgl. Lewalter u. a. 2023), seit PISA 2000 um 17 Prozent (vgl. Prenzel u. a. 2007). Darüber hinaus hat sich die Zusammensetzung der Herkunftsländer verändert. Bei PISA 2022 war der Anteil an Jugendlichen aus der ehemaligen UdSSR, der arabischen Länder und anderer Staaten signifikant höher als noch bei PISA 2012 (vgl. Mang u. a. 2023). Für Schülerinnen und Schüler mit Migrationshintergrund zeigt sich zudem eine besonders enge Kopplung mit der zu Hause gesprochenen Sprache. Wird zu Hause nicht regelmäßig Deutsch gesprochen, wirkt sich dies auffällig negativ auf den Erwerb der Basiskompetenzen, insbesondere in Deutsch, aber auch in den anderen getesteten Domänen aus (vgl. Lewalter u. a. 2023). Insbesondere Jugendliche aus der ersten Generation sind hiervon betroffen. Sie stechen durch eine sehr hohe Repräsentanz in der Gruppe mit schwachen Basiskompetenzen hervor und sie berichten häufig davon, dass zu Hause nicht regelmäßig Deutsch gesprochen wird (vgl. Stanat u. a. 2023).

Zusammenfassend handelt es sich um eine Komposition der Bildungsleistungen, die einer differenzierten Förderstrategie bedarf. Der Anteil der Sekundarschülerinnen und Sekundarschüler im unteren Leistungsbereich mit schwach entwickelten Basiskompetenzen ist besorgniserregend hoch. Diese Schülerinnen und Schüler besuchen vorrangig die Haupt- beziehungsweise Mittelschule als Bildungsgang (vgl. Mang u. a. 2023). Hier hat eine Homogenisierung der Komposition stattgefunden, mit vorrangig sehr schwach ausgeprägten Basiskompetenzen. In den anderen Bildungsgängen der Sekundarstufe ist dagegen die Heterogenität gestiegen. Damit hat man das Ziel eines nach oben durchlässigeren Bildungssystems vorangetrieben. Dieses hat aber zur Konsequenz, dass dort in stärkerem Maße differenzierende und auf heterogene Lerngruppen ausgerichtete Lehr- und Lernmethoden eingesetzt werden müssen. Diese Art des Unterrichts findet aber aktuell auf Basis der vorliegenden Daten nicht statt. Der Unterricht wird nach wie vor als sehr monoton und wenig variantenreich erlebt, mit der Folge, dass die Langeweile und Müdigkeit hoch ist und die allgemeine Schulzufriedenheit abnimmt (vgl. Lewalter u. a. 2023; Stanat u. a. 2023).

Zusammenfassend zeigt sich auf verschiedenen Dimensionen ein „trauriges Smiley" (siehe Abbildung 3, S. 31). Während nach dem ersten PISA-Schock im Jahr 2000 verschiedene Anstrengungen auf allen Ebenen des Bildungssystems vorangetrieben wurden und sich die Bildungsleistungen in den darauffolgenden zehn bis 15 Jahren deutlich gesteigert hatten, findet seit ca. zehn Jahren ein besorgniserregender Rückgang statt. Dieser Abwärtstrend hat sich durch die in den letzten Jahren gehäuft aufgetretenen Krisen verstärkt, allen voran die Covid-19-Pandemie.

4.2 Erwartungen

4.2.1 An die Bildungspolitik des Staates

Verbindliche Bildungsstandards und professionelles Bildungsmonitoring. Im Rückblick auf die letzten 25 Jahre ist es der Bildungspolitik insbesondere in der Dekade nach dem PISA-Schock im Jahr 2000 gelungen, eine Reihe systematischer Veränderungen in der Struktur unseres Bildungssystems voranzutreiben. Dazu zählt beispielsweise die Etablierung von Bildungsstandards und eines professionellen Bildungsmonitorings. Es wurden entsprechende Institutionen eingerichtet und die verschiedenen Bildungsmonitoring-Aufgaben spezifiziert. Die Teilnahme an internationalen Vergleichsstudien wurde im Sekundarstufenbereich mit PISA und der „International Computer and Information Literacy Study“ (ICILS) fortgesetzt. Für die Fortführung der Beteiligung an PISA erfolgte die Einrichtung des Zentrums für Internationale Bildungsvergleichsstudien (ZIB) an der Technischen Universität München, das in Zusammenarbeit mit dem Leibniz-Institut für die Pädagogik der Naturwissenschaften und Mathematik (IPN) in Kiel und dem Leibniz-Institut für Bildungsforschung und Bildungsinformation (DIPF) in Frankfurt die Durchführung der PISA-Erhebungen für Deutschland verantwortet.

Nationale Bildungsvergleiche unter den Bundesländern wurden aus dem Kontext von PISA und zunächst dort verankerten Zusatzerhebungen herausgelöst und durch den IQB-Bildungstrend ersetzt. Nach Verankerung der Bildungsstandards in Deutschland war es das Ziel, in regelmäßigem Turnus das Erreichen der in den Standards beschriebenen Kompetenzziele zu überprüfen. Dafür wurde 2004 das Institut für Qualitätsentwicklung im Bildungswesen (IQB) an der Humboldt-Universität zu Berlin gegründet und mit der Aufgabe betraut, sowohl am Ende der Primarzeit als auch in der Sekundarstufe in der neunten Jahrgangsstufe das Erreichen der Bildungsstandards zu überwachen. Die Ergebnisse werden auf Länderebene rückgemeldet als Anhaltspunkte für Wirkungsweisen von Bildungsmaßnahmen in den einzelnen Bundesländern. Da mit den internationalen und nationalen Vergleichsstudien aufgrund der punktuellen Messungen im Querschnitt von Schülerpopulationen keine robusten Aussagen über individuelle Bildungsentwicklungen und langfristige Einflussfaktoren getroffen werden können, erfolgte im Jahr 2014 die Einrichtung des Leibniz-Instituts für Bildungsverläufe (LIfBi) an der Universität Bamberg, mit dem Auftrag der fortlaufenden Durchführung eines nationalen Bildungspanels (NEPS). Das NEPS ist mit mehr als 60.000 regelmäßig befragten beziehungsweise getesteten Personen vom

Säuglings- bis ins hohe Erwachsenenalter hinein und mit ca. 40.000 zusätzlich befragten Personen im Umfeld die größte Bildungsstudie in Deutschland. In ihm arbeitet ein interdisziplinäres Expertennetzwerk von über 200 Wissenschaftlerinnen und Wissenschaftlern zusammen. Die damit in den letzten 25 Jahren geschaffenen und für Deutschland länderübergreifend zur Verfügung stehenden Institutionen, fortgeschriebenen Vergleichsstudien und Prozesse der Qualitätserfassung sind von sehr hoher Qualität. Gleichzeitig hat sich aber auch die empirische Bildungsforschung in ihrer nationalen wie internationalen Sichtbarkeit positiv dynamisch weiterentwickelt. 2012 erfolgte beispielsweise die Gründung der Gesellschaft für Empirische Bildungsforschung. Eine Vielzahl deutscher Bildungswissenschaftlerinnen und -wissenschaftler trägt mittlerweile regelmäßig zu den international sichtbarsten Forschungsbeiträgen bei.

Trotz dieser sehr positiven Entwicklungen ist eine zentrale Herausforderung für die kommende Dekade, wie die Fortentwicklung der Forschungserkenntnisse für die Bildungspraxis transportiert und vermittelt werden kann. Gegenwärtig erhalten die einzelnen Veröffentlichungen insbesondere aus den Bildungsmonitoring-Studien wie PISA öffentliche Aufmerksamkeit. Viele vertiefende Analysen, die aufschlussreiche Erkenntnisse insbesondere zu Verbesserungsmöglichkeiten enthalten, werden allerdings selten über die eingerichteten Monitoring-Institutionen hinweg zusammengeführt und entsprechend öffentlichkeitswirksam kommuniziert. Eine der wenigen Integrationen stellt hier der nationale Bildungsbericht dar (vgl. Autorengruppe Bildungsberichterstattung 2022). Daher sollte die Wissenschaftskommunikation der Forschungserkenntnisse aus der Bildungsforschung weiter verbessert werden, damit die für robuste Aussagen notwendigen komplexen Datenanalysen auch von wichtigen Interessenvertreterinnen und Interessenvertretern auf den unterschiedlichen Ebenen im Bildungssystem rezipiert, verstanden und für politische Entscheidungsprozesse genutzt werden können. Beispiele für Orte, an denen qualitätsgeprüfte vertiefte wissenschaftliche Erkenntnisse für die Praxis aufbereitet werden, stellen Clearinghäuser und digitale Kommunikationsplattformen dar (vgl. Slavin 2020; Knogler/Hetmanek/Seidel 2022; Hetmanek u. a. 2023). Dabei müssen grundlegende Bedingungsfaktoren für Implementationen in die Bildungspraxis berücksichtigt werden (vgl. Schrader u. a. 2020).

Einen Schritt für eine verbesserte daten- und evidenzbasierte Kommunikation zwischen Wissenschaft und Bildungspolitik stellt die Einrichtung der Ständigen Wissenschaftlichen Kommission (SWK) der Kultusministerkonferenz im Jahr 2020 dar. Sie ist damit betraut, auf Grundlage des aktuellen wissenschaftlichen Erkenntnisstandes bestehende Problemlagen im Bildungssystem zu identifizieren und Handlungsempfehlungen auszusprechen. Dazu erstellt die SWK jährliche Stellungnahmen, 2021 zu den Themen „Pandemiebedingte Lernrückstände aufholen" und „Bildung in der digitalen Welt", 2022 zur Einführung eines Pflichtunterrichtsfachs Informatik und zur Erhöhung der Deutsch- und Mathematikstunden im Primarbereich sowie 2023 zu Maßnahmen gegen den Lehrkräftemangel sowie zur weiteren Verbesserung der Lehrkräftebildung. Ein wichtiger Anstoß für die Einrichtung der SWK war unter anderem auch der 2005 von der Vereinigung der Bayerischen Wirtschaft eingerichtete AKTIONSRAT**BILDUNG**, der seitdem in jährlichen Gutachten besonders relevante Problemlagen identifiziert, den aktuellen Forschungsstand praxisorientiert zusammenfasst und konkrete Handlungsempfehlungen ableitet.

Länderübergreifende Einrichtung von verbindlichen Bildungsprogrammen an Schulen zur differenzierten Leistungsförderung und zur Weiterentwicklung der Unterrichtsqualität. In Reaktion auf die Ergebnisse der PISA-Studie im Jahr 2000 erfolgte in Deutschland die Umsetzung einer Vielzahl von länderübergreifend angelegten Förderprogrammen. Dazu zählen Programme der Bund-Länder-Kommission (BLK) wie SINUS – Steigerung der Effizienz des mathematisch-naturwissenschaftlichen Unterrichts (1998 bis 2007), SEMIK – Lehren und Lernen mit digitalen Medien (1998 bis 2003), Qualitätsverbesserung in Schulen und Schulsystemen (QuISS, 1999 bis 2004), Demokratie lernen und leben (2002 bis 2006) oder FÖRMIG – Förderung von Kindern und Jugendlichen mit Migrationshintergrund (2004 bis 2009). Diese Bandbreite an Programmen zur konkreten Verbesserung und Modernisierung des Unterrichts, zur Professionalisierung der Schulentwicklung und Schulevaluation sowie zur Förderung von Lernenden mit ungünstigen Ausgangslagen hat der deutschen Bildungslandschaft einen starken Innovationsschub insbesondere für die Verbesserung der Unterrichtsqualität gegeben. Beispielsweise konnte anhand des SINUS-Programms gezeigt werden, dass sich die an dem Programm teilnehmenden Schulen bei PISA im mathematisch-naturwissenschaftlichen Bereich auch systematisch steigern konnten (vgl. Prenzel u. a. 2005).

Eine Vielzahl dieser Initiativen wurde mit dem Auslaufen der Bund-Länder-Kommission (BLK) im Jahr 2007 nicht in dieser Weise fortgesetzt. Allerdings gibt es auch gegenwärtig eine Reihe von länderübergreifend getragenen Programmen wie „Bildung durch Sprache und Schrift" (BISS, seit 2013), „Schule macht stark" (seit 2021) oder „Leistung macht Schule" (LemaS, seit 2018). Die Bereitschaft, zu länderübergreifenden und verbindlichen Zusagen und Vereinbarungen im Bildungsbereich zu gelangen, ist aber in der letzten Dekade schwieriger geworden und auch zurückgegangen. Beispiel für mühsame Abstimmungsprozesse zwischen Bund und Ländern stellt jüngst das Startchancen-Programm für benachteiligte Schulen dar, das nun aufbauend auf dem Programm „Schule macht stark" ausgeweitet wird.

In Anbetracht der aktuellen Entwicklungstrends in den Bildungsergebnissen junger Heranwachsender besteht dringender Handlungsbedarf auf politischer Ebene. Es braucht wieder eine gemeinsame Motivation, die Situation verbessern zu wollen, sowie eine gemeinsame Verantwortungsübernahme für das gesamte Bildungssystem in Deutschland. In den kommenden Jahren muss intensiv in Bildung und Förderprogramme in der Sekundarstufe investiert werden. Aufgrund der verschobenen Zusammensetzungen der Schülerschaft in der Sekundarstufe bieten sich vor allem differenzierend angelegte Programme für unterschiedliche Bildungsgänge mit verschiedenen Förderzielgruppen an.

Zielgruppenspezifisches Förderprogramm für schwache Lernausgangslagen. Zum Ersten erfordern die hohen Anteile von Jugendlichen mit sehr schwach entwickelten Basiskompetenzen ein gezieltes Förderprogramm für den Erwerb von Lese- und Mathematikkompetenzen. Gerade für schwache Lernende haben sich international gezielt auf solche Basiskompetenzen ansetzende Förderprogramme, eingebettet in systematische und fortlaufende Schulentwicklung und -evaluation, als sehr erfolgreich herausgestellt. Ein solches Programm stellt „Success for All" dar, das im Primarbereich ansetzt, aber mit Erweiterungen und Anpassungen auch in Deutschland und für den Mittelschulbereich für besonders schwache Leistungsgruppen angewendet werden könnte (vgl. Gogolin/Ticheloven/Schrödler 2018). Gerade Mittelschulen, die bislang stärker differenzierend fördernd für heterogene Ausgangslagen ausgelegt waren, könnten von einer Fokussierung auf gezielte Förderung der Basiskompetenzen bei homogen schwächer zusammengesetzten Lerngruppen profitieren.

Zielgruppenspezifisches Förderpaket für heterogene Lernausgangslagen. Zum Zweiten erfordert die erhöhte Heterogenität in den Real- und Gesamtschulen, aber auch den Gymnasien ein Bildungsprogramm, das insbesondere die Unterrichtsqualität mit Blick auf differenzierende Lehr- und Lernmethoden erhöht. Dazu zählen evidenzbasierte und lernwirksame Ansätze wie kooperatives Lernen, digital angereichertes Lernen sowie forschendes und problemlösendes Lernen (vgl. auch Education Endowment Foundation 2022). Die Monokultur eines lehrerzentrierten, direkten Instruktionsansatzes ist in der Regel für heterogen zusammengesetzte Lerngruppen wenig wirksam und schöpft das vorhandene Potenzial der aktuellen Schülerkompositionen nicht aus. Gerade Gymnasien, die sich bislang auf homogen leistungsstark zusammengesetzte Lerngruppen spezialisiert hatten, profitieren von Unterrichtsansätzen für heterogene Lerngruppen.

Die Professionalität der Lehrkräfte und die von ihnen umgesetzte Unterrichtsqualität gehören (nach den familiären und individuellen Merkmalen) zu den wichtigsten Einflussfaktoren für Bildungsergebnisse (vgl. Hattie 2023). An dieser Stelle muss deshalb angesetzt werden und länderübergreifende sowie zielgruppenspezifische Förderprogramme müssen konsequent realisiert werden. Ähnlich der Situation nach PISA 2000 sind wieder gemeinsame und verbindliche Programme und Initiativen notwendig, um das Bildungssystem in Deutschland zu modernisieren und erfolgreich in die nächste Dekade zu führen. Die bisherigen Umsetzungen von Förderprogrammen scheinen nicht die intendierten Wirkungen entfaltet zu haben und bedürfen einer entsprechenden zielgruppenbezogenen Anpassung.

Die Fördermaßnahmen müssen dabei einer systematischen Implementations-, Evaluations- und Begleitforschung unterzogen werden, um rechtzeitig bei negativen oder unerwarteten Entwicklungen in der Wirksamkeit der Programme gegensteuern zu können. Ein besonders eindrückliches Beispiel stellt hierfür auch die USA unter der Administration der Obama-Regierung dar, bei dem die für Förderprogramme ausgewählten Schulen verpflichtet wurden, an kontrolliert-randomisierten Kontrollstudien teilzunehmen (vgl. Slavin 2002, 2020; Haskins/Baron 2011). Das hatte den Effekt, dass man sehr eindrücklich nachweisen konnte, wie wirksam Programme wie „Success for All" für die anvisierten Zielgruppen an schwachen Lernenden sind (vgl. Borman u. a. 2007). Gleichzeitig ist es wichtig, die Implementation der Programme selbst zu beforschen, beispielsweise verbunden mit Kriterien für geplante oder bereits bestehende Netzwerkstrukturen vor Start eines Programms oder festgelegten Indikatoren, ab wann ein Programm abgebrochen werden sollte, weil es sich nicht als erfolgversprechend genug herausstellt (vgl. Schrader u. a. 2020).

4.2.2 An das Bildungssystem

Professionalisierung des pädagogischen Personals. Die Professionalisierung des pädagogischen Personals war ebenfalls ein wichtiger Baustein in der Weiterentwicklung des Bildungssystems zwischen 2000 und 2010 (vgl. vbw 2011b). In diesem Zeitraum hat man in Deutschland gemeinsame Standards für die Lehrkräftebildung vereinbart (vgl. Terhart 2000; KMK 2004). Gleichzeitig erfolgten an den Hochschulen im Rahmen der Bologna-Reform die Umstellung auf Bachelor- und Masterstudiengänge und die Implementation kompetenzorientiert angelegter Studiengänge und Curricula. Auch wenn die Studiengangslandschaft im Lehramt für Sekundarschulen weiterhin sehr heterogen gestaltet ist (vgl. Kauper u. a. 2023), führten diese beiden Entwicklungen durchaus zu wichtigen Reformen und Verbesserungen in der universitären Lehrkräftebildung. Gleichzeitig konnten längsschnittlich angelegte Studien wie die BilWiss-Studie (Bildungswissenschaftliches Wissen im Studium) empirisch nachweisen, dass sich das im Studium erworbene bildungswissenschaftliche Wissen in protektiver Weise positiv auf die Berufszufriedenheit und die berufliche Gesundheit im späteren Lehrberuf auswirkt (vgl. Kunter u. a. 2017). Darüber hinaus gab es durch die Qualitätsoffensive Lehrkräftebildung einen weiteren Schub in der Professionalisierung des pädagogischen Personals (2015 bis 2023), bei dem die verbesserte Praxisorientierung, die Implementierung von Digitalisierung im Unterricht und die Förderung heterogener Lerngruppen im Vordergrund der Weiterentwicklung der Studiengänge standen (vgl. BMBF 2018). Zudem wurden lehramtsbezogene Strukturen an den Hochschulen gestärkt und die Zusammenarbeit zwischen den fachlichen, fachdidaktischen und bildungswissenschaftlichen Hochschullehrenden intensiviert.

Die Herausforderung für die kommenden Jahre wird sein, dass die im universitären Studium erreichten Verbesserungen und deren empirisch dokumentierter Vorteil für die Professionalität im Lehrberuf aufrechterhalten werden können. Insbesondere der aktuelle Lehrkräftemangel hat in den einzelnen Bundesländern dazu geführt, dass alternative Qualifikationswege in den Lehrberuf in einem sehr nennenswerten Umfang eingeführt worden sind (vgl. Stifterverband für die Deutsche Wissenschaft 2023). Beispielsweise hat hierzu die Kultusministerkonferenz im Frühjahr 2024 beschlossen, die Qualifikation von Sekundarschullehrkräften mit einem statt bislang zwei Unterrichtsfächern zuzulassen. Damit können frühe Quereinstiege bereits im Verlauf des Studiums ohne große Ressourceneinbußen erreicht werden, da Studierende mit einem Bachelorabschluss in einem Fach (z. B. ein MINT-Fach) direkt in einen Master in „Education" (mit Schwerpunkten in Fachdidaktik und Bildungswissenschaften) wechseln und sich damit auf einem weiterhin hohen Niveau qualifizieren können (vgl. SWK 2023). Problematisch ist allerdings, dass viele der aktuell praktizierten alternativen Qualifikationswege in der Regel ohne systematischen Einbezug der Universitäten stattfinden und damit die für den Lehrberuf erforderliche wissenschaftliche Qualifikation nicht in gleicher Weise gegeben ist wie für Studierende mit universitärem Hochschulabschluss. Die Gesellschaft für Empirische Bildungsforschung hat daher die Politik eindringlich dazu aufgefordert, die neuen alternativen Qualifikationswege einer systematischen Evaluation und Begleitforschung zu unterziehen (vgl. GEBF 2023). Es muss sichergestellt werden, dass die notwendige Qualität des Unterrichts und die Bildungsziele für die Sekundarschülerinnen und Sekundarschüler erreicht werden. Darüber hinaus muss Sorge dafür getragen werden, dass die neu akquirierten Personen nicht aufgrund von Belastungs- und Überforderungserfahrungen frühzeitig wieder aus dem Lehrberuf ausscheiden. Dazu bedarf es dringend einer fortlaufenden professionellen Fort- und Weiterbildung dieser Personengruppen. Laut dem aktuellen Schulbarometer 2023 sind die vier am häufigsten genannten Problembereiche von Lehrerinnen und Lehrern der Umgang mit schwierigen Verhaltensweisen der Lernenden, die Arbeitsbelastung und der Zeitmangel, der Lehrkräftemangel sowie Verwaltung, Bürokratie und Bildungspolitik (vgl. Robert Bosch Stiftung 2023).

Für die kommenden Jahre besteht damit die Aufgabe, die Ausbildung der Lehrpersonen an den Sekundarschulen mehr denn je als lebenslange Lernaufgabe zu betrachten. Fort- und Weiterbildungen müssen endlich verpflichtend in allen Bundesländern verankert werden. Die verschiedenen Ausbildungsphasen des universitären Studiums, des Referendariats und der Fortbildungen müssen in stärkerem Maße flexibilisiert, modularisiert und miteinander integrierbar gehalten werden (vgl. Stifterverband für die Deutsche Wissenschaft 2023). Dies erfordert den Abbau von Grenzen zwischen den Ausbildungsphasen, indem gemeinsam verantwortete Ausbildungsmodule, Studienangebote und Fort- und Weiterbildungsformate geschaffen werden (z. B. Masterstudiengang Berufliche Bildung Integriert; vgl. Seidel u. a. 2023). Modelle, angelehnt an die medizinische Ausbildung, wie ein Masterplan Lehrkräftebildung, werden aktuell weiter diskutiert (vgl. Prenzel 2017).

Um den auch für die nächsten Jahre weiter bestehenden Lehrkräftemangel zu bewältigen, sollte dafür Sorge getragen werden, dass universitär voll ausgebildete Lehrkräfte mit ihren entsprechenden professionellen Fachkompetenzen vor allem für den Aufgabenbereich des Unterrichtens eingesetzt werden. Denn eine hohe Unterrichtsqualität in den Kernfächern führt in der Regel zu entsprechend positiven Wirkungen mit Blick auf Bildungsleistungen in den Kernkompetenzen der Sekundarstufe. Zusätzlich sollte ein erweitertes pädagogisches Personal an Schulen weitere schulische und unterrichtliche Aufgaben übernehmen, so dass möglichst effizient und diversifizierend das gesamte professionelle Aufgabenspektrum abgedeckt wird. Damit würden fachlich voll qualifizierte Lehrkräfte in vielen Feldern entlastet, weil sie sich auf das Unterrichten konzentrieren können. Andere professionelle Gruppen übernehmen erweiterte Aufgaben im Bereich des Erziehens und der individuellen Förderung sowie der Innovation, Weiterentwicklung und Administration von Schule, für die sie spezifisch ausgebildet sind und mit denen sie für das Schulsystem erweiterte Perspektiven einbringen. Für eine entsprechende Diversifizierung der professionellen Aufgaben an Sekundarschulen müssen die professionellen Anforderungen definiert und innerhalb der interdisziplinär und kooperativ arbeitenden Teams aufgeteilt werden (vgl. SWK 2022b, 2023). Dieses erfordert ein grundlegendes Umdenken in der Personalstruktur und Organisation der Prozesse an den Schulen, aber auch der Vorstellungen zum Berufsbild einer Lehrperson.

Vertiefende Flexibilisierung der Schuldauer in der Sekundarstufe. Im Zuge der PISA-2000-Ergebnisse wurde in Deutschland intensiv darüber debattiert, inwieweit die damals vorherrschende neunjährige Gymnasialzeit in Zusammenhang mit den schlechten Ergebnissen bei PISA steht (vgl. Baumert u. a. 2001). Die bei PISA als 15-Jährige getesteten Schülerinnen und Schüler besuchten damals im Durchschnitt vorwiegend die neunte Jahrgangsstufe, während in den meisten anderen Ländern schon die zehnte Jahrgangsstufe besucht wurde. Daher sollte über eine Verkürzung in eine achtjährige gymnasiale Schulzeit nachgedacht werden sowie über eine frühzeitigere Einschulung der Kinder in der Primarstufe. Ziel war es, über diese strukturelle Maßnahme die nachfolgende Generation schneller dem Arbeitsmarkt zuzuführen. Viele Bundesländer waren dem gefolgt und haben zwischen ca. 2012 und 2015 das sogenannte G8 eingeführt, allerdings nicht mit dem erhofften Erfolg. Viele Universitäten hatten sich über die mangelnde Studierfähigkeit beklagt und gesellschaftlich erfuhr das G8 wenig Akzeptanz. Insofern sind seit 2022 diese strukturellen Veränderungen weitestgehend durchgängig in allen Bundesländern wieder in eine neunjährige Gymnasialzeit überführt worden. Es gibt nur zum Teil noch Möglichkeiten für eine verkürzte Gymnasialzeit (z. B. Turbo-G8 für besonders leistungsstarke Schülerinnen und Schüler). Für PISA 2022 kann vermutet werden, dass sich die getesteten 15-Jährigen wieder eher in der neunten als der zehnten Jahrgangsstufe befinden und sie damit wieder weniger Lernzeit für die Aneignung von Basiskompetenzen hatten als noch vor einigen Jahren.

Diese Situation erklärt aber nicht die aktuell sehr deutlichen Leistungsrückstände. In der gegenwärtigen Situation liegt es allerdings nahe, die doch sehr heterogenen Lerngruppen mit ihren spezifischen Förderbedarfen in den Blick zu nehmen. Beispielsweise sollten die Schullaufbahnwege in der Sekundarstufe weiter flexibilisiert werden. Das würde für leistungsstarke Lernende bedeuten, auch weiterhin eine verkürzte Schulzeit wahrnehmen zu können. Diese Option steht bereits in vielen Bundesländern zur Verfügung, allerdings gibt es hierzu wenig gesichertes Wissen dazu, wie Schülerinnen und Schüler für diese Tracks ausgewählt werden und wie erfolgreich diese Möglichkeiten verlaufen. Für leistungsschwächere Schülerinnen und Schüler ist aber die Frage, wie gesonderte Fördermöglichkeiten innerhalb der regulären Sekundarschulzeit geschaffen werden können. Gegenwärtig gibt es die Option der Klassenwiederholung, die allerdings mit zunehmendem Schulabsentismus zusammenhängt und pädagogisch häufig nicht wirksam wird (vgl. OECD 2023b). Daher ist es nur folgerichtig, dass aktuell die Klassenwiederholungen weiter abgenommen haben (vgl. Lewalter u. a. 2023).

Vielmehr müssten daher verbesserte pädagogische Konzepte entwickelt werden, die den Schulen eine Orientierung liefern und eine verbindliche Realisierung von Förderprogrammen zur Folge haben. Ein wichtiges Element können hierfür die etablierten Testverfahren aus dem nationalen Bildungsmonitoring (z. B. IQB-Bildungstrend) spielen. Auf Basis ausgewählter Tests führen Schulen lokal Screenings durch, beispielsweise am Ende der fünften und achten Jahrgangsstufe. Getestete Sekundarschülerinnen und Sekundarschüler mit sehr schwachen Basiskompetenzen in Deutsch und Mathematik besuchen in der Folge verpflichtend zusätzlich angebotene Förderprogramme. Diese Förderprogramme werden so lange besucht, bis über Tests dokumentiert entsprechende Mindestkompetenzen erreicht sind. Gleichzeitig werden gezielte und verpflichtende Beratungsangebote für die Eltern und Familien der Sekundarschülerinnen und Sekundarschüler mit Förderbedarf geschaffen, damit ein möglichst hoher Grad an Verbindlichkeit für die Nutzung des Förderangebots erreicht wird.

4.2.3 An die Bildungsinstitutionen

Systematische Rückkopplung von Bildungsmonitoring in der Schulentwicklung. In der Analyse der Entwicklungen der letzten 25 Jahre ist auffällig, dass in Deutschland zwar auf der institutionellen Ebene eine Reihe sehr professionell angelegter Institutionen für Bildungsmonitoring geschaffen wurden, gleichzeitig aber die Verflechtung dieses Bildungsmonitorings mit entsprechenden Konsequenzen für die Bildungspraxis auf der Schul-, Klassen- und Individualebene optimierbar ist. Beispielsweise sind aktuell die Erhebungen im Rahmen des IQB-Bildungstrends darauf ausgerichtet, dass das Erreichen der Bildungsstandards auf Länderebene rückgemeldet wird. Damit erfolgt auf Basis dieser Erhebungen keine direkte weitere Rückkopplung innerhalb der einzelnen Bundesländer und für einzelne Schulen im Sinne einer daten- und evidenzbasierten Schulentwicklung. Stattdessen werden nach dem Beschluss der KMK (vgl. KMK 2015) auf Länderebene weitere länderspezifische Tests durchgeführt, beispielsweise in Form von Lernstandserhebungen und Vergleichsarbeiten (z. B. VERA), Sprachstandmessungen und landesspezifischen Leistungsvergleichsuntersuchungen. Diese Ergebnisse wiederum werden zwar den einzelnen Schulen rückgemeldet und dienen als Element der Schulevaluation und einer evidenzbasierten Schulentwicklung, sie dienen aber nicht auf Klassen- und Individualebene als verbindliches Instrument für eine Unterrichtsverbesserung und für individuelle Förderung.

Für die Aufbereitung der Ergebnisse aus Bildungsmonitoring-Studien für die Bildungspraxis muss sichergestellt werden, dass die Rückmeldungen verständlich und nachvollziehbar sind (vgl. Watermann u. a. 2003). Diese Aufgaben haben beziehungsweise übernehmen in der Regel die in den Ländern verankerten Institute für Qualitätssicherung im Bildungssystem. Wenn zukünftig Ergebnisse aus dem Bildungsmonitoring mit regelmäßigen und verbindlichen Konsequenzen für die Schulpraxis auf den Ebenen der Schule, der Klassen und der Individuen verbunden sein sollen, können solche Aufgaben von den bereits bestehenden Instituten übernommen werden. Allerdings wäre es dann auch notwendig, diese Rückmeldungen mit einer fortlaufenden Begleitforschung zu untermauern. Denn wie Ergebnisse aktuell von den Schulen aufgenommen werden und welchen Stellenwert sie für die Schulentwicklung einnehmen, ist aktuell weitestgehend offen und bedürfte dringend weiterer Evaluation und Forschung (vgl. Maag Merki 2010).

Im Rückblick ist es bemerkenswert, mit welcher Intensität in den Jahren zwischen 2000 und 2015 die Implementation von daten- und evidenzbasierter Schulevaluation und Schulentwicklung vorangetrieben wurde. In allen Bundesländern sind mittlerweile externe und interne Schulevaluationen standardmäßig implementiert, verbunden mit der Sammlung einer Vielzahl an Daten aus Perspektive der Schulleitung, des Kollegiums, der Eltern, der Schülerinnen und Schüler, der Beobachtung von Unterricht und Feststellung der Unterrichtsqualität. Dieses erfolgt zudem auf Basis komplexer, evidenzbasierter Modelle der Schul- und Unterrichtseffektivität und der Schulung interdisziplinär zusammengesetzter Schulevaluationsteams (vgl. Schulte/Fickermann/Lücken 2016; Ackeren u. a. 2011). Auch hier kann man in der Primar- und Sekundarstufe heute auf sehr etablierte Verfahren und Prozesse zurückgreifen.

Offen ist aktuell allerdings, ob und in welchem Ausmaß die aktuellen Befunde zu den Risikolagen und den besorgniserregenden Bildungsentwicklungen Eingang in die etablierten Schulevaluations- und Schulentwicklungsprozesse erhalten. In diesem Zusammenhang ist es dringend erforderlich, diese Aspekte in besonderer Weise in den laufenden Schulevaluationen und Schulentwicklungsprozessen hervorzuheben – beispielsweise in der Art, dass alle Schulen für ihre Schulentwicklung auf Basis von Tests die aktuellen Ausgangs- und Risikolagen in den Basiskompetenzen bestimmen und entsprechende schulspezifische Entwicklungsmaßnahmen ableiten. Wenn dann zusätzlich auf politischer Ebene entsprechende Förderprogramme vereinbart würden, werden zielgruppenspezifisch Schulteilnahmen möglich gemacht, so dass die Schulevaluationen direkte Konsequenzen für die Möglichkeiten der Teilnahme an Förderprogrammen bieten.

Integration von Unterrichts- und Schulentwicklung als Bausteine von Fördermaßnahmen. Das bereits skizzierte Förderprogramm „Success for All“ (SfA) ist auch ein Beispiel dafür, wie konkrete am Unterricht ansetzende Fördermaßnahmen (in diesem Fall die Förderung von Basiskompetenzen im Lesen und Rechnen in Form von kooperativ angelegten Lehr-Lern-Settings) eingebettet sind in ein Maßnahmenbündel der Schulentwicklung. Schulen, die am SfA-Programm teilnehmen, wird für diese Zeit ein geschulter Coach an die Seite gestellt. Zusammen mit dem Coach entwickeln Schulen ihre Zielstellungen zur Verbesserung ihrer Bildungsleistungen in den Basiskompetenzen Mathematik und Deutsch und arbeiten hierfür einen Maßnahmenplan (z. B. über drei Jahre) aus. An allen SfA-Schulen erfolgt dann die Fortbildung der Lehrkräfte zur Umsetzung des SfA-Unterrichtsanteils (in der Regel tägliche Einheiten von 90 Minuten SfA-Unterricht). Die Lehrkräfte werden vom Coach regelmäßig hospitiert und erhalten Vorschläge zur weiteren Verbesserung. Für die Zusammensetzung der Lerngruppen, die bei SfA vorrangig kooperativ angelegt sind, werden die Lernenden in regelmäßigen Abständen (ca. sechs bis acht Wochen) getestet und auf Basis der Entwicklungen immer wieder neu zusammengesetzt. Ziel bei SfA sind leistungshomogene Gruppen, die aber bezüglich anderer Schülermerkmale (z. B. Geschlecht, Hintergrund, Interessen) möglichst heterogen zusammengesetzt sind.

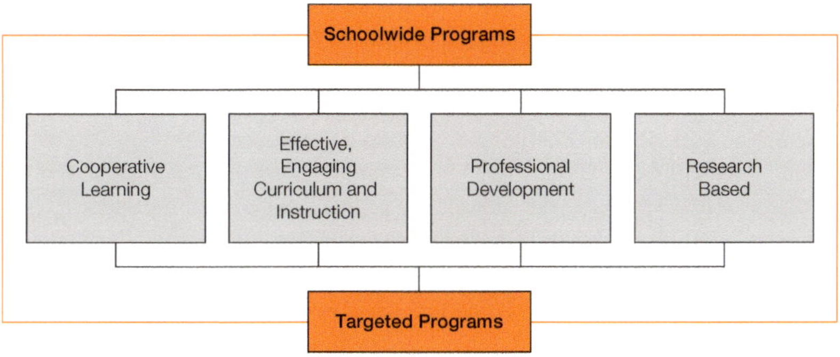

Abbildung 14: Programm „Success for All“[14]

Ein weiteres erfolgreiches Beispiel liefern die BLK-Programme SINUS und SINUS-Transfer (vgl. Ostermeier u. a. 2004; Prenzel/Friedrich/Stadler 2009; Dalehefte u. a. 2014). Hier erfolgte die Erstellung einer Rahmenkonzeption mit Bausteinen beziehungsweise Modulen für die konkrete Unterrichtsverbesserung im mathematisch-naturwissenschaftlichen Unterricht. In jedem teilnehmenden Bundesland wurden Koordinatorinnen und Koordinatoren für das Programm fortgebildet. Diese wiederum arbeiteten mit jeweiligen Koordinatorinnen und Koordinatoren an den teilnehmenden Schulen zusammen. An den Schulen wiederum war Voraussetzung, dass Teams von Lehrkräften (z. B. Fachgruppen) am Programm teilnehmen. Über dieses Schneeballprinzip erfolgten so Fortbildungen und Vernetzungen über Länder, Schulen und Teams von Lehrkräften. Ähnliche Strukturen und Prozesse wurden auch in anderen, bereits genannten Programmen erfolgreich praktiziert und könnten somit aktuell reaktiviert werden.

4.2.4 An die Bildungsakteurinnen und Bildungsakteure

Lehrkräfte: Unterrichtqualität verbessern und Lehr-Lern-Methoden innovieren. Bildungsergebnisse hängen in nennenswerter Weise von der Professionalität der Lehrkräfte und deren Qualität des Unterrichts ab (vgl. Hattie 2023). Lehrkräfte und deren Unterrichtsqualität stellen neben den familiären Merkmalen einen der wichtigsten Einflussfaktoren für erfolgreiche Bildungsergebnisse dar. Für die aktuelle Situation in den Bildungsentwicklungen junger Heranwachsen-

[14] Vgl. https://www.successforall.org/our-approach/.

der ist es damit entscheidend, die Unterrichtsqualität insbesondere bei der Vermittlung von Basiskompetenzen zu steigern. Im Rückblick erscheint es insbesondere für die Weiterentwicklung des Unterrichts interessant, dass sich hier in den letzten Jahren wenig weiterentwickelt zu haben scheint. Die meisten empirischen Studien aus der Unterrichtsforschung belegen Unterrichtsansätze, die in starkem Maße auf den Durchschnitt im Klassenverband ausgerichtet sind, ohne gezielte Berücksichtigung der individuellen Potenziale und Förderbedarfe. Dieses wäre aber mit Blick auf die bereits skizzierten Veränderungen der Schülerkompositionen in den Schulformen der Sekundarstufe in den letzten zehn Jahren unbedingt notwendig.

Für die Zielgruppen der Sekundarschülerinnen und Sekundarschüler mit schwach entwickelten Basiskompetenzen würde dies die besondere Förderung genau dieser Kompetenzen bedeuten, also die Sicherung der Mindeststandards im Bereich des Lesens und der Mathematik. Dazu braucht es gezielte Förderprogramme, wie sie beispielsweise für die Primarstufe im Kontext von „Success for All" entwickelt worden sind. Diese müssen für den Sekundarbereich erweitert werden und von den Lehrkräften, insbesondere im Mittelschulbereich, im Unterricht systematisch implementiert werden. Auch KI-basierte gezielte Förderungen können hier berücksichtigt werden (vgl. Molenaar 2022; Kasneci u. a. 2023).

Für die Schulformen der Realschulen, Gesamtschulen und der Gymnasien, die in den letzten Jahren eine heterogenere Zusammensetzung ihrer Schülerschaft erfahren haben, bedarf es Verbesserungen in der Unterrichtsqualität mit Schwerpunkt auf Lehr-Lern-Methoden, die in stärkerem Maße der Unterschiedlichkeit der Lernenden gerecht werden (vgl. Allen u. a. 2011), auch unter Einsatz von digitalen und KI-basierten Lehr- und Lernmethoden. Dazu zählen vor allem verstärkte Variationen der Unterrichtsmethoden durch Möglichkeiten des kooperativen und digital gestützten Lernens. Aktuell sind viele Schulen nach der Pandemie wieder zurückgekehrt zum typischerweise für Deutschland praktizierten Stil des fragend-entwickelnden Unterrichtsgesprächs (mit Unterstützung durch digitale Projektionen) mit sehr hohen Redeanteilen der Lehrkräfte. Diese Art des eng geführten Unterrichts empfinden viele Schülerinnen und Schüler als langweilig und ermüdend. Insbesondere nach dem Beginn von mehr Variation durch digital erweiterten Unterricht während der Pandemie steht diese Rückkehr zur vorpandemischen Monokultur mehr denn je in Widerspruch zur Realität der Sekundarschülerinnen und Sekundarschüler außerhalb des Unterrichts (vgl. Vodafone Stiftung 2024).

Unabhängig von den Schulformen muss von den Lehrkräften sichergestellt werden, dass zentrale Kernkonzepte im Bereich der Basiskompetenzen im Unterricht herausgearbeitet und vermittelt werden. Gleichzeitig müssen diese Konzepte eingebettet werden in die Beförderung von Zukunftskompetenzen, wie vom AKTIONSRAT**BILDUNG** für die Sekundarstufe bereits im Kontext der Förderung von Resilienz im Bildungssystem herausgearbeitet worden ist (vgl. vbw 2022). Dazu müssen gegebenenfalls auch die Lehrpläne entsprechend entschlackt werden beziehungsweise die Lehrkräfte Ermutigung erfahren, bei vorhandenen Risikolagen in den Basiskompetenzen in ihren Schulklassen entsprechende Schwerpunkte zu setzen beziehungsweise Schülerinnen und Schüler differenziert zu fördern, damit Defizite ausgeglichen werden können. Die Sicherstellung von Basiskompetenzen war beispielsweise auch schon ein zentrales Modul in der Weiterentwicklung der Unterrichtsqualität im Kontext des BLK-Programms SINUS (vgl. Pallack/Hofe/Salle 2013). Lehrkräfte sollten in einer fortentwickelten Form solcher Module beispielsweise auf digital bereitgestellte Modulhandbücher, Aufgabenbeispiele und Fördermöglichkeiten zugreifen und entsprechende Fortbildungen wahrnehmen können. Basiskompetenzen müssen von den Lehrkräften regelmäßig durch vergleichbare Tests in den Schulklassen erfasst werden, so dass differenzierend angelegte Fördermaßnahmen greifen können. Diese evidenzbasierte Rückkopplung der Erfassung von Basiskompetenzen in den Klassen mit abgestimmten Maßnahmen der Verbesserung der Unterrichtsqualität sollten verstärkt Berücksichtigung in der Beurteilung der Unterrichtsqualität im Kontext von Schulevaluationen erfahren.

Zusammenarbeit und Feedback in multidisziplinären Teams des Schulkollegiums. Gegenwärtig werden viele verschiedene pädagogische Aufgaben an Schulen und im Unterricht von Personen mit einem Abschluss im Lehramt verantwortet. Diese Überfülle an Aufgaben mit mangelnden Möglichkeiten für eine Konzentration auf die Vermittlung von Lerninhalten wird auch im aktuellen Schulbarometer als eine der größten Problemlagen durch die Lehrkräfte beschrieben (vgl. Robert Bosch Stiftung 2023). Viele Lehrerinnen und Lehrer wären auch bereit, ihre Arbeitszeiten zu erhöhen, wenn damit einherginge, dass die Berechnung der Arbeitszeiten reformiert wird und Aufgabenkomplexe auf multidisziplinäre Teams verteilt werden.

In Anbetracht der aktuellen Situation und der Herausforderungen insbesondere mit Blick auf die postpandemischen Problemlagen und die Aufgaben der Integration von jungen Heranwachsenden mit Fluchterfahrungen ist es daher nur zeitgemäß, eine entsprechende Ausdifferenzierung der Aufgaben und der Aufteilung in multidisziplinär zusammengesetzte Teams umzusetzen. Dies erfordert aber auch vom bisherigen pädagogischen Personal eine weitere Öffnung und Integration neuer Kolleginnen und Kollegen, vor allem aber auch eine Umstellung der schulinternen Organisation des Unterrichts und des Schulalltags. Wichtig ist dabei auch eine Anerkennung, dass alle Mitglieder in den multidisziplinären Teams zur Erfüllung der Aufgaben an den Schulen beitragen und eine Zusammenarbeit auf Augenhöhe erfolgt. Darüber hinaus müssen die bisherigen Verfahren zur Bestimmung der Arbeitszeit von Lehrkräften reformiert und effektive Arbeitszeiten für die verschiedenen Tätigkeitsaufgaben des multidisziplinär zusammengesetzten Personals bestimmt werden (vgl. Rackles 2023). Diese Ausdifferenzierung in den Tätigkeitsfeldern an Schulen könnte dazu beitragen, die Attraktivität der damit stärker sichtbar gemachten vielfältigen Berufe an Schulen zu steigern. Auch der Beruf der Lehrperson könnte damit attraktiver werden, da eine Konzentration auf Lehrtätigkeiten erfolgt, die in der Regel den Interessen und Beweggründen für die ursprünglich Aufnahme des Berufes entspricht. Vielfältige Integrationen von Personal in früheren oder späteren berufsbiografischen Phasen (z. B. Studierende oder Personen im Ruhestand) wären so ebenfalls möglich. Allerdings setzen all diese Aspekte voraus, dass entsprechend auch Maßnahmen zur Förderung multiprofessioneller Teams implementiert werden, die in Leitung und Organisation durchaus auch herausfordernd sein können.

Die Bill & Melinda Gates-Stiftung hat in diesem Zusammenhang eine Analyse dazu durchgeführt, wie man weltweit am besten die Bildungschancen und Bildungsergebnisse junger Menschen verbessern kann. Ein zentrales Ergebnis war, dass es Lehrkräften an Möglichkeiten für effektives Feedback und an Austauschmöglichkeiten zur Verbesserung ihres Unterrichts in Teams fehlt. Das „Measures of Effective Teaching"(MET)-Projekt wurde daraufhin ins Leben gerufen, mit dem Ziel, Lehrkräften verbesserte Möglichkeiten für Feedback in Teams, insbesondere durch Videoaufzeichnungen und -analysen des Unterrichts, zu eröffnen. Diese Form der Kollaboration von Lehrkräften in Teams, durch Supervision und regelmäßigen Austausch über Unterrichtsverläufe und Verbesserungsmöglichkeiten sollte auch für Deutschland in der Weiterentwicklung der Professionalisierung des pädagogischen Personals wieder verstärkt werden (vgl. Wood u. a. 2014; Grossman 2020). Ansätze hierfür waren im Zuge der Durchführung von Videostudien in Deutschland und der Schweiz bereits in den 2000er Jahren gestartet, so dass bereits Erfahrungen um Gelingensbedingungen vorhanden sind (vgl. Krammer/Reusser 2005; Ratzka u. a. 2005).

Verbindlichkeitsbereitschaft von Sekundarschülerinnen und Sekundarschülern und ihren Eltern und Familien. In der Sekundarschule sind Schülerinnen und Schüler in einer Entwicklungsphase, in der sie zunehmend auch selbst verantwortlich für ihr Lernen und ihre eigene Bildungsbiografie sind. Daher sind auch sie für die Formulierung von Erwartungen mit Bezug zu Verbindlichkeit im Bildungssystem zu adressieren. Auch wenn Lerninhalte in Form von staatlich festgelegten Lehrplänen und in Form des realisierten Unterrichts der Lehrkräfte vorgegeben sind, gilt es für Schülerinnen und Schüler auch, mit dieser external motivierten Situation konstruktiv umzugehen. Gerade mit Blick auf die Lernmotivation und die zunehmenden Fähigkeiten zur Selbstregulation können Lernende sich darum bemühen, sich den übergeordneten Sinn und Zweck als Zielstellungen für ihr Lernen bewusst zu machen. Viele empirische Studien im Bereich der Lernmotivation (vgl. auch Kapitel 1.3) zeigen, dass eine solche Fokussierung auf die persönliche Relevanz von Lerninhalten dabei helfen kann, extrinsisch motivierte Situationen mit einer persönlichen Identifikation zu versehen, mit dem Effekt einer vertieften kognitiven und freudvolleren Auseinandersetzung mit Lerninhalten (vgl. Prenzel 1997). Beides, intrinsische Lernmotivation und vertiefte kognitive Auseinandersetzung, führt zu besserem Verstehen von Lerninhalten und langfristig zu besseren Bildungsleistungen.

Lehrkräfte, aber auch insbesondere die Familien und Eltern der Sekundarschülerinnen und Sekundarschüler können bei diesen persönlichen Identifikationsprozessen unterstützen – indem beispielsweise gemeinsam über Lerninhalte im Unterricht zu Hause gesprochen wird, indem man sich über die übergeordnete Relevanz von Lerninhalten in positiver Weise Gedanken macht, indem eine wertschätzende Haltung gegenüber Bildung und positive Erwartungen für das Lernen in Schule und Unterricht eingenommen werden. Gerade diese positiven familiären Haltungen werden beispielsweise auch immer wieder für den Erfolg der Bildungsleistungen in asiatischen Ländern genannt (vgl. Boman 2022).

In der Weiterentwicklung des Unterrichts und der Sicherung der Basiskompetenzen in der Sekundarstufe gilt es daher auch, die Erziehungsberechtigten der Schülerinnen und Schüler systematisch in die Zusammenarbeit mit einzubeziehen. Die Rückkopplung zu den häuslichen Lernbedingungen, Unterstützungsmöglichkeiten und der Einbindung der Elternperspektiven in die Schul- und Unterrichtsentwicklung muss verstärkt werden. Auch hierzu gilt es, das pädagogische Personal für diese Eltern-Kooperationen fortzubilden (vgl. Gartmeier u. a. 2012) und entsprechende Aufgaben in den multidisziplinären Teams zu übernehmen.

4.3 Handlungsempfehlungen

Im Kern muss auf allen Ebenen der Sekundarstufe eine verbindliche Einigkeit darüber hergestellt werden, dass die aktuellen, negativen Entwicklungen nicht akzeptabel sind. Ähnlich dem PISA-Schock im Jahr 2000 braucht es eine geeinte Motivation, diesen Zustand zu beenden und eine Kehrtwende herbeizuführen. Für die Sekundarstufe fordert der AKTIONSRAT**BILDUNG:**

4.3.1 An den Staat

Verbindliche Qualitätsstandards und Monitoring der Lernleistungen. Grundlegende Qualitätsstandards müssen verbindlich formuliert und „Output" (Bildungsleistungen) wie auch „Input" (z. B. Verfügbarkeit von Ressourcen zur Unterrichtsversorgung) kontinuierlich gemessen werden. Die Daten zu den Lernleistungen müssen auf Individualebene dem pädagogischen Personal, der Schulaufsicht sowie den Eltern beziehungsweise dem Familiensystem zur Verfügung gestellt werden. Das Input-Monitoring muss auf System- und institutioneller Ebene zur Verbesserung der Steuerung genutzt werden.

Implementierung von gezielten Förderprogrammen. Für Einrichtungen mit hohem Anteil an Lernenden mit niedrigen Basiskompetenzen sowie bei signifikant heterogenen Ausgangslagen der Lernenden sollen gezielte Förderprogramme implementiert, fortentwickelt, regelmäßig evaluiert und in eine systematische verbindliche Organisationsentwicklung eingebettet werden. Geförderte Schulen werden zur Teilnahme an der Begleitforschung verpflichtet.

Ausdehnung und Flexibilisierung der Lernzeiten. Als Anpassungsoption an unterschiedliche Lerngeschwindigkeiten bedarf es in der Sekundarstufe der verbindlichen Einführung von horizontalen (Gesamtdauer der Sekundarstufe) und vertikalen (erweiterte Fördermöglichkeiten im Tagesablauf) Flexibilisierungsoptionen.

4.3.2 An die Bildungsinstitutionen

Nutzung der Monitoring-Ergebnisse zur Steigerung der Bildungsqualität. Das Leitungspersonal von Bildungsinstitutionen muss die Verantwortung dafür übernehmen und regelmäßig überprüfen, dass das auf Institutionenebene zur

Verfügung gestellte Monitoring-Wissen verbindlich und verlässlich für die Steigerung der Bildungsqualität eingesetzt wird.

Diversifizierung und Fortbildung des pädagogischen Personals. In Bildungseinrichtungen der Sekundarstufe müssen die Aufgabenbereiche der unterschiedlichen pädagogischen und sozialwissenschaftlichen Berufe, die sich in den multiprofessionellen Teams wiederfinden, klarer beschrieben werden. Das Personal soll zudem zu regelmäßigen Fortbildungen verpflichtet werden.

4.3.3 An die Bildungsakteurinnen und Bildungsakteure

Stärkung der Eigenverantwortlichkeit des Lernens. Schülerinnen und Schüler übernehmen individuelle Verantwortung gegenüber ihren eigenen Bildungsbiografien und dem Lernen in der Schule, inklusive des Erreichens von Mindeststandards in den Basiskompetenzen. Eltern beziehungsweise Familiensysteme und das pädagogische Personal unterstützen Kinder und Jugendliche in der Entwicklung von mehr Eigenverantwortung für ihr Lernen.

Systematische Einbindung von Familien bei individuellem Förderbedarf. Im Falle von Kindern und Jugendlichen, die einen besonderen Förderbedarf aufweisen, sind die Eltern beziehungsweise Familiensysteme von Anfang an systematisch in die Umsetzung und Begleitung von Fördermaßnahmen einzubeziehen.

Nutzung von Monitoring-Ergebnissen für die Kompetenzsteigerung von Lehrenden und Lernenden. Das pädagogische Personal muss Sorge dafür tragen, dass Monitoring-Ergebnisse zur individuellen Förderung der Lernenden und damit zur Steigerung der Bildungsqualität genutzt werden. Die Ergebnisse sollen zudem für die kontinuierliche Weiterentwicklung der eigenen Kompetenzen und zur Steigerung der eigenen Unterrichtsqualität eingesetzt werden.

5 Berufliche Bildung

5.1 Verbindlichkeit – Status quo

5.1.1 Umsetzung von Reformempfehlungen

Die Entwicklung der Berufsbildung der letzten 25 Jahre ist durch sich überlagernde kontinuierliche und disruptive Veränderungen gekennzeichnet (vgl. vbw 2022). So schlagen sich bei den disruptiven Veränderungen nach 2000 die internationale Finanzkrise (2008) und die Covid-19-Pandemie (2020) unmittelbar in einem signifikanten Rückgang der Zahl der angebotenen Ausbildungsplätze nieder. Auch die europäische Flüchtlingskrise (2015) hatte – wie im letzten Jahrtausend die Wiedervereinigung oder die Flüchtlinge aus dem ehemaligen Jugoslawien – große Bedeutung für die Berufsbildung.

Die Gesamtentwicklung der Berufsbildung seit 2000 lässt sich an einigen Indikatoren nachzeichnen, die entlang des KIPO-Modells (Kontext, Input, Prozesse, Output; vgl. Scheerens 2000, Wilbers 2024) strukturiert sind:

Tabelle 9: Gesamtentwicklung der Berufsbildung entlang der Indikatoren des KIPO- (Kontext, Input, Prozesse, Output)-Modells (eigene Darstellung)

		2000	2010	2022
K	Absolvierende allgemeinbildender Schulen in Tsd.[1]	933	857	764
	Anfänger/-innen Sektor Berufsausbildung in Tsd.[2]	–	741	683
	Anfänger/-innen Sektor Übergangsbereich in Tsd.[2]	–	285	239
	Anfänger/-innen Sektor Studium in Tsd.[2]	–	522	477
	Ausbildungsplätze: Angebots-Nachfrage-Relation[3]	100	101	109
	Passungsprobleme[4]	–	46,4	154,3
	NEETs (Anteil an 15- bis 24-Jährigen)[5]	7,7	8,3*	7,0
I	PISA (Mathematikleistungen M und SD)[6]	490 (103)	513 (98)	475 (95)
	Heterogenität schulische Vorbildung/Ausbildung[7]	–	0,66	0,67
	Lehrkräfte: prognostizierte KMK-Bedarfsdeckungsquote[8]	56	79	75
	Quote Lernfeldlehrpläne Top-10-Ausbildungsberufe[9]	10	80	100
P	Lösungsquote in der dualen Berufsausbildung[10]	23,7	23,0	29,5
O	Prüfungserfolg (Fälle, Absolvent/-innen)[11]	85,4	89,4	88,2
	Übernahmequote (Ausbildung)[12]	58	61	74

1 Vgl. KMK o. J.a.
2 Quelle: Integrierte Ausbildungsberichterstattung (iABE) des Bundesinstituts für Berufsbildung (BIBB).
3 Vgl. BIBB o. J; Christ u. a. 2023.
4 Vgl. Oeynhausen u. a. 2023.
5 Vgl. Autor:innengruppe Bildungsberichterstattung 2024; Eurostat-Daten (edat_lfse_20).
6 Vgl. Artelt u. a. 2001; Klieme u. a. 2010; Lewalter u. a. 2023.
7 Eigene Berechnungen auf der Grundlage der „Datenbank Auszubildende des BIBB“ (vgl. S. 161).
8 Vgl. KMK o. J.b.
9 Für die Berechnung wurden die zehn am häufigsten besetzten Ausbildungsberufe aus den vom Bundesministerium für Bildung und Forschung (BMBF) veröffentlichten Berufsbildungsberichten herangezogen. Für diese Berufe wurde der Anteil derjenigen ermittelt, deren berufsbezogene Lehrpläne nach den Vorgaben der Kultusministerkonferenz (KMK) lernfeldstrukturiert sind.
10 Vgl. Uhly/Neises 2023.
11 Vgl. BIBB 2019, 2024.
12 Quelle: IAB-Betriebspanel.
* Zeitreihenbruch.

Anmerkung: Zahlen gerundet, iABE: integrierte Ausbildungsberichterstattung, IP: Index Passungsprobleme, NEET: Not in Education, Employment or Training; Daten zu PISA und Übernahmequote/Spalte 2010: aus den Erhebungen 2009.

Kontext der Berufsbildung. Der Kontext der Berufsbildung ist in grundlegender Weise durch den demografischen Wandel als einem der sogenannten drei „D" der Megatrends gekennzeichnet. Besonders markant ist seit 2000 der Rückgang der Absolventinnen und Absolventen allgemeinbildender Schulen, was zu einer Veränderung der Situation auf dem Ausbildungsmarkt und trotz der Integration der Flüchtlinge aufgrund der europäischen Flüchtlingskrise zu einem grundsätzlichen Rückgang des Übergangsbereichs führte. Alle Sektoren der Bildung erfahren daher geringere Zuläufe. Die integrierte Ausbildungsberichterstattung (iABE), die Bildungswege nach der Sekundarstufe I erfasst, unterscheidet dabei vier Sektoren, nämlich die Berufsausbildung, den Übergangsbereich, den Erwerb der Hochschulzugangsberechtigung und das Studium, wenngleich 2023 die Zunahme im dualen Ausbildungssystem und im Übergangssystem gestiegen ist (vgl. Autor:innengruppe Bildungsberichterstattung 2024).

Für den Sektor der Berufsausbildung charakterisiert die Angebots-Nachfrage-Relation (ANR) dabei die Lage auf dem Ausbildungsmarkt. Sie ist das Verhältnis zwischen der Zahl der Ausbildungsangebote und der Zahl der Ausbildungsplatznachfragerinnen und -nachfrager auf dem Ausbildungsmarkt in einem Berichtsjahr mit Stichtag 30. September. Das ermittelte Verhältnis gibt an, wie viele Ausbildungsplatzangebote rechnerisch in einem Berichtsjahr auf 100 Ausbildungsnachfragende entfallen. Die ANR ist jedoch nur ein grober Indikator. Sie berücksichtigt lediglich spezifische Meldedaten und nur einen Stichtag. Zudem erfasst sie nicht, wenn sich Betriebe vom Ausbildungsmarkt zurückziehen, weil sie der Ansicht sind, ohnehin erfolglos zu sein. Außerdem ist die ANR regional sehr unterschiedlich. So lag die ANR 2022 im Arbeitsagenturbezirk Weiden in Bayern bei 139,2 und in Recklinghausen in Nordrhein-Westfalen bei 82,9. Sie schwankt auch sehr deutlich zwischen Berufen, etwa 2022 zwischen Fachverkäuferin und Fachverkäufer Lebensmittelhandwerk (167,0) und Tierpflegerin oder Tierpfleger (60,0).

Die Passungsprobleme auf dem Ausbildungsmarkt werden durch den Index Passungsprobleme (IP) abgebildet. Er bestimmt das Passungsproblem durch die Multiplikation der Anteile Erfolgsloser auf beiden Seiten des Ausbildungsmarktes, also unbesetzte Stellen und suchende Bewerberinnen und Bewerber. 2023 betrug der IP 154,3. Bundesweit lag der IP 2010 bei 46,4. Der sehr viel niedrigere Wert als 2023 kommt durch den damals deutlich geringeren Anteil unbesetzter Stellen zustande. Das Passungsproblem variiert erheblich zwischen verschiedenen Berufen und Regionen (vgl. Oeynhausen u. a. 2023).

In Deutschland besuchte 2022 über die Hälfte der jungen Erwachsenen im Alter von 20 bis 25 Jahren eine formale Bildungseinrichtung. Das sind mehr als im EU-22-Durchschnitt. Der größte Teil dieser Personengruppe, die keine Bildungseinrichtung besucht, ist erwerbstätig. Der Anteil derjenigen, die weder in Beschäftigung noch in einen formalen Bildungsgang eingebunden sind, die sogenannten NEETs (Not in Education, Employment or Training), beträgt neun Prozent in Deutschland und ist damit geringer als im EU-22-Durchschnitt (vgl. Autor:innengruppe Bildungsberichterstattung 2024). Der Vergleich der Jahre 2022 und 2010 zum Jahr 2000 nach Eurostat-Daten (edat_lfse_20) ist wegen eines Bruchs in der Zeitreihe nicht trivial möglich. Im Zeitraum von 15 Jahren betrachtet, ist der Anteil der NEETs in Deutschland gesunken, und ein wesentlicher Anteil davon sind als arbeitslos registrierte junge Menschen. Die NEET-Anteile sind in den Bundesländern sehr unterschiedlich. NEET-Anteile und ANR korrelieren stark negativ, das heißt: Wo eine große Zahl von Ausbildungsplätzen vorhanden ist, zeigen sich niedrige NEET-Anteile (vgl. Schnelle/Wieland 2024). „NEET“ hat sich in der Sozialberichtserstattung und in der politischen Agenda etabliert, fasst jedoch sehr heterogene Lebenslagen zusammen (vgl. Schels 2016), die, wenn überhaupt, differenzielle Maßnahmen erfordern. Von zentraler Bedeutung ist dabei die Förderung der beruflichen Souveränität durch die Gestaltung des Übergangssystems und der Weiterbildung (vgl. vbw 2023).

Insgesamt spiegeln die hier berichteten Daten zum Kontext der Berufsbildung eine deutliche Veränderung des Ausbildungsmarktes in den letzten 25 Jahren wider. Sie weisen auf eine Stärkung der Marktposition von Auszubildenden hin. Sie stellen die Verhältnisse auf den Kopf, die im letzten Jahrtausend auf dem Ausbildungsstellenmarkt herrschten, als die Integration der geburtenstarken Jahrgänge die zentrale Herausforderung war. Damit werden die Anforderungen an einen Ausbildungsplatz gesenkt, was entsprechende psychologische Auswirkungen hat (vgl. Kapitel 1.3). Es kommen auch Jugendliche zum Zuge, die in früheren Zeiten wenig Chancen im Marktgeschehen hatten.

Input der Berufsbildung. Der Input ist – unter anderem – durch Bedingungen auf Seiten der Lernenden und des Bildungspersonals, der Leitungen beziehungsweise Führungskräfte sowie der Ordnungsunterlagen geprägt (vgl. Wilbers 2024).

Für die Berufsbildung grundlegend sind die Entwicklungen der Leistungen von Schülerinnen und Schülern der vorlaufenden allgemeinbildenden Schulen. So weisen der IQB-Bildungstrend (vgl. Stanat u. a. 2023), IGLU 2021 (vgl. McElvany u. a. 2023) oder der Ifo-Chancenmonitor (vgl. Wößmann u. a. 2023) regelmäßig auf bedeutende Schwächen in basalen Kompetenzen und eine hohe Leistungsheterogenität hin. Basale Kompetenzen, die Bildungschancen sichern, umfassen – so die SWK in ihrem Gutachten zur Grundschule – grundlegende kognitive Fähigkeiten, sprachliche, mathematische sowie sozial-emotionale Kompetenzen (vgl. SWK 2022a). Die Leistungsheterogenität ist für die beruflichen Schulen nur eine Facette der Heterogenität (vgl. Euler/Severing 2020).

Personen nehmen mit unterschiedlichen Schulabschlüssen als Vorbildung an einer dualen Berufsausbildung teil. Daten über die höchsten Schulabschlüsse der Personen, die neue Ausbildungsverträge abschließen, werden seit 2009 erhoben. Der Anteil der Personen ohne Hauptschulabschluss ist seit 2009 stabil, ebenso wie der Anteil der Auszubildenden mit einem mittleren Schulabschluss. Der Anteil der Auszubildenden mit Hauptschulabschluss ist gesunken und im Gegenzug der Anteil der Studienberechtigten gestiegen. Die kategoriale Diversität der schulischen Vorbildung der Auszubildenden ist gemessen am Fraktionalisierungsindex nach eigenen Berechnungen auf der Grundlage der „Datenbank Auszubildende des BIBB“ (DAZUBI-Daten) in den letzten 25 Jahren nahezu unverändert. In Bezug auf die schulische Vorbildung kann mithin nicht davon ausgegangen werden, dass sich die Leistungsheterogenität in den letzten 25 Jahren deutlich verändert hat.

Aufgrund der skizzierten Verschiebungen auf dem Ausbildungsmarkt sind auch Personen erfolgreich, die schwächere Anforderungen erfüllen. Wegen der Entwicklung des „traurigen Smileys“ (siehe Abbildung 3, S. 31) ist davon auszugehen, dass die Lernenden aller Schulen ähnlich schlechte Startchancen haben wie im Jahr 2000. Durch die gleichzeitige Entwicklung auf dem Ausbildungsmarkt ist indessen ein höherer Anteil von deutlich schwächeren Lernenden in der Berufsbildung anzunehmen.

Bezüglich der Lehrkräfte – ein zweiter zentraler Input – prognostizierte die Kultusministerkonferenz seit dem PISA-Schock immer wieder eine erhebliche Unterdeckung des Bedarfs an Lehrkräften für berufliche Schulen. Aufgrund der Sichtung der jeweiligen Modellrechnungen der Kultusministerkonferenz für den Bedarf und das Angebot an Lehrkräften in der Bundesrepublik Deutschland können folgende Aussagen getroffen werden. Dieses betrifft den Einstellungsbedarf und das Angebot für die Lehrämter für den Sekundarbereich II (berufliche Fächer) oder die beruflichen Schulen. Im Jahr 2003 wurde so für die Jahre 2002 bis 2008 eine durchschnittliche Deckungsquote von 55 Prozent, 2011 für die Jahre 2010 bis 2020 eine Deckungsquote von 79 Prozent und 2020 für 2020 bis 2030 eine durchschnittliche Deckungsquote von 75 Prozent prognostiziert. Diese Daten zeigen nicht die erheblichen Differenzen in den Fachrichtungen des Lehramts für berufliche Schulen (vgl. KMK 2003, 2011, 2020). Vor allem die gewerblich-technischen Fachrichtungen, allen voran die Metall- und Elektrotechnik, können seit den 2000er Jahren nicht mit grundständig studierenden Lehrkräften besetzt werden. Dieser Personalmangel geht nicht spurlos an Lehrkräften vorbei und wird als belastend erlebt (vgl. Jude u. a. 2024), vermutlich mit problematischen Folgen für die Attraktivität des Berufs.

Die Bedingungen, die Schulleitungen mitbringen, sind im Gutachten „Führung, Leitung, Governance: Verantwortung im Bildungssystem“ (vgl. vbw 2021) ausführlich bearbeitet worden. Bis heute ist es nicht gelungen, bundesweit Standards für die Rekrutierung sowie die Aus- und Fortbildung von Schulleitungen zu formulieren.

Ein weiterer Input sind die Ordnungsunterlagen. In den 1990er Jahren entfaltete sich in der Berufs- und Wirtschaftspädagogik der didaktische Anspruch der Handlungsorientierung (vgl. Pätzold 1992). Dieses mündete in der Neugestaltung von Ordnungsunterlagen für die betriebliche Bildung und für die beruflichen Schulen in den 1996 verabschiedeten neuen Handreichungen für die Erarbeitung von Rahmenlehrplänen, nach denen alle künftigen Lehrpläne handlungsorientiert ausgestaltet sein sollten (vgl. Herkner/Pahl 2018). Für die Berechnung der genannten Quoten wurden die zehn am häufigsten besetzten Ausbildungsberufe aus den vom Bundesministerium für Bildung und Forschung (BMBF) veröffentlichten Berufsbildungsberichten herangezogen. Für diese Berufe wurde der Anteil derjenigen ermittelt, deren berufsbezogene Lehrpläne nach den Vorgaben der Kultusministerkonferenz (KMK) lernfeldstrukturiert sind. 2000 folgt jedoch noch kein Lehrplan für die zehn am stärksten besetzten Ausbildungsberufe dieser Struktur. 2010 sind es 80 Prozent dieser Lehrpläne und 2022 dann 100 Prozent (siehe Tabelle 9). Lernfeldstrukturierte Lehrpläne haben nicht nur eine neue Struktur, sondern verändern die Ansprüche an den Unterricht, etwa mit dem Anspruch einer handlungsorientierten Gestaltung.

Prozesse der Berufsbildung. Die Prozesse erfolgen in Institutionen, die in ein komplexes Mehrebenensystem eingebettet sind. Zu deren Charakterisierung liegen nur wenige Indikatoren vor.

Auf der Mikroebene lässt sich auf die Entwicklung der Quote der Vertragslösungen hinweisen. Eine Vertragslösung im dualen System entspricht nicht einem

Ausbildungsabbruch, zumal viele Auszubildende nach einer Vertragslösung erneut eine duale Ausbildung beginnen beziehungsweise fortsetzen. Die Lösungsquote schwankte viele Jahre zwischen 20 und 25 Prozent. Seit 2008 steigt sie fast kontinuierlich an. Die Lösungsquoten sind nach Berufen regional, nach Personengruppen, Zuständigkeitsbereichen und Ländern sehr unterschiedlich, und das seit Jahren (vgl. Uhly/Neises 2023).

Auf der Meso- und Makroebene lassen sich markante Veränderungen in den letzten 25 Jahren beobachten. Um das Jahr 2000 wurden intensive Diskussionen zur Neugestaltung der Governance der Berufsbildung geführt. Dieses kann als Reflex auf die sogenannten neuen Steuerungsmodelle für die Bildung gesehen werden, die vor dem Hintergrund internationaler Vergleiche und von Haushaltsengpässen in den 1990er Jahren relevant wurden (vgl. vbw 2010). Beispielhaft anzuführen ist die bundesweite Fachtagung 2001 „Kompetenzzentren in regionalen Berufsbildungsnetzwerken – Rolle und Beitrag der beruflichen Schulen“ der damaligen Bund-Länder-Kommission für Bildungsplanung und Forschungsförderung (BLK) in Lübeck (vgl. BLK 2002). Dabei spielen Bezüge zwischen Erstausbildung und Weiterbildung eine zentrale Rolle (vgl. BLK 2000), aber auch Fragen der Autonomie beruflicher Schulen (vgl. Tenberg 2004).

In einzelnen Ländern wurden deshalb für die weitere Entwicklung wegweisende Modellversuche gestartet. Beispielhaft anzuführen ist ProReKo („Berufsbildende Schulen in Niedersachsen als regionale Kompetenzzentren“) oder in Bayern MODUS 21 („Modell Unternehmen Schule 21. Jahrhundert“). Dazu gehört auch die Verleihung des Status „Selbständiger Beruflicher Schulen“ mit entsprechenden Konsequenzen für die Schulaufsicht in Hessen (vgl. Bott 2017). In den Modellversuchen werden zum Teil nachhaltige Veränderungen angestoßen. Andererseits sind die schon damals mit einem Engagement beruflicher Schulen in der Weiterbildung aufgeworfenen ordnungspolitischen Fragen bis heute ungelöst. 25 Jahre später finden sich vor allem als Folge der Föderalismusdiskussion kaum noch bundesweit koordinierte Ansätze zur Reform der Governance beruflicher Schulen. Die BLK wurde zum Ende 2007 aufgelöst. Ein vergleichbares Instrument, das z. B. Entwicklungsvorhaben in Betrieben und beruflichen Schulen koordinierte (vgl. vbw 2022), fehlt auf Bundesebene. Lediglich das Qualitätsmanagement hat nachhaltige Spuren hinterlassen. So hat sich seit der Jahrtausendwende in der Berufsbildung das Qualitätsmanagement als Motor der Veränderung fast flächendeckend in beruflichen Schulen etabliert, und zwar in allen Bundesländern entlang verschiedener Entwicklungslinien (vgl. Wilbers 2024).

Output der Berufsbildung. Bezüglich der Outputs der Berufsbildung können mangels Verfügbarkeit von Daten nur wenige Indikatoren skizziert werden. So wird das „International Vocational Education and Training Assessment" (PISA-VET) seit längerem vorbereitet, wird jedoch auch in den nächsten Jahren noch keine Daten liefern (vgl. OECD 2024a). Als einfacher Indikator für den Ausbildungserfolg wird aus erhebungstechnischen Gründen der Quotient aus Abschlussprüfungen im Zuständigkeitsbereich der Industrie- und Handelskammern sowie der Handwerkskammern ohne Berufe nach § 66 BBiG/§ 42r HwO aufgrund von Daten aus dem Datensystem DAZUBI berechnet. Dieser hat sich nicht wesentlich geändert.

Die Entwicklung der ANR korrespondiert mit der Übernahmequote. Die Übernahmequote ist der Anteil der übernommenen Auszubildenden mit erfolgreichem Berufsabschluss an allen Auszubildenden mit erfolgreichem Berufsabschluss und wird im IAB-Betriebspanel erhoben, hier wiedergegeben für die Jahre 2000, 2009 und 2022 (siehe Tabelle 9). Diese hat sich deutlich erhöht, was mit der oben genannten Entwicklung auf dem Ausbildungsmarkt zusammenhängen dürfte.

5.1.2 Bewertung des Umsetzungsstands

Seit dem PISA-Schock fehlen umfassende Antworten auf die Verschiebung der Inputbedingungen der Lernenden, vor allem die Heterogenität und die schwachen Basiskompetenzen der Lernenden, die Versorgung mit Lehrkräften und damit der Unterrichtsversorgung sowie die Neu- beziehungsweise Umgestaltung der Governance der Berufsbildung. Unklarheit besteht über den Grad der Umsetzung eigenverantwortlichen beziehungsweise handlungsorientierten Lernens, vor allem im Lernfeldkonzept.

5.2 Erwartungen

5.2.1 An das Bildungssystem und die Bildungspolitik

Die Berufsschulpflicht ist in der Berufsbildung ein zentraler Garant der Verbindlichkeit beruflichen Lernens.

Legitimation der Berufsschulpflicht. Die Entwicklung der Berufsschulpflicht lässt sich auf zwei Linien zurückführen. Erstens ist die Berufsschulpflicht eine Verlängerung der Volksschulpflicht (vgl. Kapitel 1.1), zunächst in Form von Sonntags- und Fortbildungsschulen. Für die Allgemeinbildung beziehungsweise die staatsbürgerliche Erziehung schien die kurze Volksschulpflicht nicht ausreichend. Es lässt sich bruchlos eine Linie von der Weimarer Verfassung von 1919 (Artikel 145: Achtjährige Volksschule und anschließende Fortbildungsschule bis zum 18. Lebensjahr) über das Reichsschulpflichtgesetz von 1938 (§ 8 und 9: Pflicht zum Besuch der Berufsschule mit meist drei Jahren) hin zu den Gesetzen der Länder nachzeichnen (vgl. Bach 1960; Günther 1931; Heckel/Seipp 1976, S. 269; Seefeld 1929). Dieser Linie der Berufsschulpflicht unterliegt die Vorstellung einer Notwendigkeit einer Fortsetzung der allgemeinen Bildung – eng verwoben mit der staatsbürgerlichen Erziehung (vgl. Lempert 1974) oder in anderen Worten der demokratischen Bildung.

Eine zweite Entwicklungslinie der Berufsschulpflicht lässt sich im Gewerberecht verfolgen und verläuft bis zum Reichsschulpflichtgesetz 1938. Hier ist vor allem die Entwicklung der Sonntags- und Fortbildungsschulpflicht angesprochen (vgl. Siercks 1908). So sah das Zunftgesetz für Sachsen, Weimar und Eisenach von 1821 vor, dass Lehrlinge zum „Besuche von öffentlichen Zeichenschulen und der Lehrstunden in der Mathematik“ anzuhalten waren (vgl. Stratmann/Schlüter 1982, S. 97). Ein Meilenstein war die Gewerbeordnung für den Norddeutschen Bund von 1869, nach der „Gesellen, Gehülfen und Lehrlinge, sofern sie das achtzehnte Lebensjahr nicht überschritten haben“ (§ 108) zum Besuch der Fortbildungsschule verpflichtet werden konnten. In dieser Entwicklungslinie wurde die Berufsschule „nicht als Instrument zur Realisierung eines Bildungsminimums für alle begriffen, sondern (…) als zweiter ‚Lernort‘ bei der Qualifizierung von Berufstätigen auf der Ebene der Facharbeiter“ (vgl. Gruener 1985, S. 215).

Konstanz und Wandel der Berufsschulpflicht. Die heutigen allgemeinen Regelungen der Berufsschulpflicht haben eine hohe Konstanz zu einer Zeit, als es für einen großen Teil der Bevölkerung üblich war, die Volksschule mit 14 Jahren zu verlassen, dann mit 17 Jahren eine Gesellen- oder Kaufmannsgehilfenprüfung abzuschließen und mit 21 Jahren volljährig zu sein. Die Situation in der Bevölkerung stellt sich jedoch heute gänzlich anders dar. Den Regelungen zur Berufsschulpflicht unterlagen außerdem – vor allem in den Ausnahmetatbeständen – immer schon implizite gesellschaftliche Vorstellungen, die, im Gegensatz zur recht hohen Konstanz der allgemeinen Regelungen, einem gesellschaftlichen Wandel unterworfen waren. Besonders auffällig ist dies bei geschlechtsspezifischen Regelungen. So konnte sich beispielsweise in Baden-Württemberg lange Zeit eine Schülerin – und kein Schüler – von der Berufsschulpflicht nach einer Eheschließung befreien lassen. Es entsteht der Eindruck, dass dahinter die Vorstellung liegt, dass die Schülerin durch die Eheschließung „versorgt" sei und keiner Ausbildung mehr bedürfe.

Rechtliche Verankerung der Berufsschulpflicht. Heute ist die Berufsschulpflicht in Deutschland auf der Länderebene geregelt, nicht auf der Bundesebene. Die rechtliche Verankerung erfolgt unterschiedlich: Meist ist die Berufsschulpflicht in den Schulgesetzen, gelegentlich aber auch in eigenständigen Gesetzen zur Schulpflicht geregelt. Auch wenn eine weitgehende einheitliche Regelung grundsätzlicher Fragen, etwa die Dreijährigkeit, festzustellen ist, weichen die aktuellen Regelungen in den Ländern im Detail erheblich voneinander ab, vor allem etwa für Wiederholerinnen und Wiederholer, Verkürzung und Verlängerung, die Berufsschulberechtigung oder für Umschülerinnen und Umschüler. In der bundesweiten Rahmenvereinbarung der KMK zur Berufsschule (vgl. KMK 2021b) wird die Berufsschulpflicht nicht verankert, sondern lediglich vermerkt, dass die Dauer und der Umfang der Berufsschulpflicht sowie der Pflicht zu ausbildungsvorbereitenden Bildungsgängen durch die Länder zu regeln sind. Durch die hohe Heterogenität, die die Bundesländer in den Schulformen außerhalb der Berufsschule produzieren, ist die Berufsschulpflicht schwer vergleichbar und umfassende Empfehlungen kaum zu formulieren.

Die Berufsschulpflicht gewährleistet Verbindlichkeit, steht aber – auch weil Berufsschulen in der Logik des Grundgesetzes als Ausbildungsstätten und nicht als Schulen gelten – im Konflikt mit dem Grundrecht nach Artikel 12 auf freie Wahl von Beruf, Arbeitsplatz und Ausbildungsstätte (vgl. Mirbach 2002). Eingriffe in die Berufsfreiheit nach Artikel 12 sind zur „Abwehr nachweisbarer oder höchstwahrscheinlicher Gefahren für ein überragend wichtiges Gemeinschaftsgut zulässig" (BVerfGE 7, S. 377). Das Bundesverfassungsgericht hat dabei nicht nur absolute, das heißt allgemein anerkannte und von der jeweiligen Politik des Gemeinwesens unabhängige Gemeinschaftswerte als schutzwürdig anerkannt, sondern auch solche wichtigen Gemeinschaftsinteressen als schutzwürdig bezeichnet, die sich erst aus den besonderen wirtschafts-, sozial- und gesellschaftspolitischen Zielsetzungen des Gesetzgebers ergeben (vgl. Hofmann/Henneke 2022).

Berufsschulpflicht als Verbindlichkeit für den Staat. Die Berufsschulpflicht verpflichtet nicht nur die Lernenden, sondern auch Betriebe und den Staat. Die

Schulpflicht „ist das Gegenstück zu dem jedem jungen Menschen (...) zustehenden Bildungsanspruch. Der Schulpflicht entspricht die Pflicht des Staates (...), durch Bereitstellung öffentlicher Schulen dafür zu sorgen, dass die Schulpflichtigen eine öffentliche Schule besuchen können (Beschulungspflicht)" (vgl. Heckel/ Seipp 1976, S. 279). In der Berufsausbildung betrifft dieses auch ausbildende Betriebe beziehungsweise die zuständigen Personen, z. B. Ausbilderinnen und Ausbilder, etwa mit der Pflicht, Berufsschulpflichtige für die Teilnahme an der Berufsschule freizustellen (§ 15 BBiG). Von der Berufsschulpflicht – auch „Berufsschulzwang" genannt – ist die Berufsschulberechtigung zu unterscheiden. Der Staat kommt seiner Berufsschulpflicht seit langer Zeit aber nicht nach, sondern unterversorgt seine Bürgerinnen und Bürger. Zum Grad der Versorgung beziehungsweise des Ausfalls von Unterricht an beruflichen Schulen liegen bundesweit keine öffentlich zugänglichen Daten vor. Grundsätzlich sind diese Daten auf der Bundesebene – etwa über Sonderabfragen für den nationalen Bildungsbericht – verfügbar, werden jedoch nicht zur Verfügung gestellt.

In Bayern wird beispielsweise der Unterrichtsausfall seit dem Schuljahr 1999/2000 empirisch durch Befragung einer Stichprobe erfasst und seit dem Schuljahr 2005/2006 jährlich fortgeführt. Für die Berufsschule werden im Schuljahr 2023/ 2024 demnach insgesamt ca. 89 Prozent des Unterrichts planmäßig erteilt. Für die beruflichen Schulen liegt der Anteil des ersatzlosen Unterrichtsausfalls bei ca. vier Prozent und ist damit in den letzten Jahren deutlich angestiegen. Dieser Anteil ist – rein numerisch – vergleichbar mit anderen Bundesländern. So liegt der Unterrichtsausfall an beruflichen Schulen auch in Bremen im gleichen Schuljahr bei etwa vier Prozent.

Intransparenz des Umfangs der Unterrichtsversorgung. Die Länder scheinen die Konzepte in diesem Zusammenhang unterschiedlich zu definieren, so dass eine Anpassung für eine bundesweite Auswertung notwendig erscheint. Die Länder unterscheiden sich bei der Erfassung (Methoden, Zyklus etc.), der Analyse und Aufbereitung sowie der Bereitstellung der Daten zur Unterrichtsversorgung. Die unterschiedlichen Schulverwaltungssysteme in den Ländern haben abweichende Funktionalitäten. Mit Blick auf eine datengestützte Schulsteuerung und -entwicklung müssen die Daten einheitlich aufbereitet und verschiedenen Ebenen zur Verfügung gestellt werden. Notwendig wäre eine Bereitstellung der Daten zur eigenen Schule (Klasse und Bildungsgänge) sowie Vergleichsdaten im Schulaufsichtsbereich (z. B. Regierungsbezirk), Daten zu vergleichbaren Bildungsgängen (Landesebene) und Daten auf der Landesebene (insgesamt). In einigen Ländern ist dies der Fall, in anderen Ländern wiederum nicht.

Die als Durchschnitt berichteten Daten verdecken, dass es in der Berufsbildung erhebliche und folgenreiche Unterschiede nach Regionen, Schularten und Berufen geben dürfte. Vom Unterricht gemäß Stundentafel sind der planmäßig erteilte und der – in Bayern sogenannte – abgewendete Unterrichtsausfall zu unterscheiden. Ohne hier pauschal die Qualität des Vertretungsunterrichts oder von Klassenzusammenlegungen im Einzelfall in Frage stellen zu wollen, kann beim bloß abgewendeten Unterrichtsausfall noch nicht von einem qualitativ hochstehenden intendierten Unterricht ausgegangen werden.

Chronische Unterversorgung. Die Unterversorgung ist seit vielen Jahren chronisch und scheint in Schulen, in Betrieben und der Politik zur Gewohnheit geworden zu sein. Besondere Aufmerksamkeit erregt diese Unterversorgung weder in der Berufsbildungsforschung noch in der Bildungs- oder in der Wirtschaftspolitik. Angesichts der Tatsache, dass in der empirischen Forschung die aktive Unterrichtszeit immer wieder als zentraler Prädiktor für Lernerfolg herausgestellt wird, ist diese weit verbreitete Gelassenheit sehr erstaunlich.

Versorgungsengpässe beim pädagogischen Personal. Der zentrale Faktor bei der Unterversorgung ist der Versorgungsengpass bei Lehrkräften. Maßnahmen können dabei an der Gewinnung und Bildung von Lehrkräften ansetzen (vgl. SWK 2023), an der Entlastung von Lehrkräften durch Assistenzkräfte und multiprofessionelle Teams oder der Gesundheitsförderung von Lehrkräften. So könnten pädagogische Unterstützungskräfte verstärkt an beruflichen Schulen eingesetzt werden. Dabei kann dies mit dualen Studienstrukturen verbunden werden. Schon aufgrund der Berufsschulpflicht der Länder sind diese aufgefordert, Strategien vorzulegen, umzusetzen und zu evaluieren, um eine ausreichende Zahl an pädagogischen Fachkräften bereitzustellen.

5.2.2 An die Schulen und Betriebe

Verhalten und Heterogenität als Herausforderungen beruflichen Lernens. Das Verhalten und die Heterogenität von Schülerinnen und Schülern werden von Lehrkräften an beruflichen Schulen in den letzten Jahren als große Herausforderungen erlebt (vgl. Jude u. a. 2024). Durch die oben skizzierten Entwicklungen im Kontext der Berufsbildung ist davon auszugehen, dass diese Herausforderungen eher noch zunehmen werden. Die oben skizzierte grundlegende Verschlechterung der basalen Kompetenzen bleibt in der Berufsbildung bislang ohne verbindliche und umfassende Antworten seitens der Bildungspolitik und -praxis.

Erkenntnisleitendes Beispiel: Förderung berufssprachlicher Kompetenz in Bayern. Eine Ausnahme bildet die sprachliche Kompetenz: Für die Förderung berufssprachlicher Kompetenz – also einer basalen Kompetenz – haben sich in der Berufsbildung in den letzten Jahren gute Beispiele herausgebildet (vgl. Wilbers 2023a, 137ff.). Der Verbreitungsgrad in der Praxis kann mangels Daten nicht gut beurteilt werden. Im Gutachten „Bildung und sozialer Zusammenhalt" des AKTIONSRATS**BILDUNG** (vgl. vbw 2024) wird die grundlegende Rolle der Sprache für die Bildung reflektiert. Als Organisationsmodell hat sich in den letzten Jahren an beruflichen Schulen der sogenannte integrierte Unterricht entwickelt, und zwar in Anlehnung an die international übliche Bezeichnung „Content and Language Integrated Learning" (CLIL). Dabei werden der Sprach- und der Fachunterricht verschmolzen. Daneben tritt die isolierte Förderung basaler Kompetenzen.

Tabelle 10: Förderung von fachlichen und überfachlichen Kompetenzen (eigene Darstellung)

Unterrichtsform	„Reiner" Fachunterricht	Integrierter beruflicher Unterricht	Isolierte Förderung
Fokus Kompetenzentwicklung	Fachkompetenz	Fachkompetenz und überfachliche bzw. basale Kompetenzen	Überfachliche bzw. basale Kompetenz

Die systematische und verbindliche Förderung der basalen Kompetenzen als isolierter beziehungsweise integrierter beruflicher Unterricht hat sich in der Berufsbildung vor allem auf die Sprachkompetenz konzentriert, nicht jedoch auf die anderen basalen Kompetenzen. So liegen für sozial-emotionale Kompetenzen weder Standards noch Screening- beziehungsweise Monitoring-Instrumente oder darauf abgestimmte berufsbildungsspezifische Präventions-, Förder- beziehungsweise Interventionsstrategien vor.

Nach den bayerischen Erfahrungen bei der Implementierung integrierten berufssprachlichen Unterrichts an beruflichen Schulen sollten sich Assessment-Instrumente nicht allein auf wissenschaftliche Tests beschränken, sondern auch informelle Tests berücksichtigen.

Tabelle 11: Assessment-Typen für die berufliche Bildung

Assessment-Typ	Wissenschaftlicher Test	Informeller Test
Schulisches Handeln	Testanwendung (Rezeption)	Testproduktion
Standardisierung	Stark standardisiert	Wenig bis nicht standardisiert
Referenzdaten	Verfügbar	Im Regelfall nicht verfügbar
Eignung für datengestützte Unterrichts- und Schulentwicklung	Hoch	Gering
Unterrichts- bzw. Berufsnähe	Gering	Potenziell hoch
Beispiele Sprachkompetenz	DSD I PRO, NBD-T, telc Deutsch B1 B2 Pflege, Deutsch-Tests für den Beruf (DTB)	Von Lehrkräften in einer beruflichen Schule entwickelter Test

Anmerkung: DSD I PRO: deutsches Sprachdiplom – Erste Stufe für berufliche Schulen der Kultusministerkonferenz, NBD-T: Nürnberger Berufliche Schulen Deutsch Test (vgl. Döll u. a. 2024), telc Deutsch B1 B2 Pflege (telc gGmbH).

Entsprechend der Praxis berufssprachlicher Förderung an beruflichen Schulen in Bayern lässt sich die Notwendigkeit von zwei Formen des Assessments ableiten, über deren faktische Verbreitung jedoch keine Daten vorliegen. Dazu gehört erstens die Bereitstellung wissenschaftlicher Tests. Für die Sprachkompetenz sind dies beispielsweise das „deutsche Sprachdiplom – Erste Stufe für berufliche Schulen“ (DSD I PRO) der Kultusministerkonferenz, der „Nürnberger Berufliche Schulen Deutsch Test“ (NBD-T, vgl. Döll u. a. 2024), die „telc Deutsch-Tests für den Beruf“ (DTB) oder der „telc Deutsch B1 B2 Pflege“.

Zweitens sollten informelle, also durch Lehrkräfte produzierte Tests diese wissenschaftlichen Tests ergänzen. Die Rolle der Lehrkräfte variiert je nach Testtyp: Bei wissenschaftlichen Tests beschränkt sich ihre Aufgabe darauf, den Test anzuwenden und somit lediglich zu rezipieren. Im Gegensatz dazu erfordert die Durchführung informeller Tests die eigenständige Erstellung durch die Lehrkräfte. Angesichts der hohen Heterogenität der Berufsbildung – etwa mit Blick auf über 300 Ausbildungsberufe – ergibt sich hier ein Trade-off zwischen hoher Standardisierung und Berufsnähe von Assessments, Standards und Förderstrategien. Mit Ausnahme der Sprachförderung gibt es für die anderen basalen Kompetenzen keine Standards, kaum wissenschaftliche Tests für berufliche Schulen und nur mit wenigen Ausnahmen Materialien für den integrierten berufsbildenden Unterricht, etwa die Umsetzungshilfe zur Vermittlung von mathematischen und zeichnerischen Grundlagen im Rahmen des Lernfeldunterrichts (vgl. ISB 2021).

Multi-Tiered Systems of Support (MTSS). Die Förderung basaler Kompetenzen und eines förderlichen Verhaltens kann sich am internationalen Modell der „Response-to-Intervention" (RTI) beziehungsweise der Multi-Tiered Systems of Support (MTSS) orientieren. Nach der Analyse von Zhang u. a. (2023) haben in den USA inzwischen alle Staaten ein solches System. Entsprechend der Vorstellung des „Center on Multi-Tiered Systems of Support" (2024) hat ein MTSS vier grundlegende Elemente:[15]

- Screening: Ein MTSS umschließt ein periodisches Screening, mit dem Ziel, Lernende zu identifizieren, bei denen ein Risiko für schwache Lernleistungen besteht.
- Monitoring: Dem Screening schließt sich ein Monitoring an, das den Fortschritt über die Zeit verfolgt. Dabei werden sowohl die Lernleistungen als auch das Verhalten erfasst.
- Multi-tiered Prävention, Förderung, Intervention: Ein weiteres Element ist die Förderung und Prävention auf verschiedenen Ebenen (multi-tiered). Der größte Teil der Förderung geschieht auf der ersten Ebene (tier 1) mit allen Lernenden. Die zweite Ebene (tier 2) richtet sich an identifizierte Lernende, die zusätzlich und in Kleingruppen gefördert werden. Erweist sich das nicht als erfolgreich, erfolgt eine intensive Einzelförderung auf der dritten Ebene (tier 3).
- Datenbasierte Entscheidungen: Alle Entscheidungen sollten datenbasiert getroffen werden.

Adaptives System datengestützten beruflichen Lernens. Für die Berufsbildung müssen zunächst verpflichtende Standards formuliert werden. Für die Berufssprache Deutsch erfüllt dieses in Bayern z. B. der Lehrplan Deutsch mit einem Alphabetisierungs-, Basis-, Regel- und Wahlpflichtlehrplan. Für das Screening und das Monitoring müssen sowohl für die Lernleistungen (beziehungsweise die Lernausgangslage) als auch für das Verhalten Instrumente bereitgestellt werden. Für die Berufssprache Deutsch liegen in Bayern beispielsweise die oben genannten wissenschaftlichen und informellen Tests vor. Die Förderinstrumente müssen sowohl den integrierten Unterricht als auch die isolierte Förderung basaler Kompetenzen berücksichtigen. Analog der Diskussion in der frühen Bildung (vgl. Kapitel 2) muss auch für die Berufsbildung erwogen werden, in welchen Bereichen die Erhebung der basalen Kompetenzen zum Zwecke einer adaptiven Förderung verbindlich gemacht werden sollte.

---

15 Dabei bilden die MTSS in den Staaten der USA unterschiedliche Schwerpunkte (vgl. Zhang u. a. 2023).

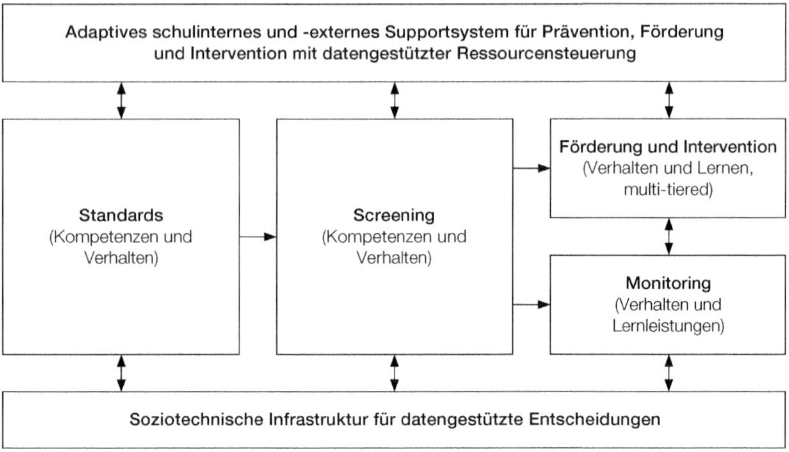

Abbildung 15: Adaptives System datengestützten beruflichen Lernens (eigene Darstellung)

In einem adaptiven System datengestützten beruflichen Lernens richten ausformulierte und verpflichtende Standards für Basiskompetenzen und Verhaltenserwartungen Instrumente analog der oben skizzierten MTSS zu den periodisch durchgeführten Screenings aus. Dieses gilt auch für basale Kompetenzen, etwa zur Berufssprache Deutsch. Screenings sind in der beruflichen Bildung auch an den vielfältigen Übergängen von zentraler Bedeutung. Dieses gilt sowohl für Lernleistungen als auch für Hinweise auf lernerfolgsgefährdendes Verhalten, etwa im Zuge dokumentierter Ordnungsmaßnahmen. Screenings bilden die Grundlage für die Förderung und Intervention auf verschiedenen Ebenen (multi-tiered), wobei die Entwicklung der Lernleistungen, etwa im Bereich der basalen Kompetenzen, aber auch das Verhalten, wie z. B. Abwesenheiten oder abweichendes Verhalten, in einem Monitoring verfolgt werden. Formen des personalisierten Lernens (vgl. vbw 2024) spielen bei der Förderung eine zentrale Rolle.

In der Schule steht den Lehrkräften ein Supportsystem zur Verfügung wie beispielsweise des „Berufssprache Deutsch-Teams“ an beruflichen Schulen in Bayern. Derartige schulinterne Supportsysteme sollten multiprofessionell angelegt sein. Daten sind dabei nur ein Element eines soziotechnischen Systems. Dazu gehören in sozialer Hinsicht beispielsweise Strukturen kooperativer Professionalität (vgl. Klopsch/Sliwka 2021a), die Arbeit mit Datenteams (vgl. Schildkamp/Poortman 2015) oder Datenkonferenz (vgl. Tränkmann/Schulze 2021) und die Einbettung der Daten in Handlungszyklen (vgl. Jonach/Paasch 2024). Der notwendige Schutz der informationellen Selbstbestimmung muss mit Datennotwendigkeiten zur Gewährleistung beruflichen Lernens austariert werden. In technischer Hinsicht gehören z. B. zielgruppengerechte, sparsam und zeitnah bereitgestellte Daten mit einer abgeklärten Data Governance in Form von Dashboards dazu (vgl. Wilbers 2023b).

Schulübergreifendes Supportsystem als Teil des Systems. Die Schulen werden im adaptiven System datengestützten beruflichen Lernens nicht allein gelassen, sondern können auf ein schulübergreifendes Supportsystem zurückgreifen. Die Analyse internationaler Best Practices, etwa Kanada, Estland oder Singapur (vgl. Sliwka 2024), zeigt, dass bei der datengestützten Schulentwicklung Daten auf mehreren Entscheidungsebenen, also auch auf der Schulaufsichtsebene, verfügbar sind. Das Bildungssystem wird zu einem über mehrere Ebenen aufgespannten „komplexen adaptiven System“ und Schulqualität ein Resultat der Verschränkung von Systemebenen (vgl. Klopsch/Sliwka 2020). Damit wird letztlich der Adaptionsanspruch auf mehrere Ebenen ausgeweitet. Im Gutachten „Bildung und Resilienz“ des AKTIONSRATS**BILDUNG** (vgl. vbw 2022) wird herausgestellt, dass Qualitätsmanagement auf eine solche Adaption angelegt ist. Die zur Verfügung stehenden Daten lassen sich nach den Kernaufgaben zu Kontroll-, Beratungs- und Unterstützungszwecken nutzen. So kann die Ressourcenallokation etwa knapper Fördermittel indikatorengesteuert erfolgen. Neben den „Small Data“ auf der Ebene des Unterrichts stehen „Big Data“ auf der Systemebene (vgl. Sliwka 2024).

Indikatorengesteuerte Ressourcenzuweisung. Ein Beispiel indikatorengesteuerter Ressourcenzuweisung ist die aktuelle Diskussion um das Startchancen-Programm der Bundesregierung, in dem die beruflichen Schulen – vorrangig Schulen der Berufs- beziehungsweise Ausbildungsvorbereitung – in der entsprechenden Verwaltungsvereinbarung explizit erwähnt werden. Allerdings legen auch Länder beziehungsweise Kommunen, die einen Sozialindex schon länger nutzen, etwa seit 1996 Hamburg (vgl. Schulte/Hartig/Pietsch 2014; Schulte u. a. 2023) oder seit 2013 Hessen, diesen zumindest für die erste Runde nicht für berufliche Schulen vor. Einige Entwicklungen sind erkenntnisleitend. Eine Ausnahme in der Entwicklung stellt Baden-Württemberg dar. Bei den öffentlichen beruflichen Schulen erfolgt die Schulauswahl dort aufgrund von Indikatoren in der Armuts- und Migrationsdimension. Die Ermittlung erfolgt unter anderem auf der Grundlage der Adressdaten der Schülerinnen und Schüler. Insgesamt ist die Diskussion um tragkräftige Konzepte zu einer indexgesteuerten Vergabe von

Ressourcen an beruflichen Schulen noch in einem frühen Stadium. Große südliche Bundesländer, vor allem Bayern, Baden-Württemberg und Sachsen, berücksichtigen keine beruflichen Schulen zum Programmstart. Eine bundesweite Diskussion – in der Bildungspolitik, Bildungspraxis und Wissenschaft in der Berufsbildung – erfolgt zurzeit noch nicht. Dabei wäre an vorliegende Modelle beziehungsweise bestehende Praxis anzuknüpfen. Dazu gehört vor allem die bereits seit 2012 praktizierte bedarfsorientierte Budgetierung (BoB) der Stadt München (vgl. Löwigt/Wieland 2024). Auffällig ist in diesem Diskussionsstrang im Licht des KIPO-Modells ein Übergewicht der indikatorengesteuerten Ressourcenzuweisung an Daten für den Kontext und eine vergleichsweise geringe Bedeutung von Input-, Prozess- und Outputdaten.

Neue Rolle der Schulaufsicht. Adaptive Systeme datengestützten beruflichen Lernens führen zu einer Neuausrichtung schulaufsichtlicher Praxis. Die Schulaufsicht ist organisatorisch komplex angelegt, meist über mehrere Ebenen, ist in den Ländern und zum Teil selbst innerhalb von Ländern nach Schularten unterschiedlich. Die Schulaufsicht wird durch intermediäre Akteurinnen und Akteure (vgl. Altrichter/Heinrich 2007, S. 62f.) ergänzt, etwa eigenständige Institute wie Qualitätsagenturen oder Fortbildungsinstitute (vgl. Diedrich 2020). Typisch ist auch die Ergänzung durch diverse, zum Teil vermutlich redundant arbeitende Beratungsstrukturen, die organisatorisch unterschiedlich angeschlossen sind.

Die Schulaufsicht wird traditionell entworfen als Unterstützungs-, Beratungs- und Kontrollinstanz. Das Verhältnis zwischen Schulaufsicht und Lehrkräften, aber auch Schulleitungen gilt seit über 20 Jahren als gestört beziehungsweise dilemmatisch (vgl. Rosenbusch 1994). Eine Stärkung der Autonomie von Schulen (etwa eine Verlagerung der Dienstaufsicht an Schulen) bedeutet die Neujustierung des Verhältnisses zur Schulaufsicht und den intermediären Akteurinnen und Akteuren. Neustrukturierungen, wie beispielsweise die Einführung von Räten, die schulaufsichtliche Aufgaben übernehmen, werden im Gegensatz zum Hochschulbereich und zu anderen Ländern nicht diskutiert, wurden aber schon früh vom Deutschen Juristentag (1981) gefordert (vgl. Rürup 2020).

In der neuen Steuerungslogik soll nicht mehr die Einzelschule einseitig durch die politisch-administrative Ebene beeinflusst werden, sondern es soll auch die politisch-administrative Ebene entwickelt werden, das heißt, die Beziehung ist wechselseitig gedacht. Empirische Arbeiten zeigen jedoch, dass beide Systeme weitgehend geschlossen und nicht anschlussfähig agieren (vgl. Kallenbach/Dedering 2021). Schulleitungen sprechen Zielvereinbarungen bisher nur moderate Änderungen zu (vgl. Schulz 2017). Spannungen zwischen diesen Akteurinnen und Akteuren ergeben sich aus deren Eigenlogik sowie den unterschiedlichen Funktionen und damit einhergehenden Handlungsformen (vgl. Diedrich 2020). Trotz der inzwischen großen Aufmerksamkeit für die Schulaufsicht sind die theoretische Aufarbeitung und empirische Erfassung schulaufsichtlicher Strukturen noch nicht weit fortgeschritten (vgl. Klein/Bremm 2020).

Dabei besteht die Gefahr eines sich selbst verstärkenden Mechanismus im Mehrebenensystem schulischer Steuerung: Starre Strukturen ziehen Personen in Führungspositionen an, die wiederum in ihren Führungsrollen – ob in der Regierung, Schulleitung oder in Schulbereichen – solche Führungskräfte bevorzugen, die starre Strukturen schätzen. Dieses gilt insbesondere dann, wenn die Rekrutierung von Führungspersonen nicht über valide Auswahlinstrumente erfolgt. Daher ist ein Blick auf rechtliche Regelungen nicht ausreichend, sondern muss durch kulturelle Betrachtungen flankiert werden.

Notwendig erscheint vor diesem Hintergrund ein Prozess systematischer Entwicklung der Schulaufsicht. Schulaufsichtliche Strukturen und Prozesse werden im Regelfall nicht als Gegenstand eines Veränderungsmanagements gesehen. So existiert in Deutschland generell kein Qualitätsmanagement für die Schulaufsicht – wohl aber eine Pflicht für die beruflichen Schulen im Aufsichtsbereich der Schulaufsicht. Eine Ausnahme stellen die neuen schulaufsichtlichen Strukturen und Prozesse in der Folge der Bildungsreform in Österreich (vgl. BMBWF 2019) dar. Ein umfassendes Qualitätsmanagement beruflicher Schulen sollte mit Blick auf das Mehrebenensystem beruflicher Bildung auch die Ebene der Schulaufsicht berücksichtigen (vgl. Wilbers 2024).

Autonomie beruflicher Schulen. Das Versprechen einer erhöhten Autonomie beruflicher Schulen ist über 25 Jahre alt. Dessen Einlösung war immer wieder Gegenstand der Gutachten des AKTIONSRATS**BILDUNG**. Dabei wird im Gutachten „Bildungsautonomie“ des AKTIONSRATS**BILDUNG** (vgl. vbw 2010) auf verschiedene Sachbereiche der Schulautonomie hingewiesen, nämlich das pädagogische Profil und die pädagogische Arbeit der Schule („pädagogische Autonomie“), die innere Ordnung und Verwaltung des Schulbetriebs („Organisations- und Verwaltungsautonomie“), die Verantwortung für die Qualitätssicherung („Qualitätsautonomie“), die Verausgabung des verfügbaren Schulbudgets („Finanzautonomie“) sowie das Personalmanagement („Personalautonomie“). Im Schulrecht wird das Konzept in den Bundesländern sehr unterschiedlich, häufig unter der Bezeichnung „Selbständigkeit“ oder „Eigenverantwortung“ verankert. In einer rechtsvergleichenden Untersuchung werden 30 Elemente ausgemacht, die Schulautonomie in den Gesetzen indizieren und damit unterschiedliche Konfigurationen in den Ländern ermöglichen (vgl. Deutscher Bundestag 2020; Juranek 2019). Diese Vielfalt macht die unterschiedlichen empirischen Befunde zur Schulautonomie verständlich. Es lassen sich sehr unterschiedliche Begründungslinien für Schulautonomie ausmachen (vgl. Eurydice u.a. 2007). Schulautonomie erweist sich als polyvalentes Konzept und der empirische Forschungsstand zeigt eine gemischte Bilanz auf (vgl. Altrichter u. a. 2016). Der Vergleich der Bundesländer, Schularten und der internationale Vergleich des aktuellen Standes der Autonomie deutscher Schulen fällt schwer, und es liegen keine belastbaren empirischen Daten vor. An der internationalen Erhebung „Teaching and Learning International Survey" (TALIS) 2018, die hier wertvolle Erkenntnisse gebracht hätte, beteiligte sich Deutschland nicht. Mit Blick auf die Operationalisierung von Schulautonomie in dieser Erhebung in den verschiedenen Dimensionen (Staffing, Budget, School Policies, Curriculum and Instruction) dürfte der Grad der Autonomie deutscher Schulen weit von den Spitzenplätzen entfernt sein (vgl. OECD 2019; 2020).

Veränderte Rolle der Schulleitung. Die Steuerung von Schulen beziehungsweise die Schulautonomie ist mit einer veränderten Rolle von Schulleitung verbunden. Eine Fülle „neuer" Führungsmodelle wird in der Wissenschaft, aber auch in der Praxis diskutiert – vornehmlich noch in Unternehmen, zum Teil aber auch in Schulen. Sie wollen auch Antworten geben auf die veränderten Ansprüche neuer Generationen von Beschäftigten und Bedingungen einer von der Merkmalen „Volatility", „Uncertainty", „Complexity", „Ambiguity" (VUCA) gekennzeichneten Welt. Dazu zählen etwa agile Führungsinstrumente oder Modelle der Selbstführung, wie sie im Gutachten „Führung, Leitung, Governance: Verantwortung im Bildungssystem" des AKTIONSRATS**BILDUNG** (vgl. vbw 2021) erläutert werden. Besondere Innovationsbedarfe – etwa die Digitalisierung – führen zu spezifischen Führungsmodellen, beispielsweise Digital Leadership in den ergänzenden Empfehlungen der KMK (2021c) zur KMK-Strategie „Bildung in der digitalen Welt" (vgl. KMK 2016). Die sich lange Zeit ausschließlich auf die Person der Schulleiterin beziehungsweise des Schulleiters konzentrierende Führungsvorstellung wandelt sich unter der Vorstellung einer „distributed leadership" (vgl. Wilbers u. a. 2024; Wu/Cormican/Chen 2020). Dieses würde unter anderem zur Berücksichtigung der Teamebene in Qualitätsmanagementsystemen führen, was jedoch bislang die Ausnahme darstellt (vgl. Wilbers 2021). Insgesamt sind neue Führungsmodelle für berufliche Schulen bislang wenig reflektiert.

5.2.3 An das Bildungspersonal

Erwartung der Handlungsorientierung. Seit Ende der 1990er Jahre ist die Erwartung, dass die Berufsbildungspraxis, sowohl in Betrieben als auch in Schulen, handlungsorientiert gestaltet wird. Für die Berufsschulen wurde dabei das Lernfeldkonzept entwickelt, das im Unterricht zur Arbeit mit Lernsituationen führt. In Betrieben wurden handlungsorientierte Ausbildungsordnungen verankert, die zu handlungsorientierten Ausbildungsmethoden führen. Dieses bedeutet tiefgreifende Möglichkeiten zur Förderung des sozialen Zusammenhalts in Schule und Betrieb (vgl. vbw 2024).

Die normative Erwartung der Handlungsorientierung und damit an das Zusammenwirken des Bildungspersonals nach dem Prinzip der Konnektivität der Berufsbildung lässt sich dabei mit dem relativ neuen Konzept kooperativer Professionalität beschreiben. Kooperative Professionalität meint dabei nicht nur die professionelle Zusammenarbeit, sondern darüber hinaus in Anlehnung an das englischsprachige Konzept des „collaborative professionalism" intensive Dialoge für eine bessere professionelle Praxis (vgl. Klopsch/Sliwka 2021b). Schulen werden entworfen als „Ökosysteme des Lernens und der Innovation" (Klopsch/Sliwka 2021a, S. 9). „Collaborative professionalism is about how teachers and other educators transform teaching and learning together to work with all students to develop fulfilling lives of meaning, purpose, and success. It is organized in an evidenceinformed, but not data-driven, way through rigorous planning, deep and sometimes demanding dialogue, candid but constructive feedback, and continuous collaborative inquiry" (Hargreaves/Connor 2018, S. 3). So wurden in beruflichen Schulen im Zuge der Implementierung des Lernfeldkonzepts Instrumente wie die didaktische Jahresplanung eingeführt.

Aktueller Stand eigenverantwortlichen Lernens an beruflichen Schulen. Ob diese klare, in den Ordnungsunterlagen der Berufsbildung inzwischen fast flächendeckend verankerte Erwartung Realität ist, erscheint in mehrfacher Hinsicht fraglich. Zunächst liegen dazu kaum belastbare empirische Befunde vor und episodische Eindrücke lassen daran zweifeln. Außerdem dürfte die Entwicklung der handlungsorientierten Unterrichtsqualität an der jeweiligen Schule nicht flächendeckend – etwa im Rahmen interner Evaluation beruflicher Schulen – beobachtet (Monitoring) und damit einer systematischen Entwicklung zugänglich gemacht werden. Weiterhin sind diese normativen Erwartungen von der Bildungspolitik nicht professionell implementiert worden. Fraglich ist insbesondere, ob die Aus- und Weiterbildung von Lehrkräften die notwendigen Kompetenzen vermitteln. Das Lernen mit Lernsituationen ist eine Methode selbstregulierten Lernens (vgl. Zimmerman 2002). Diese steht in der Gefahr, Lernende zu überfordern (vgl. Wirth u. a. 2020). Daher sind verschiedene Formen der Entwicklung von Selbstregulationskompetenzen notwendig (vgl. Dignath/Veenman 2021). Als zentraler Faktor erweist sich dabei die Kompetenz der Lehrkraft selbst (vgl. Karlen u. a. 2024). Darüber hinaus sind seit Verlautbarung dieser Erwartungen die Rahmenbedingungen einer professionellen Kooperation nicht angepasst worden. Im Gegenteil: Arbeitszeit- und Einsatzmodelle für Lehrkräfte, Anreizsysteme (etwa Beförderungen) und Führungsinstrumente (z. B. Mitarbeitergespräche) sind auf einzelne Lehrkräfte zentriert, das heißt individuen- und nicht teamorientiert. Dieses konserviert Vorstellungen von Schulen als pyramidalen Organisationen (vgl. vbw 2021). Außerdem fehlen eine (Daten-)Infrastruktur und eine soziale Praxis, die Leitvorstellungen wie „collaborative inquiry" (vgl. Donohoo/Velasco 2016) – also einer Schulentwicklung durch Lehrkräfte „von unten" – unterstützt.

5.2.4 An die Lernenden in Schule und Betrieb

Abstrakte Berufsschulpflicht. Lernende in der Berufsbildung werden von der Berufsschulpflicht selbst in die Pflicht genommen. Grundsätzlich kann unterschieden werden zwischen einer konkreten Berufsschulpflicht im Falle eines Berufsschulbesuchs im Rahmen eines dualen Ausbildungsverhältnisses und einer in der Literatur so genannten abstrakten Berufsschulpflicht in dem Falle, dass kein Ausbildungsverhältnis besteht (vgl. Mirbach 2002). In anderen Nationen werden diese Sachverhalte getrennt rechtlich geregelt. So ist beispielsweise in Österreich neben das Schulpflichtgesetz im Zuge der „AusBildung bis 18" (vgl. Steiner 2019) das Ausbildungspflichtgesetz getreten.

Die abstrakte Berufsschulpflicht greift bei Personen, die keine Ausbildung im dualen System und auch keine weiterführende Schule absolvieren. Mit Blick auf den Übergang von der Schule in den Beruf kann es sich dabei um Jugendliche handeln, die in das Übergangssystem eintreten. Im Gutachten „Bildung und berufliche Souveränität" des AKTIONSRATS**BILDUNG** (vgl. vbw 2023) wird ausführlich dargelegt, dass es sich um sehr vielgestaltige Angebote handelt, und es wurden auch mannigfaltige Empfehlungen zur Weiterentwicklung dieses Teils der Berufsbildung ausgesprochen.

Lernende mit unklaren Anschlussperspektiven. Eine besondere Herausforderung sind (nicht mehr berufsschulpflichtige) Personen, deren Anschlussperspektiven nach einem Abschluss oder nach einem Abbruch unklar bleiben und die damit möglicherweise zu NEETs werden. So ist beispielsweise in Bayern eine Person vom Besuch der Berufsschule befreit, wenn der mittlere Schulabschluss erreicht wurde (Artikel 39, 3.5 BayEUG). Damit ist jedoch keineswegs gesagt, ob diese Person eine Anschlussperspektive hat oder als ungelernte Person mit entsprechenden Arbeitsmarktrisiken in den Arbeitsmarkt eintritt, so dass eine gezielte Ansprache unter dem Gesichtspunkt einer Verpflichtung notwendig sein könnte. Durch die föderale Struktur liegt jedoch die Zuständigkeit für die Schulen und Hochschulen bei den Ländern, während die Berufsberatung am Übergang von der Schule in den Beruf Aufgabe des Bundes ist, und zwar der Bundesagentur für Arbeit. In der Vergangenheit bereitete schon der Datenaustausch Probleme, so dass Personen – administrativ – aus den jeweiligen Systemen fielen und ihr Verbleib ungeklärt blieb. Daher wurde in den letzten Jahren die Möglichkeit eines Datenaustausches zwischen beteiligten Akteurinnen und Akteuren geschaffen beziehungsweise verbessert. Dazu wurden auf der Bundesebene eine sogenannte Schülerdatennorm (SDN) und die Möglichkeit der Weitergabe und des Empfangs von Daten verankert. Die Agenturen für Arbeit und im Rahmen der Rückübermittlung eine Landesstelle (z. B. eine Sozialbehörde) können so Jugendliche identifizieren und Kontakt mit ihnen aufnehmen.

Dieser Datenaustausch erforderte gesetzliche Grundlagen, und zwar auf der Bundesebene und der Landesebene. Daher wurde auf der Bundesebene der § 31a im Sozialgesetzbuch, Drittes Buch (SGB III) geschaffen. Die Länder mussten entsprechende landesgesetzliche Regelungen schaffen. In Bayern erfolgte beispielsweise eine Änderung des Bayerischen Gesetzes über das Erziehungs- und Unterrichtswesen (BayEUG) und des Gesetzes zur Ausführung der Sozialgesetze (AGSG). In Nordrhein-Westfalen wurde hingegen das Gesetz zur Übermittlung von Schülerinnen- und Schülerdaten am Übergang von der Schule in den Beruf (Schülerinnen- und Schülerdatenübermittlungsgesetz NRW) verabschiedet. Eine technisch sichere sowie datenschutzkonforme Möglichkeit zum Austausch der Schülerdaten bietet hierbei die Übertragungslösung der Schülerdatennorm (SDN). Für bayerische Schulen wurde beispielsweise in der IT der amtlichen Schulverwaltung (ASV) der Export gemäß der Schülerdatennorm technisch ermöglicht. Der so generierte Datensatz kann datenschutzkonform der Bundesagentur für Arbeit zugeleitet werden.

Das SGB III formuliert das Kriterium „keine konkrete berufliche Anschlussperspektive“. Dieses zu beurteilen ist im Einzelfall nicht trivial. Gleichwohl wird durch die Prozesse im Kontext der Schülerdatennorm (SDN) die rechtskreisübergreifende Zusammenarbeit am Übergang von der Schule in den Beruf deutlich unterstützt. Allerdings steckt diese rechtskreisübergreifende Zusammenarbeit noch in den Kinderschuhen. Vor diesem Hintergrund sind Pilotprojekte, Evaluationen und anschließende Revisionen notwendig. Dabei wäre insbesondere zu überprüfen, ob die vergleichsweise unverbindliche Ansprache der Jugendlichen revisionsbedürftig und ein weiterer Datenfluss, insbesondere zur Jugendhilfe, zu verstärken wäre.

Schulabsentismus an beruflichen Schulen. Auch Schülerinnen und Schüler können sich der Schulpflicht entziehen. Schulversäumnisse können legitim sein, etwa aufgrund von Krankheit oder Beurlaubung, oder aber illegitim. Die Abgrenzung ist – etwa bei fingierten Krankmeldungen – in der Schulpraxis nicht immer einfach. Illegitime Versäumnisse werden in der Literatur als Schulabsentismus (school absenteeism) begriffen. Dabei ist es üblich, drei Formen zu unterscheiden, nämlich das Schulschwänzen (truancy), die angstbedingte Schulverweigerung (school refusal) und das sogenannte Zurückhalten, vor allem durch Eltern (parental-condoned absence, parental-withholding). Schulschwänzen ist dabei von den Lernenden selbst initiiert, erfolgt ohne Einverständnis der Eltern und nicht angstbedingt. Es besteht darin, den Schulbesuch durch angenehmer erscheinende Alternativen zu ersetzen, etwa Schlafen, Peers treffen oder Shoppen. Beim Zurückhalten werden Lernende von Eltern von der Schule ferngehalten, etwa um sich um Familienmitglieder zu kümmern, in der Familie andere Aufgaben zu übernehmen oder die Zeiten vor oder nach den Schulferien für Urlaub zu nutzen (vgl. Galloway 1985, S. 21ff.; Ricking 2023, S. 7ff.; Rogge/Koglin 2018). Für Schulabsentismus sind mehrere Faktoren verantwortlich. Werden die vorhandenen empirischen Befunde auf berufliche Schulen adaptiert und ergänzt, lassen sich verschiedene Gruppen von Risikofaktoren auf der Mikro-, Meso- und Makroebene ausmachen.

Makroebene	**Gesellschaftliche Faktoren** – Arbeits-/Ausbildungsmarktbedingungen – Sozialsystem, Leistungserwartungen – …		
Mesoebene	**Schule** (→ mangelhafte Prävention und Intervention) – Negatives Schulklima – Unzureichende Führungsverantwortung – …	**Betriebe u. a.** (→ betriebliche Zurückhaltung) – Niedrige Ausbildungserwartungen – Mangelhafte Lernortkooperation – …	**Eltern, Peers u. a.** (→ elterliche Zurückhaltung) – Geringe Erwartungshaltung – „Hochrisiko“-Peergroup – …
Mikroebene	**Lernende** (→ Schwänzen, Verweigerung) – Risikobehaftetes Sozialverhalten – Starke außerschulische Aktivitäten – …	**Lehrkraft** (→ mangelhafte Prävention und Intervention) – Negatives Lernklima – Mangelhafte Klassenführung – …	

Abbildung 16: Risikofaktoren für Schulabsentismus (eigene Darstellung)

Gesicherte empirische Befunde zum Umfang von Schulabsentismus, vor allem der unterschiedlichen Formen, liegen für die Berufsbildung nicht vor. Es scheint sich um kein allgemein verbreitetes Problem zu handeln, kann in einzelnen Bereichen jedoch die Qualität der Berufsbildung deutlich beeinträchtigen.

Schulabsentismus bekämpfen. Vor diesem Hintergrund scheint vor allem ein Verfolgen des Umfangs von Schulabsentismus (Monitoring beziehungsweise Fehlzeitmanagement) notwendig (vgl. Küppers/Reschke 2020). Dieses setzt schuleinheitliche Entschuldigungs- und Fehlzeitenregelungen, einen einheitlichen Weg zur Erfassung von Fehlzeiten, Transparenz gegenüber allen Beteiligten, Auswertungen der Daten auf Ebene der Klasse, des Bildungsgangs und der Schule, gegebenenfalls auch schulübergreifend in einem Schulverbund, sowie Prozesse für Folgemaßnahmen voraus (vgl. KM-BW 2021). Dabei sollten auch moderne Formen der Datengewinnung und -nutzung berücksichtigt werden (vgl. Kearney/Childs 2023). Insgesamt bietet sich das Fehlzeitenmanagement für eine datengestützte Schul- und Unterrichtsentwicklung an.

Entsprechend den unterschiedlichen Formen und der multifaktoriellen Bedingtheit von Schulabsentismus ist es wenig überraschend, dass rechtliche Maßnahmen, vor allem Bußgelder, Zwangsgelder oder zwangsweise Zuführung, nicht vielversprechend sind (vgl. Pendon 2016; Ricking 2023). Notwendig sind vielmehr umfassende Konzepte, die sowohl die Prävention als auch das Monitoring, die Datennutzung sowie die Intervention abdecken und dabei auf eine enge Zusammenarbeit mit anderen Akteurinnen und Akteuren setzen (vgl. Comly/Fontana/Shaw-Amoah 2020). Beispielhaft anzuführen sind die Richtlinien für den Umgang mit Schulpflichtverletzungen der Stadt Hamburg (2024b). Dort werden die Prozesse entlang eines Ampelprozesses strukturiert, der „Grün" (schulischer Alltag), „Gelb" (erste Häufungen und Muster von Fehlzeiten) und „Rot" (akuter und anhaltender Absentismus) vorsieht. Internationale Best-Practice-Ansätze, vor allem der britische Ansatz des Department for Education (vgl. DfE 2024), stellen die Bekämpfung von Schulabsentismus als Aufgabe der gesamten Schule und ihrer Umwelt dar und betonen die Rolle eines Monitorings der Anwesenheit nahezu in Echtzeit (vgl. OECD 2024b).

5.3 Handlungsempfehlungen

5.3.1 An das Berufsbildungssystem

Unterrichtsversorgung transparent machen und verbindlich durch Fachkräftegewinnung und Personalentwicklung sicherstellen. Der Staat muss verbindlich eine angemessene Unterrichtsversorgung an beruflichen Schulen gewährleisten, und zwar sowohl qualitativ als auch quantitativ. Zum Monitoring sollten die Bundesländer eine einheitliche Erfassung der relevanten Konzepte, einen verbindlichen Modus der Erhebung – unter Berücksichtigung der amtlichen Schulverwaltungssoftware – und eine zielführende Aufbereitung und Bereitstellung der Daten vereinbaren. Die Länder sind in der Pflicht, Strategien für die Personalengpässe in beruflichen Schulen vorzulegen, umzusetzen und zu evaluieren. Dabei können duale Studienstrukturen, die Ausweitung pädagogischer Assistenzen und multiprofessioneller Teams ein starker Hebel sein.

Pädagogisches Personal in der Berufsbildung diversifizieren. Neben der Lehrkraft sollten Assistenzkräfte an Schulen eingesetzt werden. Außerdem sollten multiprofessionelle Teams breiter verankert werden. Sie adressieren die von Lehrkräften an beruflichen Schulen am größten erlebten beruflichen Herausforderungen und sollten daher breiter implementiert werden.

Rahmenbedingungen adaptiven beruflichen Lernens herstellen. Die Länder müssen Standards für Basiskompetenzen an beruflichen Schulen ausformulieren und für verbindlich erklären, Instrumente zum Screening und Monitoring bereitstellen sowie „Programm“-Mittel für die Prävention, Förderung und Intervention für unzureichende Basiskompetenzen und lernerfolgsgefährdende Verhaltensweisen bereitstellen. Außerdem sind Möglichkeiten zur Flexibilisierung der Lernzeiten zu stärken.

System adaptiver Unterstützung autonomer Schulen durch eine neue Rolle der Schulaufsicht verankern. Für die Unterstützung der Schulen durch die Schulaufsicht sind berufsbildungsspezifische Steuerungs- und Unterstützungsmodelle zu entwickeln, zu erproben und zu implementieren. Diese sollten die verschiedenen Ebenen der Berufsbildung integral betrachten. Dazu ist es notwendig, die Steuerung beruflicher Schulen, insbesondere die Schulaufsicht, systematisch weiterzuentwickeln. Notwendig für die weitere Entwicklung der Governance beruflicher Schulen sind nationale und internationale Bestandsaufnahmen, Pilotprojekte, Evaluationen und systematische Revisionen.

Rahmenbedingungen für Handlungsorientierung und kooperative Professionalität an beruflichen Schulen schaffen. Für die schulische Umsetzung von Handlungsorientierung und kooperativer Professionalität sollten auf der Systemebene förderliche Strukturen geschaffen werden. Dazu müssen in enger Kooperation mit den beruflichen Schulen Piloten für Arbeitszeit- und Einsatzmodelle, Anreiz- und Führungsinstrumente entwickelt und rechtlich abgesichert werden. Dabei sollte die Perspektive vom Individuum zum Team gewechselt werden.

SDN-Prozesse weiterentwickeln. Zu den neuen Prozessen einer rechtskreisübergreifenden Zusammenarbeit beim Übergang von der Schule in den Beruf im Zusammenhang mit der Schülerdatennorm (SDN) gemäß SGB III sollten Erfahrungen ausgetauscht sowie Prozesse evaluiert und weiterentwickelt werden, vor allem mit Blick auf die nicht mehr berufsschulpflichtigen Personen.

Bund-Länder-Koordination verbessern. Frühere Instrumente der Koordination von Entwicklungen in den Ländern und auf Bundesebene (z. B. Bund-Länder-Kommission für Bildungsplanung und Forschungsförderung) wurden im Zuge der Föderalismusreform abgeschafft, ohne zugkräftige Nachfolge zu schaffen.

5.3.2 An die Bildungsinstitutionen

Berufliches Lernen an beruflichen Schulen datengestützt weiterentwickeln. Für die Förderung der Kompetenzen und die Sicherung angemessener Rahmenbedingungen des Lernens, z. B. durch regelgerechtes Verhalten oder Anwesenheiten, sind soziotechnische Infrastrukturen zu pilotieren, zu evaluieren und in der Breite zu implementieren. Die Unterrichtsentwicklung sollte dabei evidenzbasiert erfolgen.

Schulabsentismus und lernerfolgsgefährdende Verhaltensabweichungen schulweit bekämpfen. Berufliche Schulen sollten flächendeckend ein System für den Umgang mit Schulabsentismus implementieren, das sowohl die Prävention als auch das Monitoring und die Intervention berücksichtigt. Analoges gilt für ein Verhalten von Schülerinnen und Schülern, das den Lernerfolg gefährdet. In beiden Fällen sollten berufliche Schulen den Schulterschluss mit Ausbildungs- und Praktikumsbetrieben, den jeweils zuständigen Einrichtungen der Jugendhilfe, den lokalen Jugendberufsagenturen sowie den zivilgesellschaftlichen Akteurinnen und Akteuren suchen.

5.3.3 An die Bildungsakteurinnen und Bildungsakteure

Eigenverantwortliches berufliches Lernen stärken. Die curricularen Ansprüche der Handlungsorientierung und kooperativen Professionalität müssen flächendeckend umgesetzt werden. Die Umsetzung von Handlungsorientierung und kooperativer Professionalität sollte durch die Schulen selbst einem schulischen Monitoring im Qualitätsmanagement zugeführt werden. Zur Unterstützung von Folgemaßnahmen braucht es ein darauf optimiertes Unterstützungssystem.

Basale Kompetenzen fachintegriert mit verbindlichen Standards, Screening und Monitoring auf mehreren Ebenen fördern. Analog dem Vorbild der berufssprachlichen Förderung und dem Modell MTSS müssen für alle basalen Kompetenzen und ausgewählte Verhaltensbereiche Standards entwickelt, Screening- sowie Monitoring-Instrumente bereitgestellt, Förder- und Interventionsstrategien und -instrumente ausgebildet und eine soziotechnische Infrastruktur entwickelt werden. Lernzeiten sollten flexibilisiert und im Bedarfsfall verbindlich ausgedehnt werden. Außerdem sollte erwogen werden, in welchen Bereichen Screenings und Förderungen rechtlich verbindlich erklärt werden sollten.

6 Hochschule

6.1 Verbindlichkeit – Status quo

Schulleistungsstudien wie PISA zeigen in den letzten Jahren deutlich abnehmende Fähigkeiten von Schülerinnen und Schülern der Sekundarstufe in grundlegenden Kompetenzdomänen (vgl. OECD 2023a; Köller 2024). Was bedeutet das für die Hochschulen in Deutschland? Können Leistungsdefizite in der Primar- und Sekundarstufe über die Schullaufbahn hinweg noch aufgeholt werden oder schlagen sich die sinkenden Leistungen auch in der Hochschule nieder? Wie kann einem möglichen Kompetenzrückgang an der Hochschule begegnet werden?

Der Anteil der Personen, die eine Hochschulzugangsberechtigung erwerben, ist in jüngeren Geburtskohorten deutlich höher als in älteren (vgl. Schindler 2014, S. 35). Dieses ist nicht nur eine Folge der wachsenden Zahlen an Schülerinnen und Schülern von allgemeinbildenden Gymnasien, sondern geht auch auf die Strukturreformen der Sekundarstufe in den Bundesländern zurück. Es wurden neue Wege in die Hochschule, z. B. über berufliche Gymnasien und integrierte Gesamtschulen, geschaffen und die Möglichkeit der Hochschulzugangsberechtigung über berufliche Ausbildungen eingeführt. Dadurch ist die Studierendenschaft heute in vielfacher Hinsicht deutlich diverser als vor Jahrzehnten (vgl. Rheinländer 2015). Mit der Expansion stellt sich die Frage, ob die Studierfähigkeit – verstanden als Kombination aus kognitiven Fähigkeiten und motivationalen Faktoren – im Durchschnitt im Lauf der Zeit abgenommen hat und wie wichtig die schulisch erworbenen Kompetenzen für die Studierfähigkeit sind (vgl. Köller 2013). An Auswertungen zum Zusammenhang zwischen dem Leistungsniveau in den Bundesländern und dem Expansionsgrad des Gymnasiums lässt sich erkennen, dass das mittlere Leistungsniveau in Gymnasien niedriger ist, je höher die Anteile der Alterskohorten sind, die ein Gymnasium besuchen (vgl. Köller 2013, S. 28). Die Ergebnisse verschiedener Schulleistungsstudien der Sekundarstufe II zeigen, dass sich die Mathematik- und Englischleistungen erheblich zwischen den Schularten unterscheiden (vgl. Köller 2013), so dass die größere Diversität der Hochschulzugänge auch eine größere Streuung in den Kompetenzen von Studierenden erwarten lässt.

Wenn hohe Anteile eines Altersjahrgangs eine Hochschulzugangsberechtigung erwerben, ist die Zahl der Personen an Hochschulen, die eine geringe Studierfähigkeit aufweisen, höher. Doch was ist unter Studierfähigkeit genau zu verstehen? Die Forschung unterscheidet kognitive und nicht-kognitive Dimensionen (vgl. Metaanalysen von Braun u. a. 2021). Zu den kognitiven Dimensionen zählen die informationsverarbeitenden Prozesse und Strukturen, wie Prozesse des Lernens, der mentalen Repräsentation und Abrufbarkeit von Wissen sowie Entscheidungsprozesse. Die kognitive Dimension umfasst also intellektuelle und analytische Fähigkeiten. Braun u. a. (2021) stellen fest, dass die Vergabe von Studienplätzen zum überwiegenden Teil auf der Basis kognitiver Merkmale (Intelligenz, studienfachbezogenes Wissen) erfolgt, während nicht-kognitive Dimensionen selten berücksichtigt werden, was auch einen Teil der Probleme im Studium und Studienabbrüche erklären könnte. Nicht-kognitive Elemente beinhalten Persönlichkeitsmerkmale, motivational-affektive und soziale Merkmale, wie z. B. die Fähigkeit, mit anderen zu kommunizieren (Braun u. a. 2021). Unter den studienrelevanten nicht-kognitiven Merkmalen werden in der Forschung besonders fachspezifische Interessen und Gewissenhaftigkeit herausgehoben. Darüber hinaus ist in der heutigen Studierendenpopulation eine zunehmende Diversität nach soziodemografischen Merkmalen zu erwarten, die andererseits jedoch geeignet erscheint, die Ungleichheit der Bildungschancen zu verringern – insbesondere, wenn es den bisher weniger repräsentierten Gruppen gelingt, ein Studium erfolgreich aufzunehmen und abzuschließen, wodurch weitere, gut ausgebildete Fachkräfte für den Arbeitsmarkt gewonnen werden können.

Die Annahme abnehmender Studierfähigkeit wird allerdings durch die Beobachtung infrage gestellt, dass sich die an Hochschulen vergebenen Noten im Zuge zyklischer Fluktuationen seit den 1960er Jahren deutlich verbessert haben, ein Phänomen, das unter dem Begriff „grade inflation“ diskutiert wird (vgl. Müller-Benedict/Gaens 2020). Dabei gibt es erhebliche und über die Zeit stabile Unterschiede zwischen den Fächern und Hochschulen. Auf der Suche nach Erklärungen konnte allerdings nur in wenigen Fächern gezeigt werden, dass Faktoren wie das Alter der Studierenden und die unterschiedliche Bildungsnähe der Elternhäuser zumindest eine geringe Rolle spielen, wohingegen der gestiegene Frauenanteil keinen Einfluss hat. In einigen Fächern (Mathematik, Psychologie und VWL) hängt die Benotung von der Arbeitsmarktsituation ab, was dadurch erklärt werden kann, dass Studierende je nach wirtschaftlicher Lage mehr oder weniger Zeit und Mühe in ihr Studium investieren: In Zeiten mit wenigen offenen Stellen werden die Noten besser, in Zeiten mit einem guten Jobangebot schlechter. In Chemie und BWL wirkt sich die Zahl der abgelegten Prüfungen pro Jahrgang negativ auf die Noten aus. Ein Gegenbeispiel ist das Studienfach Biologie, in dem sich die Noten mit der Zahl der Prüfungen verbessern (vgl. Gaens/Müller-Benedict 2017; Gaens 2018). Der Bologna-Prozess führte dazu, dass die Universitäten beim Bachelor entgegen dem langjährigen Trend schlechtere Noten vergeben, die Hochschulen für angewandte Wissenschaften (HAW) allerdings bessere Noten als davor – vermutlich, weil deren Abschlüsse nun mit den universitären Abschlüssen formal gleichgestellt sind, so dass an Universitäten strengere Maßstäbe angelegt wurden (vgl. Grözinger 2017). Eine empirische Studie, die die Einflussfaktoren auf die Noten im Studium untersucht, kommt zu dem Ergebnis, dass sowohl im Bachelor- als auch im Masterstudium die schulischen Leistungen, motivationale Faktoren und Studienziele sowie akademische Kompetenzüberzeugungen relevant sind (vgl. Schlücker/Schindler 2019). Studienfertigkeiten haben einen moderaten und soziale Integration hat einen geringen Einfluss auf die Studiennoten. Interessanterweise gibt es ein ähnliches Phänomen der „grade inflation" bei den Abiturnoten: Von 1970 bis 2010 haben sich die Durchschnittsabiturnoten von Studierenden von 2,7 auf 2,1 verbessert (vgl. Grözinger/Baillet 2015; für die weitere Entwicklung in den Jahren 2013 bis 2023 siehe auch Abbildung 5, S. 41). Studierende haben im Durchschnitt bessere Abiturnoten als diejenigen Abiturientinnen und Abiturienten, die kein Studium aufnehmen, so dass die Durchschnitte aller Abiturientinnen und Abiturienten über die Jahre etwas schlechter sind als die in dieser Studie zu Studierenden berichteten Werte.

Auch ein Studienabbruch kann als Indikator für (fehlenden) Studienerfolg herangezogen werden. In Deutschland brechen im Schnitt knapp 30 Prozent der Studienanfängerinnen und Studienanfänger ihr Studium ab (vgl. Heublein/Hutzsch/Schmelzer 2022). Die Zahlen sind an Universitäten deutlich höher als an Hochschulen für angewandte Wissenschaften. Zwar sind nicht alle Studienabbrüche auf Leistungsdefizite zurückzuführen, trotzdem ist eine Fehlallokation von Zeit sowohl individuell als auch gesellschaftlich problematisch. Herkunftsspezifisch höhere Abbruchraten von Studierenden aus bildungsfernen Familien lassen sich auf Leistungsunterschiede, die häufigere Wahl bestimmter Wege an die Hochschule (bei nicht-gymnasialen Zugangswegen höhere Abbruchraten) und Probleme in der Studienfinanzierung zurückführen (vgl. Isleib 2019). Dass Studierende aus nicht-akademischen Elternhäusern häufiger Hochschulen für angewandte Wissenschaften wählen, reduziert hingegen ihre Abbruchrate. Darüber hinaus brechen Männer häufiger ab als Frauen, Bachelorstudierende häufiger als Masterstudierende, Studierende einiger Fächergruppen, z. B. MINT, häufiger als solche der Rechts-, Wirtschafts- und Sozialwissenschaften. Studierende mit hoher sozialer und akademischer Integration, mit hoher Finanzierungssicherheit, aber auch diejenigen, die neben dem Studium erwerbstätig sind, brechen seltener ab (vgl. Isleib 2019). Aus diesen empirischen Ergebnissen kann gefolgert werden, dass der Studienerfolg von vielen externen Faktoren abhängt und nur zum Teil von der Studierfähigkeit und dem Kompetenzniveau der Studierenden. Dennoch stellt sich die Frage, wie sich Studierfähigkeit und Kompetenz verbessern lassen, um Studienabbrüche zu vermeiden und Studienerfolge zu optimieren.

Bedeutung von Verbindlichkeit in der Hochschule. In einem Plädoyer für die Förderung einer „innovativen Universität", die Forschung, Lehre und Transfer vereint, fordern Poetzsch-Heffter und Wehn (2018, S. 77) „(...) mehr Verbindlichkeit zwischen Studierenden und Universitäten. Das beginnt mit einer leistungsorientierten Auswahl der Studierenden und der Vereinbarung von Rechten und Pflichten". Zudem seien bessere Betreuungsrelationen, mehr selbständige Aktivitäten der Studierenden und eine gelebte Gemeinsamkeit aller Universitätsmitglieder in einer innovativen Universität mit Raum für Experimente erforderlich (vgl. Poetzsch-Heffter/Wehn 2018, S. 77). Klare Anforderungen, Transparenz und Verlässlichkeit schaffen diesem Argument zufolge Verbindlichkeit, stärken die Verantwortungsübernahme auf Seiten der Lehrenden und der Studierenden. Mehr Verbindlichkeit wird hierbei nicht nur als eine Konkretisierung oder Verschärfung von Regelungen verstanden. Sie wird auch über eine soziale Dimension, nämlich die Schaffung von interpersonaler Bindung durch eine stärkere soziale und akademische Integration hergestellt. Durch Face-to-face-Kontakte unter Studierenden oder zwischen Studierenden und Lehrenden entsteht nicht nur Empathie oder Identifizierung mit der Hochschule, sondern auch soziale Kontrolle, die in Sanktionen münden kann und die Durchsetzung von Regelungen und damit die Verbindlichkeit stärkt.

Zunächst gilt es zu klären, in welchen Dimensionen sich Verbindlichkeit im Studium ausdrückt. In der Hochschulforschung spielte der Aspekt der Verbindlichkeit im Studium bisher eine untergeordnete Rolle. Daher ist zu fragen, welche Merkmale und Charakteristika eines Studiums Verbindlichkeit beeinflussen. Abbildung 17 gibt einen Überblick zu den verschiedenen Ebenen, die im Folgenden betrachtet werden:

Abbildung 17: Dimensionen von Verbindlichkeit in der Hochschule (eigene Darstellung)

Zugangsbedingungen. Die jeweiligen Zugangsbedingungen zu den Studienfächern stehen in einem Zusammenhang mit Verbindlichkeit. Ist der Zugang durch einen bundesweiten oder zumindest lokalen Numerus clausus begrenzt oder findet ein selektiver fachspezifischer Auswahltest statt, ist die Verbindlichkeit des Studiums höher als bei einem freien Zugang. Studierende, die sich für ein zulassungsbeschränktes Fach bewerben, dürften durchschnittlich eine höhere Motivation haben, das Studium erfolgreich abzuschließen. Die Gründe könnten sein, dass Studierende selbst soziale Verantwortung bei der Inanspruchnahme des knappen Gutes Studienplatz empfinden oder dass soziale Kontrolle zu negativen Sanktionen führt, wenn jemand sich ohne Studienabsicht in ein „knappes" Fach einschreibt.

Akademisches Lernen und Lehren. Ein zentraler Mechanismus zur Schaffung von Verbindlichkeit in der Hochschule ist die akademische Lehre beziehungsweise das Lernen an der Hochschule. Die Hochschuldidaktik, die sich mit den Bedingungen und Methoden einer erfolgreichen Lehre befasst, hat sich in den letzten Dekaden enorm entwickelt (vgl. Tremp/Eugster 2020). Moderne hochschuldidaktische Ansätze betonen den „shift from teaching to learning", was bedeutet, dass nicht die Lehre per se, sondern die Lernprozesse bei Studierenden in den Fokus gestellt werden sollen (vgl. Barr/Tagg 1995). Dabei wird eine Vielzahl an Ansätzen diskutiert und für eine strukturelle Verankerung der Hochschuldidaktik an den Hochschulen geworben (vgl. Wildt 2013; Tremp/Eugster 2020). Die „forschende Lehre" beziehungsweise das „Scholarship of Teaching and Learning" betont eine begleitende Beforschung der eigenen Lehre (vgl. Fahr u. a. 2022). Aktivierende Lehrmethoden und interaktive Lehre wie die Integration von Planspielen (vgl. Goldmann u. a. 2020) können zu mehr Verbindlichkeit im Lehr-Lern-Prozess beitragen. Demgegenüber stärken Ansätze wie „forschendes Lernen" (Integration von Forschung in die Lehre; vgl. Wildt 2009; Hoffmeister/Koch/Tremp 2020; Geise 2021), „Service Learning" (Lernen in realen Praxisprojekten mit Partnern aus Non-Profit-Organisationen) oder „Hochschullernwerkstätten" (vgl. Schude/Bosse/Klusmeyer 2016; Holub u. a. 2021) die Interaktionen mit Lehrenden, anderen Studierenden oder mit Praxispartnerinnen und Praxispartnern. Durch Interaktion und persönliche Kontakte wird einerseits Verbindlichkeit gefördert. Andererseits sind diese Formate oft mit sich ausdifferenzierenden, zunächst unklaren oder konfligierenden Anforderungen verbunden, die Verbindlichkeit eher reduzieren könnten. Die entstehenden Irritationen werden insbesondere dann als störend erlebt, wenn ein oberflächliches Lernen stattfindet (vgl. Hinske/Paseka 2021).

Sehr ungünstig für die Schaffung von Verbindlichkeit in der Lehre ist (reine) Online-Lehre, weil die Kommunikation im Vergleich zur Präsenz auf wenige Kanäle beschränkt ist, ein Austausch unter Studierenden am Rande der Veranstaltung schwer bis unmöglich ist und Lerngruppen sich kaum selbsttätig organisieren können. Präsenzformate können besser genutzt werden, um soziale Kompetenzen und Resilienz zu stärken. Zudem können Studierende aus bildungsfernen Elternhäusern von Präsenzlehre möglicherweise mehr profitieren, so dass diese Lehrform auch zu mehr Bildungsgerechtigkeit beitragen könnte. Den Lehrenden gibt das Setting der Online-Lehre viel weniger Möglichkeiten, Lernerfolge direkt zu erleben oder die Wirkung der Präsentation von Inhalten zu beobachten. Zudem haben sie weniger Informationen über die Zusammensetzung der Studierendengruppe und dadurch kaum eine Chance, ihre Lehre an die Heterogenität der

Gruppe anzupassen. Die Studierenden können stärker abgelenkt sein und werden weniger zur aktiven Teilnahme an der Diskussion ermuntert. Teilweise sehen Studierende bei asynchroner Online-Lehre jedoch auch Vorteile, weil sie Videos wiederholt ansehen und im eigenen Lerntempo oder zu passender Zeit rezipieren können. Online-Lehre hat auch den Vorteil, besser mit der Lebensrealität junger Menschen vereinbar zu sein, wenn diese für das Studium nicht mehr ihren Heimatort verlassen müssen. Dieses könnte auch mit Blick auf den Personal- und Fachkräftemangel in ländlichen Regionen von Vorteil sein, da die Studierenden ihren Lebensmittelpunkt nicht in die Ballungsräume verlegen müssen, wo sich Hochschulstandorte typischerweise befinden.

Wenngleich Studierende erfolgreich gegen eine Präsenzpflicht an Hochschulen geklagt haben und digitale Angebote vielfältige Ressourcen und auch Interaktionsmöglichkeiten bieten, wird aus der Perspektive der Didaktik argumentiert, dass es über den Erwerb von Faktenwissen hinausgehende Inhalte und Fertigkeiten gibt, die nur in betreuungsintensiven Veranstaltungen mit Präsenz- und Mitarbeitspflicht gelehrt werden können (vgl. Erdfelder u. a. 2021). In Präsenzveranstaltungen können Probleme reflektiert und mit anderen Studierenden lösungsorientiert bearbeitet werden. Es findet eine Selbstreflexion des eigenen Wissenserwerbs statt. Studierende lernen die Befähigung zum wissenschaftlichen Diskurs, also die Befähigung, Inhalte zu präsentieren, zu kritisieren und zu verteidigen. Beispielsweise sind für das Studium der Psychologie das Einüben von Gesprächsführungstechniken und der Erwerb von Fähigkeiten zur wissenschaftlichen Verhaltensbeobachtung oder zur Durchführung von empirischen Forschungspraktika von Bedeutung, die Studierende nur in Präsenz grundlegend erfahren können (vgl. Erdfelder u. a. 2021).

Positiv zu bewerten sind die verschiedenen Lernmanagementsysteme (Moodle, Stud.IP und viele mehr) mit Blick auf die Schaffung von Verbindlichkeit. Sie schaffen Transparenz über den Ablauf und die Teilnehmenden, bieten Kursmaterialien und Literatur und umfassen zudem verschiedene Tools zur Organisation von Interaktionen. Noch weitgehender sind Learning-Analytics-Systeme (vgl. Sghir/Adadi/Lahmer 2022), die die Nutzung der Systeme tracken und die Aufgabenbearbeitung analysieren, um damit den Lernerfolg festzustellen. Die Nutzung von Learning Analytics könnte daher eine Möglichkeit sein, Verbindlichkeit im Lernprozess herzustellen, wenn die Ergebnisse der Analysen mit entsprechenden Reaktionen verbunden werden.

Studiengangübergreifende Betreuung und Beratung. Ein weiteres Feld, das mit Verbindlichkeit in Zusammenhang steht, ist die studiengangübergreifende Betreuung und Beratung von Studierenden mit ihren vielfältigen Angeboten. Relativ wenig verbreitet sind Frühwarnsysteme, die auf Basis von Studienverlaufsdaten identifizieren, welche Studierenden dem Studienplan „hinterherhinken", um sie durch individuelle Beratung und Förderung zu unterstützen oder Dozentinnen und Dozenten auf Lehrveranstaltungen oder Studiengänge mit hohen Anteilen von Problemfällen hinzuweisen und die Möglichkeit der Verbesserung der Studienbedingungen zu gewährleisten (vgl. Schulze-Stocker u. a. 2020).

Soziales Miteinander von Studierenden und Lehrenden. Im Zuge des Studiums kann sich Verbindlichkeit auf vielfältige Weise manifestieren. Ein wichtiger Aspekt liegt im sozialen Miteinander von Studierenden und Lehrenden.[16] Die Einbindung in Jahrgangskohorten, in Lern- und Studiengruppen, die Häufigkeit und Verbindlichkeit der Interaktion mit Lehrenden bis hin zu Anwesenheitserwartung oder -verpflichtung führen zu einer sozialen Kontrolle des Studienverhaltens, bewirken aber auch Gefühle der sozialen Integration und Zugehörigkeit und steigern dadurch die Motivation. Eine bessere und individualisierte Betreuung von Studierenden könnte die Studienleistungen fördern. Die Möglichkeiten und Strukturen zur Partizipation und Mitwirkung von Studierenden an der Gestaltung der Hochschule werden ebenfalls mit höherer Verbindlichkeit in Zusammenhang gebracht (vgl. Bargel 2000; Raffaele/Rediger 2021).

Prüfungen. Die Prüfungen an Hochschulen haben eine zentrale Bedeutung für die „Herstellung" von Bildungserfolg. Ihre Ausgestaltung ist geeignet, zu Verbindlichkeit beizutragen. Prüfungen übernehmen dabei verschiedene Funktionen: eine evaluative Funktion, wenn mit ihnen festgestellt wird, ob Studierende definierte Lernziele eines Studienabschnitts erreicht haben, eine Selektionsfunktion, wenn weitere Schritte vom Ausgang der Prüfung abhängen, sowie eine didaktische Funktion, wenn Prüfungsergebnisse den Studierenden Rückmeldungen über ihren Lernstand liefern (vgl. Döbler 2019). Schließlich nehmen sie auch eine allokative Funktion ein, da über die Verleihung des Abschlusses oder eines Zertifikats formale Zugangsmöglichkeiten auf dem Arbeitsmarkt entstehen. Prüfungen sind also eine wichtige Schlüsselstelle, an der Verbindlichkeit in der Kommunikation der Inhalte und Anforderungen sowie in der Durchführung offensichtlich wird. Die Prüfungsorganisation und die formale Gestaltung der Studien- und Prüfungsleistungen sind ein weiterer Faktor, der zu mehr oder weniger Verbind-

---

16 Vgl. auch das Gutachten „Bildung und sozialer Zusammenhalt" (vbw 2024).

lichkeit im Studium führt. Geringere Verbindlichkeit ist anzunehmen, wenn eine geringere Zahl an Teilprüfungsleistungen abzulegen ist, wenn das Thema der Abschlussarbeit frei wählbar ist, wenn es Wahlmöglichkeiten zur Art der Prüfungsleistung (schriftlich oder mündlich) und wenn es wenige festgelegte Pflichtmodule gibt. Auch die Zahl der Wiederholungsmöglichkeiten oder Freiversuche, sanktionslose Abmeldung von Prüfungsleistungen, fehlende Festschreibung einer Mindestzahl von Leistungspunkten pro Studienjahr oder fehlende Höchstdauer bis zur Erreichung aller Studienleistungen reduzieren die Verbindlichkeit der Prüfungsbedingungen.

Akkreditierung und Qualitätssicherung. Weitere Rahmenbedingungen, die für die Verbindlichkeit im Studium von Bedeutung sind, werden durch die Akkreditierung und Qualitätssicherung beeinflusst. Zur Sicherung der Qualität von Hochschullehre wurde in Deutschland ein System der Akkreditierung nach US-amerikanischem Muster implementiert. Neu gegründete private Hochschulen müssen, um äquivalente Abschlüsse anbieten zu können, zunächst vom Wissenschaftsrat anerkannt werden, bevor sie eine staatliche Anerkennung erwerben können. Darüber hinaus wurden Verfahren der Programmakkreditierung für Studiengänge implementiert. Seit 2011 wird die Programmakkreditierung teilweise durch die Systemakkreditierung als internes Qualitätssicherungskonzept der Hochschulen abgelöst, wobei beide auf dem Prinzip des Peer-Review anhand vorgegebener Kriterien beruhen.[17] In den Akkreditierungsverfahren werden verschiedene Aspekte der Studienganggestaltung und -ausstattung beziehungsweise die Prozesse und Maßnahmen der Qualitätssicherung bewertet, die insgesamt geeignet erscheinen, die Verbindlichkeit der Rahmenbedingungen für Studierende zu verbessern.

Bologna-Reform. Darüber hinaus sind im Zuge der Bologna-Reform weitere Maßnahmen eingeführt worden, die für die Verbindlichkeit der Studienstrukturen von Bedeutung sein können. Beispiele dafür sind die Modularisierung der Studieninhalte, die Einführung eines Systems zur An- und Umrechnung von Studienleistungen in Credits, die standardisierte Bewertung des Anforderungsniveaus an Studienleistungen mit Hilfe eines europäischen Qualifikationsrahmens, die Vereinheitlichung von Anforderungen über Module hinweg durch die Vorgabe von maximalen Workloads, die Forderung, dass Modulbeschreibungen konkrete Angaben wie Lernziele enthalten müssen, und die Ausformulierung von Standards und Leitlinien der Qualitätssicherung, die zu einem übergreifenden System

---

[17] Vgl. https://akkreditierungsrat.de/de/akkreditierungssystem/akkreditierungssystem.

der Qualitätsprüfung durch Akkreditierung führten (vgl. Döbler 2019). Bei einer Programmakkreditierung sind die Planungsunterlagen zunächst ausschlaggebend für ihre Bewertung. Bei einer Systemakkreditierung, die mittlerweile die Programmakkreditierung bei einem Teil der Hochschulen abgelöst hat, ist nicht das Programm selbst zentral, sondern das Qualitätssicherungssystem, ausgestaltet als permanenter Prozess von Feedback und Change. Zur Sicherung von Lehrqualität wurden institutionelle Angebote zur Lehr- und Lernbegleitung implementiert, symbolische Aktionen wie der „Tag der Lehre" eingeführt und ein formalisiertes Berichtswesen geschaffen, das regelmäßige Lehrevaluationen, fakultätsinterne Protokolle, Berichte des Studiendekanats und Selbstdokumentationen im Zuge der (Re-)Akkreditierungen von Studiengängen umfasst (vgl. Döbler 2019).

6.1.1 Umsetzungsstand von Reformempfehlungen

Zugangsbedingungen. In vielen grundständigen Studiengängen gibt es regionale oder bundesweite Zulassungsbeschränkungen aufgrund der zu hohen Nachfrage Studieninteressierter. Im Wintersemester 2023/2024 waren insgesamt knapp 38 Prozent aller Studiengänge in Deutschland zulassungsbeschränkt. An Hochschulen für angewandte Wissenschaften waren es etwas mehr als an Universitäten, bei Masterstudiengängen kaum mehr als bei Bachelorstudiengängen (vgl. CHE 2023). Für den Zugang zum Masterstudium ist gemäß den ländergemeinsamen Strukturvorgaben der Kultusministerkonferenz ein Bachelorabschluss vorausgesetzt. Ein generelles Ziel von Auswahlverfahren ist die Selektion der leistungsfähigsten Studierenden. Über die Note der Hochschulzugangsberechtigung hinaus wendet die Studienplatzvergabe immer vielfältigere Kriterien an (vgl. Haase u. a. 2021). Eine Übersicht zu den beispielsweise in wirtschaftswissenschaftlichen Studiengängen eingesetzten, sehr vielfältigen Auswahlkriterien zeigt, dass Hochschulen die Instrumente Nachweise über Fremdsprachenkenntnisse (58 Prozent), Bachelornote (55 Prozent), absolvierte Module (21 Prozent), Berufserfahrung (18 Prozent), Praktika oder Empfehlungsschreiben (sechs Prozent) und Auslandsaufenthalte (zwei Prozent) heranziehen (vgl. Borowski/Schauberger/Weimar 2022). Zudem führen einige Hochschulen beziehungsweise Studiengänge Auswahlgespräche (36 Prozent) oder Fähigkeitstests (zehn Prozent) durch. Die verschiedenen Instrumente weisen eine unterschiedlich hohe Prognosekraft für einen erfolgreichen Studienverlauf auf. Obwohl die Noten der Bachelorstudiengänge nach Standort und Hochschulart variieren, werden sie bei der Zulassung zum Masterstudium häufig verwendet.

Fähigkeitstests, die diesem Problem entgegenwirken könnten, werden hingegen relativ selten eingesetzt (vgl. Borowski/Schauberger/Weimar 2022).

Lernen und Lehre. Mit der im November 2010 vom BMBF veröffentlichten Richtlinie des Bundes und der Länder zur Verbesserung der Studienbedingungen und der Lehrqualität (vgl. GWK 2022) wurden umfangreiche finanzielle Ressourcen bereitgestellt, um Qualifizierungsmaßnahmen und Weiterbildungsangebote für das Hochschulpersonal zu etablieren, Lehrpersonal bei der Anwendung von differenzierten Lehrmethoden und Prüfungsformen zu unterstützen sowie hochschulinterne Systeme zu Qualitätsmanagement und Qualitätssicherung in der Lehre zu implementieren (vgl. Döbler 2019, S. 24f.).

Wurden hierdurch umfassende Strukturen und Angebote geschaffen, so zeichnet sich die akademische Lehre jedoch durch strukturelle Barrieren aus, die den Impact von Maßnahmen der Qualitätssicherung begrenzen: ein hohes Maß an Autonomie der Lehrenden, ein fehlendes Äquivalent zum Peer-Review in der Forschung, ein unübersichtliches Feld pädagogischer Herausforderungen, eine hohe Aufgabenlast, die untergeordnete Bedeutung von Lehre im Vergleich zu Forschung für die individuelle Karriere und Reputation, fehlende Personalmacht in der Hochschule und „ungenügende“ vorangegangene Bildungsprozesse (vgl. Döbler 2019, S. 55ff.).

Die Hochschulrektorenkonferenz (HRK) führte im Jahr 2020 eine Studie zu Qualifizierungsangeboten für Lehrende durch (vgl. HRK 2021). Sie zeigt ein hohes Engagement der Hochschulen, ein umfangreiches Weiterbildungsangebot bereitzustellen. An einem Drittel der Hochschulen gibt es sogar eine Verpflichtung zur Teilnahme an Qualifizierungsangeboten. Zwei Drittel sind in einem Netzwerk zur Lehrqualifizierung organisiert oder es gibt ein Landeszentrum für Lehre, dem sie sich angeschlossen haben. Mit dem Hochschulforum Digitalisierung standen im Jahr 2020 nur 22 Prozent der Hochschulen im Austausch. Diese Zahl dürfte sich mit Beginn der Covid-19-Pandemie jedoch erhöht haben.

Wie sieht die Teilnahme der Lehrenden an hochschuldidaktischer Weiterbildung aus? Die aktuellen Zahlen der Wissenschaftsbefragung 2023[18] geben einen Ein-

---

[18] Die Wissenschaftsbefragung ist eine bundesweit repräsentative Trendstudie und versteht sich als langfristiges Barometer für die Wissenschaft (vgl. https://www.wb.dzhw.eu/). Die letzte Befragung lief im Wintersemester 2023 von Januar bis März. Für die Auswertungen der Wissenschaftsbefragung ist Gregor Fabian (Projektleitung der Wissenschaftsbefragung) zu danken.

blick in die Teilnahme beziehungsweise Teilnahmeabsicht nach Statusgruppen, Hochschularten, Alter, Geschlecht und Fachbereichen auf der Basis einer Befragung von wissenschaftlichen Beschäftigten an Hochschulen in Deutschland:

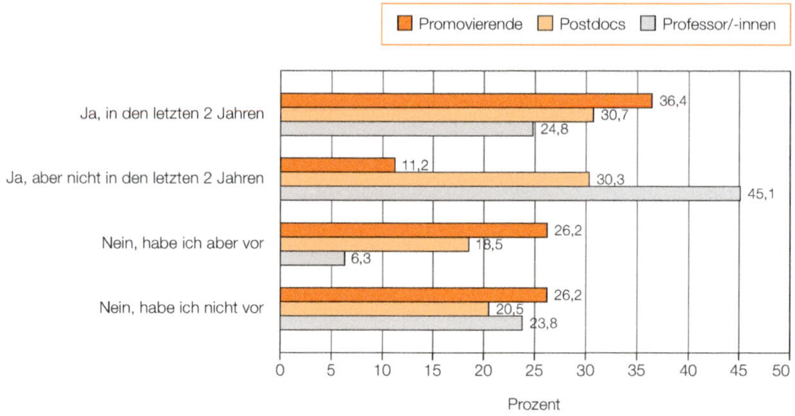

Abbildung 18: Häufigkeit der Teilnahme an hochschuldidaktischer Weiterbildung nach Statusgruppen (Quelle: Wissenschaftsbefragung des DZHW 2023, n = 11.326)

Es zeigt sich, dass am häufigsten Promovierende in den letzten zwei Jahren an einer hochschuldidaktischen Weiterbildung teilgenommen haben, gefolgt von Postdocs und zuletzt von Professorinnen und Professoren (siehe Abbildung 18). Von Letzteren haben konkret knapp 25 Prozent in den vergangenen zwei Jahren und 45 Prozent schon früher an einer solchen Weiterbildung teilgenommen, so dass sie immerhin zu fast 70 Prozent eine hochschuldidaktische Weiterbildung vorweisen können. Besonders interessant ist die Gruppe, die keine Weiterbildung plant: fast 24 Prozent der Professorinnen und Professoren, 20 Prozent der Postdocs und 26 Prozent der Promovierenden. Für die letzte Gruppe ist zu bedenken, dass die in Drittmittelprojekten beschäftigten Promovierenden in der Regel keine Lehrverpflichtung haben und zum Großteil mittel- und langfristig nicht in der Hochschullehre bleiben werden, so dass sich eine solche Bildungsinvestition nicht für alle Promovierenden längerfristig lohnt.

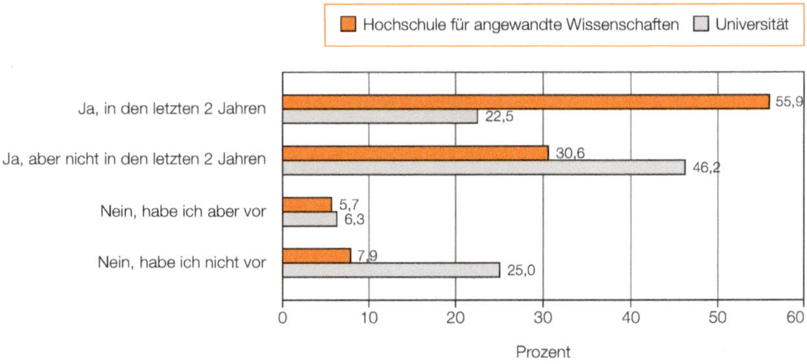

Abbildung 19: Häufigkeit der Teilnahme von Professorinnen und Professoren an hochschuldidaktischer Weiterbildung nach Hochschulart (Quelle: Wissenschaftsbefragung des DZHW 2023, n = 3.366)

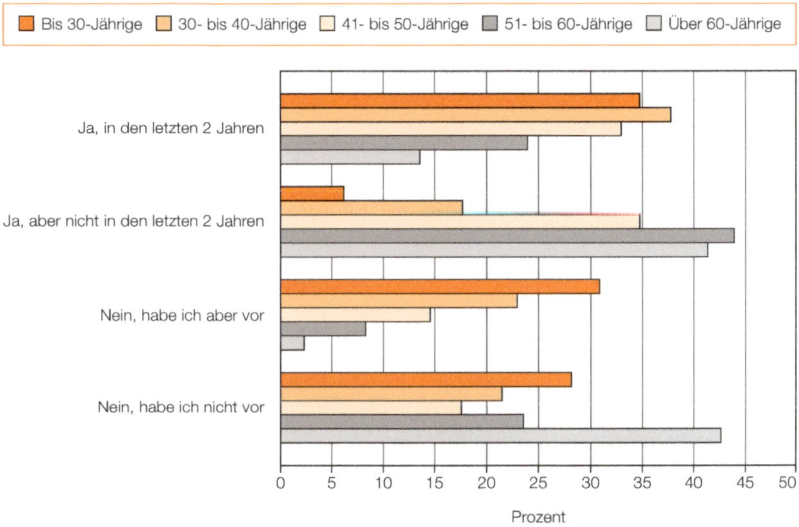

Abbildung 20: Häufigkeit der Teilnahme an hochschuldidaktischer Weiterbildung nach Alter (Quelle: Wissenschaftsbefragung des DZHW 2023, n = 10.943)

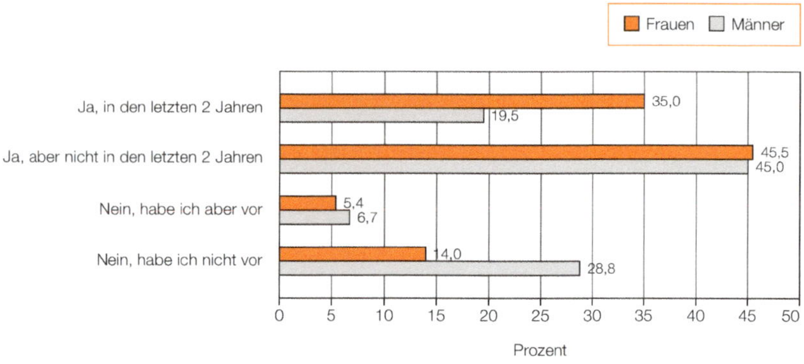

Abbildung 21: Häufigkeit der Teilnahme von Professorinnen und Professoren an hochschuldidaktischer Weiterbildung nach Geschlecht (Quelle: Wissenschaftsbefragung des DZHW 2023, n = 3.321)

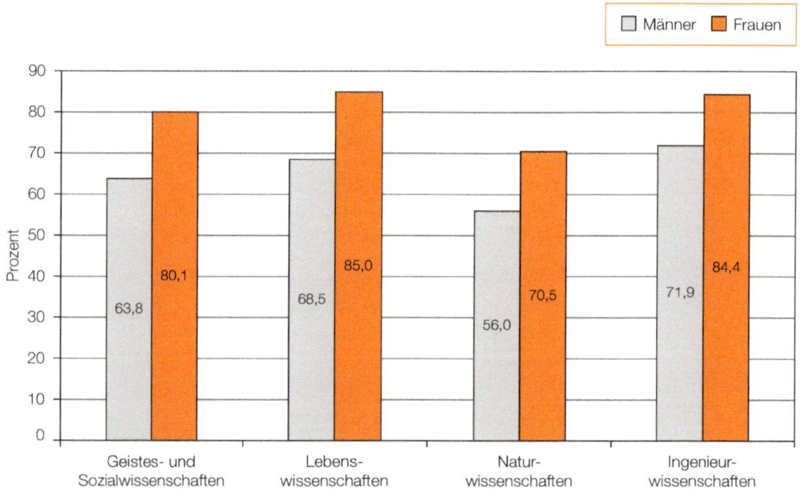

Abbildung 22: Teilnahme von Professorinnen und Professoren an hochschuldidaktischer Weiterbildung nach Geschlecht und Studienbereich (Quelle: Wissenschaftsbefragung des DZHW 2023, n=3.259)

In der Gruppe der Professorinnen und Professoren gibt es ausgeprägte Unterschiede zwischen Universitäten und Hochschulen für angewandte Wissenschaften (siehe Abbildung 19). Der Anteil derjenigen, die nicht vorhaben, eine hochschuldidaktische Weiterbildung zu absolvieren, ist an Universitäten deutlich höher, während die HAW-Professorinnen und -Professoren zu einem sehr großen Anteil eine Weiterbildung in den letzten zwei Jahren vorweisen können. Wird die Teilnahme beziehungsweise Teilnahmebereitschaft aller Statusgruppen nach Alter differenziert, so sind deutlich über 40 Prozent der über 60-jährigen Professorinnen und Professoren in der Gruppe der „Weiterbildungsverweigerinnen und Weiterbildungsverweigerer" zu finden (siehe Abbildung 20). Die jüngeren Altersgruppen haben am häufigsten in den letzten Jahren eine hochschuldidaktische Weiterbildung absolviert, bei den 51- bis 60-Jährigen finden sich die höchsten Anteile in der Gruppe mit länger zurückliegendem Kurs. Interessant sind auch die geschlechtsspezifischen Unterschiede: Während 14 Prozent der Professorinnen nicht vorhaben, eine hochschuldidaktische Weiterbildung zu besuchen, ist bei den Professoren der Anteil mit knapp 29 Prozent mehr als doppelt so groß (siehe Abbildung 21). Ist die Teilnahmebereitschaft der Professorinnen und Professoren fächerspezifisch und erklären Fächer die Geschlechterunterschiede? Dieses scheint nicht der Fall zu sein, denn, wie der Abbildung 21 zu entnehmen ist, haben Frauen in allen Fachbereichen deutlich häufiger eine hochschuldidaktische Weiterbildung besucht. Aber es gibt auch Fächerunterschiede mit besonders niedrigen Teilnahmeraten in den Naturwissenschaften.

Eine Studie zu den Einflussfaktoren auf die Entwicklung von Lehrqualität in den ersten Jahren nach der Berufung von Professorinnen und Professoren zeigt, dass Neuberufene besonders vom informellen Kontakt mit Kolleginnen und Kollegen und vom formellen Austausch, z. B. durch den Abgleich von Curricula, gestärkt werden (vgl. Jörissen 2021). Zur Verfügung gestellte Lehrunterlagen und Informationsmaterialien sind wichtig. Ist die Unterstützung im eigenen Fach nicht gegeben, sind Mentorinnen und Mentoren aus anderen Bereichen hilfreich. Lehrende können bei ihren Veranstaltungen auch von der Rückmeldung durch Studierende profitieren.

Während der Covid-19-Pandemie haben die Hochschulen flächendeckend Erfahrungen mit Online-Lehre gemacht. Präsenz- und Online-Lehre haben unterschiedliche Vor- und Nachteile. Daher wäre es für Hochschulen sinnvoll, Präsenz- und Online-Lehre in der Zukunft stärker zu integrieren. Dafür müssen neue didaktische Konzepte entwickelt werden, die das Beste aus beiden Welten vereinen. Das bayerische Wissenschaftsministerium und die vbw – Vereinigung der

Bayerischen Wirtschaft e. V. haben daher im Jahr 2022 das Förderprogramm „New Normal in der Lehre“ zum Ausbau analoger und digitaler Lehr- und Lernformate aufgelegt. Jährlich werden in diesem Rahmen fünf Projekte an bayerischen Hochschulen gefördert.[19]

Der Einsatz von Learning Analytics in der Hochschullehre wurde in der letzten Dekade in einer großen Zahl an Forschungsarbeiten untersucht (vgl. Sghir/Adadi/Lahmer 2022). Die Entwicklung dieser Tools profitiert vom Einsatz moderner KI-Methoden. Probleme beim Einsatz von Learning Analytics ergeben sich jedoch aus dem Datenschutz. Auch die schwere Nachvollziehbarkeit der geschätzten Ergebnisse aufgrund der geringen Transparenz der Algorithmen wurde als Problem erkannt, da Lernende und Lehrende die Gründe für fehlende Fortschritte möglicherweise nicht verstehen (vgl. Sghir/Adadi/Lahmer 2022).

Betreuung und Beratung von Studierenden. Im Rahmen des Hochschulpakts wurden in den Jahren 2007 bis 2020 umfangreiche Mittel von Bund und Ländern in den Aufbau von Studienplätzen und die Sicherung der Qualität durch Tutorien- und Mentoringprogramme, Studienvorbereitungskurse, Studieneingangsphasen und Beratungs- und Unterstützungsangebote für Studierende investiert (vgl. GWK 2022). Der seit 2021 geltende Zukunftsvertrag „Studium und Lehre stärken“ hat das Ziel, die Kapazitäten aufrechtzuerhalten und die Lehrqualität an den Hochschulen dauerhaft zu sichern. Zu den prominenten Maßnahmen zählt auch die Verbreitung innovativer Lehr- und Lernkonzepte.

Der „Qualitätspakt Lehre“ hatte in der Zeit von 2011 bis 2020 ebenfalls das Ziel, die Betreuung der Studierenden und die Qualität der Lehre zu verbessern.[20] Die Fördermittel wurden in einem Wettbewerbsverfahren vergeben, an dem sich mehr als 90 Prozent der antragsberechtigten Hochschulen mit einem Konzept für gute Lehre beteiligt haben. Gefördert wurden zusätzliches Personal, neue Qualifizierungsangebote, innovative Studienmodelle und der Ausbau von E-Learning-Angeboten.[21] Anschließend wurde im Jahr 2021 das Programm „Innovation in der Hochschullehre“ gestartet, das von der Stiftung Innovation in der Hoch-

---

19 Vgl. https://www.vbw-bayern.de/vbw/Themen-und-Services/Bildung/Hochschule/New-Normal-in-der-Lehre-9.jsp.

20 Vgl. https://www.bmbf.de/bmbf/de/bildung/studium/qualitaetspakt-lehre/qualitaetspakt-lehre.html.

21 Das Sammelwerk von Goertz u. a. (2020) schildert das Projekt „QUeLL – Qualität etablieren in Lehre und Lernen“ an der Universität Potsdam, das im „Qualitätspakt Lehre“ gefördert worden ist und hier als ein Beispiel für dessen Umsetzung an einer Hochschule dienen kann. Der Band von Goertz schildert verschiedene Beispiele für konkrete Maßnahmen, aber auch für systematische Organisationsentwicklungsprozesse, die so oder ähnlich an den geförderten Hochschulen durchgeführt worden sind.

schullehre[22] (angesiedelt bei der Toepfer Stiftung) durchgeführt wird. Dort können Fördermittel für Projekte beantragt werden.

Diese Fördermittel boten und bieten die Möglichkeit, Strukturen und Angebote für die Qualitätssicherung der Lehre aufzubauen und kontinuierlich fortzuentwickeln. Inwiefern diese Angebote zur Förderung von Verbindlichkeit in der Hochschullehre beitragen, hängt sicherlich von der spezifischen Ausgestaltung und vom Impact der Maßnahmen ab. Dennoch kann angenommen werden, dass die Aufmerksamkeit für Qualitätssicherung durch die Förderung gestiegen ist und damit auch ein Stück weit mehr Verbindlichkeit erzeugt wird.

Wie viele Hochschulen in Deutschland differenzierte, Verbindlichkeit schaffende Methoden wie ein Frühwarnsystem einsetzen, kann schwer abgeschätzt werden. Ein zentrales Problem dabei sind die Auflagen des Datenschutzes (vgl. Schulze-Stocker u. a. 2020). Nur wenn die Studierenden ihre Einwilligung geben, können Studienverlaufsdaten für die Analysen ausgewertet werden, selbst wenn die Auswertung automatisiert erfolgen und Hinweismails an gefährdete Studierende automatisiert versendet würden. Daher müssen die Studierenden durch eine umfangreiche Öffentlichkeitsarbeit zur Teilnahme motiviert werden. Im Rahmen von Bewerbungsverfahren für Studiengänge willigte an der TU Dresden nur etwas mehr als die Hälfte der Studierenden in die Teilnahme an einem solchen Programm ein (vgl. Schulze-Stocker u. a. 2020).

Soziales Miteinander. Das soziale Miteinander von Studierenden und Lehrenden hat viele Facetten. Unter dem Begriff „soziale und akademische Integration" wurde seine Bedeutung für einen erfolgreichen Studienverlauf schon vielfach herausgearbeitet (vgl. z. B. Klein/Schwabe/Stocké 2019).

In den meisten Landeshochschulgesetzen wird eine Anwesenheitspflicht an der Hochschule nur in Ausnahmefällen erlaubt (vgl. Weßeler/Ophuysen 2021). Daher sind die Studierenden für ihre Anwesenheit an der Hochschule in der Regel selbst verantwortlich. Gründe für An- beziehungsweise Abwesenheit sind die präferierten Lernstrategien (bessere Verarbeitung von Gehörtem vs. besseres Erarbeiten der Themen zu Hause), Motivation und Interesse für den Unterrichtsinhalt, die Überzeugung, dass der Besuch der Lehrveranstaltung zu einem guten Ergebnis beiträgt, die Strukturiertheit, die Klarheit und der Praxisbezug der Lehrveranstaltung sowie die Persönlichkeit und Expertise der Hochschullehrenden (vgl. Weßeler/Ophuysen 2021).

---

[22] Vgl. https://stiftung-hochschullehre.de/.

Zur Umsetzung studentischer Partizipation in der Hochschule, die Verbindlichkeit schaffen könnte, gibt es keine hinreichend gute Datenlage. Die Darstellung einiger Beispiele an verschiedenen Universitäten im Bericht von Raffaele und Rediger (2021) zeigt aber, dass es nicht einfach ist, Studierende zur Beteiligung zu motivieren. Vorgeschlagen wird, die Incentivierung anzupassen und stärker auf tatsächliche Wertschätzung zu setzen, Ängste und Vorurteile abzubauen, Partizipation als berufsfördernden Faktor herauszustellen und das Verantwortungsgefühl (z. B. für die Verbesserung der Lehre) zu stärken.

Da für private Hochschulen eine gute Reputation wichtig ist, um zahlungsbereite Studierende anzuziehen, steht zu vermuten, dass sie in ihrer Studienorganisation und Lehre eine höhere Verbindlichkeit herstellen. Ein Vergleich der Studiennoten von staatlichen und privaten Hochschulen zeigt, dass Studierende an privaten Hochschulen bessere Noten erhalten (vgl. Herrmann 2019). Mit kausalanalytischen Methoden wurde ausgeschlossen, dass dies auf die soziale Zusammensetzung der Studierendenschaft, berufliche Vorerfahrungen oder das vorherige Leistungsniveau (Schulnoten) zurückgeführt werden kann. Daraus lässt sich folgern, dass wohlwollendere Benotungsmaßstäbe, eine bessere Betreuung, interaktivere Lehre oder aktivierende Lehrmethoden Faktoren sein könnten, die an (privaten) Hochschulen zu besseren Studienleistungen führen.

Prüfungen und Prüfungsorganisation. In einer Studie zu den Einflussfaktoren auf die Noten im Studium stellten Gaens und Müller-Benedict (2017) fest, dass ein größerer Anteil an schriftlichen Arbeiten gegenüber mündlichen Leistungen und ein größeres Gewicht der Abschlussarbeit die Noten in fast allen Studiengängen verbessern. Wenn das Thema der Abschlussarbeit frei wählbar ist, verbessert das meist auch die Note. Unter den Fächern unterscheidet sich der Einfluss des Anteils von Nebenfachmodulen an den geforderten Leistungen und das Notensystem (ganze, halbe, Viertel- oder Drittelnoten). Diese Ergebnisse liefern keine Anhaltspunkte dafür, dass eine höhere Zahl an Teilprüfungen oder Klausuren, die jeweils eine höhere Verbindlichkeit vermitteln, mit besseren Studienleistungen in Verbindung gebracht werden kann.

(System-)Akkreditierung und Qualitätssicherung. Durch die Verankerung der Akkreditierung in den rechtlichen Vorgaben sind diese in staatlichen beziehungsweise staatlich anerkannten Hochschulen flächendeckend umgesetzt worden. Um die qualitätssichernden Strukturen und Prozesse selbst gestalten zu können, haben viele Hochschulen ein Qualitätsmanagementsystem als Grundlage für die Systemakkreditierung entwickelt (vgl. Braun/Garve/Reihlen 2023). Die Initiierung,

Konzeption und Implementierung einer Systemakkreditierung stellt hohe Anforderungen an die Entwicklungsfähigkeit der Hochschule, weil nicht nur hochschulexterne Anforderungen zu beachten sind, sondern auch hochschulspezifische Gegebenheiten und soziale Strukturen, so dass eine umfangreiche interne Kommunikation und ein Management des Prozesses zu leisten sind (vgl. Suwalski 2020). Mit Stand Juli 2024 haben 134 Hochschulen, also ca. ein Drittel aller Hochschulen, ihr Konzept der Systemakkreditierung offiziell akkreditieren lassen.[23]

An der Programmakkreditierung ist aufgrund des Aufwands, der Kosten, mangelnder Effektivität und ihres Kontrollcharakters scharfe Kritik geübt worden (vgl. Röbken/Overberg 2021). Aber auch die Systemakkreditierung wurde mit ähnlichen Argumenten, die von Formalismus und Bürokratisierung über hohe Abhängigkeit von einzelnen Personen und Situationen an der Hochschule bis zum Auftreten vieler Spannungsfelder während der Durchführung reichen, kritisiert (vgl. Röbken/Overberg 2021). Darüber hinaus spielen die Skepsis gegenüber Modernisierungs- und Reformversuchen sowie externen Steuerungskonzepten, fachkulturell geprägte Perspektiven, eine Priorisierung von anderen Aufgaben auf Grundlage akademischer Werte und die Notwendigkeit von hohem Kontextwissen und Beziehungsarbeit eine Rolle, die die Einführung von Systemakkreditierungen erschweren (vgl. Suwalski 2020). Ein professionelles Management im Bereich Studium und Lehre war bei der Neuorganisation von Studiengängen sowie deren Qualitätssicherung und -entwicklung vor der Systemakkreditierung nicht gegeben (vgl. Suwalski 2020). Die Einführung von Systemakkreditierung trägt in der Wahrnehmung der Beteiligten zu einem professionelleren Lehrmanagement sowie zur internen und externen Transparenz bei. Hochschulleitungen und Leitungspersonen auf Studiengangs- und Fakultätsebene arbeiten nun strategisch enger zusammen und auch die interdisziplinäre Zusammenarbeit und Kommunikation wurde gestärkt (vgl. Suwalski 2020). Dadurch könnten sich bei Systemakkreditierung positive Effekte auf Studienerfolg und -zufriedenheit ergeben, wenn die dafür erforderlichen Mittel verfügbar sind und zielgerichtet eingesetzt werden.

Darüber hinaus haben sich die Hochschulen zum Teil in hochschulübergreifenden Netzwerken wie dem im Rahmen des Qualitätspakts Lehre geförderten Projekt „Quality Audit“ zusammengeschlossen, um ihre Qualitätssicherungssysteme gemeinsam fortzuentwickeln (vgl. Braun/Garve/Reihlen 2023). Sie haben jeweils für die eigene Hochschule Lernzyklen implementiert und im hochschul-

---

[23] Vgl. https://antrag.akkreditierungsrat.de/akkrhochschulen/?ordering=sysakkr_typ&limit=100&offset=100.

übergreifenden Netzwerk mit gegenseitiger Beratung, „Benchlearning“ und Audit verschiedene Lernformate entwickelt.

Bologna-Reform. Die Bologna-Reform hat zu großen strukturellen Veränderungen in den Hochschulsystemen der involvierten Länder geführt. Ob die Ziele der Bologna-Reform, eine höhere Beteiligung am Hochschulstudium, größerer Studienerfolg und verbesserte Arbeitsmarkt-Outcomes („employability“), tatsächlich erreicht werden, wurde bisher kaum systematisch empirisch untersucht (vgl. Kroher u. a. 2021). Der Forschungsüberblick von Kroher u. a. (2021) zeigt, dass die Expansion der Hochschulbeteiligung gelungen ist, insbesondere in den Ländern, die ihre Studienstruktur von einem eingliedrigen auf ein zweigliedriges System umgestellt haben. Positiv sind die in den empirischen Studien gefundenen Effekte der Reform auf die Studiendauer. Die Abbruchrate zeigt hingegen keinen Rückgang. Insgesamt scheinen sich die Studienbedingungen verbessert zu haben. Es gibt allerdings kaum empirische Daten zur internationalen Mobilität von Studierenden, die durch die Bologna-Reform ebenfalls gesteigert werden sollte. Die wenigen vorliegenden Ergebnisse zu Arbeitsmarktrenditen der neuen Studiengänge zeigen Tendenzen zu weniger unbefristeten und fachadäquaten Beschäftigungen sowie geringere Löhne für Bachelor- als für Masterabsolventinnen und -absolventen (vgl. Kroher u. a. 2021).

Eine Dekade nach Beginn des Bologna-Prozesses resümiert Reichert (2010) die intendierten und nicht-intendierten Effekte der Reform. Sie kommt zu dem Schluss, dass zwei Dimensionen, nämlich die Implementierung eines Qualitätssicherungssystems und die Reform der Promovierendenausbildung, sehr dynamisch umgesetzt werden. Im Gegensatz dazu seien die visionären Ziele der Orientierung der Curricula an Lernzielen und Kompetenzen mit dem Effekt, eine höhere Transparenz und Verlässlichkeit zu erreichen, sowie die Förderung eines studierendenzentrierten Lernens nur in wenigen Ländern und Hochschulen umgesetzt worden. Auch Auer (2022) konstatiert für Deutschland, dass der strukturierte Einsatz von Lernzielen in der Praxis nur unzureichend erfolgt. In einer kleinen experimentellen Studie konnte Auer (2022) zeigen, dass die explizite Kommunikation von Lernzielen auf Lehrveranstaltungsebene sich positiv auf die Lernergebnisse der Studierenden auswirkt. Studierende, die ihre Lernziele kennen, setzen sich stärker mit ihren Materialien auseinander und haben eine höhere Motivation, weil sie den Nutzen der Aufgaben erkennen.

Daneben war der Bologna-Prozess ein Katalysator für weitere, zunächst ungeplante Reformen des Hochschulsystems (vgl. Reichert 2010). Diese Reformen führten zu einer größeren Autonomie der Hochschulen, neuen Governance-Strukturen mit stärkeren Führungsrollen für Rektorinnen und Rektoren beziehungsweise Präsidentinnen und Präsidenten sowie Dekaninnen und Dekanen und höheren Anteilen von leistungsabhängiger Finanzierung, aber auch umfangreicheren Berichtspflichten („accountability") und einer größeren Bedeutung der Administration. Eine stärkere Orientierung der Hochschulen an Innovation und gesellschaftlichen Herausforderungen führte zu einer Ausweitung der Lehrprogramme und einer höheren Orientierung an gesellschaftlicher Relevanz. Von Studierenden und Wissenschaftlerinnen und Wissenschaftlern werden diese Tendenzen als Veränderung der akademischen Kultur erlebt, die zu einer Erosion der Wissenschaftsfreiheit, egalitärer Werte und demokratischer Kultur beiträgt.

Die Herausforderungen und neuen Anforderungen im Zuge der Bologna-Reform haben auch zu einer intensivierten Kommunikation mit Stakeholdern geführt, die in den Hochschulen, z. B. über Hochschulräte, bei strategischen Entscheidungen eine Rolle spielen (vgl. Reichert 2010). Wichtiger noch dürfte sein, dass die hochschulinterne Kommunikation zwischen Instituten und Fakultäten gefördert wurde, da die Notwendigkeit besteht, interdisziplinäre Programme und Qualitätssicherungsprozesse abzusprechen und zu koordinieren.

Die Veränderung der Rollen und der Governance-Strukturen, aber auch der Diskurs zur Einführung und Fortentwicklung der inneruniversitären Strukturen ist geeignet, ein höheres Maß an Verbindlichkeit zwischen den verschiedenen Akteurinnen und Akteuren in der Universität herzustellen.

6.1.2 Bewertung des Umsetzungsstands

Zugangsbedingungen. Die Anteile zulassungsbeschränkter Studiengänge nehmen seit einigen Semestern leicht ab. Deshalb können Studierende häufiger ihr Wunschstudienfach am gewünschten Hochschulort wählen. Wenn die Studienwahl und der Studienerfolg stark durch intrinsische Motivation begründet sind, wirkt sich eine Zulassungsbeschränkung eher negativ aus. Werden Studienfächer als Verlegenheits- oder Parklösung gewählt, dann könnte eine Zulassungsbeschränkung mit kleinen Hürden, wie z. B. einem zusätzlichen Test oder der Formulierung eines Motivationsschreibens, schon eine wichtige Selbstselektionsfunktion haben. Im letzteren Fall wäre durch die Zugangsbedingung eine gewisse Verbindlichkeit geschaffen, das Studium ernsthaft zu betreiben.

Lernen und Lehre. Im Bereich der Hochschullehre hat sich in den vergangenen Jahren sehr viel getan. Durch die Bund-Länder-geförderten Programme ist Geld investiert worden, das gerade auch im Bereich der Didaktik zu Innovation und zur Schaffung nachhaltiger Strukturen und Angebote beigetragen hat. Darüber hinaus hat die Covid-19-Pandemie Lehrende gezwungen, auf Online-Formate umzustellen und sich dabei vielfach zum ersten Mal mit Online-Lehre zu befassen. Auch nach Abklingen der Pandemie wird weiter über die Integration von Online-Formaten diskutiert, weil diese angesichts zunehmender Heterogenität der Studierendenschaft Potenziale zur Differenzierung und Diversifizierung von Lehrangeboten bieten (vgl. Knaus/Merz/Junge 2022). Reine Online-Teilnahme an der Lehre gilt aber als wenig zielführend, weil sie bei Studierenden eine sehr hohe intrinsische Motivation und Fähigkeit zur Selbststeuerung voraussetzt. Durch den breiten Einsatz von Online-Formaten während der Pandemie und durch verschiedene hochschuldidaktische Studien zeigte sich jedoch, dass eine sinnvolle Kombination von On- und Offline-Formaten, die auch als „blended learning" bezeichnet wird, Vorteile bieten kann. Beispiele dafür sind Konzepte wie „inverted classroom"/„flipped classroom", die eine asynchrone individuelle Auseinandersetzung mit dem Lehrstoff mit einer synchronen Vor-Ort-Vertiefung und -Diskussion verbinden (vgl. Knaus/Merz/Junge 2022). Eine weitere Variante stellt die hybride Lehre dar, bei der ein Teil der Studierenden vor Ort ist und ein Teil online teilnimmt (vgl. Stoppe/Knaus 2022; Caspar 2023). Um Verwechslungen mit asynchronen Formaten vorzubeugen, wird vorgeschlagen, hybride Lehre als „Blended-Synchronous-Lehrformat" zu bezeichnen, im angelsächsischen Raum auch als „HyFlex Learning" bekannt (vgl. Rachbauer/Hanke 2022). Dieses Format stellt jedoch große Anforderungen an die thematische Eignung des Lehrstoffs, die Verfügbarkeit geeigneter Räume und an die technische Ausstattung, um eine gute Übertragung von Bild und Ton sowie eine angemessene Beteiligung der online teilnehmenden Studierenden sicherzustellen. Zudem müssen alle Beteiligten in die Übertragung ihres Bildes und ihrer Äußerungen einwilligen. Dieses gilt umso mehr dann, wenn die Veranstaltung zusätzlich für die asynchrone Nutzung aufgezeichnet wird. Grundsätzlich sind unterschiedliche Kombinationen und Abfolgen von synchronen und asynchronen Formaten denkbar. Lehrende haben damit die Aufgabe, Formate zu wählen, die sich für die jeweilige Lernphase, die Lernziele und Thematik eignen. Die zentrale Frage dabei ist, wie es Lehrenden gelingt, neue Ansätze in den Alltag zu integrieren: Wie viel Zeit kann in die Lehre und die Entwicklung von neuen Formaten investiert werden? Hat die Forschung nicht doch Priorität? Gibt es weitere Anforderungen, die aus Evaluationsprozessen, Strategieentwicklungsprozessen, Transferprozessen oder der Administration herrühren und die Aufmerksamkeit der Lehrenden absorbieren?

Betreuung und Beratung Studierender. Angebote zur Beratung Studierender sind flächendeckend vorhanden. Die Frage ist eher, ob außer den engagierten und ambitionierten Studierenden auch die desorientierten, die wenig motivierten, die in ihren Leistungen gefährdeten oder die gesundheitlich eingeschränkten Studierenden Beratungen wahrnehmen. Solange die Beratung auf einer freiwilligen und von den Studierenden ausgehenden Initiative beruht, ist ihre Wirksamkeit begrenzt, weil nicht vorrangig die problematischen Studierendengruppen den Weg in die Beratung finden – eine Beobachtung, die als „Präventionsparadox" ähnlich auch in der Gesundheitsförderung Kopfzerbrechen bereitet. Verpflichtende Beratungs- oder Mentoringmodelle könnten den Kreislauf des „Präventionsparadoxes" durchbrechen. Sie sollten daher in den Landeshochschulgesetzen verankert werden.

Soziales Miteinander. Die Bedeutung des sozialen Miteinanders an der Hochschule steht außer Zweifel. In hybrider oder Online-Lehre ist es sehr mühevoll (bisweilen unmöglich), die soziale Dimension des Lehr-Lern-Prozesses adäquat einzubeziehen. Ein Blick auf private Hochschulen, die in größerem Umfang Online-Lehre anbieten, könnte hier aufschlussreich sein. Private Hochschulen erlebten in den letzten Jahren einen Zulauf, insbesondere im Bereich der Hochschulen für angewandte Wissenschaften. Bei diesen schreibt sich bereits ein Viertel aller Studienanfängerinnen und Studienanfänger an privaten Hochschulen ein. Als Gründe werden deren spezifische Fächerstruktur, die Möglichkeit zum berufsbegleitenden Studium und die hohe Praxisorientierung angeführt (vgl. Herrmann 2021). In Bezug auf die Qualität der angebotenen Studiengänge ist die Reputation privater Hochschulen in der Hochschullandschaft allerdings unterschiedlich. Darüber hinaus gilt sicherlich, dass private Hochschulen auf zahlungsbereite „Kundinnen und Kunden" – sprich: Studierende – angewiesen sind und daher Marketingkonzepte, Studienstrukturen und gute Betreuungsrelationen implementiert haben, die vermutlich zu einer höheren „Kundenbindung", Studierendenzufriedenheit und wahrgenommenen Verbindlichkeit beitragen, auch wenn hier das Fernstudium weit verbreitet ist.

Prüfungen und Prüfungsorganisation. Zum Thema Prüfungen und Prüfungsorganisation ist die Datenlage leider noch unzureichend. Erste Ergebnisse eines Projekts zu den Auswirkungen der formalen Gestaltung der Prüfungsordnungen auf den Studienerfolg weisen darauf hin, dass Regelungen mit stärkerer Verbindlichkeit und Kontrolle zu kürzerer Studiendauer und niedrigeren Abbruchraten beitragen könnten (vgl. Hönnige u. a. 2024).

(System-)Akkreditierung und Qualitätssicherung. Insbesondere die Qualitätssicherung der Lehre wurde in der letzten Dekade enorm ausgebaut. Im Zusammenspiel mit einem Change-Prozess unter dem Dach von Systemakkreditierung, der mit Augenmaß agiert, Lehrende zur Verbesserung ihrer Lehre motiviert und Studierende entsprechend als Expertinnen und Experten ihrer Situation einbezieht, kann hier viel Verbindlichkeit gewonnen werden.

Bologna-Reform. Die Forschungsergebnisse zu den Auswirkungen der Bologna-Reform sind sehr heterogen. Gleichwohl lässt sich konstatieren, dass durch die Anforderungen der durch die Reform beförderten Governance-Strukturen die hochschulinterne, aber auch die -externe Kommunikation und interdisziplinäre Zusammenarbeit gestärkt worden sind. Durch die Schaffung neuer Standards in der Studienorganisation könnte auch ein Zugewinn an Verbindlichkeit zu verbuchen sein. An der Umsetzung der Bologna-Reformen wurde bereits vielfältige Kritik geübt: starke Ausdifferenzierung der Studiengänge in viele kleine Module, wenig Spielräume für eine individuelle Gestaltung des Studiums, additive Modulprüfungen, hohe Anforderungen durch eine Vielzahl an Prüfungen, hoher administrativer Aufwand der Prüfungsverwaltung. Das System der Leistungspunkte ist ein „Fantasiegebilde" und hergebrachte Prüfungsformate wie Hausarbeit und Klausur bestehen fort (vgl. Döbler 2019, S. 61f.). Insgesamt ist die Frage zu stellen, ob die mit der Bologna-Reform intendierte Erhöhung der Verbindlichkeit durch einen systematischen Aufbau von Studiengängen, eine Strukturierung der Lehrinhalte entlang von Lernzielen oder Verbindlichkeit bei der Anerkennung von Credits, die an anderen Hochschulen oder bei Auslandsaufenthalten erworben wurden, tatsächlich umgesetzt werden oder ob im Studienalltag am Ende doch von Studierenden schwer vorhersehbare Anforderungen durchgesetzt werden. Zudem ist nicht klar, ob die formalere Strukturierung der Studiengänge zu besseren Studienleistungen beiträgt.

6.2 Erwartungen

6.2.1 An die Bildungspolitik des Staates

Die Hochschul- und Wissenschaftspolitik der Bundesländer sollte die gesetzlichen Regelungen und Anordnungen für Hochschulen daraufhin prüfen, ob sie Instrumente zur Stärkung von Verbindlichkeit zur Verfügung stellen. Wie die Ausführungen in den ersten Abschnitten dieses Kapitels zeigen, gibt es dafür vielfältige Mechanismen. Ziel sollte nicht ein möglichst verschultes und bis ins Detail geregeltes Studium sein, sondern die Schaffung von Anreizen für die Übernahme von Verantwortung bei allen Beteiligten. Da die Bundesbildungspolitik durch Pakte und Zukunftsverträge auf vielerlei Weise die Rahmenbedingungen der Hochschulpolitik beeinflusst, sollte auch der Bund beziehungsweise die Bund-Länder-Hochschulpolitik die Wirkung ihrer Maßnahmen vor diesem Hintergrund reflektieren. Die Ansatzpunkte sind vielfältig: Die Vorgaben für die Zulassung von Studierenden, die Rahmenprüfungsordnungen, aber auch ein möglicher Einsatz von Studien- und Semestergebühren könnten Instrumente liefern, um Verbindlichkeit zu stärken. Die Regelungen des Studienzugangs sollten ein verantwortungsvolles Matching von Studierenden und Studienplätzen bewirken, z. B. durch geeignete Auswahlverfahren (Tests) und Kriterien für die Studienzulassung. Es sollten die rechtlichen Voraussetzungen dafür geschaffen werden, die Implementierung von Frühwarnsystemen oder Learning Analytics auf breiter Basis zu ermöglichen. Regelungen zur Förderung von Anwesenheit, insbesondere mit dem Ziel der Förderung von Interaktion in Kleingruppen, sollten in den Vordergrund gestellt werden. Auch die Definition von Mindestanforderungen, insbesondere in den ersten Fachsemestern, könnte ein Weg sein, den Start von Studienanfängerinnen und Studienanfängern in die richtigen Bahnen zu lenken. Durch den demografischen Wandel werden zumindest in den nächsten Jahren die Zahlen der Studienanfängerinnen und -anfänger sinken und damit ein besseres Betreuungsverhältnis ermöglichen – vorausgesetzt, es gelingt, bestehende Personalressourcen zu halten und die Kapazitätsplanung der Länder und Hochschulen an die entsprechenden Parameter anzupassen.

Es sollten zudem die hochschulrechtlichen Voraussetzungen für eine noch stärkere Gewichtung von Kompetenzen in der Lehre bei Berufungen geschaffen werden. So könnten bei der Auswahl und Berufung von Professorinnen und Professoren deren didaktische Kompetenzen, wie z. B. ihr Wissen über Prüfungsgestaltung, einbezogen werden. Unter Lehrenden sollten Anreize geschaffen werden für den Austausch von Lehrressourcen, eine standortübergreifende Kooperation bei der Erstellung von Lehrmaterialien und für die Nutzung von Open Educational Resources, wenn diese Instrumente Freiräume für interaktive Lehre liefern. Dazu kann auch eine gute Kombination von Online- und Präsenzformaten beitragen, in denen beispielsweise die Vermittlung von Grundlagenwissen standardisiert durch Videoformate erfolgt und die Vor- und Nachbereitung in Seminarformaten mit hohen Anteilen studentischer Interaktion kombiniert wird. Grundsätzlich ist die Dissemination innovativer, wirksamer Lehrkonzepte sicherzustellen, beispielsweise durch entsprechende Programme der Stiftung Innovation in der Hochschullehre und eine systematische Evaluation von Formaten, so dass Lehrende ihr Vorgehen permanent reflektieren und anpassen können.

6.2.2 An das Bildungssystem

Welches Lernverhalten und welchen Habitus Schülerinnen und Schüler und (potenzielle) Studierende im Zuge ihrer Bildungslaufbahn entwickeln, hängt auch vom Maß an Verbindlichkeit in den Stufen des Bildungssystems ab, die der Hochschule vorgelagert sind. Ein Diskurs über ein angemessenes Verhältnis zwischen Autonomie der Einzelnen und Verbindlichkeit für alle Beteiligten ist erforderlich. Autonomie wäre dabei eng mit der Übernahme von Eigenverantwortung durch die Studierenden zu verbinden.

Intermediäre Organisationen des Hochschulsystems sollten genutzt werden, um die Verbreitung und den Impact von bewährten Lehrkonzepten zu sichern. Diese Thematik sollte beispielsweise regelmäßig auf die Tagesordnung von hochschulübergreifenden Netzwerken und Verbänden (z. B. HRK, LHK – Landeshochschulkonferenz) gesetzt werden. Bei Evaluationen von Hochschulen sollte der Einsatz von innovativen Lehrkonzepten als Bewertungskriterium herangezogen werden. Grundsätzlich sollten Lehrkonzepte und Maßnahmen regelmäßig mit Blick auf ihren Impact evaluiert werden.

6.2.3 An die Bildungsinstitutionen

Der Wissenschaftsrat hat sich mit der Stärkung der Qualitätssicherung der Lehre befasst (vgl. Wissenschaftsrat 2017). In seinem Positionspapier wird eine Vielzahl an detaillierten Empfehlungen für die Hochschulpolitik und die Hochschulen formuliert, welche die Zielbestimmung und Zielorientierung der Lehre, die Professionalisierung der Lehre, die Bewertung und Steuerung von Lehre sowie die langfristige strukturelle Entwicklung der Lehre umfassen. Insbesondere eine gemeinsame Entwicklung von Lehrprofilen wird den Fachbereichen und Hochschulen ans Herz gelegt, um damit die Verbindlichkeit für alle Beteiligten und die gemeinsame Verantwortung für das Erreichen der formulierten Ziele zu stärken. Prognosen der demografischen Entwicklung zufolge wird die Zahl der Studierenden in Deutschland mittel- und langfristig stagnieren (vgl. KMK 2021d), sich aber mit sinkenden Zahlen in ländlichen und ostdeutschen Regionen und eher steigenden Zahlen in Großstädten regional unterschiedlich entwickeln (vgl. Wissenschaftsrat 2024). Im Wettbewerb um Studierende besteht die Gefahr, dass Hochschulen das Anforderungsniveau senken und eine Noteninflation eintritt. Der Wissenschaftsrat fordert, nach dem quantitativen Wachstum nun stärker auf Qualität zu setzen, Verbesserungen in Studium und Lehre vorzunehmen und die Digitalisierung voranzutreiben (vgl. Wissenschaftsrat 2024, S. 13). Er empfiehlt, dass die Hochschulen neue Zielgruppen durch zeitlich und örtlich flexible sowie berufsbegleitende Studien- und Weiterbildungsangebote, die Einführung dualer Studienangebote, die Akademisierung bisheriger Ausbildungsberufe und die Ansprache von Jugendlichen aus nicht-akademischen Elternhäusern erschließen sollen, um einem Schrumpfen einzelner Hochschulen und insbesondere dem Fachkräftemangel auf dem Arbeitsmarkt entgegenzuwirken (vgl. Wissenschaftsrat 2024).

Wie ein Leitbild und ein Zielsystem für die Lehre zur Stärkung von Verbindlichkeit aufgebaut werden können, wird von Härtling und Scheideler (2023) beschrieben. Sie empfehlen, ein hierarchisches, auf Zweck-Mittel-Relationen beruhendes Zielsystem zu entwickeln, aus dem sich die Ziele für den Studiengang stringent ableiten lassen. Das Zielsystem sollte dabei flexibel sein und Innovationsanreize setzen, damit auf neue Herausforderungen reagiert werden kann. Bei der Entwicklung des Zielsystems sollten sich alle Akteursgruppen in einem partizipativen Prozess einigen. Die Leuphana Universität Lüneburg setzt ihr Lehrkonzept explizit durch strukturelle Maßnahmen um: Sie hat eine spezielle Lehrstrategie entwickelt, um sich damit von anderen Hochschulen zu differenzieren (vgl. Hobuß u. a. 2023). Zentrale Ansatzpunkte sind übergreifende Werte, an denen sich die Universität orientiert. Ein weiteres Profilmerkmal ist die Aufteilung in drei Schools entlang von Zielgruppen: ein College für die Bachelorstudiengänge, eine Graduate School für Masterstudierende und Promovierende und eine Professional School für Ausbildungsbedarfe in Praxisfeldern. In den Leitbildern der Hochschulen sollten lehrbezogene Werte verankert werden, wie z. B. die Definition klarer Anforderungen oder die Förderung von Transparenz und Verlässlichkeit.

In Bezug auf die Qualitätssicherung der Studienkonzepte sollte die Systemakkreditierung zum Standard werden. Nicht nur das Qualitätssicherungskonzept selbst, sondern auch andere Kriterien zur Bewertung sollten an der Schaffung von Verbindlichkeit orientiert sein. In Prozessen zur Qualitätssicherung an der Hochschule müssen permanente Strategieprozesse implementiert werden, die eine flexible Reaktion und ein Nachsteuern bei unerwünschten Entwicklungen ermöglichen.

Hochschulen und ihre Fachbereiche müssen Regelungen der Prüfungsorganisation entwickeln, die zu mehr Verbindlichkeit beitragen. Beispielsweise sollte die Wirkung unterschiedlicher Regelungen (in Rahmen- und Fachprüfungsordnungen) auf das Studienverhalten beobachtet und gegebenenfalls angepasst werden.

Um dem wissenschaftlichen Nachwuchs Anreize zur Investition in Lehrkompetenzen (und nicht nur in den Publikationsoutput) zu geben, sollte dieses Kriterium bei der Ausschreibung von Professuren ein höheres Gewicht bekommen und entsprechend in der Formulierung der Stellenausschreibungen herausgehoben werden. In der Hochschuldidaktik sollte das Ziel adressiert werden, in der Lehre Verbindlichkeit zu schaffen, indem Konzepte wie forschendes Lernen oder Service Learning in den Mittelpunkt gestellt werden. Verbindlichkeit heißt hier, Formate zu wählen, die Studierende stärker involvieren. In den verwendeten Lernmanagementsystemen sollten Instrumente zur Anwendung von Learning Analytics implementiert werden, die eine intensive Begleitung des Lernprozesses durch Lehrende und die Reflexion von Lehrenden über ihre Lehrkonzeption fördern.

6.2.4 An die Bildungsakteurinnen und Bildungsakteure

Hochschullehrerinnen und Hochschullehrer. Mit dem Begriff „Teaching as Design“ bezeichnet Reinmann (2022) das Vorgehen von Hochschullehrenden, Umwelten für das Lernen und für die Lernaktivitäten von Studierenden bewusst und im ständigen Anpassungs- und Verbesserungsmodus zu gestalten. Hochschullehrende sollten bei der Planung der Studiengänge aktivitätsorientierte Formate vorsehen, welche soziale Interaktion und die Integration zwischen Studierenden und Lehrenden, aber auch innerhalb dieser Gruppen stärken. Blended-Learning-Konzepte wie „flipped/inverted classroom“ und hybride Lehre sind geeignet, Vor- und Nachteile von Online- und Offline-Lehre auszugleichen. Gleichzeitig sind sie in der Vorbereitung und Durchführung aber aufwendiger als die Nutzung nur eines einfachen Formats beziehungsweise erfordern zusätzlichen Aufwand, um bestehende Formate zu ergänzen. In Online-Formaten sollte darauf geachtet werden, dass sie geeignet sind, Studierende zu aktivieren und sie bewusst in den Diskurs einzubinden. Beispiele dafür sind Aufgabenstellungen an die Studierenden, selbst Lehrvideos zu erstellen (vgl. Wieczorek/Roos 2022) oder digitale Planspiele vorzubereiten, die viele interaktive Elemente umfassen (vgl. Bastian/Toth/Wolf 2022).

Nicht nur durch aktive Partizipation, sondern auch durch die in den Interaktionen mitlaufende soziale Kontrolle wird die Verbindlichkeit gefördert. Lehrende müssen für Studierende persönlich an der Einrichtung erreichbar sein. Hochschullehrende sollten das Feedback von Studierenden und Kolleginnen und Kollegen einfordern und nutzen, um ihre Lehrkonzepte kontinuierlich zu verbessern. Sie sollten von Möglichkeiten im Rahmen von Lehrmanagementsystemen in adäquater Weise Gebrauch machen.

Studierende. Studierende sollten zur Übernahme von Verantwortung ermuntert werden. Schließlich nehmen sie Studienplätze in Anspruch, für die erhebliche staatliche Mittel bereitgestellt werden. Unter Studierenden muss das Bewusstsein für die Kosten ihrer Studienplätze geschärft werden, aber auch für ihre individuellen Opportunitätskosten, was bei einigen zu einem bewussteren Umgang mit knappen Ressourcen führen könnte.

Studierende sollten zudem ermuntert werden, sich durch eine aktive Beteiligung an Qualitätszirkeln oder ehrliches Feedback im Zuge von Lehrveranstaltungsevaluationen für eine Verbesserung der Lehre einzusetzen.

6.3 Handlungsempfehlungen

6.3.1 An den Staat

Verbindliche Rahmenbedingungen für das Studium. Die Landesgesetzgeber sollten in den Landeshochschulgesetzen Regelungen einführen, die verbindlichere Rahmenbedingungen für das Studium schaffen. Dieses könnten dezidierte Anforderungen wie Mindestpunktzahlen (ECTS) im ersten Studienjahr sein, bei deren Nichterreichen zunächst eine verbindliche Beratung und gegebenenfalls eine frühe Exmatrikulation erfolgt.

Steigerung der Verbindlichkeit der Studienaufnahme. Die Hochschulzulassung muss so gestaltet sein, dass die Auswahlprozesse die Verbindlichkeit von Studienaufnahmen fördern (z. B. Auswahltest statt nur Numerus clausus).

Förderung von Engagement für die Hochschule. Es sollten Anreizstrukturen geschaffen werden, die es für Studierende interessant machen, sich in ihrer Hochschule zu engagieren (Wertschätzung, zusätzliche Leistungspunkte bei Engagement).

6.3.2 An das Bildungssystem

Förderung einer bewussten Wahl des Studienfachs. Hochschulen müssen Studieninteressierte darin unterstützen, eine informierte Entscheidung für ein Studienfach zu treffen, indem Informationen über die kognitiven und nicht-kognitiven Anforderungen des Studiengangs kommuniziert werden (Braun u. a. 2021). Mit Instrumenten zur Selbsteinschätzung können Studieninteressierte ihre Fähigkeiten mit den Anforderungen der Hochschulen abgleichen.

Verpflichtende hochschuldidaktische Ausbildung als Voraussetzung für Lehrverantwortung. Hochschulen sollten wissenschaftliche Mitarbeiterinnen und Mitarbeiter sowie Lehrbeauftragte erst nach einer grundlegenden hochschuldidaktischen Ausbildung (Zertifikat) mit hochschulischer Lehre beauftragen. Das sollte auch für studentische Tutorinnen und Tutoren gelten. Die verpflichtenden Zertifikate sollten den Aufgaben entsprechend von der Didaktik für die Umsetzung vorhandener Lehrveranstaltungskonzepte bis hin zur curricularen Gestaltung reichen, wenn Lehrveranstaltungskonzepte oder sogar Module entwickelt werden müssen.

6.3.3 An die Bildungsinstitutionen

Stärkung der Verbindlichkeit in den Studienregelungen. Hochschulen sollten angesichts des demografischen Wandels eine Strategie entwickeln, um neue Studierendengruppen zu erschließen und die Qualität des Studiums zu sichern. Verbindlichkeit in den Studienregelungen kann ein Mittel sein, die Ambiguität zu reduzieren. Dieses könnte bildungsfernen Gruppen das Studium erleichtern.

Verbesserung der Rahmenbedingungen für die Gestaltung neuer Lehrveranstaltungen. Neuberufenen sollten Karenz- und Übergangszeiten mit verringertem Lehrdeputat eingeräumt werden, damit sie neue Lehrveranstaltungen entwickeln können. Dabei sollte zur Auflage gemacht werden, dass sie Konzepte und Unterlagen gemeinsam mit Fachdidaktikerinnen und -didaktikern entwickeln. Zudem sollte eine Kultur des Teilens von Lehrveranstaltungskonzepten gefördert werden.

Förderung der Teilnahme an hochschuldidaktischer Weiterbildung. Insbesondere die weiterbildungsabstinenten Gruppen (Professorinnen und Professoren, ältere Lehrende, Naturwissenschaftlerinnen und -wissenschaftler) müssen zur Teilnahme an hochschuldidaktischer Weiterbildung verpflichtet werden. Zudem könnte im Rahmen der Mittelzuweisung an die Fakultäten oder Institute ein Bonus für die Beteiligung des Lehrpersonals an hochschuldidaktischen Weiterbildungen gewährt werden.

Verknüpfung von Präsenz- und Online-Lehre. Die Präsenzlehre sollte in geeigneter Weise mit Online-Lehre verbunden werden. Bei großen Studierendenkohorten ist auf eine geschickte Kombination von skalierbaren Online-Formaten und Präsenzformaten („flipped classroom", verpflichtende Fachlektüre mit Online-Tests) zur Vertiefung und Einübung des Stoffes und zur Förderung sozialer und akademischer Integration zu achten.

Reformierung der Lehrevaluationen. Bei Lehrevaluationen dürfen nicht wie bisher die Studierenden herangezogen werden, weil die Ergebnisse dieser Befragungen von vielen Faktoren bestimmt sind, die nicht vorrangig mit der didaktischen Qualität der Wissensvermittlung zusammenhängen. Ähnlich wie im Schulsystem wären Evaluationen durch Hochschuldidaktikerinnen und Hochschuldidaktiker denkbar oder zumindest Verfahren mit Peer-Reviews und Peer-Coaching.

Orientierung an qualitativ hochwertigen Studienprogrammen privater Hochschulen. Der Blick in diejenigen privaten Hochschulen, die ein qualitativ hochwertiges Studienprogramm anbieten, könnte staatlichen Hochschulen Anregungen dafür geben, mit welchen Maßnahmen mehr Verbindlichkeit für die Bindung und Motivierung der Studierenden hergestellt werden könnte.

6.3.4 An die Bildungsakteurinnen und Bildungsakteure

Stärkung der Verbindlichkeit bei der Entwicklung neuer Lehrkonzepte. Lehrende, die neue Konzepte für Lehrveranstaltungen entwickeln, sollten die Möglichkeit nutzen, ihre Konzepte mit den Zentren für Hochschuldidaktik zu diskutieren und Rückmeldungen zu geplanten Kurskonzepten einzuholen. Bei der Entwicklung von neuen Lehrkonzepten und Veranstaltungsplänen sollten Maßnahmen zur Stärkung von Verbindlichkeit eingebracht werden.

Stärkerer Einbezug der Leistungen im Bereich Lehre bei der Beurteilung von Hochschullehre. Die Maßstäbe zur Bewertung von Hochschullehrerinnen und Hochschullehrern, beispielsweise bei Weiterbeschäftigungs- und Karriereentscheidungen, Leistungszulagen oder bei der hochschulinternen leistungsorientierten Mittelzuweisung, sollten überdacht und transparent dargelegt werden. Dabei sollten gute Leistungen im Bereich Lehre Schwerpunkte bilden und weniger als bisher vorrangig der Bereich der Forschung.

Stärkung der Ausrichtung an Lernzielen. Lernziele müssen konkret benannt und auf die Kursaktivitäten bezogen werden. Die Ausrichtung an Lernzielen könnte durch digitale Werkzeuge wie Lehrveranstaltungsplaner und durch entsprechende Strukturvorgaben unterstützt werden (vgl. Auer 2022).

Einforderung des Engagements von Studierenden. Auch Studierende und ihr Beitrag sollten bei der Schaffung von Verbindlichkeit nicht aus den Augen verloren werden. Sie müssen sich möglicherweise darauf einstellen, sich an der Hochschule mehr einzubringen, als sie es seit den Zeiten pandemiebedingter reiner Online-Lehre gewohnt sind.

Stärkung der Mitwirkung von Studierenden an Hochschulen. Die Mitwirkung der Studierenden kann durch ihre Einbindung in studienbezogene Gremien und Gruppen (z. B. Qualitätszirkel, Stipendienvergabegremien oder Arbeitsgruppen zur Konzeptentwicklung) gefördert und damit ihr Verständnis für das Funktionieren der Hochschule und den wechselseitigen Informationsaustausch unterstützt werden.

Stärkung der Anwesenheitskultur. Eine gute Möglichkeit zur Schaffung von Verbindlichkeit über persönliche Interaktionen ist die Stärkung der Anwesenheitskultur, die aufgrund der Nutzung von Online-Lehre und des hohen Anteils von Studierenden, die umfangreicher Erwerbstätigkeit nachgehen, gelitten hat beziehungsweise leidet. Dieses kann durch ausgeweitete Anwesenheitspflichten, aber auch durch passende Lernangebote mit entsprechender Anwesenheit an der Hochschule erfolgen.

7 Weiterbildung

7.1 Verbindlichkeit – Status quo: Umsetzungsstand und Bewertung

Der Adult Education Survey zeigt, dass es in den letzten Jahrzehnten gelungen ist, die Teilnahmequote in der Erwachsenen- und Weiterbildung deutlich zu steigern, von 23 Prozent (1979) über 48 Prozent (1997) auf über 60 Prozent im Jahr 2020 (vgl. BMBF 2021). Die Stärkung von Kernkompetenzen und mehr Bildungsleistung durch mehr Verbindlichkeit sind aber dennoch akute Herausforderungen in der Weiterbildung. Hervorzuheben sind insbesondere:

Erstens die Alphabetisierungs- und Literalitätsprobleme großer sozialer Gruppen, die starke Hindernisse der notwendigen Partizipation am politischen, gesellschaftlichen und wirtschaftlichen Leben sind. Hinreichend bekannt ist, dass noch immer 6,2 Millionen Erwachsene, also zwölf Prozent der deutschsprachigen Bevölkerung zwischen 18 und 64 Jahren, über eine sehr geringe Literalität verfügen (vgl. Grotlüschen 2021) – darunter 70 Prozent deutsche Staatsangehörige. Selbstverständlich gehört Numeralität, also Rechenkompetenz, in gleicher Weise zur individuellen Grundbildung (vgl. Lüssenhop/Kaiser 2021). Wenn man die aktuellen Ergebnisse zum Kompetenzerwerb in den Grundschulen berücksichtigt (vgl. vbw 2024), ist mit zeitlicher Verzögerung in den nächsten Jahren im Erwachsenenalter weiterhin ein hoher Förderbedarf zu erwarten.

Zweitens zeigt sich aufgrund der Migration in Deutschland ein differenzierter Weiterbildungsbedarf im Bereich sprachlicher, beruflicher und allgemeiner Kernkompetenzen. Jährlich werden aus demografischen und ökonomischen Gründen auch künftig zahlreiche Zuwanderinnen und Zuwanderer bei dem gegebenen Fachkräftebedarf benötigt (vgl. IAB 2019; Öztürk 2023). Hinzu kommen die kriegsbedingten ukrainischen Flüchtlingsströme. Diese stellen neue gravierende Herausforderungen für die Erwachsenen- und Weiterbildung dar. Die akuten Fluchterfahrungen großer Bevölkerungsgruppen und der außereuropäische Zuzug haben u. a. die Entwicklungen der Sprach- und Integrationskurse in der kompetenzbasierten Grundbildung verstärkt. In der Erwachsenen- und Weiterbildung geht man zu Recht davon aus, dass soziale und kulturelle Mobilität eine beidseitige Anstrengung an die zuziehenden neuen und die angestammten einheimischen sozialen Gruppen darstellt (vgl. Öztürk 2023, S. 297), was wiederum verbindliches hohes Engagement in der Weiterbildung voraussetzt.

In der Dekade zur Alphabetisierung und Grundbildung von 2016 bis 2026 werden diese beiden angesprochenen Problembereiche staatlich adressiert und man ist bestrebt, die Handlungsfelder auszuweiten und qualitativ zu verbessern. „Ausgangspunkt für alle weiteren Maßnahmen und Initiativen ist die gemeinsame Überzeugung, dass Alphabetisierung und Grundbildung die Voraussetzungen für ein selbstbestimmtes Leben, für lebenslanges Lernen sowie für gesellschaftliche und berufliche Teilhabe sind. (...) Für alle Beteiligten ist es eine wichtige Aufgabe, möglichst viele Bürgerinnen und Bürger zu erreichen, die durch Bildungsangebote ihre Schreib- und Lesekompetenzen verbessern könnten." (BMBF/KMK 2016, S. 3). Auch die für die 18- bis 65-Jährigen repräsentative international vergleichende Studie PIAAC (Programme for the International Assessment of Adult Competencies, Cycle 1: 33 Länder) weist darauf hin, dass „not surprisingly, weak readers were usually less educated compared with the country's general population (...). Respondents who had not been raised in the official country language had a higher risk of being weak readers" (Rammstedt/Gauly/Zabal 2021, S. 105).

Mittlerweile ist in der Praxis und der Politik klar erkannt, dass sinnverstehendes Lesen und Schreiben („literacy"), Rechenfähigkeit („numeracy"), Grundkompetenzen im IT-Bereich, Gesundheitsbildung, finanzielle Grundbildung und soziale Grundkompetenzen zwar nicht durch eine rechtliche Weiterbildungspflicht, aber doch durch die Steigerung der Verbindlichkeit auf Seiten der Angebote und der Lernenden erreicht werden können. Hierfür müssen beispielsweise die Gelingensfaktoren von Lehr- und Lernprozessen genauer auf die Zielgruppen abgestimmt werden (vgl. Abraham/Linde 2018, S. 1312).

Drittens ist in Deutschland und auch global ein äußerst folgenreicher Wandel des Altersaufbaus der Bevölkerung zu konstatieren. Dies ist einerseits durch die niedrige Geburtenzahl, die in Deutschland etwa seit dem Beginn der 1970er Jahre gegeben ist, und andererseits durch die Verlängerung der Lebenszeit mitverursacht. Wenn man prognostisch auf das Jahr 2040 blickt, so zeigen Berechnungen des Statistischen Bundesamts bei einer mittleren Zuwanderung, dass schon im nächsten Jahrzehnt die 70- bis 80-Jährigen die stärksten Jahrgänge sein werden (vgl. BMFSFJ 2010; 2024b). Wird davon ausgegangen, dass bei älteren Arbeitnehmerinnen und Arbeitnehmern sowie bei Menschen im sogenannten Ruhestand neue Lerninteressen entstehen und die über 70-Jährigen kognitive, soziale und motorische Angebote stärker nachfragen als früher (vgl. Hüther/Naegele 2013), ist die Altersbildung in den nächsten Jahrzehnten verbindlicher zu gestalten. Es liegt im individuellen und gesellschaftlichen Interesse, die Kernkompetenzen von Individuen möglichst lange zu erhalten, weil dies Voraussetzung für eine selbstbestimmte Lebensführung der Älteren ist (vgl. Kruse 2007).

Insgesamt ist festzuhalten, dass sich die Teilnahmequoten in der Weiterbildung in Deutschland im internationalen Vergleich über alle Altersgruppen aufgrund einer deutlichen Steigerung in den letzten Jahrzehnten mittlerweile im oberen Mittelfeld befinden und dass dieser im Adult Education Survey sichtbare „Fahrstuhleffekt" in einigen Dimensionen auch die soziale Weiterbildungsschere abschwächt (Käpplinger u. a. 2024) – allerdings nicht z. B. im Hinblick auf Region, Migrationshintergrund und Berufsabschluss. Die Teilnahme in der politischen und allgemeinen Weiterbildung ist weniger stark gewachsen als in der beruflichen Weiterbildung (vgl. Arnold/Nuissl/Schrader 2023, S. 169).

Verbindlichkeit auf Ebene der Bildungspolitik und des Staates. In der Nationalen Weiterbildungsstrategie ist richtig erkannt worden, dass Weiterbildung und lebensbegleitendes Lernen angesichts des ökonomischen, digitalen, demografischen und ökologischen Wandels individuelle Chancen eröffnen und zur Fachkräftesicherung beitragen.

Ohne Zweifel sind ambitionierte arbeitsmarktpolitische Ziele formuliert (vgl. BMAS/BMBF 2022). Die Nationale Weiterbildungsstrategie unter Federführung des BMAS und des BMBF wurde im September 2022 fortentwickelt und dient durch die Kooperation zahlreicher Partner der Stärkung der Weiterbildungskultur und der Leistung des Weiterbildungssystems. Allgemeine und politische Kernkompetenzen sind – trotz der Perspektive auf Zukunftskompetenzen – bislang aber nur tangiert und wenig verbindlich ausformuliert. Die Erste Nationale Weiterbildungskonferenz im November 2023 verknüpfte die Weiterbildungspolitik in Deutschland mit dem Europäischen Jahr der Kompetenzen und hat dabei den fachlichen Diskurs und die Vernetzung zu den allgemeinen und politischen Kernkompetenzen zumindest eingeleitet. In einem offenen Weiterbildungssystem mit einer zukunftsorientierten Weiterbildungskultur wird Weiterbildung sowohl als Chance verstanden, die Beschäftigungs- und Innovationsfähigkeit zu sichern, als auch als Möglichkeit gesehen, kulturelle und politische Kernkompetenzen durch einen gemeinsamen Diskurs verbindlich zu gestalten.

Hierzu werden auf der Ebene der Bildungspolitik und der gesetzlichen staatlichen Initiativen neben der Nationalen Weiterbildungsstrategie, dem Qualifizierungschancengesetz, dem Beschäftigungssicherungsgesetz auch das Demokratiefördergesetz, Initiativen zur finanziellen Bildung und neue Projekte der

AlphaDekade angeregt. Individuelles und organisatorisches verbindliches Handeln in der Weiterbildung können auch das bürgerschaftliche Engagement und das Ehrenamt stärken (vgl. Deutscher Bundestag 2023). Es geht also darum, neben der notwendigen Weiterbildung in technologischen und wirtschaftlichen Bereichen auch die sozialen, kulturellen und politischen Kernkompetenzen verbindlich zu verankern (vgl. Tippelt 2024).

Beispiel: Gesetzentwurf für ein Demokratiefördergesetz – DFördG (vgl. BMFSFJ 2022; Deutscher Bundestag 2023)

In der Begründung zu diesem Gesetz wird darauf hingewiesen, dass Deutschland ein weltoffenes Land ist und dass die Gestaltung der Demokratie sowie die Achtung von Recht und Rechtsstaatlichkeit zwar staatliche Aufgaben sind, dass aber auch die Zivilgesellschaft hierfür verantwortlich ist. Politische und soziale Kernkompetenzen werden angesprochen, wenn das Gesetz auch die Prävention gegenüber jeder Form des politischen oder religiös begründeten Extremismus und gruppenbezogener Menschenfeindlichkeit (Rassismus, Antisemitismus, Antiziganismus, Islam- und Muslimfeindlichkeit, Frauenfeindlichkeit, Sexismus, Behindertenfeindlichkeit) anspricht. Gestärkt werden sollen das zivilgesellschaftliche Engagement und die politische Bildung, die zwar durch Pflicht nicht verordnet werden können, die aber durch eine verbindliche Verbesserung der Rahmenbedingungen gefördert werden können. Der Bund stehe dabei in einer besonderen Verantwortung, weil menschenfeindliche Phänomene nicht nur lokal oder regional begrenzt auftreten, sondern bundesweit und zum Teil auch international. Das Demokratiefördergesetz geht über politische Bildung hinaus, da Demokratieförderung, die Gestaltung von Vielfalt und Extremismusprävention verschiedener rechtlicher Instrumente bedürfen. Aber auch die nachhaltige und verbindliche Absicherung von Fördermaßnahmen in der politischen Weiterbildung ist im Entwurf vorgesehen. Das Demokratiefördergesetz wendet sich unter anderem an Vereine, Organisationen und Initiativen, die im Rahmen ihrer Bildungsarbeit über Gefahren für eine solidarische Gesellschaft aufklären und diesen Gefahren vorbeugen. Es soll darum gehen, die finanzielle Unsicherheit für Initiativen wie Beschäftigte zu beheben, indem künftig längerfristig, altersunabhängig und bedarfsorientierter unterstützt wird. Für den Weiterbildungssektor politischer und sozialer Kernkompetenzen bedeutet dieses eine Steigerung der Verbindlichkeit, die von zahlreichen Institutionen der Zivilgesellschaft begrüßt wird. Dennoch wurden in den Anhörungen Verbesserungen vorgeschlagen: Das Ehrenamt sei nicht hinreichend verankert, die privaten Bildungsträger dürfen nicht vom Staat verdrängt werden, der weltanschauliche Pluralismus sei zu wahren, die ausreichende Finanzierung sei noch genauer festzuschreiben, die institutionelle Mitwirkung der freien Träger sei noch stärker abzusichern, es gebe noch Klärungsbedarf zur Abgrenzung von politischer Bildung und Extremismus-Prävention, die Vernetzung der Akteurinnen und Akteure auf lokaler Ebene müsse als Förderkriterium aufgenommen werden. Es ist derzeit also noch offen, ob in der Gesetzgebung die verbindlicheren Formate der Stützung kultureller und politischer Kompetenzen Realität werden.

Beispiel: Initiative zur finanziellen Bildung (vgl. BMBF 2023a)

Es geht bei dieser Initiative des BMBF in Kooperation mit der OECD unter anderem darum, aufbauend auf einer gestärkten Forschungs- und Datengrundlage evidenzbasierte Angebote zur finanziellen Bildung für alle Lebensphasen zu entwickeln. Finanzielle Bildung wird als eine Grundvoraussetzung für kompetente ökonomische Teilhabe in modernen Gesellschaften gesehen, weil finanziell kompetente Individuen besser dazu in der Lage sind, finanzielle Herausforderungen zu bewältigen und langfristige Finanzentscheidungen zu treffen. Für die Weiterbildungsforschung ist dabei vor allem relevant, dass das BMBF in der Förderrichtlinie zur „Forschung zu finanzieller Bildung" evidenzbasierte anwendungsorientierte Maßnahmen zur Förderung der finanziellen Bildung in allen Bildungsetappen ableiten will. Finanzielle Bildung wird im Rahmen der Initiative als ein wesentlicher Teil der Allgemeinbildung (vgl. BMBF 2023a) angesehen. Ziel ist es, Kernkompetenzen zu definieren und verbindlich zu fördern. In diesem Rahmen ist zum einen die (Weiter-)Entwicklung eines Kompetenzrahmens für die finanzielle Bildung vorgesehen, in dem definiert wird, was Personen unterschiedlicher Lebensphasen wissen und können sollten. Zum anderen werden auf der Grundlage des Kompetenzrahmens valide Instrumente zur Messung finanzieller Kompetenzen erarbeitet und innovative Lehr-/Lernangebote und Bildungsmaterialien für spezifische Zielgruppen für formale, nonformale und informelle Settings entwickelt und evaluiert. Durch Wirksamkeitsforschung werden zudem die begünstigenden und die hemmenden Faktoren für eine leistungsstarke finanzielle Bildung identifiziert. Für das Lehr- und Planungspersonal in der Erwachsenenbildung sind verbindliche Qualifizierungsangebote vorgesehen.

Im Fokus dieser neuen Bundesinitiative stehen die Stärkung der finanziellen Bildung und das Ziel, die Bildungsleistung in diesem Bereich zu heben.

Beispiel: Kultur macht stark. Bündnisse für Bildung (vgl. BMBF 2023b; BMBF/KMK 2023)

Im Rahmen dieses Programms fördert das Bundesministerium für Bildung und Forschung (BMBF) seit 2013 mit jährlich bis zu 50 Millionen Euro kulturelle Bildungsprojekte, um diese für junge Menschen, die sonst wenig Zugang zu diesen Angeboten haben, zu öffnen. Gemeinsam mit anderen musizieren, Theater spielen, einen Film produzieren: Die aktive Beschäftigung mit Kunst und Kultur gibt auch Erwachsenen Selbstvertrauen und weckt Teamgeist, fördert Kreativität und schafft Grundlagen für gesellschaftliche Teilhabe und Bildungserfolg. In „Kultur macht stark“ schließen sich Akteurinnen und Akteure vor Ort zu Bündnissen für Bildung zusammen und es vernetzen sich kulturelle Einrichtungen und außerschulische Bildungsorte wie Theater, Bibliotheken und Sportvereine mit öffentlichen Bildungseinrichtungen, wie z. B. Schulen, Jugendzentren und Horten. Diese Bündnisse für Bildung tragen dazu bei, zivilgesellschaftliche Bildungsleistungen vor Ort nachhaltig zu stärken, und es wäre sehr sinnvoll, auch in der Erwachsenen- und Weiterbildung entsprechende Netzwerke zu schaffen.

Verbindlichkeit auf der Ebene des Weiterbildungssystems und der Weiterbildungsinstitutionen. Das Weiterbildungssystem entfaltet sich in einer regional differenzierten und expandierenden Weiterbildungslandschaft (vgl. Herbrechter/Schemann 2023). Weiterbildungsinstitutionen beschäftigen über 700.000 pädagogisch Tätige (vgl. Autorengruppe Bildungsberichterstattung 2022). Gleichzeitig ist bereits seit den 1980er Jahren eine deutliche Ausdifferenzierung der Weiterbildungsstrukturen und Anbieter zu beobachten (vgl. Tippelt/Eckert/Barz 1996; Schrader 2011): öffentlich geförderte Weiterbildung (z. B. Volkshochschulen, kirchliche Bildungswerke, Gewerkschaften); Betriebe, Arbeitgeber, Kammern; Selbsthilfe, zivilgesellschaftliches Engagement; Hochschulen und wissenschaftliche Weiterbildung; private und kommerzielle Anbieter.

Gerade in dieser Vielfalt kann sich Bildungsleistung entfalten, wobei die rechtlich verankerten Grundlagen der Weiterbildung einzulösen sind: Pluralität der Träger und Angebote, Subsidiarität, öffentliche Förderung und Verantwortung, Selbstbestimmbarkeit von Angebot und Nachfrage, Freiwilligkeit, Allgemeinzugänglichkeit der Angebote, bedarfsgerechtes und flächendeckendes Angebot (für alle Zielgruppen, insbesondere auch für prekäre Milieus), Ausschöpfung digitaler Bildungsmöglichkeiten für alle Lernenden, horizontale Kooperation der Weiterbildungsträger und vertikale Kooperation der Bildungsinstitutionen im Lebenslauf (vgl. Tippelt 2023).

Vor dem Hintergrund des Ziels, das Gemeinwohl im Blick zu behalten, hat die politische Weiterbildung einen besonderen Stellenwert: Politische Bildung und die Vermittlung politischer Kernkompetenz in öffentlicher Verantwortung ist ein eigener und von anderen Lernfeldern abgrenzbarer biografischer Lern-, Erfahrungs- und Bildungsraum über die gesamte Lebensspanne. Außerschulische politische Bildung ist subsidiär organisiert und kann nicht gegen die Interessen Erwachsener (wie auch Jugendlicher) realisiert werden. In einer „Weiterbildungsrepublik" ist die kritische Verarbeitung von Wissen und Information von großer Bedeutung, um Verunsicherungen und Irritationen zu bearbeiten, um Ambiguitätstoleranz, Kompromissbereitschaft und Selbstwirksamkeit zu entdecken und so die Identitätsbildung des Einzelnen zu fördern (vgl. Sander 2023). Trotz der hohen Bedeutung ist die aktuelle Nachfrage zur politischen Weiterbildung eher gering. Auch wenn sich politische Bildung seit Ende der 1990er Jahre zu einem festen Bestandteil einer aufklärenden und lernenden politischen Kultur entwickeln konnte, sind gleichzeitig eine stagnierende öffentliche Wertschätzung, eine zu geringe Forschung zur politischen Bildung und eine nicht hinreichende Finanzierung von freien Trägern zu beklagen (vgl. Becker/Krüger 2018; vbw 2024). Die Weiterbildungsverbund- und Volkshochschulstatistik zeigt (vgl. DIE 2018), dass der Themenbereich „Politik und Gesellschaft" sowohl bei den Angeboten als auch bei den durchgeführten Veranstaltungen nur wenig Rückenwind hat. Es fehlt sowohl an verbindlichen Angeboten als auch an einer verbindlichen Teilnahme. Es besteht die Hoffnung, dass sich die Bildungsleistungen durch die konsequente Realisierung des Demokratiefördergesetzes verbessern lassen.

Zur Steigerung der Bildungsleistungen sind ausdifferenzierte Weiterbildungsinstitutionen von großer Bedeutung. Die damit verbundene Spezialisierung und Arbeitsteilung kann sowohl zu mehr Kooperation und einem „adaptive upgrading" führen, also einer Stärkung des Angebots-, Qualitäts- und Leistungspotenzials, als auch zu mehr Konkurrenz. Empfohlen wird seit langem eine öffentlich geförderte „mittlere Systematisierung" (vgl. Bojanowski u. a. 1991), die darauf gerichtet ist, destruktive macht- und geldorientierte Konkurrenzkämpfe zwischen Weiterbildungsanbietern zu mildern. Verbindliche Regulierungsvorschläge wie beispielsweise Kooperationsverpflichtungen und Finanzierungssicherheit gelten als notwendig, um destruktive Wirkungen, z. B. Abgrenzung und Abwertungstaktiken gegenüber anderen Anbietern, zu vermeiden. Um solche Gefahren zu überwinden, wird eine lose Verkoppelung von Weiterbildungsanbietern empfohlen (vgl. Bojanowski u. a. 1991; Tippelt 2023), was aber eine gemeinsame Weiterbildungskultur und aktive Abstimmungsprozesse voraussetzt (vgl. Haferkamp 1990).

Insgesamt wird Verbindlichkeit durch professionelle Zusammenarbeit verbessert, indem auch externe kooperierende Einrichtungen in die Weiterbildung stärker einbezogen werden: im Bereich der Kernkompetenzen z. B. Schuldnerberatungen bei finanzieller Grundbildung, die Bundes- und Landeszentralen für politische Bildung, die Krankenkassen und die Bundeszentrale für gesundheitliche Aufklärung im Bereich der Gesundheitsbildung (vgl. Pape 2021, S. 57). Verbindlichkeit auch auf Seiten von Teilnehmerinnen und Teilnehmern in der Weiterbildung verstärkt sich, wenn lebensbegleitendes Lernen positiv erlebt wird. Hilfreich ist es, Kernkompetenzen und Grundbildung als Querschnittsthemen in öffentlichen Verwaltungen in Bund, Ländern und Kommunen zu verankern und regionale Netzwerke durch Bildungsmanagement zu professionalisieren.

Ein spezifisches Problem geringer Verbindlichkeit auf institutioneller (wie auf individueller) Ebene zeigt sich unter anderem im Abbruch von Bildungsprozessen und dem Drop-out Erwachsener, wobei die neuere Literatur auf die Entstigmatisierung der Abbrecherinnen und Abbrecher gerichtet ist (vgl. Thalhammer/Daniel 2024). Zwar gibt es keine zuverlässigen Zahlen zum Drop-out in der Weiterbildung, aber auf der Basis der vorhandenen Forschung lässt sich bereits heute sagen, dass es teilweise institutionelle organisatorische Einflüsse gibt, die den Abbruch erzwingen, wenn z. B. die regionale Dichte oder die Qualität der Weiterbildungsangebote nicht hinreichend ist. Auswirkungen auf die Abbruchzahlen haben zudem der formale Bildungsabschluss (je höher der formale Bildungsabschluss, desto niedriger die Abbruchrate), das Geschlecht (höhere Abbruchraten in spezifischen Domänen für Männer/Frauen) sowie der soziokulturelle Hintergrund (höhere Abbruchraten von Migrantinnen und Migranten) (vgl. Hoffmann u. a. 2020).

Kompetenzförderung stellt ein wirksames Mittel dar, um Weiterbildungsabbrüche zu vermeiden. Bedeutsam sind das individuelle Lernen, die individuelle Förderung von Benachteiligten und eine konsequente Teilnehmerorientierung. Daher ist die institutionelle Förderung der Fortbildung der Lehrenden eine Schlüsselstelle im Kampf gegen Drop-out. Schließlich ist auch die stärkere Kooperation zwischen den Sektoren Bildung und Beschäftigung eine Möglichkeit, präventiv gegen Drop-out und damit manchmal verbundene problematische Übergänge während des Berufsverlaufs vorzugehen. Gemeint sind hier bewusste Vernetzungen von Bildungseinrichtungen. Lehrende verschiedener Einrichtungen sollten sich systematisch austauschen, um die Lernenden mit dem jeweiligen neuen und folgenden Lernkontext bekannt zu machen, das Vorwissen der Lernenden in der jeweiligen Institution stark zu berücksichtigen und auch Lehrpläne und Curricula auf die Lernvoraussetzungen abzustimmen.

Allgemein ist ein positives Image der Weiterbildungs- und Lernkultur von Institutionen und Trägern zu erreichen, um dauerhaft eine starke Nachfrage, Integration und Inklusion im beruflichen und allgemeinen Weiterbildungssystem zu gewährleisten. Um die Motivation zur Teilnahme an der Weiterbildung zu erklären oder Drop-out zu minimieren, hat sich auch die „Erwartung-mal-Wert"-Theorie in der Forschung zur Weiterbildungsmotivation bewährt: Die Lernenden müssen einerseits erwarten können, dass sie die Weiterbildungsmaßnahme erfolgreich meistern. Eine realistische Erwartungshaltung wird in der Praxis durch eine zuverlässige Weiterbildungsberatung gestärkt, die die Lerninteressen und die Stärken wie Schwächen der Lernenden berücksichtigt. Auch ein gutes Self-Assessment der eigenen Lerninteressen und Kompetenzen dient einer angemessenen Erfolgserwartung der Lernenden. Andererseits kann der subjektive Wert einer Weiterbildungsmaßnahme beispielsweise durch beruflich und allgemein verwertbare Zertifikate gesteigert werden (vgl. Gorges 2015).

Sicher ist es notwendig, Weiterbildung und Fortbildung nicht gleichzusetzen, denn durch eine Weiterbildung soll das eigene Kompetenzprofil in einer individuellen und gesellschaftlichen Perspektive erweitert werden, während sich Arbeitnehmer durch Fortbildung spezifische Kenntnisse und Fähigkeiten mit unmittelbarem Berufs- und Stellenbezug aneignen. Fortbildungen haben gewöhnlich einen unmittelbaren Bezug zum beruflichen Aufstieg oder zur beruflichen Anpassung. Aufstiegsfortbildungen vermitteln nicht nur erweiterte Kompetenzen, sondern es werden auch Berechtigungen verliehen (z. B. beim Meister- oder Technikerabschluss), die zur Übernahme von höheren Positionen mit erweiterten Aufgaben und Zuständigkeiten führen (vgl. Arnold 2023, S. 170). Für die Erweiterung der Zuständigkeiten wie beispielsweise der betrieblichen Ausbildungsberechtigung oder auch der individuellen Ausbildungseignung sind entsprechende Fortbildungen verpflichtend. Die Anpassungsfortbildung dagegen umfasst – in häufig von Betrieben oder Kammern organisierten Kursen – die Vermittlung von

Qualifikationen, die durch den technischen Wandel, die Veränderung der Arbeitsorganisation und Produktinnovationen notwendig geworden sind. Anpassungsfortbildungen in diesem Sinn wirken präventiv und arbeitsplatzerhaltend und sind aus betrieblicher und organisatorischer Sicht dringend erforderlich, rechtlich jedoch nicht verpflichtend (vgl. Arnold 2023).

Verbindliche rechtliche Regelungen gibt es zum Bildungsurlaub, wenngleich keine bundeseinheitlichen gesetzlichen Vorgaben existieren. Beim bezahlten Bildungsurlaub sind Arbeitnehmerinnen und Arbeitnehmer, Beamte, Auszubildende und Studierende an dualen Hochschulen anspruchsberechtigt, um sich für eine bestimmte Dauer (in der Regel fünf Arbeitstage im Jahr, auch kumulierend) während der Arbeitszeit mit politischen oder kulturellen, allgemeinen oder beruflichen Weiterbildungsthemen bei anerkannten Weiterbildungsträgern zu befassen. Die seit den 1970er Jahren gegebenen politischen, pädagogischen und organisatorischen Auseinandersetzungen um den Bildungsurlaub haben unter anderem dazu geführt, dass nach einem Beschluss des Bundesarbeitsgerichts ein „Mindestnutzen" für den Arbeitgeber zu erbringen und nachzuweisen ist. Nach einer Erhebung des AES aus dem Jahr 2021 nehmen immerhin fünf Prozent der Teilnehmenden auf der Basis einer Freistellung für Bildungszwecke an Weiterbildung teil (vgl. Schmidt-Lauff 2023, S. 72). Sind die Ziele der Bildungsurlaubsregelungen bereits stark sozialstaatlich begründet – denn letztlich geht es um die verbindliche Integration und Inklusion auch bildungsferner sozialer Gruppen und Milieus –, so rücken die neueren Überlegungen zur Inklusion ein ressourcenorientiertes und die Vielfalt wertschätzendes pädagogisches Verständnis noch stärker in den Vordergrund. Seit der UN-Behindertenrechtskonvention von 2008 wird neben den Diversitätskategorien Migration oder Gender auch die Kategorie Behinderung nicht nur pädagogisch diskutiert, sondern es werden auch verpflichtende Maßnahmen eingefordert, die die Weiterbildungsteilnahme ermöglichen oder erleichtern sollen. Obwohl auf der Makroebene das universelle Recht auf Bildung und Teilhabe begründet wird, auf der Mesoebene die Zugänglichkeit und auf der Mikroebene barrierearme und teilnehmerorientierte Lehr-Lern-Settings verbindlich eingefordert werden, ist nach wie vor von einer eher geringen Teilnahme der Menschen mit Behinderung in der Weiterbildung auszugehen (vgl. Heimlich/Behr 2018).

Es ist hervorzuheben, dass zwar keine allgemeine Weiterbildungspflicht besteht, dass es im Bereich der beruflichen Fortbildung aber mehrere professionelle Bereiche gibt, in denen eine Fortbildungspflicht explizit vorhanden ist: Zu nennen sind hier beispielsweise medizinische Berufe und Pflegeberufe, Fachanwälte,

Versicherungsexpertinnen und -experten sowie Sicherheitspersonal bei der Polizei. Im Pflegebereich sind neben unmittelbar neuen fachlichen Inhalten auch Hygienevorschriften, Datenschutz, Brandschutz, Wundversorgung oder Notfallmanagement Inhalte von verpflichtenden Weiterbildungen. Eine Regelung der Kassenärztlichen Bundesvereinigung zur Fortbildungsverpflichtung der Vertragsärzte und Vertragspsychotherapeuten existiert seit 01.10.2016. Die Regelungen zur verbindlichen Fortbildung im Krankenhaus sind in die Vorschriften zur Qualitätssicherung und zum einrichtungsinternen Qualitätsmanagement integriert (vgl. Gemeinsamer Bundesausschuss 2023). Fortbildungsnachweise werden hierbei eingefordert. Inwieweit auch im pädagogischen Bereich verpflichtende Fortbildungen durchgeführt werden sollen, ist landesspezifisch geregelt und bisweilen umstritten, aber in Bayern heißt es in Art. 20 Abs. 2 BayLBG beispielsweise, dass die Pflicht erfüllt ist, sofern ein Zeitumfang von zwölf Fortbildungstagen innerhalb von vier Jahren nachgewiesen ist.

Verbindlichkeit auf der Ebene der Bildungsakteurinnen und Bildungsakteure – pädagogisches Personal. Die statistischen Zahlen zu den Beschäftigten in der Weiterbildung (vgl. Autorengruppe Bildungsberichterstattung 2022) sind schwer zu verifizieren, weil es sich in der Erwachsenen- und Weiterbildung um Vollzeit- und Teilzeitarbeitskräfte, aber auch um ehrenamtlich Tätige in einem multiprofessionellen Segment des Dienstleistungssektors handelt. Auf die diversen Organisationsstrukturen im pluralen Weiterbildungsbereich wurde schon hingewiesen, woraus auch ein heterogenes Qualifikationsprofil des pädagogischen Personals resultiert. Dennoch sind aus Sicht der Adressatinnen und Adressaten sowie der Teilnehmerinnen und Teilnehmer die Lehrenden der wichtigste Faktor der Qualität in der Weiterbildung (vgl. Hippel/Tippelt 2009), noch vor Verband, Führung, Architektur, medialer und digitaler Ausstattung und Curricula, also Aspekten der Weiterbildungsorganisation. Mittlerweile ist erkannt, dass auch die organisatorische Arbeitsteilung innerhalb einer Weiterbildungseinrichtung zwischen dem planenden, dem administrativen und dem lehrenden Personal besondere Maßnahmen der Kompetenzentwicklung und der Teamfortbildung herausfordern (vgl. DIE 2023). Die Heterogenität des pädagogischen Personals in der Weiterbildung erschwert ein verbindliches professionelles Selbstverständnis, das zur Kooperation und zur Vermittlung von Kernkompetenzen sinnvoll ist (vgl. Goeze/Bonnes 2017). Gestärkt wird verbindliches Handeln einer Weiterbildungsorganisation allerdings durch einen transformativen Führungs- und Leitungsstil – also durch Zielvereinbarungen, Transparenz durch Kommunikation, Autonomie und Partizipation der Mitarbeiterinnen und Mitarbeiter, konstruktive Rückmeldung und Wertschätzung (vgl. Herbrechter 2018).

Für die theoretische Bestimmung pädagogischer Professionalität sind die systemischen Aufgabenzuschreibungen pädagogischer Institutionen und Berufe bis heute wirksam: Qualifikation, Allokation, Legitimation und Enkulturation. Gegenüber den zurückliegenden funktionalen Zuschreibungen der pädagogischen Professionalität wird heute jedoch die Gestaltungsaufgabe pädagogischen Handelns stärker betont (vgl. Helsper/Tippelt 2011). Das kommt in den organisationsübergreifenden gemeinsamen Herausforderungen wie beispielsweise dem situierten, interaktiven und reflexiven Handeln in ungeplanten Situationen zum Ausdruck. Es geht um die Stärkung solcher Kompetenzen, die ein rationales und gleichzeitig reflexives pädagogisches Handeln wirksam unterstützen (vgl. Goeze/Bonnes 2017). Verbindliches pädagogisches professionelles Handeln braucht keinen idealisierenden Begriff der Profession (vgl. Helsper/Tippelt 2011), sondern der Prozess der Professionalisierung und die Professionalität in der Weiterbildung gelten weitgehend als strukturelle Erfordernisse für qualitativ hochwertige Bildungsleistungen (vgl. Nuissl 2023). Dabei sind die Interaktion mit den Teilnehmerinnen und Teilnehmern und die fachliche Wissensbasis die dominanten Herausforderungen. Aber auch die ökonomische Ausgangslage einer Region und einer Weiterbildungsinstitution, die sozial-ökologischen Lernumgebungen, die soziokulturellen Traditionen einer Weiterbildungsinstitution, die sich auch in den Leitbildern von Einrichtungen manifestieren, sind für eine verbindliche pädagogische Professionalität und die Kompetenzen der Lehrenden ausschlaggebend (vgl. Nittel/Schütz/Tippelt 2014; Nittel/Tippelt 2019). Die monetären Nutzenerwartungen der Teilnehmerinnen und Teilnehmer erzeugen beim Erwerb von erwachsenenpädagogischen Zusatzqualifikationen ebenfalls eine erhöhte Verbindlichkeit der Teilnahme. Die motivationalen Orientierungen und Überzeugungen des pädagogischen Personals ermöglichen es, sich auf die Lebenslagen und Lebenswelten diverser sozialer Milieus durch Perspektiven- und Rollenübernahme adressaten- und teilnehmerorientiert zu beziehen (vgl. Barz/Tippelt 2018; Bremer 2018). Die damit angesprochene Teilnehmerorientierung (vgl. Tietgens 1983) ist das empirisch mittlerweile erschlossene traditionelle Konstrukt, das den Anspruch der Verbindlichkeit der Angebote besonders klar zum Ausdruck bringt.

Bei der aktuellen Integration von digitalen Lernformen erweitern sich die Möglichkeiten, die Verbindlichkeit gegenüber den Lernenden durch das pädagogische Personal zu konkretisieren. In digitalen Lernformaten unter Einschluss von KI sollen individuelle Lernbedürfnisse analysiert und personalisierte Lernpfade erstellt werden, adaptive Lernplattformen sollen die Lernfortschritte jeder/jedes Lernenden kontinuierlich ermitteln, und darauf basierend wird der Schwierigkeitsgrad des Lehrinhalts individuell angepasst (vgl. Kollar/Fischer 2018). Durch die

Automatisierung von administrativen Aufgaben soll es den Lehrenden gelingen, mehr Zeit auf interaktive, dialogische und anspruchsvolle Lehrmethoden zu verwenden. Die dadurch fokussierte Lehrkompetenz in kooperativen Lehr- und Lernformaten soll also das teilnehmerzentrierte und dadurch verbindliche Lernen erhöhen. Im Konzept einer kritisch-offensiven KI-Integration wird vom Personal technische und ethische Souveränität erwartet (vgl. vbw 2018). Künstliche Intelligenz wird nicht als Ersatz für natürliche, reale Intelligenz gesehen, sondern KI dient der Hilfe zur Leistungsoptimierung auch in Lernprozessen.

Teilnehmende und Adressatinnen und Adressaten. Allgemein ist anzumerken, dass die Teilnehmenden der Weiterbildung individuelle Weiterbildungsverpflichtungen gegenüber der Gesellschaft realisieren, denn die Förderung von Selbstverantwortung und persönlichem Wachstum ist kein Selbstzweck, sondern geschieht auch im Interesse der Gemeinschaft (vgl. vbw 2024). Mangelnde Eigeninitiative oder die Vernachlässigung von sozialen Kernkompetenzen, Wertediffusion oder Werteverlust sind für Lernprozesse im Erwachsenenalter sicher folgenreich: Aber wie ist die Entwicklung von Werteorientierungen in der Erwachsenen- und Weiterbildung einzuschätzen?

Zunächst sind Werte von Einstellungen, Motiven, Normen oder Zielen abzugrenzen, denn unter Werten werden individuelle wie auch kollektive geistige Orientierungen verstanden, die in ihrer Gesamtheit das System sinnkonstituierender Leitlinien und Ordnungsaspekte des gesellschaftlichen Zusammenlebens darstellen. Werte werden in der Weiterbildung durch Institutionen oder Symbole verstärkt und kognitive Überlegungen, Emotionen und voluntative Handlungsziele stützen Werteorientierungen von Erwachsenen. Verbindliche Werte beeinflussen Lebensziele und eine entsprechende Lebensführung. Sie werden nicht nur in geplanten formalen Bildungsprozessen entfaltet, sondern die gesamte Lernumgebung und die nicht intendierten Sozialisationsprozesse beeinflussen die Werteentwicklung jedes Einzelnen (vgl. Bremer 2018). In der Erwachsenenbildung wird davon ausgegangen, dass zu einer Veränderung von Wertorientierungen bei Heranwachsenden und Erwachsenen erhebliche emotionalen Veranlassung notwendig ist (vgl. Brim/Wheeler 1974). Aber um die Verbindlichkeit von Weiterbildung einschätzen zu können, ist es wichtig zu wissen, welche Tendenzen des wertebezogenen Wandlungsprozesses feststellbar sind und welche Werteorientierungen in einzelnen Zielgruppen verbreitet sind.

In der Weiterbildungsdebatte des Wertewandels werden unterschiedliche Hypothesen und Erklärungsansätze zugrunde gelegt. Dabei wird der Weiterbildung des Individuums und den Entwicklungen des Weiterbildungssystems in jedem der Erklärungsansätze eine spezifische Bedeutung zugesprochen.

Die weitestgehende These postuliert einen folgenreichen Werteverlust und Werteverfall, insbesondere in den jüngeren Generationen: In kulturell orientierten Ansätzen, die einen Werteverlust und Werteverfall diagnostizieren, wird davon ausgegangen, dass sich vor allem im Bereich der Arbeit durch den Einfluss der medialen Informationsflut und des Konsums protestantische Tugenden und handlungsleitende Leistungswerte abschwächen und ein Werteverlust unter starker Ausprägung von hedonistischen und konsumorientierten Haltungen eintritt. Schon Riesman (1950) hat in seiner anschaulichen Studie zum Wandel des Sozialcharakters dargelegt, dass eine „innengeleitete" Lebensführung schwindet, und zwar zugunsten einer außengeleiteten am Konsum und am (wechselnden) Beifall der anderen orientierten Lebensweise. Zwei Jahrzehnte später unternimmt Bell (1979) den Versuch, die permissive Erziehungskultur, die Aufwertung konsumtiver, auf die Freizeit gerichteter Verhaltensweisen sowie die wachsende räumliche und soziale Mobilität für einen Werteverfall verantwortlich zu machen. Der Widerspruch zwischen einem auf rationaler Effizienzsteigerung beruhenden Beschäftigungssystem und dem an grenzenloser Selbstverwirklichung orientierten Konsum- und Freizeitsystem gilt dabei als Grund für die massenhafte Herausbildung hedonistischer Orientierungen. Bells Thesen litten von Anfang an daran, dass seine theoretischen Überlegungen in nur losem Zusammenhang zu empirisch erhobenen Sachverhalten standen. Real gibt es eine leicht angewachsene Zahl junger Erwachsener, die die Partizipation im Beschäftigungssystem oder die Selbstverwirklichung durch Arbeit geringschätzen. Die große Mehrheit in den verschiedenen sozialen Milieus schafft es sehr gut, den Widerspruch zwischen expressiven oder profanen Lebensbereichen und leistungsfordernden, eher asketischen Lebensfeldern auszubalancieren (vgl. Albert u. a. 2015). Dieses spiegelt sich auch in den Weiterbildungsinteressen dieser Personengruppen (vgl. Barz/Tippelt 2004).

Großen Einfluss auf die Wertedebatte in der Weiterbildung hatte die in den 1970er Jahren entstandene These einer eindimensionalen Werte-Substitution: In einem sozioökonomischen Erklärungsansatz auf der Basis empirisch vergleichender internationaler Studien hat insbesondere Inglehart (1977) die These einer „stillen Revolution" und eines Wandels von materialistischen zu postmaterialistischen Werteorientierungen vertreten. Ursachen für diesen Wertewandel seien unter anderem der Einfluss materieller Absicherung und die Sättigung von materiellen Bedürfnissen (vgl. Kapitel 1.3), was aber dazu führe, dass sich immer mehr vor allem junge, gut ausgebildete Erwachsene von traditionellen, an physischen, materiellen und auch militärischen Sicherheitsbedürfnissen orientierten Werten abwenden. Zur Erklärung dieses Wandels werden zwei Hypothesen diskutiert: Während die Mangelhypothese besagt, dass die lange Phase ökonomischer Prosperität und die Erhöhung des Lebensstandards zu einer deutlichen Zunahme ästhetischer, partizipatorischer und ökologischer Werte führte, hebt die Sozialisationshypothese hervor, dass sich die Grundwerte eines Menschen in einem langen Prozess vor allem in der primären Sozialisation relativ stabil herausbilden. Da die jüngere Generation ihre formativen Jahre unter anderen sozioökonomischen Bedingungen verbringt als die ältere Generation, ist die Zunahme postmaterialistischer Werteorientierungen bei den Jüngeren sehr viel stärker ausgeprägt, insbesondere bei den höheren Bildungsgruppen. Allerdings stellte man schon in den 1980er Jahren fest, dass nur bei den Mitgliedern von Institutionen des höheren Bildungswesens die postmaterialistischen Orientierungen überwiegen (vgl. Tippelt 1990). So zeigt schon die international vergleichende CIVIC Education Study aus dem Jahr 2000 eine nur geringe Bereitschaft bei den 14- bis 19-Jährigen zum politischen Engagement, und die repräsentativen Daten der Gesellschaft für Konsumforschung (vgl. GfK 2016) zeigen in allen Altersgruppen einen deutlichen Anstieg des Wunsches nach Sicherheit, also eines materialistischen Wertes. Erneuert und spezifiziert wurde die vorgetragene These der Dominanz hedonistisch und postmaterieller Orientierungen in der kultursoziologisch interessanten Studie zur Erlebnisgesellschaft, die in der Erwachsenenbildung sehr stark rezipiert wurde (vgl. Schulze 2005). In der empirisch regionalen Analyse (n = 1014 im Nürnberger Raum) wurden fünf Milieus beschrieben, die in ihren Lebensstilen von verschiedenen primär freizeitorientierten Erlebnismustern geprägt sind: Selbstverwirklichungsmilieu (Studierende), Unterhaltungsmilieu (junge Arbeiterinnen und Arbeiter), Niveaumilieu (Akademikerinnen und Akademiker), Integrationsmilieu (Angestellte und Beamte), Harmoniemilieu (ältere Arbeiterinnen und Arbeiter). Die darin unterstellte Dominanz freizeitorientierter Lebensauffassungen wurde früh kritisiert und von Schulze selbst relativiert. Einer Verallgemeinerung der Annahme eines generellen Übergangs von materialistischen zu postmaterialistischen oder zu hedonistischen Werten steht man in der Weiterbildung heute skeptisch gegenüber (vgl. Arnold/Nuissl/Schrader 2023) und angesichts der „Zeitenwende“ ist zu erwarten, dass Sicherheitsinteressen wieder stärker artikuliert werden.

In der Weiterbildungsforschung wird auch die These vom mehrdimensionalen Werte- und Anspruchswandel diskutiert: Studien zeigten, dass ein begrenzter Wertewandel von Pflicht- und Akzeptanzwerten zu Selbstentfaltungs- und hedonistischen Werten stattgefunden hat. Von gleichrangiger Bedeutung erscheint die Tendenz zur Instabilität von Wertepräferenzen. Pflicht- und Akzeptanzwerte wurden – so die Annahme – durch den Einfluss verbesserter sozioökonomischer Lagen, das Wirken des Wohlfahrtstaates und die Bildungsexpansion geschwächt, und zwar zugunsten von Selbstentfaltungswerten, Werten der Prosozialität und des Hedonismus. Klages (1984) steht für diese empirisch untermauerte These eines solchen Wertewandelschubs, der allerdings keinesfalls eine historische Konstante sei. In diesem politikorientierten Erklärungsansatz werden Werte und Tugenden wie Disziplin, Gehorsam, Pflichterfüllung oder Einordnung als rückläufig beschrieben, dagegen seien Werte wie Kreativität, Spontanität, Selbstverwirklichung oder Ungebundenheit expansiv. Diese Entwicklung ist der Bildungsleistung nicht abträglich, wenn keine devianten Verhaltensweisen (Kriminalität, Alkoholismus oder Drogenkonsum) zu diagnostizieren sind (vgl. Baier/Pfeiffer 2016). Allerdings ist eine Zunahme von Institutionenverdrossenheit oder Zukunftsangst empirisch unter den aktuellen Bedrohungsszenarien plausibler. Die europaweite, für die 18- bis 34-Jährigen repräsentative Jugendstudie „Generation what" weist auf ein sehr geringes Vertrauen in politische, kirchliche und auch mediale Institutionen hin – bei gleichzeitig hohem Wunsch nach persönlicher Sicherheit. Selbst im Bereich Arbeit und Bildung dominiert nicht der Wert Selbstverwirklichung, sondern der Wunsch nach Absicherung (vgl. BR u. a. 2018). Weiterhin zeigen die sozialen Milieustudien, dass sich Pflicht- und Akzeptanzwerte in mehreren sozialen Milieus auch heute behaupten, so in den traditionellen Milieus und in der bürgerlichen Mitte. Soziale Milieus fassen dabei jeweils Menschen zusammen, die sich in ihrer sozialen Lage (vertikale Differenzierung) und in ihren Werthaltungen, Lebensauffassungen und Lebensstilen (horizontale Differenzierung) ähneln. Wenn man dieses berücksichtigt, gibt es auch Milieus, in denen hedonistische Wertepräferenzen stark ausgeprägt sind, so bei den Expeditiven oder selbstredend im hedonistischen Milieu (vgl. SINUS 2010; Tippelt 2015). Diese Milieus sind insbesondere für das Marketing und die Öffentlichkeitsarbeit in der Weiterbildung von Interesse. Marketing steht hier für die Anstrengung, eine für Zielgruppen verbindliche Programm- und Angebotsentwicklung (vgl. Hippel 2023, S. 351) zu gestalten, um Werte, aber auch das Vorwissen von Lernenden zu berücksichtigen und somit angemessene Bildungsleistungen zu gewährleisten (vgl. Erpenbeck/Sauter 2015).

Interessant ist der Hinweis von Klages (1984), dass die diagnostizierten Wertewidersprüche nicht allein durch polarisierte soziale Gruppen personalisiert werden, sondern dass diese Polarität der Werte von jedem einzelnen Individuum durch „Internalisierung" erfahren wird. Insbesondere beim Übergang in das Beschäftigungssystem werden subjektiv Pflicht- und Akzeptanzwerte aufgewertet. Gesprochen wird von einer Wertesynthese (vgl. Kapitel 1.3) und von einer aus dieser folgenden Wertedifferenzierung, die bis heute starke Wirkung entfaltet: Wertedifferenzierung rückt ab von einheitlichen Weltbildern und einheitlichen Werten in einer Gesellschaft, weil es zu Unterschieden der Wertorientierungen zwischen sozialen Subgruppen (z. B. ethnischen Gruppen, sozialen Milieus), aber auch zwischen gesellschaftlichen Teilbereichen (z. B. Freizeit vs. Arbeit) kommt. Innerhalb einer Gesellschaft können offenbar – allerdings nur bis zu einem bestimmten Belastungsgrad – verschiedene und auch konträre Werte koexistieren und diese werden jeweils von spezifischen Teilpopulationen akzeptiert. Bildungsleistung kann sich in der Weiterbildung nur dort entfalten, wo auch minderheitenspezifische Werte von Teil- und Subkulturen berücksichtigt werden. Allerdings ist Wertedifferenzierung nicht mit Wertediffusion gleichzusetzen, denn die Diffusion von Werteorientierungen geht mit Unsicherheit, mit Unberechenbarkeit und einer unreflektierten Singularität (vgl. Reckwitz 2017) einher. Die These von der Erosion einheitsstiftender Weltbilder und der Differenzierung von Werteorientierungen ist empirisch durch Milieustudien gut gestützt (vgl. Hradil 1987; SINUS 2010; Vester 2010). In einigen Milieus und Teilgruppen der Gesellschaft gibt es auch ausgeprägte hedonistische Orientierungen (vgl. Barz/Tippelt 2004; SINUS 2010). Die Befunde deuten darauf hin, dass hedonistische Orientierungen als dominante Werteorientierung doch bei etwa 15 Prozent der Bevölkerung eine zentrale Rolle spielen, was dort die Zielerreichung der Verbindlichkeit und der Bildungsleistung erschwert.

Allerdings zeigt Rother (2016) wichtige Differenzierungen der Hedonismus-Diskurse auf, indem er körperlichen und intellektuellen, politischen, existenziellen und kulturellen Hedonismus unterscheidet. Hedonismus ist dabei nicht von vorneherein negativ konnotiert. Für die Weiterbildung relevant ist die Unterscheidung in:

- körperlichen und intellektuellen Hedonismus, weil sich Gefühle der Freude und Genugtuung einstellen, wenn eine Arbeit gelingt und wenn ein Problem gelöst wird, was allerdings in einem komplexen Spannungsverhältnis zur allgemeinen Hedonisierung steht.
- politischen und existenziellen Hedonismus, wobei im politischen Hedonismusdiskurs das Recht auf Menschenwürde und soziale Gerechtigkeit inklusive der in der Weiterbildung wichtigen Diskurse zur Weltarmut oder zum Klimawandel

seinen Ort hat. Der existentielle Hedonismusdiskurs thematisiert diejenigen Bedingungen, die sich unmittelbarer politischer Bewältigung entziehen, die aber umso relevanter für den Bildungsbereich sind. In diesen Kontext gehört die Thematisierung von Sinnfragen, Leiden, Schmerz, Krankheit und Tod (vgl. Rother 2016).

Angesichts der Pluralität von Wertorientierungen und hedonistischer Maximen, Praxen und Kontexte ist es in der Weiterbildung dringend notwendig – entsprechend der Weiterbildungsmaxime der Orientierung am Teilnehmenden –, sich regional und institutionell flexibel auf Adressaten und Zielgruppen zu beziehen, um Bildungsleistung anzuregen.

7.2 Erwartungen

Mehr Verbindlichkeit in der Weiterbildung ist der Schlüssel für gelingende Weiterbildung. Daraus resultiert ein ganzer Komplex von Erwartungen:

- Qualitätsstandards im Curriculum und „Mindestanforderungen" an die Teilnehmenden sind in zahlreichen Weiterbildungskursen verankert, z. B. im sprachlichen Bereich, in beruflichen Fortbildungen, in wissenschaftsbasierten Lehrveranstaltungen – dieses gilt es fortzuschreiben.
- In der Konsequenz sind differenzierende Weiterbildungsalternativen notwendig, nicht nur um den Interessen von Erwachsenen gerecht zu werden, sondern auch um Überforderung, aber auch Unterforderung von Lernenden zu vermeiden (Prinzip der Passung).
- Beratung ist insofern eine wichtige und ergänzende Maßnahme, um als Teilnehmerin beziehungsweise Teilnehmer die eigene Passung zu einer Weiterbildungsveranstaltung realistisch einschätzen zu können und damit einen Abbruch in der Weiterbildung nicht zu provozieren – eine Beratungspflicht als individuelle und institutionelle Herausforderung ist selten vorgesehen, ist beim Zugang zu frei wählbaren Kursen aber ernsthaft zu erwägen (vgl. Schiersmann 2023).
- Bildungs- und Berufskarrieren sollen immer wieder korrigiert werden können und es werden zweite Chancen auch für Abbrecher geschaffen – was wiederum eine institutionelle und individuelle Verpflichtung ist.
- Dabei können formal und informell erworbene Kompetenzen für die Zugänge zu verschiedenen Bildungswegen genutzt werden.
- Die Erhöhung der Durchlässigkeit, z. B. durch das Nachholen von Schul- und Berufsabschlüssen, setzt eine verbindliche Teilnahme von Zielgruppen und

bestimmten Adressaten der Weiterbildung voraus und kann so die Reintegration von Abbrecherinnen und Abbrechern erhöhen.

- Fördermaßnahmen und besonderer Förderunterricht für Lernschwache sind im Erwachsenenalter dann sinnvoll, wenn die jeweiligen Individuen und Zielgruppen verbindliche Teilnahme zusichern.
- Große Bedeutung für eine kontinuierliche Weiterbildungsmotivation wird dem individualisierten pädagogischen Bezug zwischen Lehrenden und Lernenden zugeschrieben, wobei kontinuierliche Leistungsrückmeldungen und Feedback die individuelle Verbindlichkeit beim Lernen erhöhen.
- Die pädagogischen Kompetenzen des qualifizierenden Personals – das zeigen mehrere Studien – haben eine sehr motivierende Bedeutung für die Lernenden (vgl. Hippel/Tippelt 2009), was unter anderem bedeutet, dass eine hohe Personalfluktuation verbindlichen Allianzen von Lehrenden und Lernenden abträglich ist und vermieden werden sollte.
- Daher ist die Fortbildung des pädagogischen Personals, und zwar des planenden, des lehrenden und des verwaltenden Personals, eine dauerhafte verpflichtende Aufgabe, die auch in vernetzten Formen und in engen kooperativen Veranstaltungen, die die pädagogischen Professionen zusammenfassen, geleistet werden kann.

Es gibt auf den verschiedenen Ebenen der Bildungsplanung aber auch Herausforderungen und besondere Widerstände („constraints"), die es zu meistern gilt, um Verbindlichkeit und Bildungsleistung in der Weiterbildung anzuregen.

Staat und Gesetzgeber (Exekutive). Verbindlichkeit ist in der Weiterbildung auf dieser Ebene an mehrere Bedingungen gebunden: Aufbringung von Finanzmitteln durch einen Finanzierungsmix, Erhöhung der öffentlichen Förderung für die Weiterbildung und Transparenz der Kosten, weitere juristische Absicherung der Weiterbildungsplanung (z. B. regionale Entwicklungsplanung, Landesausschüsse und Weiterbildungsbeiräte, Weiterbildungsgesetze, Sicherung der Mindestqualität, Abbau ungleicher Teilnahmechancen und Zertifizierung, Supportstrukturen durch Beratung und trägerübergreifende Fortbildung des Personals. Die Gelegenheitsstrukturen der Weiterbildung wirken auf die Teilnahme unmittelbar ein. In der beruflichen Weiterbildung gibt es tragfähige bundesweite und betriebliche Initiativen, in der allgemeinen Weiterbildung eher landesspezifische und kommunale Zugänge zu Beratung und Förderung von Weiterbildungsangeboten, die diesen Bereich dem Begriff der Weiterbildungsrepublik zumindest näher bringen: digitale Weiterbildung und regionale Kooperationen, Themen wie Zukunfts- und Schlüsselkompetenzen, die Alphabetisierung und Förderung von

Grundkompetenzen, die Beratung und Kompetenzerfassung für unterrepräsentierte Gruppen und die wissenschaftliche Analyse der Arbeits- und Beschäftigungsbedingungen des Weiterbildungspersonals. Allerdings wird man eine „Weiterbildungsrepublik" erst dann valide diagnostizieren können, wenn die ökonomischen und sozialen, die kulturellen und die politischen Dimensionen der Erwachsenen- und Weiterbildung vom Staat und Gesetzgeber finanziell umfangreich und öffentlich gleichwertig adressiert werden.

Weiterbildungssystem und Weiterbildungsinstitutionen. Die Annahme einer positiven Entfaltung des Weiterbildungssystems ist sehr optimistisch, wenn man bedenkt, dass die Differenzierungsprozesse in der Weiterbildung noch keinesfalls abgeschlossen sind. Vielmehr werden dort immer wieder neue Akteurinnen und Akteure sichtbar, die sich neuen spezialisierten Zielgruppen und Inhalten widmen. Auch ist nicht sicher, dass sich eine gemeinsame Kultur der Institutionen bildet und dass die ökonomisch-utilitaristischen Bestrebungen einiger Organisationen – gerade der kommerziellen Anbieter – nicht dominant werden. So kommt es in Teilen des Weiterbildungssystems zu „Zerfaserungsprozessen" und die vertikalen und horizontalen Kooperationen zwischen pädagogischen oder pädagogisch wirkenden Institutionen bestehen nicht überall.

Unter Rückgriff auf Thesen zur Pluralisierung von sozialen Lebenswelten kann hervorgehoben werden, dass sich Weiterbildung mit Identitätsformationen auseinandersetzen muss, die heute als besonders reflexiv, besonders differenziert, besonders offen und besonders individuiert charakterisiert werden. Der Weiterbildung wird unter anderem in diesem Zusammenhang immer wieder die Aufgabe zugesprochen, grundlegende Werte der modernen Gesellschaft in ihren institutionellen Strukturen wie im Bewusstsein der Individuen zu verankern. Dieses gilt als Voraussetzung für Bildungsleistung und hohe Verbindlichkeit in der Weiterbildung. Es lassen sich traditionell-konventionelle Bildungswerte, kritisch-autonome und prosoziale Bildungswerte unterscheiden, die dem konkurrierenden Individualismus und hier implizit auch der Singularisierung entgegenwirken. Bildungsleistungen und Kernkompetenzen in der Weiterbildung basieren auf der Menschenwürde jedes einzelnen Individuums und dem Engagement für das Gemeinwesen. Dabei ist Weiterbildung nicht als primär formale Bildung zu betrachten, denn Weiterbildung ist formale, nonformale und informale Bildung und entfaltet sich immer in der Kontingenz eines individuellen Lebenslaufs (vgl. Tippelt/Schmidt-Hertha 2020; Arnold/Nuissl/Schrader 2023). Manche Theoretiker haben vor einer Menschenrechtsideologie und einem entsprechenden moralischen Fundamentalismus zu Recht gewarnt (vgl. Luhmann 1993). Allerdings bleibt

Weiterbildung an universalistische Perspektiven gebunden, was unter anderem im Sinne des philosophischen Pragmatismus von Mead (2010), Dewey (1966) und später Kohlberg (2000) eine gelingende Kommunikation voraussetzt, die die Perspektivenübernahme, also die Bereitschaft, die eigenen Traditionen auch mit den Augen des Fremden zu betrachten (vgl. Edelstein/Frank/Sliwka 2009; Nunner-Winkler 2009), benötigt. Dies sind Fähigkeiten, die nicht in allen Bevölkerungsgruppen feststellbar sind und eine Herausforderung für die Entwicklung von politischen und sozialen Kernkompetenzen darstellen. Weiterbildungsinstitutionen dienen dabei keineswegs nur dazu, in einem hedonistischen Sinne den individuellen Nutzen zu maximieren. Weiterbildung ist daher so anzubieten, dass die kognitiven, sozialen, emotionalen und motorischen Komponenten und Kompetenzen gefördert werden.

Es ist hervorzuheben, dass sich pädagogische Interaktion als Basis von Weiterbildung nur dann entfalten kann, wenn die basalen Sprach- und Selbstregulationskompetenzen (Kulturwerkzeuge) tatsächlich beherrscht werden. Das kompetente Verfügen über die Verkehrssprache, eine basale Mathematisierungskompetenz, grundlegende fremdsprachliche Kompetenzen, die Kompetenz in der Nutzung von Informationstechnologien und die Befähigung zur Selbstregulation des Wissenserwerbs sind Voraussetzungen dafür, auch in außerschulischen Weiterbildungseinrichtungen ein tragfähiges Orientierungswissen und Kernkompetenzen bereitstellen zu können.

Kernkompetenzen lassen sich wie folgt zusammenfassen:

Kognitiv-instrumentelle Modulierung der Welt (unter anderem durch Mathematik, Naturwissenschaften)	Ästhetisch-expressive Begegnung mit und die Gestaltung der Umwelt (z. B. durch Sprache, Kunst, Literatur und Musik)
Normativ-evaluative Auseinandersetzung mit Wirtschaft und Gesellschaft (z. B. durch Geschichte, Ökonomie, Politik und Gesellschaftskunde)	Bearbeitung existentieller Grundsatzfragen (z. B. durch Ethik, Philosophie und Religion)

Abbildung 23: Kompetenzbereiche (vgl. Baumert/Kunter 2006)

Nicht jede einzelne Weiterbildungsinstitution kann alle diese Bereiche abdecken, aber die Weiterbildungsinstitutionen in ihrer Gesamtheit sind gefordert, Verbindlichkeit und Bildungsleistungen in diesen Domänen und Bereichen zu generieren – oftmals auch kompensierend in der Form der Grundbildung.

Insgesamt sind bei der Teilnahme in der Weiterbildung Kohorteneffekte feststellbar, denn jüngere Erwachsene haben selten „noch nie" eine Weiterbildung besucht, während die Hälfte der 65- bis 80-Jährigen „noch nie" an einem formalen Weiterbildungsangebot teilnahmen. Verbindliche Weiterbildung kann durch die Förderung von Kernkompetenzen ein aktives Leben und ein konstruktives Altern unterstützen, weil es schon im Erwerbsalter der Lernentwöhnung vorbeugt, das Wohlbefinden erhöht, ein gesundheitsbewussteres Verhalten fördert, die politische Partizipation und das bürgerliche Engagement positiv beeinflusst und einen Beitrag dazu leistet, die Unabhängigkeit und Selbständigkeit jedes Einzelnen möglichst lange zu erhalten (vgl. Bynner/Schuler/Feinstein 2003).

Bildungsleistung und Verbindlichkeit wird künftig auch durch die Integration von Künstlicher Intelligenz in die Erwachsenen- und Weiterbildung erfolgen. Dieses wird in einigen Einrichtungen vorangetrieben und birgt ein bisher noch nicht voll einzuschätzendes Potenzial, die Bildungserlebnisse zu individualisieren und durch neue Lernmöglichkeiten Kernkompetenzen zu unterstützen. Allerdings ist es notwendig, dass die Integration neuer Medien sorgfältig und ethisch reflektiert erfolgt: Pädagogische Prinzipien und Werte wie Urteilsfähigkeit, sozialer Dialog und Empathie gehören zu einer verbindlichen Weiterbildung (vgl. Arnold/Nuissl/Schrader 2023). Inwieweit die geschickte Verbindung von KI mit bewährten pädagogischen Ansätzen in Weiterbildungseinrichtungen einen Fortschritt beim Erwerb von breit definierten sozialen, ökonomischen, kulturellen und politischen Kernkompetenzen darstellt und ob dadurch starke Bildungsleistungen erreichbar sind, ist noch zu erproben und zu evaluieren.

7.3 Handlungsempfehlungen

Zusammenfassend ist hervorzuheben, dass gelingende Weiterbildung zwar auf Verpflichtungen des Staates, der Institutionen und des Personals beruht, dass aber ebenso die aktiv Lernenden verpflichtet sind, ihren Beitrag zu leisten. Weiterbildung ist insofern ein Recht und darüber hinaus eine Verpflichtung für jeden Einzelnen, impliziert aber auch die Verpflichtung der Weiterbildungsinstitutionen und des Staates, Bildungsangebote für alle Lebensalter zu entwickeln (vgl. BMFSFJ 2010).

7.3.1 An den Staat

Fortführung der Alphadekade und der Nationalen Weiterbildungsstrategie. Die Fortführung der Alphadekade und der Nationalen Weiterbildungsstrategie ist unter Federführung des BMAS und des BMBF dringend erforderlich. Die Fortentwicklung im September 2022 hebt durch die Kooperation zahlreicher Partner die Stärkung der Weiterbildungskultur und der Leistung des Weiterbildungssystems hervor. Darüber hinaus sind Projekte und Initiativen zur politischen, finanziellen und kulturellen Weiterbildung zu fördern und auszubauen, denn Bildungsleistung ist ganzheitlich zu definieren.

7.3.2 An das (Weiter-)Bildungssystem und die (Weiter-)Bildungsinstitutionen

Förderung von ökonomischen, politischen, sozialen und kulturellen Kernkompetenzen. Die Förderung von Kernkompetenzen und von Bildungsleistungen bezieht sich auf den ökonomischen, den politischen, den sozialen und den kulturellen Bereich der Weiterbildung. Das Weiterbildungssystem muss die entsprechenden Kernkompetenzen in allen diesen Bereichen gleichwertig fördern.

Schaffung von zielgruppenorientierten Angeboten zur Förderung von Kernkompetenzen. Es gibt Zielgruppen, die unter dem Aspekt der Aneignung von Kernkompetenzen besonders gefordert sind, die aber auch einer spezifischen Angebots- und Programmplanung bedürfen: Personen mit geringer Literalität, bestimmte Migrationsgruppen, Personen mit niedrigen Bildungsabschlüssen, Personen ohne berufliche Bildung brauchen verbindliche zielgruppenorientierte Angebote und Programme.

Schaffung einer institutionen- und verbandsübergreifenden deutschen Fortbildungsakademie. Notwendig ist eine institutionen- und verbandsübergreifende deutsche Fortbildungsakademie. Die Initiative „DIE Akademie für die Weiterbildung“ kann zu einem zentralen Ort werden, der forschungsbasiert und trägerübergreifend anstehende Transformationsprozesse unterstützt, besonders hinsichtlich digital gestützter Lernsettings. In enger Kooperation mit Verbänden und Einrichtungen vor Ort können Lehrkräfte, Leitungen und Programmverantwortliche trägerübergreifend angesprochen werden. Die Akademie kann durch Fortbildung, Personalrekrutierung und Quereinstiege auf der Basis national und international generierten Forschungswissens die Bildungsleistung und den Kompetenzerwerb in der Weiterbildung fördern. Eine solche Institution im Rahmen einer Public-Private-Partnership fehlt derzeit in Deutschland.

7.3.3 An das (Weiter-)Bildungspersonal

Stärkung der Kooperation zwischen Wissenschaft und Praxis. Eine Verbesserung der Kooperation von Wissenschaft und Praxis ist auf praxisorientierte Forscherinnen und Forscher sowie auf wissenschaftsinteressierte Personen in der Praxis und Politik angewiesen. Die Leistung der Weiterbildung kann durch interaktive Beziehungen von Wissenschaft und Praxis gestärkt werden.

Stärkung der Teilnehmerorientierung durch Fortbildung des pädagogischen Personals. Verbindliche Bildungsprozesse basieren auf dem Prinzip der Passung, denn das Vorwissen, die Werteorientierung und die Interessen müssen bei einer „Teilnehmerorientierung" berücksichtigt werden. Es bedarf hierzu hoher technischer und ethischer Souveränität des leitenden, planenden und lehrenden Personals. Zu diesem Zweck sind Investitionen in das Wissen, die Kompetenz und Fortbildung aller in der Weiterbildung tätigen Personenkreise notwendig. Auch wenn keine rechtlich verbindliche Fortbildungspflicht besteht, bedürfen das leitende, das planende und das lehrende Personal einer entsprechenden Selbstverpflichtung auf der Basis eines kontinuierlichen verbindlichen Fortbildungsangebots.

7.3.4 An die Lernenden

Stärkung der Motivation und Eigenverantwortlichkeit der Lernenden. Um die eigene berufliche Zukunft und die individuellen allgemeinen Lebensentwürfe zu realisieren, um selbständige und selbstverantwortliche Tätigkeit möglichst lange auszuüben, um die geistige und körperliche Autonomie zu bewahren und dadurch insgesamt materiell möglichst lange unabhängig zu bleiben, braucht es Motivation und äußere Anreize. Die Motivation der Lernenden kann durch die realistische Einschätzung des eigenen Weiterbildungsbedarfs gesteigert werden. Instrumente des Self-Assessments stehen zur Verfügung und müssen in Kooperation mit Weiterbildungsanbietern themenbezogen (z. B. Sprache, IT-Kompetenzen) genutzt werden.

Die individuelle Selbstverpflichtung zur selbstverantwortlichen Bildung jeder/jedes einzelnen Lernenden ist eine Voraussetzung erfolgreicher und engagierter Kompetenzentfaltung.

Literatur

Abraham, E./Linde, A. (2018): Alphabetisierung/Grundbildung als Aufgabengebiet der Erwachsenenbildung. In: Tippelt, R./Hippel, A. von (Hrsg.) (2018): Handbuch Erwachsenenbildung/Weiterbildung. – 6. Aufl. – Wiesbaden: Springer VS, S. 1297–1320. – https://doi.org/10.1007/978-3-531-19979-5_65.

Ackeren u. a. 2011 = Ackeren, I. von/Zlatkin-Troitschanskaia, O./Binnewies, C./Clausen, M./Dormann, C./Preisendoerfer, P./Rosenbusch, C./Schmidt, U. (2011): Evidenzbasierte Schulentwicklung: Ein Forschungsüberblick aus interdisziplinärer Perspektive. In: Die Deutsche Schule, Bd. 103, H. 2, S. 170–184.

Aghion, P./Howitt, P. (2009): The Economics of Growth. – Cambridge, MA: MIT Press.

Albert u. a. 2015 = Albert, M./Hurrelmann, K./Quenzel, G./Infratest Sozialforschung (2015): Jugend 2015. Eine pragmatische Generation im Aufbruch, 17. Shell Jugendstudie. – Frankfurt a. M.: Fischer. – https://doi.org/10.3224/diskurs.v11i2.23658.

Albert u. a. 2020 = Albert, M./Quenzel, G./Hurrelmann, K./Kantar, P. (2020): Jugend 2019. Eine Generation meldet sich zu Wort, 18. Shell Jugendstudie. – Weinheim: Beltz. – https://doi.org/10.3224/diskurs.v14i4.06.

Allen u. a. 2011 = Allen, J. P./Pianta, R. C./Gregory, A./Mikami, A. Y./Lun, J. (2011): An interaction-based approach to enhancing secondary school instruction and student achievement. In: Science, Vol. 333, No. 6045, pp. 1034–1037. – https://doi.org/10.1126/science.1207998.

Al Otaiba u. a. 2022 = Al Otaiba, S./McMaster, K./Wanzek, J./Zaru, M. W. (2022): What we know and need to know about literacy interventions for elementary students with reading difficulties and disabilities, including dyslexia. In: Reading Research Quarterly, Vol. 58, No. 2, pp. 313–332. – https://doi.org/10.1002/rrq.458.

Altrichter, H./Heinrich, M. (2007): Kategorien der Governance-Analyse und Transformationen der Systemsteuerung in Österreich. In: Altrichter, H./ Brüsemeister, T./Wissinger, J. (Hrsg.) (2007): Educational governance. Handlungskoordination und Steuerung im Bildungssystem. – Wiesbaden: Springer VS, S. 55–103. – https://doi.org/10.1007/978-3-531-90498-6.

Altrichter u. a. 2016 = Altrichter, H./Brauckmann, S./Lassnig, M./Moosbrugger, R./Gartmann, G. B. (2016): Schulautonomie oder die Verteilung von Entscheidungsrechten und Verantwortung im Schulsystem. In: Bruneforth, M./ Eder, F./Krainer, K./Schreiner, C./Seel, A./Spiel, C. (Hrsg.) (2016): Nationaler Bildungsbericht Österreich 2015, Bd. 2: Fokussierte Analysen bildungspolitischer Schwerpunktthemen. – Wien: Federal Institute for Quality Assurance of the Austrian School System (IQS), S. 263–303.

Anders, F. (2022): Inklusion in der Schule – wie die Umsetzung in Deutschland gelingt. Deutsches Schulportal der Robert Bosch Stiftung. – URL: https://deutsches-schulportal.de/schulkultur/inklusion-in-der-schule-wie-gelingt-die-umsetzung/. – Aufruf vom 28.09.2023.

Anders, F. (2024): Sozialindex für Schulen – So sollen Ressourcen gerechter verteilt werden. Deutsches Schulportal der Robert Bosch Stiftung. – URL: https://deutsches-schulportal.de/bildungswesen/sozialindex-fuer-schulen-so-sollen-ressourcen-gerechter-verteilt-werden/. – Aufruf vom 06.06.2024.

Anders, Y. (2013): Stichwort: Auswirkungen frühkindlicher institutioneller Betreuung und Bildung. In: Zeitschrift für Erziehungswissenschaft, Jg. 16, H. 2, S. 237–275. – https://doi.org/10.1007/s11618-013-0357-5.

Anders, Y./Enß, C./Wolf, K. (2022): Bundesweite Standards in der sprachlichen Bildung in der Kindertagesbetreuung. – URL: https://www.fruehe-chancen.de/fileadmin/user_upload/PDF-Dateien/AG_Frühe_Bildung_Bericht/Expertise_Sprachliche_Bildung_Anders_et_al._2022_BF.pdf. – Download vom 13.01.2025.

Anders, Y./McElvany, N./Baumert, J. (2010): Die Einschätzung lernrelevanter Schülermerkmale zum Zeitpunkt des Übergangs von der Grundschule auf die weiterführende Schule: Wie differenziert urteilen Lehrkräfte? In: Maaz, K./Baumert, J./Gresch, C./McElvany, N. (Hrsg.) (2010): Der Übergang von der Grundschule in die weiterführende Schule. Leistungsgerechtigkeit und regionale, soziale und ethnisch-kulturelle Disparitäten. – Berlin: Bundesministerium für Bildung und Forschung, S. 313–330.

Anders, Y./Oppermann, E. (2024): Frühpädagogische Qualität in Kindertageseinrichtungen: Eine Erweiterung des Struktur-Prozess-Modells. In: Zeitschrift für Erziehungswissenschaft, Jg. 27, H. 6, S. 551–577. – URL: https://link.springer.com/article/10.1007/s11618-024-01218-7. – Aufruf vom 17.01.2025.

Anders, Y./Roßbach, H. G. (2019): Qualität in der Kindertagesbetreuung. In: Köller, O./Hasselhorn, M./Hesse, F./Maaz, K./Schrader, J./Solga, H. (Hrsg.) (2019): Das Bildungswesen in Deutschland. Bestand und Potenziale. – Bad Heilbrunn: Klinkhardt, S. 441–463.

Arnold, R. (2023): Fortbildung. In: Arnold, R./Nuissl, E./Schrader, J. (Hrsg.) (2023): Wörterbuch der Erwachsenen- und Weiterbildung. – 3. Aufl. – Bad Heilbrunn: Klinkhardt, S. 169–170. – https://doi.org/10.35468/wbeb2022-109.

Arnold, R./Nuissl, E./Schrader, J. (Hrsg.) (2023): Wörterbuch der Erwachsenen- und Weiterbildung. – 3. vollst. überarb. Aufl. – Bad Heilbrunn: Klinkhardt. – https://doi.org/10.35468/wbeb2022.

Artelt, C./Rausch, T. (2014): Accuracy of teacher judgments. In: Krolak-Schwerdt, S./Glock, S./Böhmer, M. (Eds.): Teachers' professional development. – Rotterdam: Sense Publishers, pp. 27–43. – https://doi.org/10.1007/978-94-6209-536-6_3.

Artelt u. a. 2001 = Artelt, C./Baumert, J./Klieme, E./Neubrand, M./Prenzel, M./Schiefele, U./Schneider, W./Schümer, G./Stanat, P./Tillmann, K.-J./Weiß, M. (Hrsg.) (2001): PISA 2000. Zusammenfassung zentraler Befunde. – Berlin: Max-Planck-Institut für Bildungsforschung.

Astleithner, F./Vogl, S./Parzer, M. (2021): Zwischen Wunsch und Wirklichkeit: Zum Zusammenhang von sozialer Herkunft, Migration und Bildungsaspirationen. In: Österreichische Zeitschrift für Soziologie, Bd. 46, H. 3, S. 233–256. – https://doi.org/10.1007/s11614-021-00442-3.

Auer, T. (2022): Die Wirksamkeit von Lernzielen für Studienleistungen – eine experimentelle Studie. In: die hochschullehre, Bd. 8, S. 662–675. – https://doi.org/10.3278/HSL2248W.

Autorengruppe Bildungsberichterstattung (Hrsg.) (2022): Bildung in Deutschland 2022. Ein indikatorengestützter Bericht mit einer Analyse zum Bildungspersonal. – Bielefeld: wbv. – https://doi.org/10.3278/6001820hw.

Autorengruppe Fachkräftebarometer (2014): Fachkräftebarometer Frühe Bildung 2014. Weiterbildungsinitiative Frühpädagogische Fachkräfte (WiFF). – München. – URL: https://www.dji.de/fileadmin/user_upload/verwaltung/vergaben/160624_Fachkraeftebarometer_Fruehe_Bildung_2014.pdf. – Download vom 27.01.2025.

Autorengruppe Fachkräftebarometer (2019): Fachkräftebarometer Frühe Bildung 2019. Weiterbildungsinitiative Frühpädagogische Fachkräfte (WiFF). – München. – URL: https://www.fachkraeftebarometer.de/fileadmin/Redaktion/Publikation_FKB2017/WiFF_FKB_2019_Broschuere.pdf. – Download vom 27.01.2025.

Autorengruppe Fachkräftebarometer (2021): Fachkräftebarometer Frühe Bildung 2021. Weiterbildungsinitiative Frühpädagogische Fachkräfte. – München. – https://doi.org/10.36189/wiff32021.

Autor:innengruppe Bildungsberichterstattung (2024): Bildung in Deutschland 2024. Ein indikatorengestützter Bericht mit einer Analyse zu beruflicher Bildung. – Bielefeld: W. Bertelsmann.

Autor:innengruppe Kinder- und Jugendhilfestatistik (2024): Kinder- und Jugendhilfereport 2024. Eine kennzahlbasierte Analyse mit einem Schwerpunkt zum Fachkräftemangel. – Opladen: Verlag Barbara Budrich. – URL: https://www.pedocs.de/volltexte/2024/29463/pdf/Kinder_und_Jugendhilfereport_2024.pdf. – Download vom 27.01.2025.

Bach, D./Christensen, S. (2021): Middle-class cultivation out of tune? Challenges to intensive parenting in Singapore. In: British Journal of Sociology of Education, Vol. 42, No. 4, pp. 475–489. – https://doi.org/10.1080/01425692.2021.1872368.

Bach, H. (1960): Die rechtlichen Grundlagen des Berufsschulwesens. In: Blättner, F./Kiehn, L./Monsheimer, O./Tdhyssen, O. (Hrsg.) (1960): Handbuch für das Berufsschulwesen. – Heidelberg: Quelle & Meyer, S. 94–105.

Bach, M./Fischer, M. (2020): Understanding the response to high-stakes incentives in primary education. ZEW Leibniz-Zentrum für Europäische Wirtschaftsforschung Mannheim, Discussion Paper, No. 20–066. – URL: https://ftp.zew.de/pub/zew-docs/dp/dp20066.pdf. – Download vom 27.01.2025.

Baier, D./Pfeiffer, C. (Hrsg.) (2016): Representative Studies on Victimisation: Research Findings from Germany. In: Interdisziplinäre Beiträge zur Kriminologischen Forschung, Bd. 48. – Baden-Baden: Nomos.

Bandura, A. (1988): Self-regulation of motivation and action through goal systems. In: Hamilton, V./Bower, G. H./Frijda, N. H. (Eds.): Cognitive perspectives on emotion and motivation. – Dordrecht: Kluwer, pp. 37–61. – https://doi.org/10.1007/978-94-009-2792-6_2.

Bargel, T. (2000): Studentische Mitwirkung: Impulsreferat – Fragen zur studentischen Mitwirkung. – URL: https://www.ssoar.info/ssoar/bitstream/handle/document/23671/ssoar-2000-bargel-studentische_mitwirkung.pdf?sequence=1&isAllowed=y&lnkname=ssoar-2000-bargel-studentische_mitwirkung.pdf. – Download vom 27.01.2025.

Barnes u. a. 2019 = Barnes, J./Guerra, J./Leitão, C./Barata, C./Leseman, P./Melhuish, E. with (in alphabetical order) Anders, Y./Barzaghi, A./Be, M./Capelli, I./Cohen, F./Crociani, S./Daniel, S./Feyer, F./Giudici, C./Karwowska-Struczyk, M./Kissová, L./Meijers, C./Pastori, G./Petrogiannis, K./Preuße, M./Schünke, J./Skamnakis, C./Takou, R./Rossum, E. van/Wysowska, O./Zachrisson, H. D. (2019): A comprehensive overview of inter-agency working as a strategy to reduce educational inequalities and discrimination. Evidence from Europe and future directions. In: Report to the European Union under grant agreement No. 72706. – Brussels: European Union. – https://doi.org/10.13140/RG.2.2.29181.13281.

Barr, R. B./Tagg, J. (1995): From Teaching to Learning – A new paradigm for undergraduate education. In: Change. The Magazine of Higher Learning, Vol. 27, No. 6, pp. 12–26. – https://doi.org/10.1080/00091383.1995.10544672.

Barz, H./Tippelt, R. (2004): Weiterbildung und soziale Milieus in Deutschland, Bd. 1 und 2. – Bielefeld: W. Bertelsmann.

Barz, H./Tippelt, R. (2018): Lebenswelt, Lebenslage, Lebensstil und Erwachsenenbildung. In: Tippelt, R./Hippel, A. von (Hrsg.) (2018): Handbuch Erwachsenenbildung/Weiterbildung. – Wiesbaden: Springer VS, S. 161–184. – https://doi.org/10.1007/978-3-531-19979-5_8.

Bastian, J./Toth, C./Wolf, C. (2022): Digitale Planspiele in der Medienbildung. Ein didaktisches Szenario. In: Ludwigsburger Beiträge zur Medienpädagogik, Nr. 22 (Online), S. 1–14. – https://doi.org/10.21240/lbzm/22/05.

Baumert, J./Kunter, M. (2006): Professionelle Kompetenz von Lehrkräften. In: Zeitschrift für Erziehungswissenschaft, Jg. 9, H. 4, S. 469–520. – https://doi.org/10.1007/s11618-006-0165-2.

Baumert u. a. 2001 = Baumert, J./Klieme, E./Neubrand, M./Prenzel, M./Schiefele, U./Schneider, W./Stanat, P./Tillmann, K.-J./Weiß, M. (Hrsg.) (2001): PISA 2000. Basiskompetenzen von Schülerinnen und Schülern im internationalen Vergleich. – Opladen: Leske + Budrich. – https://doi.org/10.1007/978-3-322-83412-6.

Baumert u. a. 2010 = Baumert, J./Maaz, K./Gresch, C./McElvany, N./Anders, Y./Jonkmann, K./Neumann, M./Watermann, R. (2010): Der Übergang von der Grundschule in die weiterführende Schule – Leistungsgerechtigkeit und regionale, soziale und ethnisch-kulturelle Disparitäten: Zusammenfassung der zentralen Befunde. In: Maaz, K./Baumert, J./Gresch, C./McElvany, N. (Hrsg.) (2010): Der Übergang von der Grundschule in die weiterführende Schule. Leistungsgerechtigkeit und regionale, soziale und ethnisch-kulturelle Disparitäten. – Berlin: Bundesministerium für Bildung und Forschung (BMBF), S. 5–22.

Baumgartner u. a. 2017 = Baumgartner, K./Bürkle, H./Ganzer, K./Kasper, W./ Kertelge, K./Korff, W./Walter, P. (Hrsg.) (2017): Lexikon für Theologie und Kirche, Bd. 9. – Freiburg i. Br.: Herder Verlag.

Baumrind, D. (2005): Patterns of parental authority and adolescent autonomy. In: New Directions for Child and Adolescent Development, Vol. 108, pp. 61–69. – https://doi.org/10.1002/cd.128.

Becker, B. (2018): Bildungsaspirationen von Eltern mit 3- bis 6-jährigen Kindern: Sind die Wünsche und Erwartungen zur Schulkarriere der Kinder von Anfang an sozial stratifiziert? In: Zeitschrift für Soziologie der Erziehung & Sozialisation, Bd. 38, H. 3, S. 284–301.

Becker, H./Krüger, T. (2018): Weiterbildung und Politik. In: Tippelt, R./Hippel, A. von (Hrsg.) (2018): Handbuch Erwachsenenbildung/Weiterbildung. – Wiesbaden: Springer VS. – https://doi.org/10.1007/978-3-531-19979-5_45.

Becker-Mrotzek u. a. 2013 = Becker-Mrotzek, M./Ehlich, K./Füssenich, I./Günther, H./Hasselhorn, M./Hopf, M./Jeuk, S./Lengyel, D./Neugebauer, U./ Panagiotopoulou, A./Stanat, P./Wilbert, J. (2013): Qualitätsmerkmale für Sprachstandsverfahren im Elementarbereich. Ein Bewertungsrahmen für fundierte Sprachdiagnostik in der Kita. – Köln: Mercator-Institut für Sprachförderung und Deutsch als Zweitsprache. – URL: https://mercator-institut.uni-koeln.de/sites/mercator/user_upload/PDF/05_Publikationen_und_Material/Mercator-Institut_Qualitaetsmerkmale_Sprachdiagnostik_Kita_Web_03.pdf. – Download vom 27.01.2025.

Bell, D. (1979): Die Zukunft der westlichen Welt. Kultur und Technologie im Widerstreit. – Frankfurt a. M.: Fischer.

Betz u. a. 2019 = Betz, T./Bischoff-Pabst, S./Eunicke, N./Menzel, B. (2019): Kinder zwischen Chancen und Barrieren. Zusammenarbeit zwischen Kita und Familie. In: Perspektiven und Herausforderungen, Forschungsbericht 1. – Gütersloh: Bertelsmann Stiftung. – URL: https://www.pedocs.de/volltexte/2020/20580/pdf/Betz_et_al_2019_Kinder_zwischen_Chancen_und_Barrieren_I.pdf. – Download vom 27.01.2025.

BIBB 2019 = Bundesinstitut für Berufsbildung (2019): Datenreport zum Berufsbildungsbericht 2019. Tabelle A5.7-1: Abschlussprüfungen in der dualen Berufsausbildung, Teilnahmen, Teilnehmer und Prüfungserfolg 1993 bis 2017, Deutschland. – URL: https://www.bibb.de/dokumente/pdf/a2_tab_a5_7-1_2019.pdf. – Download vom 13.01.2025.

BIBB o. J. = Bundesinstitut für Berufsbildung (o. J.): Neu abgeschlossene Ausbildungsverträge, Ausbildungsplatzangebot und -nachfrage/Zeitreihe ab 1992. – URL: https://www.bibb.de/de/6877.php – Aufruf vom 13.01.2025.

Bierhoff, H. W./Rohmann, E. (2010): Psychologie des Vertrauens. In: Maring, M. (Hrsg.) (2010): Vertrauen – zwischen sozialem Kitt und der Senkung von Transaktionskosten. – Karlsruhe: KIT Scientific Publishing, S. 71–90.

Biewen, M./Tapalaga, M. (2017): Life-cycle educational choices in a system with early tracking and "second chance" options. In: Economics of Education Review, Vol. 56, pp. 80–94. – https://doi.org/10.1016/j.econedurev.2016.11.008.

Bildungsserver Berlin Brandenburg (o. J.): Schulanfang. Bildungsserver Berlin Brandenburg. – URL: https://bildungsserver.berlin-brandenburg.de/schulanfang. – Aufruf vom 12.06.2024.

Bildungsserver Mecklenburg-Vorpommern (o. J.): Grundschule. Bildungsserver Mecklenburg-Vorpommern. – URL: https://www.bildung-mv.de/eltern/schule-und-unterricht/schularten/grundschule/. – Aufruf vom 12.06.2024.

Bittmann, F./Schindler, S. (2021): Analysing diversion processes in German secondary education: School-track effects on educational aspirations. In: Kölner Zeitschrift für Soziologie und Sozialpsychologie, Bd. 73, H. 2, S. 231–257. – https://doi.org/10.1007/s11577-021-00789-1.

BLK 2000 = Bund-Länder-Kommission für Bildungsplanung und Forschungsförderung (Hrsg.) (2000): Erstausbildung und Weiterbildung. Bezüge zwischen beruflicher Erstausbildung und Weiterbildung. Bericht der BLK. – Bonn.

BLK 2002 = Bund-Länder-Kommission für Bildungsplanung und Forschungsförderung (Hrsg.) (2002): Kompetenzzentren in regionalen Berufsbildungsnetzwerken. Rolle und Beitrag berufsbildender Schulen. – Bonn.

BMAS/BMBF 2022 = Bundesministerium für Arbeit und Soziales/Bundesministerium für Bildung und Forschung (Hrsg.) (2022): Fortführung und Weiterentwicklung: Nationale Weiterbildungsstrategie. Gemeinsam für ein Jahrzehnt der Weiterbildung – Aufbruch in die Weiterbildungsrepublik. – Berlin.

BMBF 2018 = Bundesministerium für Bildung und Forschung (Hrsg.) (2018): Eine Zwischenbilanz der „Qualitätsoffensive Lehrerbildung“. – Berlin.

BMBF 2021 = Bundesministerium für Bildung und Forschung (Hrsg.) (2021): Weiterbildungsverhalten in Deutschland 2020. Ergebnisse des Adult Education Survey. AES-Trendbericht. – Bonn.

BMBF 2023a = Bundesministerium für Bildung und Forschung (Hrsg.) (2023a): Richtlinie zur Förderung von Projekten zum Thema Forschung zu finanzieller Bildung, Bundesanzeiger von 28.11.2023 (Bekanntmachung). – Berlin. – URL: https://www.bmbf.de/bmbf/shareddocs/bekanntmachungen/de/2023/11/2023-11-28-Bekanntmachung-finanzielle-Bildung.html. – Aufruf vom 31.03.2024.

BMBF 2023b = Bundesministerium für Bildung und Forschung (Hrsg.) (2023b): Abschlussbericht. Evaluation und Monitoring „Kultur macht stark. Bündnisse für Bildung“ (zweite Förderphase 2018–2022). Zusammenfassung der Ergebnisse. – Berlin.

BMBF/KMK 2016 = Bundesministerium für Bildung und Forschung/Ständige Konferenz der Kultusminister der Länder in der Bundesrepublik Deutschland (Hrsg.) (2016): Grundsatzpapier zur Nationalen Dekade für Alphabetisierung und Grundbildung 2016–2026. Den funktionalen Analphabetismus in Deutschland verringern und das Grundbildungsniveau erhöhen. – Berlin.

BMBF/KMK 2019 = Bundesministerium für Bildung und Forschung/Ständige Konferenz der Kultusminister der Länder in der Bundesrepublik Deutschland (Hrsg.) (2019): Schule macht stark. Gemeinsame Initiative von Bund und Ländern zur Unterstützung von Schulen in sozial schwierigen Lagen. – Berlin. – URL: https://www.kmk.org/fileadmin/Dateien/pdf/Bildung/AllgBildung/Schule_macht_stark_Bund-Laender-Vereinbarung.pdf. – Download vom 16.01.2025.

BMBF/KMK 2023 = Bundesministerium für Bildung und Forschung/Ständige Konferenz der Kultusminister der Länder in der Bundesrepublik Deutschland (Hrsg.) (2023): Ein Türöffner zu neuen Welten. Einblicke in das Förderprogramm „Kultur macht stark. Bündnisse für Bildung". – Berlin.

BMBWF 2019 = Bundesministerium für Bildung, Wissenschaft und Forschung (2019): Steuerung des Schulsystems in Österreich. Weißbuch. – Wien.

BMFSFJ 2010 = Bundesministerium für Familie, Senioren, Frauen und Jugend (Hrsg.) (2010): 6. Altenbericht: Altersbilder in der Gesellschaft. Bericht der Sachverständigenkommission an das Bundesministerium für Familie, Senioren, Frauen und Jugend. – Berlin.

BMFSFJ 2021a = Bundesministerium für Familie, Senioren, Frauen und Jugend (2021a): Gute-KiTa-Bericht 2021. Monitoringbericht 2021 des Bundesministeriums für Familie, Senioren, Frauen und Jugend nach § 6 Absatz 2 des Gesetzes zur Weiterentwicklung der Qualität und zur Verbesserung der Teilhabe in Tageseinrichtungen und in der Kindertagespflege (KiTa-Qualitäts- und -Teilhabeverbesserungsgesetz – KiQuTG) für das Berichtsjahr 2020. – Berlin.

BMFSFJ 2021b = Bundesministerium für Familie, Senioren, Frauen und Jugend (2021b): Eltern sein in Deutschland – Ansprüche, Anforderungen und Angebote bei wachsender Vielfalt. Empfehlungen für eine wirksame Politik für Familien. 9. Familienbericht. – Berlin.

BMFSFJ 2022 = Bundesministerium für Familie, Senioren, Frauen und Jugend (Hrsg.) (2022): Bundeskabinett beschließt Entwurf des Demokratiefördergesetzes, Pressemitteilung vom 14.12.2022. – URL: https://www.bmfsfj.de/bmfsfj/aktuelles/presse/pressemitteilungen/bundeskabinett-beschliesst-entwurf-des-demokratiefoerdergesetzes-207624. – Aufruf vom 06.11.2024.

BMFSFJ 2024a = Bundesministerium für Familie, Senioren, Frauen und Jugend (2024a): Gute-KiTa-Bericht 2024. Gesamtstrategie Fachkräfte in Kitas und Ganztag. – Berlin.

BMFSFJ 2024b = Bundesministerium für Frauen, Senioren, Frauen und Jugend (Hrsg.) (2024b): 9. Altersbericht: Alt werden in Deutschland – Potenziale und Teilhabechancen. Berlin.

Bojanowski u. a. 1991 = Bojanowski, A./Döring, O./Faulstich, P./Teichler, U. (1991): Strukturentwicklung in Hessen: Tendenzen zu einer „mittleren" Systematisierung der Weiterbildung. In: Mitteilungen der Arbeitsmarkt- und Berufsforschung, Jg. 24, H. 2, S. 291–303.

Boman, B. (2022): Educational achievement among East Asian schoolchildren 1967–2020: A thematic review of the literature. In: International Journal of Educational Research Open, Vol. 3, No. 100168. – https://doi.org/10.1016/j.ijedro.2022.100168.

Borman u. a. 2007 = Borman, G. D./Slavin, R. E./Cheung, A. C. K./Chamberlain, A. M./Madden, N. A./Chambers, B. (2007): Final Reading Outcomes of the National Randomized Field Trial of Success for All. In: American Educational Research Journal, Vol. 44, No. 3, pp. 701–731. – https://doi.org/10.3102/0002831207306743.

Borowski, S./Schauberger, M./Weimar, D. (2022): Zugangs- und Zulassungsvoraussetzungen an deutschen Hochschulen: Eine deskriptive Bestandsaufnahme. In: Dios Panal, S. de (Ed.) (2022): Essays on student selection for Master programmes in business administration. – Dissertation, pp. 9–31.

Bott, W. (2017): Staatliche Verantwortung und Steuerung gegenüber einer rechtsfähigen öffentlichen Schule. Einführung der rechtlich selbständigen beruflichen Schule in Hessen. In: Zeitschrift für Bildungsverwaltung, Jg. 33, H. 1, S. 33–38.

BR u. a. 2018 = Bayerischer Rundfunk/Südwestdeutscher Rundfunk/Zweites Deutsches Fernsehen/SINUS-Institut (Hrsg.) (2016): Generation What? Abschlussbericht vom 16.11.2016. – URL: http://www.br.de/presse/inhalt/pressedossiers/generation-what/generation-what-endergebnisse-102.html. – Aufruf vom 31.02.2024.

Brandis, L. (2023): Wie attraktiv ist New Work für die (Projekt-)Arbeit wirklich? Die Generation X und Z im Vergleich. In: Projekt-Management Aktuell, Bd. 34, H. 3, S. 31–37. – https://doi.org/10.24053/PM-2023-0050.

Braun, E./Garve, M./Reihlen, M. (2023): Lernen in Netzwerken. Qualitätsentwicklung am Beispiel des Verbundprojekts Quality Audit. In: Brünken, R./Härtling, J. W./Löhrke, S./Reihlen, M. (Hrsg.) (2023): Hochschulen im Wandel. Entwicklungsprozesse im Netzwerk gestalten. – Wiesbaden: Springer Gabler, S. 1–23. – https://doi.org/10.1007/978-3-658-42884-6_1.

Braun u. a. 2021 = Braun, E./Mertens, J./Böttger, J./Haase J./Hannover, B. (2021): Das Konzept der „Studierfähigkeit" im wissenschaftlichen Diskurs in Deutschland. In: Bohndick, C./Bülow-Schramm, M./Paul, D./Reinmann, G. (Hrsg.) (2021): Hochschullehre im Spannungsfeld zwischen individueller und institutioneller Verantwortung. Tagungsband der 15. Jahrestagung der Gesellschaft für Hochschulforschung. – Springer eBook Collection. – 1. Aufl. – Wiesbaden: Springer VS, S. 111–123. – https://doi.org/10.1007/978-3-658-32272-4_9.

Bremer, H. (2018): Sozialisationstheorie und Erwachsenenbildung. In: Tippelt, R./Hippel, A. von (Hrsg.) (2018): Handbuch Erwachsenenbildung/Weiterbildung. – Wiesbaden: Springer VS, S. 127–144. – https://doi.org/10.1007/978-3-531-19979-5_6.

Brim, O. G./Wheeler, S. (Hrsg.) (1974): Erwachsenen-Sozialisation. – Stuttgart: Enke.

Buchholz, S./Schier, A. (2015): New game, new chance? Social inequalities and upgrading secondary school qualifications in West Germany. In: European Sociological Review, Vol. 31, No. 5, pp. 603–615. – https://doi.org/10.1093/esr/jcv062.

Buchmann, M./Grütter, J./Zuffianò, A. (2022): Parental educational aspirations and children's academic self-concept: Disentangling state and trait components on their dynamic interplay. In: Child Development, Vol. 93, No. 1, pp. 7–24. – https://doi.org/10.1111/cdev.13645.

Bundesgesetzblatt (BGBL) (2021): Gesetz zur ganztägigen Förderung von Kindern im Grundschulalter (Ganztagsförderungsgesetz – GaFöG) vom 02.10.2021. – URL: http://www.bgbl.de/xaver/bgbl/start.xav?startbk=Bundesanzeiger_BGBl&jumpTo=bgbl121s4602.pdf. – Download vom 11.06.2024.

Bundeszentrale für Politische Bildung (2010): Arbeit von Frauen in Zeiten der Globalisierung. – URL: https://www.bpb.de/themen/gender-diversitaet/frauen-in-deutschland/49397/arbeit-von-frauen-in-zeiten-der-globalisierung/. – Aufruf vom 11.09.2024.

Bus, A. G./IJzendoorn, M. H. van (1999): Phonological awareness and early reading. A meta-analysis of experimental training studies. In: Journal of Educational Psychology, Vol. 91, No. 3, pp. 403–414. – https://doi.org/10.1037//0022-0663.91.3.403.

Bynner, J./Schuler, T./Feinstein, L. (2003): Wider Benefits of Education: Skills, Higher Education and Civic Engagement. In: Zeitschrift für Pädagogik, Bd. 49, H. 3, S. 341–361.

Cadima u. a. 2018 = Cadima, J./Nata, G./Evangelou M./Anders, Y. (2018): Inventory and Analysis of Promising and Evidence-based Parent-and Family-Focused Support Programs: Second Deliverable from ISOTIS. Work Package 3. – European Commission. – URL: https://repositorio-aberto.up.pt/bitstream/10216/127839/2/408046.pdf. – Download vom 15.01.2025.

Carle, U. (2014): Wie entwickelt sich die Schuleingangsphase in Deutschland und in der Schweiz? Universität Bremen. – URL: https://www.grundschulpaedagogik.uni-bremen.de/schuleingangsphase/seph_ueberblick.html#hamburg. – Aufruf vom 11.06.2024.

Caspar, M. (2023): Hybride Lehre an Universitäten – eine Evaluation hybrider Seminare am Beispiel des Kompetenzzentrums Weiterbildung Allgemeinmedizin Saarland. In: Zeitschrift für Evaluation, Jg. 22, H. 1, S. 162–171. – https://doi.org/10.31244/zfe.2023.01.09.

Center on Multi-Tiered System of Supports (2024): What is Multi-Tiered System of Supports (MTSS)? – Arlington. – URL: https://mtss4success.org/sites/default/files/2024-09/what-is-mtss.pdf. – Download vom 06.02.2024.

Chandler, P./Sweller, J. (1991): Cognitive load theory and the format of instruction. In: Cognition and Instruction, Vol. 8, No. 4, pp. 293–332. – https://doi.org/10.1207/s1532690xci0804_2.

CHE 2023 = Centrum für Hochschulentwicklung (2023): CHECK – Numerus clausus an deutschen Hochschulen 2023/24. – URL: https://www.che.de/download/check-numerus-clausus-2023/?wpdmdl=29066&refresh=65df3abdb98ca1709128381. – Download vom 05.11.2024.

Ching, B. H.-H./Li, X. F./Chen, T. T. (2023): Longitudinal links between parental failure mindsets, helicopter parenting, and fixed mindset of intelligence in adolescents. In: Journal of Youth and Adolescence, Vol. 52, No. 10, pp. 2196–2213. – https://doi.org/10.1007/s10964-023-01815-5.

Christ u. a. 2023 = Christ, A./Schuß, E./Milde, B/Granath. R. O. (2023): Die Entwicklung des Ausbildungsmarktes im Jahr 2022. Analysen auf Basis der BIBB-Erhebung über neu abgeschlossene Ausbildungsverträge und der Ausbildungsmarktstatistik der Bundesagentur für Arbeit zum Stichtag 30. September. – URL: https://www.bibb.de/dokumente/pdf/ab11_beitrag_ausbildungsmarkt-2022.pdf. – Download vom 13.01.2025.

Chung u. a. 2023 = Chung, G./Kainz, K./Eisensmith, S. R./Lanier, P. (2023): Effects of youth educational aspirations on academic outcomes and racial differences: A propensity score matching approach. In: Journal of Child & Family Studies, Vol. 32, No. 1, pp. 17–30. – https://doi.org/10.1007/s10826-022-02227-y.

Cohen, F./Anders, Y. (2019): Family Involvement in Early Childhood Education and Care and its effects on the social-emotional and language skills of three-year-old children. In: Journal of School Effectiveness and School Improvement, Vol. 31, No. 1, pp. 125–142. – https://doi.org/10.1080/09243453.2019.1646293.

Cohen u. a. 2020a = Cohen, F./Trauernicht, M./Francot, R./Broekhuizen, M./Anders, Y. (2020): Professional competencies of practitioners in family and parenting support programmes. A German and Dutch case study. In: Children and Youth Services Review, Vol. 116, No. 105202. – https://doi.org/10.1016/j.childyouth.2020.105202.

Cohen u. a. 2020b = Cohen F./Schünke J./Vogel E./Anders Y. (2020): Longitudinal Effects of the Family Support Program Chancenreich on Parental Involvement and the Language Skills of Preschool Children. In: Frontiers in Psychology, Vol. 11, No. 1282. – https://doi.org/10.3389/fpsyg.2020.01282.

Comly, R./Fontana, J./Shaw-Amoah, A. (2020): Strategies for Reducing Student Absenteeism in Philadelphia. – Philadelphia, PA: Research for Action.

Cosso, J./Suchodoletz, A. von/Yoshikawa, H. (2022): Effects of parental involvement programs on young children's academic and social-emotional outcomes: A meta-analysis. In: Journal of Family Psychology, Vol. 36, No. 8, pp. 1329–1339. – https://doi.org/10.1037/fam0000992.

Cousins, E./Bol, L./Luo, T. (2022): Exploring long-term impacts of self-regulated learning interventions in K-12 contexts: A systematic review. In: Current Issues in Education, Vol. 23, No. 1. – https://doi.org/10.14507/cie.vol23iss1.2013.

Craig, L./Powell, A./Smyth, C. (2014): Towards intensive parenting? Changes in the composition and determinants of mothers' and fathers' time with children 1992–2006. In: British Journal of Sociology, Vol. 65, No. 3, pp. 555–579. – https://doi.org/10.1111/1468-4446.12035.

Dahrendorf, R. (1965): Bildung ist Bürgerrecht. Plädoyer für eine aktive Bildung. – Bramsche/Osnabrück: Nannen-Verlag edition.

Dalehefte u. a. 2014 = Dalehefte, I. M./Wendt, H./Köller, O./Wagner, H./Pietsch, M./Döring, B./Fischer, C./Bos, W. (2014): Bilanz von neun Jahren SINUS an Grundschulen in Deutschland. In: Zeitschrift für Pädagogik, Bd. 60, H. 2, S. 245–263.

Deci, E./Ryan, R. (2000): The "what" and "why" of goal pursuits: Human needs and the self-determination of behavior. In: Psychological Inquiry, Vol. 11, No. 4, p. 227. – https://doi.org/10.1207/S15327965PLI1104_01.

Deloitte (2021): 2021 Millennial and Gen Z Survey. A call for accountability and action. Germany. – URL: https://www.deloitte.com/de/de/services/consulting/research/genz-millennial-survey.html. – Aufruf vom 27.01.2025.

Deutscher Bundestag (2020): Schulautonomie in den Landesgesetzen. Dokumentation. WD 8 – 3000 – 018/20. – URL: https://www.bundestag.de/resource/blob/691806/3577812bfa0fa54206d9e4efd255c526/WD-8-018-20-pdf-data.pdf. – Download vom 27.01.2025.

Deutscher Bundestag (2021): Wissenschaftliche Dienste Sachstand WD 8 – 3000 – 025/21. – URL: https://www.bundestag.de/resource/blob/835702/1da4c50c71135c08416a99ad1478a796/WD-8-025-21-pdf-data.pdf. – Download vom 11.09.2024.

Deutscher Bundestag (2023): Gesetzentwurf der Bundesregierung. Entwurf eines Gesetzes zur Stärkung von Maßnahmen zur Demokratieförderung, Vielfaltgestaltung, Extremismusprävention und politischen Bildung (Demokratiefördergesetz – DFördG). (Bundestags-Drucksache 20/5823). – URL: https://dserver.bundestag.de/btd/20/058/2005823.pdf. – Download vom 27.01.2025.

Deutscher Juristentag (1981): Entwurf für ein Landesschulgesetz. Bericht der Kommission Schulrecht des Deutschen Juristentages. In: Schule im Rechtsstaat, Bd. 1. – München: Beck.

Dewey, J. (1966): Democracy and education. – New York, NY: Free Press.

DfE 2024 = Department for Education (2024): Working together to improve school attendance. Statutory guidance for maintained schools, academies, independent schools and local authorities. – London.

DIE 2018 = Deutsches Institut für Erwachsenenbildung (2018): WB Verbundstatistik. – Bielefeld: wbv.

DIE 2023 = Deutsches Institut für Erwachsenenbildung (2023): DIE – WB-Web: (2023): Kompetenz für Erwachsenen- und Weiterbildner/innen. Hier: Intergenerationelles Lernen. – Bonn: DIE.

Diedrich, M. (2020): Die veränderte Rolle der intermediären Akteure. In: Klein, E. D./Bremm, N. (Hrsg.) (2020): Unterstützung – Kooperation – Kontrolle. Zum Verhältnis von Schulaufsicht und Schulleitung in der Schulentwicklung, Reihe Educational Governance, Nr. 48, S. 45–63. – Wiesbaden: Springer Fachmedien. – https://doi.org/10.1007/978-3-658-28177-9_3.

Diedrich u. a. 2023 = Diedrich, J./Patzl, S./Seßler, S./Reinhold, F. (2023): Motivational-emotionale Orientierungen Fünfzehnjähriger bezüglich Mathematik in PISA 2022. In: Lewalter, D./Diedrich, J./Goldhammer, F./Köller, O./ Reiss, K. (Hrsg.) (2023): PISA 2022: Analyse der Bildungsergebnisse in Deutschland. – Münster: Waxmann. – https://doi.org/10.31244/978383 0998488.

Dignath, C./Büttner, G. (2008): Components of fostering self-regulated learning among students. A meta-analysis on intervention studies at primary and secondary school level. Metacognition And Learning, Vol. 3, No. 3, pp. 231–264. – https://doi.org/10.1007/s11409-008-9029-x.

Dignath, C./Veenman, M. (2021): The role of direct strategy instruction and indirect activation of self-regulated learning – Evidence from classroom observation studies. In: Educational Psychology Review, Vol. 33, pp. 489–533. – https://doi.org/10.1007/s10648-020-09534-0.

Diskowski, D. (2009): Bildungspläne für Kindertagesstätten – ein neues und noch unbegriffenes Steuerungsinstrument. In: Zeitschrift für Erziehungswissenschaft, Sonderheft 11: Frühpädagogische Förderung in Institutionen. – Wiesbaden: Springer VS, S. 47–61. – https://doi.org/10.1007/978-3-531-91452-7_4.

Döbler, J. (2019): Prüfungsregime und Prüfungskulturen. Soziologische Beobachtungen zur internen Organisation von Hochschule. – Wiesbaden: Springer Fachmedien. – https://doi.org/10.1007/978-3-658-25290-8.

Doepke, M./Zilibotti, F. (2019): Love, money, and parenting: How economics explains the way we raise our kids. – Princeton, NJ: University Press. – https://doi.org/10.2307/j.ctvc77fr1.

Döll u. a. 2024 = Döll, M./Kimmelmann, N./Michalak, M./Schwibach, A. (2024): Sprachdiagnose zu Beginn der Berufsausbildung mit dem NBD-T. In: Zeitschrift für Interkulturellen Fremdsprachenunterricht, Jg. 29, H. 1, S. 65–87. – URL: https://zif.tujournals.ulb.tu-darmstadt.de/article/id/3857/. – Aufruf vom 27.01.2025.

Dollmann, J. (2021): Ethnic inequality in choice- and performance-driven education systems: A longitudinal study of educational choices in England, Germany, the Netherlands, and Sweden. In: British Journal of Sociology, Vol. 72, No. 4, pp. 974–991. – https://doi.org/10.1111/1468-4446.12854.

Donohoo, J. A. M./Velasco, M. (2016): The Transformative Power of Collaborative Inquiry. Realizing Change in Schools and Classrooms. – Thousand Oaks, CA: Sage Publications. – https://doi.org/10.4135/9781071872963.

Dörrenbächer-Ulrich, L./Dilhuit, S./Perels, F. (2024): Investigating the relationship between self-regulated learning, metacognition, and executive functions by focusing on academic transition phases: a systematic review. In: Current Psychology, Vol. 43, No. 18, pp. 16045–16072. – https://doi.org/10.1007/s12144-023-05551-8.

DZHW 2023 = Deutsches Zentrum für Hochschul- und Wissenschaftsforschung (2023): Anteil der Studienberechtigten an der altersspezifischen Bevölkerung (Studienberechtigtenquote) nach Art der Hochschulreife. – URL: https://www.datenportal.bmbf.de/portal/de/Tabelle-2.5.85.html. – Aufruf vom 11.09.2024.

Eberly Lewis u. a. 2024 = Eberly Lewis, M. B./Slater, J. J./McGinley, M./Rote, W. M. (2024): Understanding the link between anxious parental overprotection and academic confidence in emerging adults: Mediation through interpersonal and intrapersonal processes. In: Journal of Social & Personal Relationships, Vol. 41, No. 2, pp. 390–412. – https://doi.org/10.1177/02654075231160131.

Ecarius, J. (2002): Familienerziehung im historischen Wandel. – Wiesbaden: VS Verlag für Sozialwissenschaften. – https://doi.org/10.1007/978-3-663-10038-6.

Edele, A./Kempert, S./Stanat, P. (2020): Mehrsprachigkeit und Bildungserfolg. In: Gogolin, I./Hansen, A./McMonagle, S./Rauch, D. (Hrsg.) (2020): Handbuch Mehrsprachigkeit und Bildung. – Wiesbaden: Springer VS, S. 151–155. – https://doi.org/10.1007/978-3-658-20285-9_22.

Edelstein, W./Frank, S./Sliwka, A. (Hrsg.) (2009): Praxisbuch Demokratiepädagogik. Sechs Bausteine für Unterrichtsgestaltung und Schulalltag. – Weinheim: Beltz.

Education Endowment Foundation (2022): EFF Annual Report. – URL: https://d2tic4wvo1iusb.cloudfront.net/production/documents/annual-reports/EEF-Annual-Report-2022.pdf?v=1709040365. – Download vom 23.09.2024.

Ehri u. a. 2001 = Ehri, L. C./Nunes, S. R./Willows, D. M./Schuster, B. V./Yaghoub-Zadeh, Z./Shanahan, T. (2001): Phonemic Awareness Instruction Helps Children Learn to Read. Evidence From the National Reading Panel's Meta-Analysis. In: Reading Research Quarterly, Vol. 36, No. 3, pp. 250–287. – URL: https://edu305.jgregorymcverry.com/readings/Phonemic Awareness.pdf. – Download vom 27.01.2025.

Elternkammer Hamburg (2018): Flexible Schuleingangsphase für Hamburgs Grundschulen? – URL: https://www.elternkammer-hamburg.de/2018/08/21/flexible-schuleingangsphase-fuer-hamburgs-grundschulen/. – Aufruf vom 11.06.2024.

Erdfelder u. a. 2021 = Erdfelder, E./Antoni, C. H./Bermeitinger, C./Bühner, M./Elsner, B./Fydrich, T./Gärtner, A./Gollwitzer, M./König, C./Spinath, B./Tuschen-Caffier, B./Vaterrodt, B. (2021): Präsenzveranstaltungen. Unverzichtbarer Kernbestandteil einer qualitativ hochwertigen universitären Psychologieausbildung. In: Psychologische Rundschau, Jg. 72, H. 1, S. 19–26. – https://doi.org/10.1026/0033-3042/a000492.

Erpenbeck, J./Sauter, W. (2015): Wissen, Werte und Kompetenzen in der Mitarbeiterentwicklung. – Wiesbaden: Springer Gabler. – https://doi.org/10.1007/978-3-658-09954-1.

Esser, H./Hoenig, K. (2018): Leistungsgerechtigkeit und Bildungsungleichheit. Effekte der Verbindlichkeit der Grundschulempfehlungen beim Übergang auf das Gymnasium. Ein Vergleich der deutschen Bundesländer mit den Daten der „National Educational Panel Study" (NEPS). In: Kölner Zeitschrift für Soziologie und Sozialpsychologie, H. 70, S. 419–447. – https://doi.org/10.1007/s11577-018-0558-2.

Euler, D./Severing, E. (2020): Heterogenität in der Berufsbildung. Vielfalt gestalten. – Gütersloh: Bertelsmann Stiftung.

Eurydice u. a. 2007 = Europäische Exekutivagentur für Bildung und Kultur, Europäische Kommission, Generaldirektion Bildung, Jugend, Sport und Kultur. In: Desurmont, A./Coghlan, M. (2007): Schulautonomie in Europa: Strategien und Maßnahmen. – https://data.europa.eu/doi/10.2766/27231.

Fahr u. a. 2022 = Fahr, U./Alessandra, K./Angenent, H./Eßer-Lüghausen, A. (Hrsg.) (2022): Hochschullehre erforschen. Innovative Impulse für das Scholarship of Teaching and Learning. – Springer eBook Collection. – 1. Aufl. – Wiesbaden: Springer VS. – https://doi.org/10.1007/978-3-658-34185-5_26.

Fan, X./Chen, M. (2001): Parental involvement and students' academic achievement: A meta analysis. In: Educational Psychology Review, Vol. 13, pp. 1–22. – URL: https://www.academia.edu/79177806/Parental_involvement_on_student_academic_achievement_a_meta_analysis. – Aufruf vom 27.01.2025.

Fischer, M. Y./Pfost, M. (2015): Wie effektiv sind Maßnahmen zur Förderung der phonologischen Bewusstheit? In: Zeitschrift für Entwicklungspsychologie und Pädagogische Psychologie, H. 47, Nr. 1, S. 35–51. – https://doi.org/10.1026/0049-8637/a000121.

Forster, A./Werfhorst, H. van de (2020): Navigating institutions: Parents' knowledge of the educational system and students' success in education. In: European Sociological Review, Vol. 36, No. 1, pp. 48–64. – https://doi.org/10.1093/esr/jcz049.

Frey, M./Ott, M. (2023): Die Generation Z ist in der Polizei angekommen: Betrachtung einer neuen Generation von Ermittler:innen in der Polizei Berlin. In: Polizei & Wissenschaft, Bd. 2, S. 31–45.

Frey u. a. 2023 = Frey, A./Ludewig, U./König, C./Krampen, D./Lorenz, L./Bos, W. (2023): Lesekompetenz von Viertklässlerinnen und Viertklässlern im internationalen Vergleich: 20-Jahre-Trend. In: McElvany, N./Lorenz, R./ Frey, A./Goldhammer, F./Schilcher, A./Stubbe, T. C. (Hrsg.) (2023): IGLU 2021. Lesekompetenz von Grundschulkindern im internationalen Vergleich und im Trend über 20 Jahre. – Münster: Waxmann.

Gaens, T. (2018): Der Einfluss leistungskonformer und leistungsexterner Prüfungsbedingungen auf die Notengebung an deutschen Hochschulen. Eine empirische Untersuchung der langfristigen Entwicklung von Examensnoten. – Dissertation. – Flensburg.

Gaens, T./Müller-Benedict, V. (2017): Die langfristige Entwicklung des Notenniveaus und ihre Erklärung. In: Müller-Benedict, V./Grözinger, G. (Hrsg.) (2017): Noten an Deutschlands Hochschulen. Analysen zur Vergleichbarkeit von Examensnoten 1960 bis 2013. – Wiesbaden/Heidelberg: Springer VS, S. 17–78. – https://doi.org/10.1007/978-3-658-15801-9_1.

Galloway, D. (1985): Schools and persistent absentees. – Oxford: Pergamon Press.

Gartmeier u. a. 2012 = Gartmeier, M./Bauer, J./Noll, A./Prenzel, M. (2012): Welchen Problemen begegnen Lehrkräfte beim Führen von Elterngesprächen? Und welche Schlussfolgerungen ergeben sich daraus für die Vermittlung von Gesprächsführungskompetenz? In: Die Deutsche Schule, Bd. 104, H. 4, S. 374–382. – https://doi.org/10.25656/01:25739.

Gasteiger-Klicpera, B./Knapp, W./Kucharz, D. (2010): Abschlussbericht der wissenschaftlichen Begleitung des Programms „Sag' mal was – Sprachförderung für Vorschulkinder“. – Weingarten: Pädagogische Hochschule Weingarten.

GEBF 2023 = Gesellschaft für empirische Bildungsforschung (2023): Alternative Qualifikationswege für Lehrkräfte ohne traditionelles Lehramtsstudium in Zeiten des Lehrkräftemangels. – URL: https://www.gebf-ev.de/app/download/9408271776/GEBF_Stellungnahme_2023_07_24-1.pdf?t=1700487172. – Download vom 28.10.2024.

Geise, W. (2021): Forschendes Lernen im Fach „Marketing“ in einem betriebswirtschaftlichen Bachelor- und Masterstudiengang. Ein Vergleich von zwei aufeinander aufbauenden studiengangspezifischen Konzeptionen Forschenden Lernens mithilfe eines hochschuldidaktischen Entscheidungsschemas. In: Bohndick, C./Bülow-Schramm, M./Paul, D./Reinmann, G. (Hrsg.) (2021): Hochschullehre im Spannungsfeld zwischen individueller und institutioneller Verantwortung. – Tagungsband der 15. Jahrestagung der Gesellschaft für Hochschulforschung. – Springer eBook Collection. – 1. Aufl. – Wiesbaden: Springer VS, S. 141–157. – https://doi.org/10.1007/978-3-658-32272-4_11.

Gemeinsamer Bundesausschuss (2023): Bericht gemäß § 136d SGB V über den Stand der Qualitätssicherung – Wirksamkeit der eingeführten Maßnahmen und Weiterentwicklungen. Stand: 20.07.2023. – URL: https://www.g-ba.de/downloads/17-98-5517/2023-07-20_Bericht-nach-§-136d_Stand-der-QS.pdf. – Download vom 06.11.2024.

Gentrup u. a. 2020 = Gentrup, S./Lorenz, G./Kristen, C./Kogan, I. (2020): Self-fulfilling prophecies in the classroom: Teacher expectations, teacher feedback and student achievement. Learning and Instruction, Vol. 66. – https://doi.org/10.1016/j.learninstruc.2019.101296.

GEW 2021 = Gewerkschaft Erziehung und Wissenschaft Nordrhein-Westfalen (2021): Mangelverwaltung bei der Inklusion in den Grundschulen. GEW-nrw.de. – URL: https://www.gew-nrw.de/neuigkeiten/detail/mangelverwaltung-bei-der-inklusion-in-den-grundschulen. – Aufruf vom 25.03.2024.

GfK 2016 = Gesellschaft für Konsumforschung (2016): Mehr Sicherheit im neuen Jahr. – URL: https://www.gew-nrw.de/neuigkeiten/detail/mangelverwaltung-bei-der-inklusion-in-den-grundschulen. – Aufruf vom 27.01.2025.

Glennan, T. K. (2004): Expanding the Reach of Education Reforms: Perspectives from Leaders in the Scale-up of Educational Interventions. – Santa Monica, CA: Rand Corporation. – https://doi.org/10.7249/RB9078.

Goertz u. a. 2020 = Goertz, S./Klages, B./Last, D./Strickroth, S. (Hrsg.) (2020): Potsdamer Beiträge zur Hochschulforschung. Lehre und Lernen entwickeln – eine Frage der Gestaltung von Übergängen. Erfahrungen aus 9 Jahren Qualitätspakt Lehre an der Universität Potsdam, Bd. 6. – Potsdam: Universitätsverlag Potsdam.

Goeze, A./Bonnes, C. (2017): Symposium „Lehrende in der Weiterbildung: Aktuelle Forschung zu Qualifikationen, professionellem Wissen und Kompetenzen". Gesellschaft für Empirische Bildungsforschung. – Tagung. – Heidelberg.

Gogolin, I./Hannover, B./Scheunpflug, A. (Hrsg.) (2020): Evidenzbasierung in der Lehrkräftebildung. Edition der Zeitschrift für Erziehungswissenschaft, Bd. 4. – Wiesbaden: Springer VS. – https://doi.org/10.1007/978-3-658-22460-8.

Gogolin, I./Ticheloven, A./Schrödler, T. (2018): Success for All (SfA) – „Erfolg für alle" in Deutschland? Erste Ergebnisse einer Machbarkeitsstudie. – URL: https://www.ew.uni-hamburg.de/ueber-die-fakultaet/personen/gogolin/files/gogolin-ticheloven-schroedler-machbarkeitsstudie-success-for-all.pdf. – Download vom 23.09.2024.

Gogolin u. a. 2011 = Gogolin, I./Dirim, I./Klinger, T./Lange, I./Lengyel, D./Michel, U./Neumann, U./Reich, H. H./Roth, H.-J./Schwippert, K. (2011): Förderung von Kindern und Jugendlichen mit Migrationshintergrund FörMig. Bilanz und Perspektiven eines Modellprogramms. – Münster: Waxmann.

Goldmann u. a. 2020 = Goldmann, A./Schwanholz, J./Delhees, S./Schuckmann, A. von (2020): Planspiele in der Politikwissenschaft – zu den Versprechen und Fallstricken einer interaktiven Lehr- und Lernmethode. In: Zeitschrift für Politikwissenschaft, Jg. 30, Nr. 3, S. 521–538. – https://doi.org/10.1007/s41358-020-00238-z.

Gölz, N./Wohlkinger, F. (2019): Determinants of students' idealistic and realistic educational aspirations in elementary school. In: Zeitschrift für Erziehungswissenschaft, Bd. 22, H. 6, S. 1397–1431. – https://doi.org/10.1007/s11618-019-00916-x.

Gorges, J. (2015): Warum (nicht) an Weiterbildung teilnehmen? Ein erwartungswert-theoretischer Blick auf die Motivation erwachsener Lerner. In: Zeitschrift für Erziehungswissenschaft, Bd. 18, H. 1, S. 9–28. – https://doi.org/10.1007/s11618-014-0598-y.

Greene u. a. 2019 = Greene, N. R./Jewell, D. E./Fuentes, J. D./Smith, C. V. (2019): Basic need satisfaction in the parental relationship offsets millennials' worries about the transition to college. In: The Journal of Social Psychology, Vol. 159, No. 2, pp. 125–137. – https://doi.org/10.1080/00224545.2019.1570905.

Grewenig (2021): School track decisions and teacher recommendations: Evidence from German state reforms. Ifo Leibniz-Institut für Wirtschaftsforschung München, Ifo Working Papers 353. – URL: https://www.ifo.de/DocDL/wp-2021-353-grewenig-teacher-recommendation.pdf. – Download vom 27.01.2025.

Grimm, J./Grimm W. (1984): Deutsches Wörterbuch von Jacob und Wilhelm Grimm, Bd. 13, München 1984 (Nachdruck der Ausgabe von 1889): dtv.

Grossman (2020): Making the Complex Work of Teaching Visible. In: Phi Delta Kappan, Vol. 101, No. 6, pp. 8–13. – https://doi.org/10.1177/0031721720909580.

Grotlüschen, A. (Hrsg.) (2021): Alphabetisierung und Grundbildung von Erwachsenen. In: Zeitschrift für Pädagogik, 67. Beiheft.

Grözinger, G. (2017): Einflüsse auf die Notengebung. Eine Analyse ausgewählter Fächer auf Basis der Prüfungsstatistik. In: Müller-Benedict, V./Grözinger, G. (Hrsg.) (2017): Noten an Deutschlands Hochschulen. Analysen zur Vergleichbarkeit von Examensnoten 1960 bis 2013. – Wiesbaden/Heidelberg: Springer VS, S. 79–116. – https://doi.org/10.1007/978-3-658-15801-9_2.

Grözinger, G./Baillet, F. (2015): Gibt es auch beim Abitur eine Noteninflation? Zur Entwicklung der Abiturnoten als Hochschulzugangsberechtigung – Eine Darstellung und Analyse aus soziologischer Perspektive. In: Bildung und Erziehung, Jg. 68, Nr. 4, S. 473–494. – https://doi.org/10.7788/bue-2015-0407.

Gruener, G. (1985): Die Berufsschulpflicht. In: Die berufsbildende Schule, Jg. 37, H. 4, S. 213–216.

Grund, A. (2013): Motivational profiles in study-leisure conflicts: Quality and quantity of motivation matter. In: Learning and individual differences, Vol. 26, pp. 201–211. – https://doi.org/10.1016/j.lindif.2013.01.009.

Günther, K. (1931): Die Pflicht zum Besuche der Berufsschule: Mit einem Anhang: Die gesetzlichen Vorschriften über die Berufsschulpflicht in den deutschen Ländern. – Berufsschulrecht, Preussisches, Bd. 1. – Weinheim: Beltz.

Gutierrez de Blume, A. P. (2022): Calibrating calibration: A meta-analysis of learning strategy instruction interventions to improve metacognitive monitoring accuracy. In: Journal of Educational Psychology, Vol. 114, No. 4, pp. 681–700. – https://doi.org/10.1037/edu0000674.

GWK 2022 = Gemeinsame Wissenschaftskonferenz (2022): Materialien der GWK. – Heft 80: Hochschulpakt 2020. Bericht zur Umsetzung im Jahr 2020. – Bonn. – URL: https://www.gwk-bonn.de/fileadmin/Redaktion/Dokumente/Papers/GWK-Heft-80-Umsetzung-Hochschulpakt-2020.pdf. – Download vom 30.10.2024.

Haase u. a. 2021 = Haase, J./Braun, E./Böttger, J./Hannover, B. (2021): Wie werden in Deutschland Bewerberinnen und Bewerber um einen Studienplatz ausgewählt? Eine empirische Analyse der aktuellen Zulassungspraxis getrennt nach Fächergruppen und Hochschulen unterschiedlicher Trägerschaft. In: Zeitschrift für Empirische Hochschulforschung, Bd. 5, H. 2, S. 122–140. – https://doi.org/10.3224/zehf.5i2.03.

Haferkamp, H. (1990): Differenzierung und Kultur. Soziologischer Optimismus auf dem Prüfstand. In: Haferkamp, H. (Hrsg.) (1990): Sozialstruktur und Kultur. – Frankfurt a. M.: Suhrkamp, S. 140–176.

Hamann, B. (1993): Geschichte des Schulwesens. – Bad Heilbrunn: Klinkhardt.

Hanushek, E. A./Wößmann, L. (2015): The Knowledge Capital of Nations: Education and the Economics of Growth. – Cambridge, MA: MIT Press. – https://doi.org/10.7551/mitpress/9780262029179.001.0001.

Hanushek, E. A./Wößmann, L. (2016): Knowledge Capital, Growth, and the East Asian Miracle. In: Science Vol. 351, No. 6271, pp. 344–345. – https://doi.org/10.1126/science.aad7796.

Hanushek, E. A./Wößmann, L. (2020): A Quantitative Look at the Economic Impact of the European Union's Educational Goals. In: Education Economics, Vol. 28, No. 3, pp. 225–244. – https://doi.org/10.1080/09645292.2020.1719980.

Hargreaves, A./O'Connor, M. T. (2018): Collaborative professionalism. When teaching together means learning for all. – Thousand Oaks, CA: Corwin.

Harms, T./Clifford, R. M./Cryer, D. (1998): Early childhood environment rating scale (rev. ed.). – New York, NY: Teachers College Press.

Härtling, J. W./Scheideler, B. (2023): Leitbilder und Zielsysteme für Studium und Lehre an deutschen Hochschulen. In: Brünken, R./Härtling, J. W./Löhrke, S./Reihlen, M. (Hrsg.) (2023): Hochschulen im Wandel. Entwicklungsprozesse im Netzwerk gestalten. – Wiesbaden: Springer Gabler, S. 25–47. – https://doi.org/10.1007/978-3-658-42884-6_2.

Haskins, R./Baron, J. (2011): Building the connection between policy and evidence. – URL: https://www.brookings.edu/wp-content/uploads/2016/06/0907_evidence_based_policy_haskins.pdf. – Download vom 23.09.2024.

Hattie, J. (2023): Visible Learning: the sequel. – London: Routledge. – https://doi.org/10.4324/9781003380542.

Hays, S. (1996): The cultural contradictions of motherhood. – New Haven, CT: Yale University Press.

Heckel, H./Seipp, P. (1976): Schulrechtskunde. – 5. Aufl. – Neuwied: Luchterhand.

Heckhausen, H./Gollwitzer, P. (1987): Thought contents and cognitive functioning in motivational versus volitional states of mind. – In: Motivation and Emotion, Vol. 11, pp. 101–120. – https://doi.org/10.1007/BF00992338.

Heimlich, U./Behr, I. (2018): Inklusion von Menschen mit Behinderung in der Erwachsenenbildung/Weiterbildung. In: Tippelt, R./Hippel, A. von (Hrsg.) (2018): Handbuch Erwachsenenbildung/Weiterbildung. – 6. Aufl. – Wiesbaden: Springer VS, S. 1207–1223. – https://doi.org/10.1007/978-3-531-19979-5_58.

Heller-Sahlgren, G./Jordahl, H. (2024): Test Scores and Economic Growth: Update and Extension. In: Applied Economics Letters, Vol. 31, No. 11, pp. 1024–1027. – https://doi.org/10.1080/13504851.2023.2168604.

Helsper, W./Tippelt, R. (2011): Ende der Profession und Professionalisierung ohne Ende? Zwischenbilanz einer unabgeschlossenen Diskussion. In: Zeitschrift für Pädagogik, Bd. 57, S. 268–288.

Herbart, J. F. (1831): Kurze Enzyclopädie der Philosophie, Sämtliche Werke, Bd. 9. – Halle: Schwetschke.

Herbart, J. F. (1986): Systematische Pädagogik. Eingeleitet, ausgewählt und interpretiert von Dietrich Benner. – Stuttgart: Deutscher Studienverlag.

Herbrechter, D. (2018): Organisation und Führung in institutionellen Kontexten der Weiterbildung, DIE. – Bielefeld: wbv. – https://doi.org/10.3278/14/1136w.

Herbrechter, D./Schemann, M. (2023): Organisationsforschung. In: Arnold, R./Nuissl, E./Schrader, J. (Hrsg.) (2023): Wörterbuch der Erwachsenen- und Weiterbildung. – 3. Aufl. – Bad Heilbrunn: Klinkhardt, S. 318–321.

Herkner, V./Pahl, J.-P. (2018): Handlungsorientierung in der Berufsbildung. In: Arnold, R./Lipsmeier, A./Rohs, M. (Hrsg.) (2018): Handbuch Berufsbildung. – Wiesbaden: Springer VS, S. 1–15. – https://doi.org/10.1007/978-3-658-19372-0_17-1.

Herrmann, S. (2019): Studienleistungen privat und staatlich Studierender im Vergleich. In: Die Hochschule, Jg. 28, Nr. 1, S. 79–88. – https://doi.org/10.25656/01:21162.

Herrmann, S. (2021): Private Hochschulen in Deutschland. Eine Bestandsaufnahme deutscher Privathochschulen und empirische Vergleichsanalysen zwischen Studierenden privater und staatlicher Hochschulen. Dissertation. – München: LMU.

Hessisches Kultusministerium (Hrsg.) (2016): Flexibler Schulanfang in Hessen. Informationen, Ideen und Impulse. – URL: https://kultus.hessen.de/sites/kultus.hessen.de/files/2021-08/flexiblerschulanfang.pdf. – Download vom 10.04.2024.

Hetmanek u. a. 2023 = Hetmanek, A./Diery, A./Knogler, M./Schneeweiss, A./Seidel, T. (2023): Das Clearing House Unterricht. Eine Plattform zur Stärkung der Evidenzbasierung in der Aus- und Weiterbildung von Lehrkräften. In: Besa, K.-S./Demski, D./Gesang, J./Hinzke, J-H. (Hrsg.) (2023): Evidenz- und Forschungsorientierung in Lehrer*innenbildung, Schule, Bildungspolitik und -administration: Neue Befunde zu alten Problemen. – Wiesbaden: Springer Fachmedien, S. 107–121. – https://doi.org/10.1007/978-3-658-38377-0_6.

Heublein, U./Hutzsch, C./Schmelzer, R. (2022): Die Entwicklung der Studienabbruchquoten in Deutschland. – DZHW Brief 05/2022. – Hannover: DZHW. – https://doi.org/10.34878/2020.03.dzhw_brief.

Higgins, S./Katsipataki, M. (2015): Evidence from meta-analysis about parental involvement in education which supports their children's learning. In: Journal of Children's Services, Vol. 10, No. 3, pp. 280–290. – https://doi.org/10.1108/JCS-02-2015-0009.

Hinske, J.-H./Paseka, A. (2021): Irritationen beim Forschenden Lernen. Irritierende Erfahrungen von Lehramtsstudierenden und wie sie damit umgehen. In: Bohndick, C./Bülow-Schramm, M./Paul, D./Reinmann, G. (Hrsg.) (2021): Hochschullehre im Spannungsfeld zwischen individueller und institutioneller Verantwortung. Tagungsband der 15. Jahrestagung der Gesellschaft für Hochschulforschung. – Springer eBook Collection. – 1. Aufl. – Wiesbaden: Springer VS, S. 227–241. – https://doi.org/10.1007/978-3-658-32272-4_17.

Hippel, A. von (2023): Programmplanung. In: Arnold, R./Nuissl, E./Schrader, J. (Hrsg.) (2023): Wörterbuch der Erwachsenen- und Weiterbildung. – 3. Aufl. – Bad Heilbrunn: Klinkhardt, S. 348–351. – https://doi.org/10.35468/wbeb2022-235.

Hippel, A. von/Tippelt, R. (Hrsg.) (2009): Fortbildung der Weiterbildner/innen: eine Analyse der Interessen und Bedarfe aus verschiedenen Perspektiven. – Weinheim/Basel: Beltz.

Hobuß u. a. 2023 = Hobuß, S./Reihlen, M./Schmitt, C./Soltau, A./Webersik, J. (2023): Die Lehrstrategie am Beispiel der Leuphana Universität Lüneburg. In: Brünken, R./Härtling, J. W./Löhrke, S./Reihlen, M. (Hrsg.) (2023): Hochschulen im Wandel. Entwicklungsprozesse im Netzwerk gestalten. – Wiesbaden: Springer Gabler, S. 49–74. – https://doi.org/10.1007/978-3-658-42884-6_3.

Hofer, M./Fries, S./Grund, A. (2017): Multiple Ziele und Lernmotivation: Das Forschungsprogramm „Theorie motivationaler Handlungskonflikte“. In: Zeitschrift für Pädagogische Psychologie, H. 31, S. 69–85. – https://doi.org/10.1024/1010-0652/a000197.

Hoffmann u. a. 2020 = Hoffmann, S./Thalhammer, V./Hippel, A. von/Schmidt-Hertha, B. (2020): Drop-out in der Weiterbildung – eine Verschränkung von Perspektiven zur (Re-)Konstruktion des Phänomens Drop-out. In: Zeitschrift für Weiterbildungsforschung, Bd. 43, S. 31–46. – https://doi.org/10.1007/s40955-019-00143-1.

Hoffmeister, T./Koch, H./Tremp, P. (Hrsg.) (2020): Forschendes Lernen als Studiengangsprofil. Zum Lehrprofil einer Universität. – Springer eBook Collection. – 1. Aufl. – Wiesbaden: Springer VS. – https://doi.org/10.1007/978-3-658-28825-9.

Hofmann, H./Henneke, H.-G. (Hrsg.) (2022): GG – Kommentar zum Grundgesetz. In: Wolters Kluwer Online Kommentare. – 15. Aufl. – Köln: Carl Heymanns Verlag.

Holtappels, H. G. (2019): Transfer in der Schulentwicklung. Ansätze und Gelingensbedingungen aus der Perspektive von Schulentwicklungstheorie und -forschung. In: Die Deutsche Schule, Bd. 111, H. 3, S. 274–293. – https://doi.org/10.31244/dds.2019.03.03.

Holub u. a. 2021 = Holub, B./Himpsl-Gutermann, K./Mittlböck, K./Musilek-Hofer, M./Varelija-Gerber, A./Grünberger, N. (Hrsg.) (2021): lern.medien.werk.statt – Hochschullernwerkstätten in der Digitalität. – Bad Heilbrunn: Klinkhardt. – https://doi.org/10.35468/5904.

Hönnige u. a. 2024 = Hönnige, C./Bauer, V./Bernauer, J./Zittlau, S./Widdig, V./Jungbauer-Gans, M./Oberschelp, A./Islein, S./Nguyen Xuam, A. (2024): The Effect of Germany's Federalism on Student Success. The "Index of Commitment" as Comparative Measure for Study and Examination Regulations. – Hannover: Institutionelles Repositorium der Leibniz Universität Hannover. – https://doi.org/10.15488/16457.

Hopf, M. (2012): Sustained Shared Thinking im frühen naturwissenschaftlich-technischen Lernen. – Dissertation 2011, Bergische Universität Wuppertal. In: Internationale Hochschulschriften, Bd. 572. – Münster: Waxmann.

Hradil, S. (1987): Sozialstrukturanalyse in einer fortgeschrittenen Gesellschaft. Von Klassen und Schichten zu Lagen und Milieus. – Opladen: Leske + Budrich. – https://doi.org/10.1007/978-3-322-97175-3.

HRK 2021 = Hochschulrektorenkonferenz (2021): Ergebnisse der HRK-Umfrage zur Lehrqualifizierung. – Bonn. – URL: https://www.hrk.de/fileadmin/redaktion/hrk/02-Dokumente/02-04-Lehre/Ergebnisse_HRK-Umfrage_Lehrqualifizierung_April_2021.pdf. – Download vom 05.11.2024.

Hummel, T. G./Cohen, F./Anders, Y. (2022): The role of partnership practices in strengthening parental trust. In: Early Child Development and Care, Vol. 193, No. 3, pp. 401–416. – https://doi.org/10.1080/03004430.2022.2093868.

Hummel u. a. 2022 = Hummel, T. G./Cohen, F./Gessulat, J./Anders, Y. (2022): Measuring interaction quality between parents and professional and its relation to preschool characteristics. In: International Journal of Educational Research Open, Vol. 3, No. 100195. – https://doi.org/10.1016/j.ijedro.2022.100195.

Hüther, M./Naegele, G. (Hrsg.) (2013): Demografiepolitik. Herausforderungen und Handlungsfelder. – Wiesbaden: Springer VS. – https://doi.org/10.1007/978-3-658-00779-9.

Hwang u. a. 2024 = Hwang, W./Jung, E./Hadi, N./Shaffer, M./Ko, K. (2024): Typologies of helicopter parenting and parental affection: associations with emerging adults' academic outcomes. In: Current Psychology, Vol. 43, pp. 19304–19316. – https://doi.org/10.1007/s12144-024-05745-8.

IAB 2019 = Institut für Arbeitsmarkt- und Berufsforschung (IAB) (2019): Qualifikationsspezifische Arbeitslosenquoten. – Nürnberg: IAB.

IM NRW o. J.a = Ministerium des Innern des Landes Nordrhein-Westfalen (o. J.a): SGV 2 (FN 37) Bildungs- und Erziehungsauftrag der Schule. – URL: https://recht.nrw.de/lmi/owa/br_bes_detail?sg=0&menu=0&bes_id=7345&anw_nr=2&aufgehoben=N&det_id=633561. – Aufruf vom 26.03.2024.

IM NRW o. J.b = Ministerium des Innern des Landes Nordrhein-Westfalen (o. J.b): SGV 42 (FN 37) Allgemeine Rechten und Pflichten aus dem Schulverhältnis. – URL: https://recht.nrw.de/lmi/owa/br_bes_detail?sg=0&menu=0&bes_id=7345&anw_nr=2&aufgehoben=N&det_id=633602. – Aufruf vom 26.03.2024.

Inglehart, R. (1977): The silent revolution. Changing values and political styles among western publics. – Princeton, NJ: University Press.

Inglehart, R. (1998): Modernisierung und Postmodernisierung. – Frankfurt a. M.: Campus.

IfD 2023 = Institut für Demoskopie Allensbach (2023): Generationen in Deutschland nach Umfrage zu Wertorientierungen und Lebenseinstellungen, die wichtig und erstrebenswert sind nach Generationen im Jahr 2023. – URL: https://de.statista.com/statistik/daten/studie/1136705/umfrage/umfrage-zu-wertorientierungen-und-lebenseinstellungen-nach-generationen/. – Aufruf vom 06.02.2025.

ISB 2021 = Staatsinstitut für Schulpädagogik und Bildungsforschung München (2021): Umsetzungshilfe zur Vermittlung von mathematischen und zeichnerischen Grundlagen im Rahmen des Lernfeldunterrichts. – München.

Ishizuka, P. (2019): Social class, gender, and contemporary parenting standards in the United States: Evidence from a national survey experiment. In: Social Forces, Vol. 98, No. 1, pp. 31–58. – https://doi.org/10.1093/sf/soy107.

Isleib, S. (2019): Soziale Herkunft und Studienabbruch im Bachelor- und Masterstudium. In: Lörz, M./Quast, H. (Hrsg.) (2019): Bildungs- und Berufsverläufe mit Bachelor und Master. Determinanten, Herausforderungen und Konsequenzen. – Wiesbaden/Heidelberg: Springer VS, S. 307–337. – https://doi.org/10.1007/978-3-658-22394-6_10.

Jaramillo u. a. 2017 = Jaramillo, J. M./Rendón, M. I./Muñoz, L./Weis, M./Trommsdorff, G. (2017): Children's self-regulation in cultural contexts: The role of parental socialization theories, goals, and practices. In: Frontiers in Psychology, Vol. 8, No. 923, pp. 1–9. – https://doi.org/10.3389/fpsyg.2017.00923.

Jonach, M./Paasch, D. (2024): Datengestützte Qualitätsentwicklung und -sicherung von Unterricht: Die Perspektive der Lehrenden. In: Erziehung & Unterricht: Österreichische pädagogische Zeitschrift, Bd. 175, H. 5–6, S. 45–53.

Jörissen, J. (2021): Einflussfaktoren auf die Lehrentwicklung neuberufener Professorinnen und Professoren an Fachhochschulen – Ergebnisse einer Interviewstudie. In: Bohndick, C./Bülow-Schramm, M./Paul, D./Reinmann, G. (Hrsg.) (2021): Hochschullehre im Spannungsfeld zwischen individueller und institutioneller Verantwortung. Tagungsband der 15. Jahrestagung der Gesellschaft für Hochschulforschung. – Springer eBook Collection. – 1. Aufl. – Wiesbaden: Springer VS, S. 95–109. – https://doi.org/10.1007/978-3-658-32272-4_8.

Jude u. a. 2024 = Jude, N./Klusmann, U./Selcik, F./Sichma, A./Richter, D./Wolf, D. (2024): Deutsches Schulbarometer: Befragung Lehrkräfte. Ergebnisse zur aktuellen Lage an allgemein- und berufsbildenden Schulen. – Stuttgart: Robert Bosch Stiftung.

Jung u. a. 2019 = Jung, E./Hwang, W./Kim, S./Sin, H./Zhang, Y./Zhao, Z. (2019): Relationships among helicopter parenting, self-efficacy, and academic outcome in American and South Korean college students. In: Journal of Family Issues, Vol. 40, No. 18, pp. 2849–2870. – https://doi.org/10.1177/0192513X19865297.

Juranek, M. (2019): Eigenverantwortlich – selbstständig – autonom. Was wir aus einem Rechtsvergleich hinsichtlich schulischer Entscheidungsfreiräume lernen können. In: Rauscher, E./Heißenberger, P./Wiesner, C./Paasch, D. (Hrsg.) (2019): Schulautonomie – Perspektiven in Europa. – Münster: Waxmann, S. 21–57.

Jussim, L./Robustelli, S./Cain, T. (2009): Teacher expectations and self-fulfilling prophecies. In: Wentzel, K./Wigfield, A. (Hrsg.) (2009): Handbook of motivation at school, pp. 349–379. – New York, NY: Routledge.

Kallenbach, L./Dedering, K. (2021): Evidenzbasierte Steuerung als Entfremdungszone? Zur Rekonstruktion von (Welt-)Beziehungen in der evidenzbasierten Steuerung des Schulsystems. In: Zala-Mezö, E./Häbig, J./Bremm, N. (Hrsg.) (2021): Die Dokumentarische Methode in der Schulentwicklungsforschung. – Münster: Waxmann, S. 177–195.

Käpplinger u. a. 2024 = Käpplinger, B./Koubek, E. M./Reuter, M./Bilger, F. (2024): Weiterbildungsbeteiligung nachhaltig ungleich? Empirische Analysen für Deutschland zu einem Mantra. Manuskript bei Sektionstagung Erwachsenenbildung der DGfE in München. – https://doi.org/10.2307/jj.19850081.18.

Karlen u. a. 2024 = Karlen, Y./Hertel, S./Grob, U./Jud, J./Hirt, C. N. (2024): Teachers matter: linking teachers and students' self-regulated learning. In: Research Papers in Education, pp. 1–28. – https://doi.org/10.1080/02671522.2024.2394059.

Kasneci u. a. 2023 = Kasneci, E./Sessler, K./Küchemann, S./Bannert, M./Dementieva, D./Fischer, F./Gasser, U./Groh, G./Günnemann, S./Hüllermeier, E./Krusche, S./Kutyniok, G./Michaeli, T./Nerdel, C./Pfeffer, J./Poquet, O./Sailer, M./Schmidt, A./Seidel, T./Kasneci, G. (2023): ChatGPT for good? On opportunities and challenges of large language models for education. In: Learning and Individual Differences, Vol. 103, No. 102274. – https://doi.org/10.1016/j.lindif.2023.102274.

Kauper u. a. 2023 = Kauper, T./Bernholt, A./Möller, J./Köller, O. (Hrsg.) (2023): PaLea: Professionelle Kompetenzen und Studienstrukturen im Lehramtsstudium. – Münster: Waxmann.

Kearney, C. A./Childs, J. (2023): Translating sophisticated data analytic strategies regarding school attendance and absenteeism into targeted educational policy. In: Improving Schools, Vol. 26, No. 1, pp. 5–22. – https://doi.org/10.1177/13654802231174986.

Keller, H. (2003): Socialization for competence: Cultural models of infancy. In: Human Development, Vol. 46, No. 5, pp. 288–311. – https://doi.org/10.1159/000071937.

Key, E. (2000): Das Jahrhundert des Kindes. – Weinheim: Beltz.

Khattab u. a. 2022 = Khattab, N./Madeeha, M./Samara, M./Modood, T./Barham, A. (2022): Do educational aspirations and expectations matter in improving school achievement? In: Social Psychology of Education, Vol. 25, No. 1, pp. 33–53. – https://doi.org/10.1007/s11218-021-09670-7.

Klages, H. (1984): Wertorientierung im Wandel. Rückblick, Gegenwartsanalysen, Prognosen. – Frankfurt a. M.: Campus.

Klein, D./Schwabe, U./Stocké, V. (2019): Studienabbruch im Masterstudium. Erklären akademische und soziale Integration die unterschiedlichen Studienabbruchintentionen zwischen Master- und Bachelorstudierenden? In: Lörz, M./Quast, H. (Hrsg.) (2019): Bildungs- und Berufsverläufe mit Bachelor und Master. Determinanten, Herausforderungen und Konsequenzen. – Wiesbaden/Heidelberg: Springer VS, S. 273–306. – https://doi.org/10.1007/978-3-658-22394-6_9.

Klein, E. D./Bremm, N. (Hrsg.) (2020): Unterstützung – Kooperation – Kontrolle. Zum Verhältnis von Schulaufsicht und Schulleitung in der Schulentwicklung (Educational Governance). – Wiesbaden: Springer Fachmedien. – https://doi.org/10.1007/978-3-658-28177-9.

Kleinkorres u. a. 2023 = Kleinkorres, R./Lorenz, R./Becher, L./Ludewig, U./Schaufelberger, R./McElvany, N. (2023): Ausbildung, Fortbildung, Berufszufriedenheit und Belastungserleben von Lehrkräften an Grundschulen. Kurzbericht auf Basis der repräsentativen Internationalen Grundschul-Lese-Untersuchung (IGLU). – URL: https://ifs.ep.tu-dortmund.de/storages/ifs-ep/r/Download_Praxisportal/TfE_Kurzbericht_Ausbildung-Wohlbefinden.pdf. – Download vom 28.10.2024.

Kleinkorres u. a. 2024 = Kleinkorres, R./Lorenz, R./Becher, L./Ludewig, U./Schaufelberger, R./McElvany, N. (2024): Unterricht und Lesezeit. Kurzbericht auf Basis der repräsentativen Internationalen Grundschul-Lese-Untersuchung (IGLU). – URL: https://ifs.ep.tu-dortmund.de/storages/ifs-ep/r/Download_Praxisportal/Kurzbericht_TfE05_Unterricht_Lesezeit.pdf. – Download vom 10.04.2024.

Klemm, K./Kneuper, D. (2019): Zur Orientierung von Schulausgaben an Sozialindizes – Ein Bundesländervergleich. In: Paper zur Fachkonferenz „Feuerwerk statt Brennpunkt" des Netzwerks Bildung, Friedrich-Ebert-Stiftung (Hrsg.) (2019). – URL: https://library.fes.de/pdf-files/studienfoerderung/15755.pdf. – Download vom 05.11.2024.

Klieme, E. (2018): Unterrichtsqualität. In: Gläser-Zikuda, M./Harring, M./Rohlfs, C. (Hrsg.) (2018): Handbuch Schulpädagogik. – Münster: Waxmann, S. 393–408.

Klieme u. a. 2010 = Klieme, E./Artelt, C./Hartig, J./Jude, N./Köller, O./Prenzel, M./Schneider, W./Stanat, P. (2010): PISA 2009: Bilanz nach einem Jahrzehnt. Gesamtstrategie der Kultusministerkonferenz zum Bildungsmonitoring. – Beschluss der Kultusministerkonferenz vom 11.06.2015. – Bonn.

Klingsieck, K. (2013): Procrastination. When good things don't come to those who wait. In: European Psychologist, Vol. 18, No. 1, pp. 24–34. – https://doi.org/10.1027/1016-9040/a000138.

Klopsch, B./Sliwka, A. (2020): Schulqualität als Resultat einer Verschränkung von Systemebenen. Datengestützte Schulentwicklung in der Provinz Alberta, Kanada. In: Fickermann, D./Manitius, V./Karcher, M. (Hrsg.) (2020): „Neue Steuerung" – Renaissance der Kybernetik? Die Deutsche Schule, Beiheft Nr. 15. – Münster: Waxmann, S. 58–73. – https://doi.org/10.31244/9783830991618.04.

Klopsch, B./Sliwka, A. (2021a): Kooperative Professionalität als internationaler Ansatz der Unterrichtsentwicklung. In: Klopsch, B./Sliwka, A. (Hrsg.) (2021): Kooperative Professionalität. Internationale Ansätze der ko-konstruktiven Unterrichtsentwicklung. – Weinheim: Beltz Juventa, S. 7–19.

Klopsch, B./Sliwka, A. (Hrsg.) (2021b): Kooperative Professionalität. Internationale Ansätze der ko-konstruktiven Unterrichtsentwicklung. – Weinheim: Beltz Juventa.

Kluczniok u. a. 2013 = Kluczniok, K./Lehrl, S./Kuger, S./Rossbach, H. G. (2013): Quality of the home learning environment during preschool age. Domains and contextual conditions. In: European Early Childhood Education Research Journal, Vol. 21, No. 3, pp. 420–438. – https://doi.org/10.1080/1350293X.2013.814356.

Kluczniok u. a. 2024 = Kluczniok, K./Faas, S./Hülsen, K. von/Schneider, M./Fitzner, J./Koch, C./Aden, H. (2024): Machbarkeitsstudie zur Ansprache und Umsetzung eines bundesweiten Monitorings zur Prozessqualität. – Abschlussbericht. – Berlin: pädquis Stiftung b. R.

KM-BW 2021 = Ministerium für Kultus, Jugend und Sport Baden-Württemberg (2021): Schulabsentismus: Ein Leitfaden für berufliche Schulen. Handreichung. – Stuttgart.

KMK 2003 = Ständige Konferenz der Kultusminister der Länder in der Bundesrepublik Deutschland (2003): Lehrereinstellungsbedarf und -angebot in der Bundesrepublik Deutschland, Modellrechnung 2002–2015. Beschluss der Kultusministerkonferenz vom 08.05.2003. – Bonn.

KMK 2004 = Ständige Konferenz der Kultusminister der Länder in der Bundesrepublik Deutschland (2004): Standards für die Lehrerbildung: Bildungswissenschaften. – Bonn.

KMK 2006 = Ständige Konferenz der Kultusminister der Länder in der Bundesrepublik Deutschland (2006): Ergebnisse der 314. Plenarsitzung der Kultusministerkonferenz. – URL: https://www.kmk.org/presse/pressearchiv/mitteilung/ergebnisse-der-314plenarsitzung-der-kultusministerkonferenz.html. – Aufruf vom 28.10.2024.

KMK 2010a = Ständige Konferenz der Kultusminister der Länder in der Bundesrepublik Deutschland (2010a): Schüler, Klassen, Lehrer und Absolventen der Schulen 1999 bis 2008. Statistische Veröffentlichungen der Kultusministerkonferenz. – Dokumentation Nr. 188.

KMK 2010b = Ständige Konferenz der Kultusminister der Länder in der Bundesrepublik Deutschland (2010b): Sonderpädagogische Förderung in Schulen 1999 bis 2008. Statistische Veröffentlichungen der Kultusministerkonferenz. – Dokumentation Nr. 189.

KMK 2011 = Ständige Konferenz der Kultusminister der Länder in der Bundesrepublik Deutschland (2011): Lehrereinstellungsbedarf und Lehrereinstellungsangebot in der Bundesrepublik Deutschland, Modellrechnung 2010–2020. – Bonn.

KMK 2014a = Ständige Konferenz der Kultusminister der Länder in der Bundesrepublik Deutschland (2014a): Schüler, Klassen, Lehrer und Absolventen der Schulen 2003 bis 2012. Statistische Veröffentlichungen der Kultusministerkonferenz. – Dokumentation Nr. 204.

KMK 2014b = Ständige Konferenz der Kultusminister der Länder in der Bundesrepublik Deutschland (2014b): Sonderpädagogische Förderung in Schulen 2003 bis 2012. Statistische Veröffentlichungen der Kultusministerkonferenz. – Dokumentation Nr. 202.

KMK 2015 = Ständige Konferenz der Kultusminister der Länder in der Bundesrepublik Deutschland (2015): Gesamtstrategie der Kultusministerkonferenz zum Bildungsmonitoring. Beschluss der Kultusministerkonferenz vom 11.06.2015.

KMK 2016 = Ständige Konferenz der Kultusminister der Länder in der Bundesrepublik Deutschland (2016): Bildung in der digitalen Welt. Strategie der Kultusministerkonferenz. – Berlin.

KMK 2020 = Ständige Konferenz der Kultusminister der Länder in der Bundesrepublik Deutschland (2020): Lehrereinstellungsbedarf und -angebot in der Bundesrepublik Deutschland 2020–2030. Zusammengefasste Modellrechnungen der Länder. Beschluss der Kultusministerkonferenz vom 10.12.2020. – Bonn.

KMK 2021a = Ständige Konferenz der Kultusminister der Länder in der Bundesrepublik Deutschland (2021a): Allgemeinbildende Schulen in Ganztagsform in den Ländern in der Bundesrepublik Deutschland – Statistik 2016 bis 2020. – URL: https://www.kmk.org/fileadmin/Dateien/pdf/Statistik/Dokumentationen/GTS_2020_Bericht.pdf. – Download vom 28.10.2024.

KMK 2021b = Ständige Konferenz der Kultusminister der Länder in der Bundesrepublik Deutschland (2021b): Rahmenvereinbarung über die Berufsschule. Beschluss der Kultusministerkonferenz vom 12.03.2015 i. d. F. vom 09.09.2021. – Bonn.

KMK 2021c = Ständige Konferenz der Kultusminister der Länder in der Bundesrepublik Deutschland (2021c): Lehren und Lernen in der digitalen Welt. Ergänzung zur Strategie der Kultusministerkonferenz „Bildung in der digitalen Welt“. – Berlin. – URL: https://www.kmk.org/fileadmin/veroeffentlichungen_beschluesse/2021/2021_12_09-Lehren-und-Lernen-Digi.pdf. – Download vom 15.01.2025.

KMK 2021d = Ständige Konferenz der Kultusminister der Länder in der Bundesrepublik Deutschland (2021b): Vorausberechnung der Studienanfänger- und Studierendenzahlen 2021 bis 2030. Statistische Veröffentlichungen der Kultusministerkonferenz. – Dokumentation Nr. 229.

KMK 2022 = Ständige Konferenz der Kultusminister der Länder in der Bundesrepublik Deutschland (2022): Sonderpädagogische Förderung in Schulen 2011 bis 2020. Statistische Veröffentlichungen der Kultusministerkonferenz. – Dokumentation Nr. 231.

KMK 2023 = Ständige Konferenz der Kultusminister der Länder in der Bundesrepublik Deutschland (2023): Abiturnoten im Ländervergleich. – URL: https://www.kmk.org/dokumentation-statistik/statistik/schulstatistik/abiturnoten.html. – Aufruf vom 11.09.2024.

KMK 2023a = Ständige Konferenz der Kultusminister der Länder in der Bundesrepublik Deutschland (2023a): Einstellung von Lehrkräften 2022. Statistische Veröffentlichungen der Kultusministerkonferenz. – Dokumentation Nr. 236.

KMK 2023b = Ständige Konferenz der Kultusminister der Länder in der Bundesrepublik Deutschland (2023b): Lehrkräfteeinstellungsbedarf und -angebot in der Bundesrepublik Deutschland 2023–2035. Zusammengefasste Modellrechnungen der Länder. Statistische Veröffentlichungen der Kultusministerkonferenz. – Dokumentation Nr. 238.

KMK 2024a = Ständige Konferenz der Kultusminister der Länder in der Bundesrepublik Deutschland (2024a): Schüler/-innen, Klassen, Lehrkräfte und Absolvierende der Schulen 2013 bis 2022. Statistische Veröffentlichungen der Kultusministerkonferenz. – Dokumentation Nr. 239.

KMK 2024b = Ständige Konferenz der Kultusminister der Länder in der Bundesrepublik Deutschland (2024b): Sonderpädagogische Förderung in Schulen 2013 bis 2022. Statistische Veröffentlichungen der Kultusministerkonferenz. – Dokumentation Nr. 240.

KMK o. J.a = Ständige Konferenz der Kultusminister der Länder in der Bundesrepublik Deutschland (o. J.a): Schüler/-innen, Klassen, Lehrkräfte und Absolvierende der Schulen. – URL: https://www.kmk.org/dokumentation-statistik/statistik/schulstatistik/schueler-innen-klassen-lehrkraefte-und-absolvierende.html. – Aufruf vom 13.01.2015.

KMK o. J.b = Ständige Konferenz der Kultusminister der Länder in der Bundesrepublik Deutschland (o. J.b): Lehrkräfteeinstellungsbedarf und -angebot in der Bundesrepublik Deutschland (Archiv). – URL: https://www.kmk.org/dokumentation-statistik/statistik/schulstatistik/lehrkraefteeinstellungsbedarf-und-angebot/archiv-lehrkraefteeinstellungsbedarf-und-angebot.html. – Aufruf vom 13.01.2025.

Knauf, H. (2019): Die intensive Elternschaft als neues Paradigma für die Erziehung in Familien? In: Soziale Passagen, Bd. 11, H. 1, S. 175–190. – https://doi.org/10.1007/s12592-019-00315-3.

Knaus, T./Merz, O./Junge, T. (2022): Lehre in Zeiten von Corona. Und wir lernen weiter … Editorial. In: Ludwigsburger Beiträge zur Medienpädagogik, Nr. 22 (Online), S. 1–16. – https://doi.org/10.21240/lbzm/22/01.

Knogler, M./Hetmanek, A./Seidel, T. (2022): Bestimmung und Bereitstellung der „best available“ Evidenz für bestimmte Praxisfelder im Bildungsbereich. In: McElvany, N. J./Gaspard, H./Lauermann, F./Ohle-Peters, A. (Hrsg.) (2022): Optimierung schulischer Bildungsprozesse – What works, S. 135–144. – Münster: Waxmann.

Koch, K. (2003): „Fit in Deutsch“: Sprachförderung vor der Einschulung. Ein Beitrag zum schulischen Erfolg von Migrantenkindern? – URL: https://www.praeventionstag.de/dokumentation/download.cms?id=49&datei=koch_F50.pdf. – Download vom 13.01.2025.

Koch, K. (2009): Was bringt die vorschulische Sprachförderung? Zur Entwicklung zweitsprachlicher Kompetenzen am Übergang vom Kindergarten in die Grundschule. In: Zeitschrift für Grundschulforschung, Jg. 2, Nr. 2, S. 42–55.

Kohlberg, L. (2000): Die Psychologie der Lebensspanne. – Frankfurt a. M.: Suhrkamp.

Kollar, I./Fischer, F. (2018): Digitale Medien für die Unterstützung von Lehr-/Lernprozessen in der Weiterbildung. In: Tippelt, R./Hippel A. von (Hrsg.) (2018): Handbuch Erwachsenenbildung/Weiterbildung. – Wiesbaden: Springer VS, S. 1553–1568. – https://doi.org/10.1007/978-3-531-19979-5_73.

Köller, O. (2013): Abitur und Studierfähigkeit. In: Asdonk, J./Kuhnen, S. U./Bornkessel, P. (Hrsg.) (2013): Von der Schule zur Hochschule. Analysen, Konzeptionen und Gestaltungsperspektiven des Übergangs. – Münster, München, Berlin: Waxmann, S. 25–49.

Köller, O. (2024): Keine Erfolgsgeschichte. MINT-Bildung an deutschen Gymnasien. In: Forschung & Lehre, Bd. 7, S. 508–509.

König, A. (2009): Interaktionsprozesse zwischen Erzieherinnen und Kindern. Eine Videostudie aus dem Kindergartenalltag. – Wiesbaden: VS Verlag für Sozialwissenschaften. – https://doi.org/10.1007/978-3-531-91412-1.

Krammer, K./Reusser, K. (2005): Unterrichtsvideos als Medium der Aus- und Weiterbildung von Lehrpersonen. In: Beiträge zur Lehrerbildung, Bd. 23, H. 1, S. 35–50. – https://doi.org/10.36950/bzl.23.1.2005.10146.

Kroher u. a. 2021 = Kroher, M./Leuze, K./Thomsen, S. L./Trunzer, J. (2021): Did the “Bologna Process” Achieve Its Goals? 20 Years of Empirical Evidence on Student Enrolment, Study Success and Labour Market Outcomes. IZA Discussion Papers 14757. – https://doi.org/10.2139/ssrn.4114283.

Krüger, R./Schmitt, C. (2012): Rechtliche Rahmenbedingungen des Verhältnisses von Eltern, Schule und Jugendhilfe. In: Stange, W./Krüger, R./Henschel, A./Schmitt, C. (Hrsg.) (2021): Erziehungs- und Bildungspartnerschaften. – Wiesbaden: Springer VS, S. 140–145. – https://doi.org/10.1007/978-3-531-94279-7_12.

Kruse, A. (Hrsg.) (2007): Weiterbildung in der zweiten Lebenshälfte. Multidisziplinäre Antworten auf Herausforderungen des demografischen Wandels. – Bielefeld: W. Bertelsmann. – https://doi.org/10.3278/14/1101w.

Kuger, S./Kluczniok, K. (2009): Prozessqualität im Kindergarten. Konzept, Umsetzung und Befunde. Frühpädagogische Förderung in Institutionen. In: Zeitschrift für Erziehungswissenschaft, Sonderheft 11, S. 159–178. – https://doi.org/10.1007/978-3-531-91452-7_11.

Kultusministerium des Landes Sachsen-Anhalt (2009): Schuleingangsphase in Sachsen-Anhalt. Hinweise zur pädagogischen Gestaltung. – URL: https://mb.sachsen-anhalt.de/fileadmin/Bibliothek/Landesjournal/Bildung_und_Wissenschaft/Schule/Schulformen/Grundschule/schuleingangsphase.pdf. – Download vom 28.10.2024.

Kunter u. a. 2017 = Kunter, M./Kunina-Habenicht, O./Baumert, J./Dicke, T./Holzberger, D./Lohse-Bossenz, H./Leutner, D./Schulze-Stocker, F./Terhart, E. (2017): Bildungswissenschaftliches Wissen und professionelle Kompetenz in der Lehramtsausbildung. In: Gräsel, C./Trempler, K. (Hrsg.) (2017): Entwicklung von Professionalität pädagogischen Personals: Interdisziplinäre Betrachtungen, Befunde und Perspektiven. – Wiesbaden: Springer Fachmedien, S. 37–54. – https://doi.org/10.1007/978-3-658-07274-2_3.

Küppers, H./Reschke, K. (2020): Schulabsentismus. Wie können berufliche Schulen das Problem angehen? In: Schulverwaltung Baden-Württemberg, Jg. 29, H. 12, S. 332–335.

Kurtz u. a. 2010 = Kurtz, T./Watermann, R./Klingebiel, F./Szczesny, M. (2010): Das emotionale Erleben des bevorstehenden Grundschulübergangs und die Rolle der elterlichen Unterstützung. In: Maaz, K./Baumert, J./Gresch, C./McElvany, N. (Hrsg.) (2010): Der Übergang von der Grundschule in die weiterführende Schule. Leistungsgerechtigkeit und regionale, soziale und ethnisch-kulturelle Disparitäten. – Berlin: Bundesministerium für Bildung und Forschung (BMBF), S. 331–354.

Küspert, P./Schneider, W. (2006): Hören, lauschen, lernen. Sprachspiele für Vorschulkinder. – Würzburger Trainingsprogramm zur Vorbereitung auf den Erwerb der Schriftsprache. – Göttingen: Vandenhoeck & Ruprecht.

Kutrovátz, K. (2017): Parental time from the perspective of time pressure: The idea of intensive parenting. In: Szociologiai Szemle, Vol. 27, No. 4, pp. 20–39.

Landesregierung Rheinland-Pfalz (o. J.): Schulbildung. Make-it-in Rheinland-Pfalz. – URL: https://make-it-in.rlp.de/leben-in-rheinland-pfalz/familie/schulbildung. – Aufruf vom 28.10.2024.

Lazarides u. a. 2016 = Lazarides, R./Viljaranta, J./Aunola, K./Pesu, L./Nurmi, J.-E. (2016): The role of parental expectations and students' motivational profiles for educational aspirations. In: Learning and Individual Differences, Vol. 51, No. 51, pp. 29–36. – https://doi.org/10.1016/j.lindif.2016.08.024.

LeMoyne, T./Buchanan, T. (2011): Does "hovering" matter? Helicopter parenting and its effect on well-being. In: Sociological Spectrum, Vol. 31, No. 4, pp. 399–418. – https://doi.org/10.1080/02732173.2011.574038.

Lempert, W. (1974): Berufliche Bildung als Beitrag zur gesellschaftlichen Demokratisierung. Vorstudien für eine politisch reflektierte Berufspädagogik, Schriftenreihe Edition Suhrkamp, Nr. 699. – Frankfurt a. M.: Suhrkamp.

Leslie u. a. 2021 = Leslie, B./Anderson, C./Bickham, C./Horman, J./Overly, A./Gentry, C./Callahan, C./King, J. (2021): Generation Z perceptions of a positive workplace environment. In: Employee Responsibilities & Rights Journal, Vol. 33, No. 3, pp. 171–187. – https://doi.org/10.1007/s10672-021-09366-2.

Lewalter u. a. 2023 = Lewalter, D./Diedrich, J./Goldhammer, F./Köller, O./Reiss, K. (Hrsg.) (2023): PISA 2022: Analyse der Bildungsergebnisse in Deutschland. – Münster: Waxmann. – https://doi.org/10.31244/9783830998488.

Liss u. a. 2013 = Liss, M./Schiffrin, H./Mackintosh, V./Miles-McLean, H./Erchull, M. (2013): Development and validation of a quantitative measure of intensive parenting attitudes. In: Journal of Child & Family Studies, Vol. 22, No. 5, pp. 621–636. – https://doi.org/10.1007/s10826-012-9616-y.

Lorenz, R./Goldhammer, F./Glondys, M. (2023): Digitalisierung in der Grundschule. In: McElvany, N./Lorenz, R./Frey, A./Goldhammer, F./Schilcher, A./Stubbe, T. C. (Hrsg.) (2023): IGLU 2021. Lesekompetenz von Grundschulkindern im internationalen Vergleich und im Trend über 20 Jahre. – Münster: Waxmann.

Lorenz u. a. 2024a = Lorenz, R./Becher, L./Kleinkorres, R./Ludewig, U./Schaufelberger, R./McElvany, N. (2024a): Schulische Ressourcen und Prioritäten. Kurzbericht auf Basis der repräsentativen Internationalen Grundschul-Lese-Untersuchung (IGLU). – URL: https://ifs.ep.tu-dortmund.de/storages/ifs-ep/r/Download_Praxisportal/Kurzbericht_TfE07_Ressourcen_Prioritaeten.pdf. – Download vom 28.10.2024.

Lorenz u. a. 2024b = Lorenz, R./Becher, L./Kleinkorres, R./Ludewig, U./Schaufelberger, R./McElvany, N. (2024b): Sprachenvielfalt von Grundschulkindern und ihre Leseförderung. Kurzbericht auf Basis der repräsentativen Internationalen Grundschul-Lese-Untersuchung (IGLU). – URL: https://ifs.ep.tu-dortmund.de/storages/ifs-ep/r/Download_Praxisportal/Kurzbericht_TfE09_Sprachenvielfalt.pdf. – Download vom 28.10.2024.

Löwigt, A./Wieland, C. (2024): Gezielte Förderung an den beruflichen Schulen. Bedarfsorientierte Budgetierung der Landeshauptstadt München. In: VLB Akzente, Bd. 33, H. 10, S. 12–13.

Lüdemann, E. (2011): Intended and Unintended Short-run Effects of the Introduction of Central Exit Exams: Evidence from Germany. In: Lüdemann, E.: Schooling and the Formation of Cognitive and Non-Cognitive Outcomes. Ifo Beiträge zur Wirtschaftsforschung 39. – München: Ifo Institut, pp. 62–95.

Ludewig u. a. 2022 = Ludewig, U./Kleinkorres, R./Schaufelberger, R./Schlitter, T./Lorenz, R./König, C./Frey, A./McElvany, N. (2022): COVID-19 Pandemic and Student Reading Achievement: Findings From a School Panel Study. In: Frontiers in Psychology, Vol. 13, pp. 1–15. – https://doi.org/10.3389/fpsyg.2022.876485.

Ludewig u. a. 2023 = Ludewig, U./Becher, L./Kleinkorres, R./Lorenz, R./Schaufelberger, R./McElvany, N. (2023): Tuesdays for Education – Was können wir für das deutsche Bildungssystem von anderen Ländern lernen? Kurzbericht auf Basis der repräsentativen Internationalen Grundschul-Lese-Untersuchung (IGLU). – URL: https://ifs.ep.tu-dortmund.de/storages/ifs-ep/r/Download_Praxisportal/TfE_Volume_1_Sitzung_2_Kurzbericht_aus-Laendervergleichen-lernen.pdf. – Download vom 09.01.2025

Ludewig u. a. 2024 = Ludewig, U./Becher, L./Müller, A./McElvany, N. (2024): IGLU 2021. Kompakt. Studienergebnisse, effektive Leseförderung und Umsetzung in die schulische Praxis. – Münster: Waxmann. – https://doi.org/10.31244/9783830998143.

Luhmann, N. (1993): Das Recht der Gesellschaft. – Frankfurt a. M.: Suhrkamp.

Lüssenhop, M./Kaiser, G. (2021): Numeralität im Wandel der Zeiten. In: Zeitschrift für Pädagogik, 67. Beiheft, S. 36–52. – https://doi.org/10.3262/ZPB2101036.

Luther, M. (1983): Schriften, Bd. 2. – Berlin/Boston, MA: Suhrkamp.

Ma u. a. 2016 = Ma, X./Shen, J./Krenn, H. Y./Hu, S./Yuan, J. (2016): A meta-analysis of the relationship between learning outcomes and parental involvement during early childhood education and early elementary education. In: Educational Psychology Review, Vol. 28, No. 4, pp. 771–801. – https://doi.org/10.1007/s10648-015-9351-1.

Maag Merki, K. (2010): Theoretische und empirische Analysen der Effektivität von Bildungsstandards, standardbezogenen Lernstandserhebungen und zentralen Abschlussprüfungen. In: Altrichter, H./Maag Merki, K. (Hrsg.) (2010): Handbuch Neue Steuerung im Schulsystem. – Wiesbaden: Springer VS, S. 145–169. – https://doi.org/10.1007/978-3-531-92245-4_6.

Maier u. a. 2022 = Maier, T./Kalinowski, M./Zika, G./Schneemann, C./Mönnig, A./Wolter, M. I. (2022): Es wird knapp: Ergebnisse der siebten Welle der BIBB-IAB-Qualifikations- und -Berufsfeldprojektionen bis zum Jahr 2040. BIBB Report 3/2022. – Bonn: Bundesinstitut für Berufsbildung (BIBB).

Mang u. a. 2023 = Mang, J./Müller, K./Lewalter, D./Kastorff, T./Müller, L./Ziernwald, L./Tupac-Yupanqui, A./Heine, J.-H./Köller, O. (2023): Herkunftsbezogene Ungleichheiten im Kompetenzerwerb. In: Lewalter, D./Diedrich, J./Goldhammer, F./Köller, O./Reiss, K. (Hrsg.): PISA 2022: Analyse der Bildungsergebnisse in Deutschland. – Münster: Waxmann, S. 163–197. – https://doi.org/10.31244/9783830998488.

Mannheim, K. (1928): Das Problem der Generationen. In: Kölner Vierteljahreshefte für Soziologie, H. 7, S. 157–185.

Maralani, V./Stabler, S. (2018): Intensive parenting: Fertility and breastfeeding duration in the United States. In: Demography, Vol. 55, No. 5, pp. 1681–1704. – https://doi.org/10.1007/s13524-018-0710-7.

Markus, H. R./Kitayama, S. (1991): Culture and the self: Implications for cognition, emotion, and motivation. In: Psychological Review, Vol. 98, pp. 224–253. – https://doi.org/10.1037/0033-295X.98.2.224.

Marsh u. a. 2023 = Marsh, H. W./Pekrun, R./Guo, J./Hattie, J./Karin, E. (2023): Too much of a good thing might be bad: The double-edged sword of parental aspirations and the adverse effects of aspiration-expectation gaps. In: Educational Psychology Review, Vol. 35, No. 2. – https://doi.org/10.1007/s10648-023-09768-8.

McElvany, N. (2024): Lehr- und Lernerfolg am Ende der Grundschule. In: Götz, M. (Hrsg.) (2024): Handbuch Grundschulpädagogik und -didaktik. – 5. Aufl. – Stuttgart: utb, S. 80–89.

McElvany u. a. 2023 = McElvany, N./Lorenz, R./Frey, A./Goldhammer, F./Schilcher, A./Stubbe, T. C. (Hrsg.) (2023): IGLU 2021. Lesekompetenz von Grundschulkindern im internationalen Vergleich und im Trend über 20 Jahre. – Münster: Waxmann. – https://doi.org/10.31244/9783830997009.

Mead, G. H. (2010): Geist, Identität und Gesellschaft aus der Sicht des Sozialbehaviorismus. – Frankfurt a. M.: Suhrkamp.

Melhuish u. a. 2015 = Melhuish, E. C./Ereky-Stevens, K./Petrogiannis, K./Ariescu, A./Penderi, E./Rentzou, K./Tawell, A./Slot, P./Broekhuizen, M./Leseman, P. (2015): A review of research on the effects of Early Childhood Education and Care (ECEC) upon child development. – CARE project. Curriculum Quality Analysis and Impact Review of European Early Childhood Education and Care (ECEC). Technical Report. – European Commission. – URL: https://ecec-care.org/fileadmin/careproject/Publications/reports/new_version_CARE_WP4_D4_1_Review_on_the_effects_of_ECEC.pdf. – Download vom 15.01.2025.

Ministerium der Justiz Saarland (1996): Gesetz Nr. 812 zur Ordnung des Schulwesens im Saarland vom 5. Mai 1965. – URL: https://recht.saarland.de/bssl/document/jlr-SchulOGSLrahmen. – Aufruf vom 11.06.2024.

Ministerium für Arbeit und Sozialordnung, Familie, Frauen und Senioren Baden-Württemberg (Hrsg.) (2012): Übergänge im Kindes- und Jugendalter begleiten. Eine Handreichung für Eltern sowie pädagogische Fach- und Lehrkräfte in Kindertagesstätten, Familienbildung und Schulen. – Stuttgart.

Ministerium für Kinder, Jugend, Familie, Gleichstellung, Flucht und Integration des Landes Nordrhein-Westfalen (o. J.): Bildung und Teilhabepaket. Familienportal. – URL: https://familienportal.nrw/bildungs-und-teilhabepaket. – Aufruf vom 12.06.2024.

Ministerium für Schule und Bildung des Landes Nordrhein-Westfalen (o. J.): Bildungsland NRW: Lernen in der Grundschule. – URL: https://www.schulministerium.nrw/lernen-der-grundschule. – Aufruf vom 12.06.2024.

Mirbach, H. (2002): Berufsschulpflicht für Volljährige – verfassungswidrig? In: Recht der Jugend und des Bildungswesens, Jg. 50, H. 4, S. 434–453.

Mischel u. a. 2011 = Mischel, W./Ayduk, O./Berman, M./Casey, B./Gotlib, I./Jonides, J./Kross, E./Teslovich, T./Wilson, N./Zayas, V./Shoda, Y. (2011): "Willpower" over the life span: decomposing self-regulation. In: Social Cognitive and Affective Neuroscience, Vol. 6, No. 2, pp. 252–256. – https://doi.org/10.1093/scan/nsq081.

Moffett, L./Flannagan, C./Shah, P. (2020): The influence of environmental reliability in the Marshmallow Task: An extension study. In: Journal of Experimental Child Psychology, Vol. 194, No. 104821. – https://doi.org/10.1016/j.jecp.2020.104821.

Moffett u. a. 2011 = Moffitt, T. E./Arseneault, L./Belsky, D./Dickson, N./Hancox, R. J./Harrington, H./Houts, R./Poulton, R./Roberts, B. W./Ross, S./Sears, M. R./Thomson, W. M./Caspi, A. (2011): A gradient of childhood self-control predicts health, wealth, and public safety. In: PNAS Proceedings of the National Academy of Sciences of the United States of America, Vol. 108, No. 7, pp. 2693–2698. – https://doi.org/10.1073/pnas.1010076108.

Molenaar, I. (2022): Towards hybrid human-AI learning technologies. In: European Journal of Education, Vol. 57, No. 4, pp. 632–645. – https://doi.org/10.1111/ejed.12527.

Müller, A. (2023): Employer Branding und Personalmarketing. In: Werkmann-Karcher, B./Müller, A./Zbinden, T. (Hrsg.) (2023): Personalpsychologie für das Human Resource Management. – Berlin: Springer, S. 75–88. – https://doi.org/10.1007/978-3-662-65308-1_5.

Müller, H.-R./Jäde, S./Kairies, C. (2023): Familienerziehung im Generationenvergleich. Befunde einer qualitativen Studie in Ost- und Westdeutschland. In: Zeitschrift für Soziologie der Erziehung & Sozialisation, Bd. 43, H. 4, S. 408–424. – https://doi.org/10.3262/ZSE2304408.

Müller-Benedict, V./Gaens, T. (2020): A new explanation for grade inflation: the long-term development of German university grades. In: European Journal of Higher Education, Vol. 10, No. 2, pp. 181–201. – https://doi.org/10.1080/21568235.2020.1718516.

Musendo u. a. 2023 = Musendo, D. J./Scherer, N./Jepkosgei, J./Maweu, L./Mupiwa, A./Hara, O./Polack, S./Patel, D. (2023): A systematic review of interventions promoting parental involvement in the education of school-aged children with disabilities. In: Australasian Journal of Special and Inclusive Education, Vol. 47, No. 2, pp. 123–139. – https://doi.org/10.1017/jsi.2023.11.

National Education Systems (2023): Eurydice. – URL: https://eurydice.eacea.ec.europa.eu/. – Aufruf vom 18.02.2025.

Nauck, B./Schnoor, B./Lotter, V. (2017): Parental investments and socialization practices in native, Turkish, and Vietnamese families in Germany. In: Zeitschrift für Soziologie der Erziehung und Sozialisation, Bd. 37, H. 3, S. 270–289.

Neugebauer, U./Becker-Mrotzek, M. (2013): Die Qualität von Sprachstandverfahren im Elementarbereich. Eine Analyse und Bewertung. – Köln: Mercator Institut.

Neumeyer u. a. 2022 = Neumeyer, S./Olczyk, M./Schmaus, M./Will, G. (2022): Reducing or widening the gap? How the educational aspirations and expectations of Turkish and majority families develop during lower secondary education in Germany. In: Kölner Zeitschrift für Soziologie und Sozialpsychologie, Bd. 74, H. 2, S. 259–285. – https://doi.org/10.1007/s11577-022-00844-5.

Niedersächsisches Kultusministerium (o. J.): Die Eingangsstufe. – URL: https://www.mk.niedersachsen.de/startseite/schule/unsere_schulen/allgemein_bildende_schulen/grundschule/die_eingangsstufe/die-eingangsstufe-6230.html. – Aufruf vom 26.03.2024.

Nittel, D./Schütz, J./Tippelt, R. (2014): Pädagogische Arbeit im System des lebenslangen Lernens: Ergebnisse komparativer Berufsgruppenforschung. – Weinheim/Basel: Beltz Juventa.

Nittel, D./Tippelt, R. (2019): Pädagogische Organisationen im System des Lebenslangen Lernens. Die LOEB-Studie. – Wiesbaden: wbv. – https://doi.org/10.3278/6004594w.

Nuissl, E. (2023): Professionalität. In: Arnold, R./Nuissl, E./Schrader, J. (Hrsg.) (2023): Wörterbuch Erwachsenen- und Weiterbildung. – 3. Aufl. – Bad Heilbrunn: Klinkhardt, S. 343–345. – https://doi.org/10.35468/wbeb2022-232.

Nunner-Winkler, G. (2009): Prozesse moralischen Lernens und Entlernens. In: Zeitschrift für Pädagogik, Bd. 55, H. 4, S. 528–547.

OECD 2019 = Organisation for Economic Co-operation and Development (2019): TALIS 2018 Results. Volume I: Teachers and School Leaders as Lifelong Learners. – Paris: OECD Publishing.

OECD 2020 = Organisation for Economic Co-operation and Development (2020): TALIS 2018 Results. Volume II: Teachers and School Leaders as Valued Professionals. – Paris: OECD Publishing.

OECD 2023a = Organisation for Economic Co-operation and Development (2023a): PISA 2022 Results (Volume I): The State of Learning and Equity in Education. – Paris: OECD Publishing.

OECD 2023b = Organisation for Economic Co-operation and Development (2023b): PISA 2022 Results (Volume II): Learning During – and From – Disruption. – Paris: OECD Publishing. – https://doi.org/10.1787/a97db61c-en.

OECD 2024a = Organisation for Economic Co-operation and Development (2024a): PISA Vocational Education and Training (VET). Assessment and Analytical Framework (PISA). – Paris: OECD Publishing. – https://doi.org/10.1787/b0d5aaf9-en.

OECD 2024b = Organisation for Economic Co-operation and Development (2024b): Beyond COVID-19: Evaluating Post-Pandemic Education Policies and Combatting Student Absenteeism. Education Policy Perspectives. No. 101. – Paris: OECD.

Oeynhausen u. a. 2023 = Oeynhausen, S./Christ, A./Schuß, E./Milde, B./Granath, R.-O. (2023): Die Entwicklung des Ausbildungsmarktes im Jahr 2023. Analysen auf Basis der BIBB-Erhebung über neu abgeschlossene Ausbildungsverträge und der Ausbildungsmarktstatistik der Bundesagentur für Arbeit zum Stichtag 30. September. Fassung vom 13.12.2023. – Bonn: Bundesinstitut für Berufsbildung.

Osikominu, A./Pfeifer, G./Strohmaier, K. (2021): The effects of free secondary school track choice: A disaggregated synthetic control approach. Ifo Leibniz-Institut für Wirtschaftsforschung München, Ifo Working Papers 8879. – URL: https://www.cesifo.org/en/publications/2021/working-paper/effects-free-secondary-school-track-choice-disaggregated-synthetic. – Aufruf vom 20.09.2024.

Ostermeier u. a. 2004 = Ostermeier, C./Carstensen, C. H./Prenzel, M./Geiser, H. (2004): Kooperative unterrichtsbezogene Qualitätsentwicklung in Netzwerken: Ausgangsbedingungen für die Implementation im BLK-Modellversuchsprogramm SINUS. In: Unterrichtswissenschaft, Bd. 32, H. 3, S. 215–237.

Öztürk, H. (2023): Migration. In: Arnold, R./Nuissl, E./Schrader, J. (Hrsg.) (2023): Wörterbuch Erwachsenen- und Weiterbildung. – 3. Aufl. – Bad Heilbrunn: Klinkhardt, S. 294–298. – https://doi.org/10.35468/wbeb2022-199.

Paleczek, L. (2020): Response to Intervention im inklusiven Leseunterricht. In: Paleczek, L./Seifert, S. (Hrsg.) (2020): Inklusiver Leseunterricht – Wiesbaden: Springer VS, S. 151–171. – https://doi.org/10.1007/978-3-658-24221-3_7.

Pallack, A./Hofe, R. vom/Salle, A. (2013): Individuelle Förderung im Mathematikunterricht: So geht's. In: Ministerium für Schule und Weiterbildung des Landes Nordrhein-Westfalen (Hrsg.) (2013): SINUS.NRW – Impulse für einen kompetenzorientierten Mathematikunterricht. Handreichung. – Erftstadt: Ritterbach Verlag, S. 31–44.

Pape, N. (2021): Literalität und Teilhabe von Erwachsenen mit geringen Lese- und Schreibkenntnissen aus einer Habitus- und Milieuperspektive. In: Zeitschrift für Pädagogik, 67. Beiheft, S. 53–67. – https://doi.org/10.3262/ZPB2101053.

Pätzold, G. (Hrsg.) (1992): Handlungsorientierung in der beruflichen Bildung. – Frankfurt a. M.: Verlag der Gesellschaft zur Förderung arbeitsorientierter Forschung und Bildung.

Pendon, G. P. (2016): Are fines an effective sanction? In: International Journal of Management & Social Sciences, Vol. 3, No. 3, pp. 387–397. – https://doi.org/10.21013/jmss.v3.n3.p2.

Petermann u. a. 2009 = Petermann, F./Oldenhage, M./Simon, K./Daseking, M./Trost-Brinkhues, G. (2009): Entwicklung und Normierung des Einschulungsscreenings SOPESS. In: Das Gesundheitswesen, H. 71, Nr. 10, S. 648–655. – https://doi.org/10.1055/s-0029-1239511.

Pianta, R. C./Hamre, B. K. (2009): Conceptualization, measurement, and improvement of classroom processes. Standardized observation can leverage capacity. In: Educational Researcher, Vol. 38, No. 2, pp. 109–119. – https://doi.org/10.3102/0013189X09332374.

Picht, G. (1964): Die deutsche Bildungskatastrophe. Analyse und Dokumentation. – Olten/Freiburg i. Br.: Walter.

Pinquart, M./Ebeling, M. (2020): Parental educational expectations and academic achievement in children and adolescents – A meta-analysis. In: Educational Psychology Review, Vol. 32, No. 2, pp. 463–480. – https://doi.org/10.1007/s10648-019-09506-z.

Pit-ten Cate u. a. 2020 = Pit-ten Cate, I. M./Hörstermann, T./Krolak-Schwerdt, S./Gräsel, C./Böhmer, I./Glock, S. (2020): Teachers' information processing and judgement accuracy: Effects of information consistency and accountability. In: European Journal of Psychology of Education, Vol. 35, No. 3, pp. 675–702. – https://doi.org/10.1007/s10212-019-00436-6.

Poetzsch-Heffter, A./Wehn, N. (2018): Humboldt 2.0. Über die Rolle Innovativer Universitäten im deutschen Wissenschaftssystem. In: Dittler, U./Kreidl, C. (Hrsg.) (2018): Research – Hochschule der Zukunft. Beiträge zur zukunftsorientierten Gestaltung von Hochschulen. – Wiesbaden/Heidelberg: Springer VS, S. 63–80. – https://doi.org/10.1007/978-3-658-20403-7_4.

Prenzel, M. (1997): Sechs Möglichkeiten, Lernende zu demotivieren. In: Gruber, H./Renk, A. (Hrsg.) (1997): Wege zum Können. Determinanten des Kompetenzerwerbs. – Bern: Huber, S. 32–44.

Prenzel, M. (2017): Nehmen wir die Medizin als Ansporn. Ein Gastbeitrag via Blog von Jan-Martin Wiarda. – URL: https://www.jmwiarda.de/2017/05/04/gastbeitrag-nehmen-wir-die-medizin-als-ansporn/. – Aufruf vom 25.09.2024.

Prenzel, M./Friedrich, A./Stadler, M. (Hrsg.) (2009): Von SINUS lernen: Wie Unterrichtsentwicklung gelingt. – Hannover: Kallmeyer.

Prenzel u. a. 2004 = Prenzel, M./Baumert, J./Blum, W./Lehmann, R./Leutner, D./Neubrand, M./Pekrun, R./Rolff, H.-G./Rost, J./Schiefele, U. (Hrsg.) (2004): PISA 2003. Der Bildungsstand der Jugendlichen in Deutschland – Ergebnisse des zweiten internationalen Vergleichs. – Münster: Waxmann.

Prenzel u. a. 2005 = Prenzel, M./Carstensen, C. H./Senkbeil, M./Ostermeier, C./Seidel, T. (2005): Wie schneiden SINUS-Schulen bei PISA ab? Ergebnisse der Evaluation eines Modellversuchsprogramms. In: Zeitschrift für Erziehungswissenschaft, Bd. 8, H. 4, S. 487–501. – https://doi.org/10.1007/s11618-005-0158-6.

Prenzel u. a. 2007 = Prenzel, M./Artelt, C./Baumert, J./Blum, W./Hammann, M./Klieme, E./Pekrun, R. (Hrsg.) (2007): PISA 2006. Die Ergebnisse der dritten internationalen Vergleichsstudie. – Münster: Waxmann.

Prenzel u. a. 2013 = Prenzel, M./Sälzer, C./Klieme, E./Köller, O. (Hrsg.) (2013): PISA 2012: Fortschritte und Herausforderungen in Deutschland. – Münster: Waxmann.

Pufendorf, S. (1672): De iure naturae et gentium. – Londini Scanorum: Junghans Haberegger.

Rachbauer, T./Hanke, U. (2022): Hybride, blended synchronous und Hyflex-Lehre – Chancen, Risiken und Gelingensbedingungen. In: Zeitschrift für Hochschulentwicklung, Jg. 17, Nr. 2, S. 433–460. – https://doi.org/10.3217/zfhe-17-02/03.

Rackles, M. (2023): Lehrkräftearbeitszeit in Deutschland – Veränderungsdruck und Handlungsempfehlungen. – URL: https://www.telekom-stiftung.de/sites/default/files/files/Lehrkraeftearbeitszeit-Expertise.pdf. – Download vom 23.09.2024.

Raffaele, C./Rediger, P. (2021): Die Partizipation Studierender als Kriterium der Qualitätssicherung in Studium und Lehre. – Institut für Hochschulforschung Halle-Wittenberg (HoF), Arbeitsbericht 117. – URL: https://www.hof.uni-halle.de/web/dateien/pdf/ab_117.pdf. – Download vom 28.02.2024.

Rammstedt, B./Gauly, B./Zabal, A. (2021): Adult Literacy and Weak Readers in PIAAC Cycle 1. In: Zeitschrift für Pädagogik, 67. Beiheft, S. 88–108. – https://doi.org/10.3262/ZPB2101088.

Ratzka u. a. 2005 = Ratzka, N./Lipowsky, F./Krammer, K./Pauli, C. (2005): Lernen mit Unterrichtsvideos. Ein Fortbildungskonzept zur Entwicklung von Unterrichtsqualität. In: PÄDAGOGIK, Bd. 5, S. 30–33.

Reckwitz, A. (2017): Die Gesellschaft der Singularitäten: zum Strukturwandel der Moderne. – 6. Aufl. – Frankfurt a. M.: Suhrkamp. – https://doi.org/10.1007/978-3-658-21050-2_2.

Reichert, S. (2010): The intended and unintended effects of the Bologna reforms. In: Higher Education Management and Policy, Vol. 22, No. 1, pp. 1–20. – https://doi.org/10.1787/hemp-v22-art6-en.

Reinmann, G. (2022): Präsenz-, Online- oder Hybrid-Lehre? Auf dem Weg zum post-pandemischen „Teaching as Design“. In: Egger, R./Witzel, S. (Hrsg.) (2022): Doing Higher Education: Hybrid, flexibel und vernetzt? Möglichkeiten, Bedingungen und Grenzen von digitalen Lernumgebungen in der wissenschaftlichen Weiterbildung. – Wiesbaden/Heidelberg: Springer VS, S. 1–16. – https://doi.org/10.1007/978-3-658-37204-0_1.

Reiss u. a. 2016 = Reiss, K./Sälzer, C./Schiepe-Tiska, A./Klieme, E./Köller, M. (Hrsg.) (2016): PISA 2015. Eine Studie zwischen Kontinuität und Innovation. – Münster: Waxmann.

Reiss u. a. 2019 = Reiss, K./Weis, M./Klieme, E./Köller, M. (Hrsg.) (2019): PISA 2018. Grundbildung im internationalen Vergleich. – Münster: Waxmann. – https://doi.org/10.31244/9783830991007.

Reynolds u. a. 2022 = Reynolds, K. A./Wry, E./Mullis, I. V. S./Davier, M. von (Eds.) (2022): PIRLS 2021 Encyclopedia: Education Policy and Curriculum in Reading. – Boston College, TIMSS & PIRLS International Study Center. – URL: https://pirls2021.org/encyclopedia. – Aufruf vom 16.01.2025.

Rheinländer, K. (2015): Von der Bedeutung und der Möglichkeit einer ungleichheitssensiblen Hochschullehre. In: Rheinländer, K. (Hrsg.) (2015): Ungleichheitssensible Hochschullehre. Positionen, Voraussetzungen, Perspektiven. – Wiesbaden: Springer VS, S. 47–70. – https://doi.org/10.1007/978-3-658-09477-5.

Ricking, H. (2023): Jeder Schultag zählt. Praxishandbuch für die Schule zur Prävention und Intervention von Absentismus. – 2. Aufl. – Hamburg: Joachim Herz Stiftung.

Riesman, D. (1950): The lonely crowd: A study of the changing American character. – New Haven, CT: Yale University Press.

Robert Bosch Stiftung (2023): Das Deutsche Schulbarometer. Aktuelle Herausforderungen aus Sicht von Schulleitungen. Ergebnisse einer Befragung von Schulleitungen allgemein- und berufsbildender Schulen. – Stuttgart.

Robert Bosch Stiftung (2024): Deutsches Schulbarometer: Befragung Lehrkräfte. Ergebnisse zur aktuellen Lage an allgemein- und berufsbildenden Schulen. – Stuttgart.

Röbken, H./Overberg, J. (2021): Ein systematisches Review zur Systemakkreditierung in Deutschland: Publikationen, Diskurse und Befunde. In: Qualität in der Wissenschaft, Jg. 15, Nr. 2, S. 49–55.

Rogge, J./Koglin, U. (2018): Schulschwänzen, Schulverweigerung und Zurückhalten durch Eltern. In: Ricking, H./Speck, K. (Hrsg.) (2018): Schulabsentismus und Eltern. – Wiesbaden: Springer Fachmedien, S. 49–69. – https://doi.org/10.1007/978-3-658-18585-5_4.

Rönnau-Böse u. a. 2023 = Rönnau-Böse, M./Anders, Y./Fröhlich-Gildhoff, K./Blaurock, S./Burghardt, L./Hausladen, K./Limberger, J./Lorenzen, A./Pasquale, D./Pult, G./Oppermann, E./Wolf, K. (2023): Methodenbericht zum Abschlussbericht der Wirkungsstudie. – URL: http://www.zfkj.de/images/Wirkungsstudie_KiQuTG_Methodenbericht_2023.pdf. – Download vom 13.01.2025.

Rönne, L. (1915): Staatsrecht der preußischen Monarchie. – 5. Aufl., bearb. von Philipp Dorn. – Bd. 3, Teil 2, S. 265.

Roos, J./Polotzek, S./Schöler, H. (Hrsg.) (2010): EVAS – Evaluationsstudie zur Sprachförderung von Vorschulkindern: Abschlussbericht. Unmittelbare und längerfristige Wirkungen von Sprachförderungen in Mannheim und Heidelberg. – Heidelberg: Pädagogische Hochschule. – URL: https://www.sagmalwas-bw.de/fileadmin/Mediendatenbank_DE/Sag_Mal_Was/Dokumente/EVAS_Abschlussbericht_mit-Anhang_und_Vorspann_und_Danksagung_21-04-2010.pdf. – Download vom 13.01.2025.

Rosenbusch, H. S. (1994): Lehrer und Schulräte: Ein strukturell gestörtes Verhältnis. Berichte und organisationspädagogische Alternativen zur traditionellen Schulaufsicht. – Bad Heilbrunn: Klinkhardt.

Roßbach, H. G. (2005): Effekte qualitativ guter Betreuung, Bildung und Erziehung im frühen Kindesalter auf Kinder und ihre Familien. In: Ahnert, L./Roßbach, H. G. (Hrsg.) (2005): Bildung, Betreuung und Erziehung von Kindern unter sechs Jahren. – München: Jugenddienst-Verlag, S. 55–174.

Roßbach, H.-G./Sechtig, J./Freundt, U. (2010): Empirische Evaluation des Modellversuchs „Kindergarten der Zukunft in Bayern – KiDZ": Ergebnisse der Kindergartenphase. – Bamberg: University of Bamberg Press.

Roßbach u. a. 2012 = Roßbach, H.-G./Freundt, U./Sechtig, J./Anders, Y. (2012): Das Modellprojekt „KiDZ – Kindergarten der Zukunft in Bayern". Kernelemente, zentrale Ergebnisse der Evaluation und Impulse für die Gestaltung des Übergangs vom Kindergarten in die Grundschule. In: Pohlmann-Rother, S./Franz, U. (Hrsg.) (2012): Kooperation von KiTa und Grundschule. Eine Herausforderung für das pädagogische Personal. – Köln: Carl Link, S. 174–188.

Rother, W. (2016): Hedonisierung der Lebenskonzepte. – München (Manuskript).

Rotter, J. B. (1966): Generalized expectancies for internal versus external control of reinforcement. In: Psychological Monographs: General and Applied, Vol. 80, No. 1. – https://doi.org/10.1037/h0092976.

Ruberg, T./Rothweiler, M. (2012): Spracherwerb und Sprachförderung in der KiTa. – Stuttgart: Kohlhammer. – https://doi.org/10.17433/978-3-17-023506-9.

Ruckdeschel, K. (2024): Ready for parenthood? On intensive parenting ideals and fertility. In: Journal of Family Issues, No. 45, Vol. 12, pp. 2985–3008. – https://doi.org/10.1177/0192513x241227872.

Rudolphi, F./Salikutluk, Z. (2021): Aiming high, no matter what?: Educational aspirations of ethnic minority and ethnic majority youth in England, Germany, the Netherlands and Sweden. In: Comparative Sociology, Vol. 20, No. 1, pp. 70–100. – https://doi.org/10.1163/15691330-BJA10025.

Rürup, M. (2020): Schulrätin – Schulverwaltung – Schulhoheit. Einige begriffliche Differenzierungen zum Untersuchungsgegenstand „Schulaufsicht". In: Klein, E. D./Bremm, N. (Hrsg.) (2020): Unterstützung – Kooperation – Kontrolle. Zum Verhältnis von Schulaufsicht und Schulleitung in der Schulentwicklung. Educational Governance. – Wiesbaden: Springer Fachmedien, S. 15–44. – https://doi.org/10.1007/978-3-658-28177-9_2.

Ryan, R. M./Deci, E. L. (2002): Overview of self-determination theory: An organismic dialectical perspective. In: Handbook of self-determination research, Vol. 2, No. 36, pp. 3–33.

Ryan, R. M./Deci, E. L. (2020): Intrinsic and extrinsic motivation from a self-determination theory perspective: Definitions, theory, practices, and future directions. In: Contemporary Educational Psychology, Vol. 61, No. 101860. – https://doi.org/10.1016/j.cedpsych.2020.101860.

Sachse u. a. 2012 = Sachse, S./Budde, N./Rinker, T./Groth, K. (2012): Evaluation einer Sprachfördermaßnahme für Vorschulkinder. In: Frühe Bildung, H. 1, Nr. 4, S. 194–201. – https://doi.org/10.1026/2191-9186/a000062.

Sächsisches Staatsministerium für Kultus (o. J.): Schuleingangsphase. – URL: https://www.schule.sachsen.de/schuleingangsphase-4016.html. – Aufruf vom 26.03.2024.

Sander, W. (2023): Politische Bildung. In: Arnold, R./Nuissl, E./Schrader, J. (Hrsg.) (2023): Wörterbuch Erwachsenen- und Weiterbildung. – 3. Aufl. – Bad Heilbrunn: Klinkhardt, S. 287–289.

Scheerens, J. (2000): Improving school effectiveness. – Paris: UNESCO International Institute for Educational Planning.

Scheibling, C./Milkie, M. A. (2023): Shifting toward intensive parenting culture? A comparative analysis of top mommy blogs and dad blogs. In: Family Relations, Vol. 72, No. 2, pp. 495–514. – https://doi.org/10.1111/fare.12824.

Schels, B. (2016): NEET und sozial benachteiligte junge Menschen im Übergang in das Erwerbsleben: Konzepte, Befunde, Diskussionen. In: Lange, A./Steiner, C./Schutter, S./Reiter, H. (Hrsg.) (2016): Handbuch Kindheits- und Jugendsoziologie. – Wiesbaden: Springer Fachmedien, S. 1–12. – https://doi.org/10.1007/978-3-658-05676-6_14-1.

Schiepe-Tiska u. a. 2023 = Schiepe-Tiska, A./Heinle, A./Todtenhöer, P./Heine, J.-H./Reinhold, F./Krauss, S./Holzberger, D./Lewalter, D./Reiss, K. (2023): Wie sieht der aktuelle Mathematikunterricht in Deutschland aus? In: Lewalter, D./Diedrich, J./Goldhammer, F./Köller, O./ Reiss, K. (Hrsg.): PISA 2022: Analyse der Bildungsergebnisse in Deutschland – Münster: Waxmann, S. 199–235. – https://doi.org/10.31244/9783830998488.

Schiersmann, C. (2023): Beratung im Kontext lebenslangen Lernens. In Arnold, R./Nuissl, E./Schrader, J. (Hrsg.) (2023): Wörterbuch Erwachsenen- und Weiterbildung. – 3. Aufl. – Bad Heilbrunn: Klinkhardt, S. 44–46. – https://doi.org/10.35468/wbeb2022-027.

Schiffrin u. a. 2015 = Schiffrin, H./Godfrey, H./Liss, M./Erchull, M. (2015): Intensive parenting: Does it have the desired impact on child outcomes? In: Journal of Child & Family Studies, Vol. 24, No. 8, pp. 2322–2331. – https://doi.org/10.1007/s10826-014-0035-0.

Schiffrin u. a. 2021 = Schiffrin, H. H./Batte-Futrell, M. L./Boigegrain, N. M./Cao, C. N./Whitesell, E. R. (2021): Relationships between helicopter parenting, psychological needs satisfaction, and prosocial behaviors in emerging adults. In: Journal of Child & Family Studies, Vol. 30, No. 4, pp. 966–977. – https://doi.org/10.1007/s10826-021-01925-3.

Schilcher, A./Glondys, M./Wild, J. (2023): Leseunterricht in den Grundschulen in Deutschland. In: McElvany, N./Lorenz, R./Frey, A./Goldhammer, F./Schilcher, A./Stubbe, T. C. (Hrsg.) (2023): IGLU 2021. Lesekompetenz von Grundschulkindern im internationalen Vergleich und im Trend über 20 Jahre. – Münster: Waxmann, S. 179–192.

Schildkamp, K./Poortman, C. (2015): Factors Influencing the Functioning of Data Teams. In: Teachers College Record: The Voice of Scholarship in Education, Vol. 117, No. 4, pp. 1–42. – https://doi.org/10.1177/016146811511700403.

Schimmer, J. (2022): Schichtspezifische Bildungsorientierungen von Kindern im Jahr vor der Einschulung. In: Zeitschrift für Soziologie der Erziehung & Sozialisation, Bd. 42, H. 2, S. 183–200. – https://doi.org/10.3262/ZSE2202183.

Schindler, S. (2014): Wege zur Studienberechtigung – Wege ins Studium? Eine Analyse sozialer Inklusions- und Ablenkungsprozesse. – 1. Aufl. – Wiesbaden: Springer Fachmedien. – https://doi.org/10.1007/978-3-658-03841-0.

Schleswig-Holsteinisches Schulgesetz (2007): Schleswig-Holsteinisches Schulgesetz (Schulgesetz – SchulG) vom 24. Januar 2007. – URL: https://www.gesetze-rechtsprechung.sh.juris.de/bssh/document/jlr-SchulGSH2007rahmen. – Aufruf vom 26.03.2024.

Schlücker, F./Schindler, S. (2019): Studienleistung im Bachelor- und Masterstudium. Bedingungsfaktoren und ihr Zusammenhang mit der sozialen Herkunft der Studierenden. In: Lörz, M./Quast, H. (Hrsg.) (2019): Bildungs- und Berufsverläufe mit Bachelor und Master. Determinanten, Herausforderungen und Konsequenzen. – Wiesbaden/Heidelberg: Springer VS, S. 225–272. – https://doi.org/10.1007/978-3-658-22394-6_8.

Schmidt-Lauff, S. (2023): Bildungsurlaub. In: Arnold, R./Nuissl, E./Schrader, J. (Hrsg.) (2023): Wörterbuch Erwachsenen- und Weiterbildung. – 3. Aufl. – Bad Heilbrunn: Klinkhardt, S. 72–73. – https://doi.org/10.35468/wbeb2022-044.

Schneider, R./Wittig, J. (2022): Mittelwerte und Streuungen der Kompetenzen in den Ländern. In: Stanat, P./Schipolowski, S./Schneider, R./Sachse, K./Weirich, S./Henschel, S. (Hrsg.) (2022): IQB-Bildungstrend 2021, Kompetenzen in den Fächern Deutsch und Mathematik am Ende der 4. Jahrgangsstufe im dritten Ländervergleich. – Münster: Waxmann, S. 81–114.

Schnelle, C./Wieland, C. (2024): Abgehängt oder nur am Abhängen? Faktencheck NEETs 2024 „Not in Education, Employment or Training“. – Gütersloh: Bertelsmann Stiftung.

Schotte, K./Winkler, O./Edele, A. (2017): Die Schulzufriedenheit von Heranwachsenden mit türkischem und ohne Zuwanderungshintergrund: Welche Rolle spielt die Kluft zwischen idealistischen und realistischen Bildungsaspirationen? In: Empirische Pädagogik, Bd. 31, H. 4, S. 432–459.

Schrader, J. (2011): Struktur und Wandel der Weiterbildung. – Bielefeld: W. Bertelsmann. – https://doi.org/10.3278/14/1108w.

Schrader u. a. 2020 = Schrader, J./Hasselhorn, M./Hetfleisch, P./Goeze, A. (2020): Stichwortbeitrag Implementationsforschung: Wie Wissenschaft zu Verbesserungen im Bildungssystem beitragen kann. In: Zeitschrift für Erziehungswissenschaft, Bd. 23, H. 1, S. 9–59. – https://doi.org/10.1007/s11618-020-00927-z.

Schuchart, C./Maaz, K. (2007): Bildungsverhalten in institutionellen Kontexten: Schulbesuch und elterliche Bildungsaspiration am Ende der Sekundarstufe I. In: Kölner Zeitschrift für Soziologie und Sozialpsychologie, Bd. 59, H. 4, S. 640–666. – https://doi.org/10.1007/s11577-007-0081-3.

Schude, S./Bosse, D./Klusmeyer, J. (Hrsg.) (2016): Studienwerkstätten in der Lehrerbildung. Theoriebasierte Praxislernorte an der Hochschule. – 1. Aufl. – Wiesbaden: Springer VS. – https://doi.org/10.1007/978-3-658-11697-2.

Schulte, K./Fickermann, D./Lücken, M. (2016): Das Hamburger Prozessmodell datengestützter Schulentwicklung. In: Die Deutsche Schule, Bd. 108, H. 2, S. 176–190.

Schulte, K./Hartig, J./Pietsch, M. (2014): Der Sozialindex für Hamburger Schulen. In: Fickermann, D./Maritzen, N. (Hrsg.) (2014): Grundlagen für eine daten- und theoriegestützte Schulentwicklung. Konzeption und Anspruch des Hamburger Instituts für Bildungsmonitoring und Qualitätsentwicklung (IfBQ). – Münster: Waxmann, S. 67–80.

Schulte u. a. 2023 = Schulte, K./Lücken, M./Warmt, M./Hartig, J. (2023): Die Neuauflage des Sozialindex für Hamburger Schulen auf amtlicher Basis. Gründe, Verfahren und Zusammenhänge. In: Die Deutsche Schule, Bd. 115, H. 4, S. 384–397. – https://doi.org/10.31244/dds.2023.04.08.

Schulz, C. A. (2017): Führen mit Zielen – Eine Wirkungsanalyse des Instruments der Zielvereinbarung zur Steuerung von beruflichen Schulen und des beruflichen Schulsystems des Landes Baden-Württemberg. – Karlsruhe: KIT-Bibliothek.

Schulze, G. (2005): Die Erlebnisgesellschaft. – Frankfurt a. M.: Campus.

Schulze-Stocker u. a. 2020 = Schulze-Stocker, F./Gallrein, A.-M. B./Blum, C./Rockstroh, M./Ishig, A. (2020): PASST?! Partnerschaft, Studienerfolg, TU Dresden. – Ein Frühwarnsystem für Studierende. In: Schulze-Stocker, F./Schäfer-Hock, C./Greulich, H. (Hrsg.) (2020): Wege zum Studienerfolg. Analysen, Maßnahmen und Perspektiven an der Technischen Universität Dresden 2016–2020. – Dresden: TUDpress, S. 189–224.

Schuster-Lang, K. M. (2013): Rahmenpläne für die Bildungsarbeit. In: Fried, L./Roux, S. (Hrsg.) (2013): Pädagogik der frühen Kindheit. – 3. Auflage. – Berlin: Cornelsen.

Schwippert u. a. 2020 = Schwippert, K./Kasper, D./Köller, O./McElvany, N./Selter, C./Steffensky, M./Wendt, H. (Hrsg.) (2020): TIMSS 2019. Mathematische und naturwissenschaftliche Kompetenzen von Grundschulkindern in Deutschland im internationalen Vergleich. – Münster: Waxmann. – https://doi.org/10.31244/9783830993193.

Seefeld, H. von (1929): Die gesetzliche Regelung und Verwaltung des Berufswesens. Im Auftrage des Zentralinstituts für Erziehung und Unterricht in Berlin. In: Kühne, A. (Hrsg.) (1929): Handbuch für das Berufs- und Fachschulwesen. – 2. erw. Aufl. – Leipzig: Verlag von Quelle & Meyer, S. 99–116.

Segrin u. a. 2012 = Segrin, C./Woszidlo, A./Givertz, M./Bauer, A./Murphy, M. T. (2012): The association between overparenting, parent-child communication, and entitlement and adaptive traits in adult children. In: Family Relations, Vol. 61, No. 2, pp. 237–252. – https://doi.org/10.1111/j.1741-3729.2011.00689.x.

Segrin u. a. 2013 = Segrin, C./Woszidlo, A./Givertz, M./Montgomery, N. (2013): Parent and child traits associated with overparenting. In: Journal of Social & Clinical Psychology, Vol. 32, No. 6, pp. 569–595. – https://doi.org/10.1521/jscp.2013.32.6.569.

Seidel u. a. 2023 = Seidel, T./Diery, A./Schöppner, P./Nerdel, C./Wachter, J.-K. von/Lewalter, D./Gruber, M./Riedl, A. (2023): „Praktisch kompetent und wissenschaftlich fundiert“ – Kompetenzorientierung und Evidenzbasierung als Säulen der Lehrkräftebildung an der Technischen Universität München. In: Seminar, Bd. 29, H. 3, S. 50–68. – https://doi.org/10.3278/SEM2303W005.

Seligman, M. E. P. (1975): Helplessness: On depression, development and death. – San Francisco, CA: Freeman.

Sghir, N./Adadi, A./Lahmer, M. (2022): Recent advances in Predictive Learning Analytics – A decade systematic review (2012–2022). In: Education and Information Technologies, Vol. 28, pp. 8299–8333. – https://doi.org/10.1007/s10639-022-11536-0.

Siercks, H. (1908): Das deutsche Fortbildungsschulwesen. Nach seiner geschichtlichen Entwicklung und in seiner gegenwärtigen Gestalt. – Leipzig: G. J. Göschen'sche Verlagshandlung.

SINUS (2010): Die SINUS-Milieus: Update 2010. – Heidelberg.

Siraj-Blatchford, I./Kingston, D./Melhuish, E. (2015): Assessing Quality in Early Childhood Education and Care: Sustained Shared Thinking and Emotional Well-being (SSTEW) for 2–5-year-olds provision. – London: Trentham Books.

Sitzman, T./Ely, K. (2011): A meta-analysis of self-regulated learning in work-related training and educational attainment: what we know and where we need to go. In: Psychological Bulletin, Vol. 137, No. 3, pp. 421–442. – https://doi.org/10.1037/a0022777.

Skopek, J./Passaretta, G. (2021): Socioeconomic inequality in children's achievement from infancy to adolescence: The case of Germany. In: Social Forces, Vol. 100, No. 1, pp. 86–112. – https://doi.org/10.1093/sf/soaa093.

Slavin, R. E. (2002): Evidence-Based Education Policies: Transforming Educational Practice and Research. In: Educational Researcher, Vol. 31, No. 7, pp. 15–21. – https://doi.org/10.3102/0013189x031007015.

Slavin, R. E. (2020): How evidence-based reform will transform research and practice in education. In: Educational Psychologist, Vol. 55, No. 1, pp. 21–31. – https://doi.org/10.1080/00461520.2019.1611432.

Sliwka, A. (2024): Mehr Bildungsgerechtigkeit durch datengestützte Schul- und Schulsystementwicklung. In: Wübben Stiftung (Hrsg.) (2024): impaktmagazin. Bildungsgerechtigkeit durch Daten. – Düsseldorf, S. 7–17.

Smidt, W./Schmidt, T. (2012): Die Umsetzung frühpädagogischer Bildungspläne: eine Übersicht über empirische Studien. In: Zeitschrift für Sozialpädagogik, Jg. 10, H. 3, S. 244–256.

Stadt Hamburg (2024a): Vorschulische Bildung. – URL: https://www.hamburg.de/vorschule/. – Aufruf vom 28.10.2024.

Stadt Hamburg (2024b): Schulabsentismus. Richtlinie für den Umgang mit Schulpflichtverletzungen. Handreichung Schulabsentismus. – Hamburg: Freie und Hansestadt Hamburg. Behörde für Schule und Berufsbildung.

Stanat u. a. 2022 = Stanat, P./Schipolowski, S./Schneider, R./Sachse, K. A./Weirich, S./Henschel, S. (Hrsg.) (2022): IQB-Bildungstrend 2021: Kompetenzen in den Fächern Deutsch und Mathematik am Ende der 4. Jahrgangsstufe im dritten Ländervergleich. – Münster: Waxmann. – https://doi.org/10.31244/9783830996064.

Stanat u. a. 2023 = Stanat, P./Schipolowski, S./Schneider, R./Sachse, K. A./Weirich, S./Henschel, S. (2023): IQB-Bildungstrend 2022: Sprachliche Kompetenzen am Ende der 9. Jahrgangsstufe im dritten Ländervergleich. – Münster: Waxmann. – https://doi.org/10.31244/9783830997771.

Statista (2024): Ausgaben der öffentlichen Haushalte in Deutschland für Bildung von 1995 bis 2023. – URL: https://de.statista.com/statistik/daten/studie/2526/umfrage/entwicklung-der-oeffentlichen-bildungsausgaben/. – Aufruf vom 09.09.2024.

Statistisches Bundesamt (2023): Studienberechtigtenquote in Deutschland nach Bundesländern im Jahr 2021. – URL: https://www.datenportal.bmbf.de/portal/de/Tabelle-2.5.85.html. – Aufruf vom 21.10.2024.

Statistisches Bundesamt (2024a): Absolventen/-innen und Abgänger/-innen nach Abschlussart. – URL: https://www.destatis.de/DE/Themen/Gesellschaft-Umwelt/Bildung-Forschung-Kultur/Bildungsindikatoren/absolventen-tabelle.html. – Aufruf vom 09.09.2024.

Statistisches Bundesamt (2024b): Ausgaben für öffentliche Schulen je Schülerin und Schüler 2022. – Wiesbaden.

Steel, P. (2007): The nature of procrastination: A meta-analytic and theoretical review of quintessential self-regulatory failure. In: Psychological Bulletin, Vol. 133, pp. 65–94. – https://doi.org/10.1037/0033-2909.133.1.65.

Steiner, M. (2019): AusBildung bis 18. Wissenschaftliche Begleitung der Implementierung und Umsetzung des Ausbildungspflichtgesetzes. – Wien: Institut für Höhere Studien.

Steinmetz u. a. 2021 = Steinmetz, S./Wrase, M./Helbig, M./Döttinger, I. (2021): Die Umsetzung schulischer Inklusion nach der UN-Behindertenrechtskonvention in den deutschen Bundesländern. Recht und Gesellschaft – Law and Society, Bd. 15. – Baden-Baden: Nomos. – https://doi.org/10.5771/9783748924401.

Stifterverband für die Deutsche Wissenschaft (2023): Masterplan. Lehrkräftebildung neu gestalten. 75 Maßnahmen für die Lehrkräftebildung der Zukunft. – URL: https://www.stifterverband.org/sites/default/files/2023-11/masterplan_lehrkraeftebildung_neu_gestalten.pdf. – Download vom 23.09.2024.

Stiftung für Hochschulzulassung (2024): Das Informations- und Bewerbungsportal. Bewerbung für ein Studium an deutschen Hochschulen. – URL: https://www.hochschulstart.de/. – Aufruf vom 21.10.2024.

StMUK 2024 = Bayerisches Staatsministerium für Unterricht und Kultus (2024): Rahmenkonzept. Lesen Schreiben Rechnen im Fokus. PISA-Offensive Bayern. – URL: https://www.km.bayern.de/download/4-24-03/Rahmenkonzept_PISA-Offensive.pdf. – Download vom 06.06.2024.

StMUK o. J. = Bayerisches Staatsministerium für Unterricht und Kultus (o. J.): Schulprofile und Programme. – URL: https://www.km.bayern.de/lernen/schularten/grundschule/schulprofile-und-programme#flexible-grundschule. – Aufruf vom 06.06.2024.

Stoppe, V./Knaus, T. (2022): Hybrid-Lehre: Klar! Aber wie? Konzeption und technische Umsetzung interaktiver Hybrid-Lehre am Beispiel eines synchronen Tutoriums. In: Ludwigsburger Beiträge zur Medienpädagogik, Nr. 22 (Online), S. 1–12. – https://doi.org/10.21240/lbzm/22/22.

Stratmann, K./Schlüter, A. (Hrsg.) (1982): Quellen und Dokumente zur Berufsbildung. 1794–1869. – Köln: Boehlau.

Stubbe u. a. 2023 = Stubbe, T. C./Kleinkorres, R./Krieg, M./Schaufelberger, R./Schlitter, T. (2023): Soziale und migrationsbedingte Disparitäten in der Lesekompetenz von Viertklässlerinnen und Viertklässlern. In: McElvany, N./Lorenz, R./Frey, A./Goldhammer, F./Schilcher, A./Stubbe, T. C. (Hrsg.) (2023): IGLU 2021. Lesekompetenz von Grundschulkindern im internationalen Vergleich und im Trend über 20 Jahre. – Münster: Waxmann, S. 151–174.

Suchodoletz u. a. 2014 = Suchodoletz, A. von/Fäsche, A./Gunzenhauser, C./Hamre, B. K. (2014): A typical morning in preschool: Observations of teacher-child interactions in German preschools. In: Early Childhood Research Quarterly, Vol. 29, No. 4, pp. 509–519. – https://doi.org/10.1016/j.ecresq.2014.05.010.

Suwalski, P. (2020): Systemakkreditierung an Hochschulen. Anforderungen, Maßnahmen und Effekte aus der Perspektive von Hochschulakteuren. Dissertation. – Opladen: Budrich Academic Press. – https://doi.org/10.2307/j.ctv153k6tn.

SVR 2024 = Sachverständigenrat für Integration und Migration (2024): Ungleiche Bildungschancen. Fakten zur Benachteiligung von jungen Menschen mit Migrationshintergrund im deutschen Bildungssystem. – Berlin: SVR gGmbH.

SWK 2022a = Ständige Wissenschaftliche Kommission der Kultusministerkonferenz (2022a): Basale Kompetenzen vermitteln – Bildungschancen sichern. Perspektiven für die Grundschule. – Gutachten der Ständigen Wissenschaftlichen Kommission der Kultusministerkonferenz. – Bonn: SWK.

SWK 2022b = Ständige Wissenschaftliche Kommission der Kultusministerkonferenz (2022b): Empfehlungen zum Umgang mit dem akuten Lehrkräftemangel. – Bonn: SWK. – https://doi.org/10.25656/01:26372.

SWK 2023 = Ständige Wissenschaftliche Kommission der Kultusministerkonferenz (2023): Lehrkräftegewinnung und Lehrkräftebildung für einen hochwertigen Unterricht. Gutachten der Ständigen Wissenschaftlichen Kommission der Kultusministerkonferenz. – Bonn: SWK. – http://dx.doi.org/10.25656/01:28059.

Tenberg, R. (2004): Regionale Kompetenzzentren in Deutschland. Bestandsaufnahme über eine aktuelle Entwicklungsperspektive beruflicher Schulen. In: bwp@. Berufs- und Wirtschaftspädagogik (Online), Nr. 5, S. 1–19.

Terhart, E. (2000): Perspektiven der Lehrerbildung in Deutschland. Abschlussbericht der von der Kultusministerkonferenz eingesetzten Kommission. – Weinheim: Beltz.

Thalhammer, V./Daniel, A. (2024): Drop-out als Krise? Vom Abbruch zum Aufbruch? Individuelle und institutionelle Umgangsformen mit Bildungsabbrüchen im Erwachsenenalter. Vortrag auf dem 29. Kongress der Deutschen Gesellschaft für Erziehungswissenschaft (DGfE), Halle, Deutschland, 10.–13. März 2024.

Theis u. a. 2018 = Theis, D./Arnoldt, B./Gaiser, J. M./Lossen, K. (2018): Die Studie zur Entwicklung von Ganztagsschulen (StEG): Qualität und Wirkungen außerunterrichtlicher Angebote. Ein Überblick über die zentralen Befunde der zweiten Förderphase von StEG (2012–2015). In: Maschke, S./Schulz-Gade, G./Stecher, L. (Hrsg.) (2018): Lehren und Lernen in der Ganztagsschule. Grundlagen, Ziele, Perspektiven. – Frankfurt a. M.: Jahrbuch Ganztagsschule, S. 150–162.

Tietgens, H. (1983): Teilnehmerorientierung in Vergangenheit und Gegenwart. – Bonn: Deutscher Volkshochschulverband.

Tietze, W. (Hrsg.) (1998): Wie gut sind unsere Kindergärten? Eine Untersuchung zur pädagogischen Qualität in deutschen Kindergärten. – Neuwied: Luchterhand.

Tietze u. a. 2013 = Tietze, W./Becker-Stoll, F./Bensel, J./Eckhardt, A. G./Haug-Schnabel, G./Kalicki, B./Keller, H./Leyendecker, B. (2013): Nationale Untersuchung zur Bildung, Betreuung und Erziehung in der frühen Kindheit (NUBBEK). – Kiliansroda: verlag das netz.

Tippelt, R. (1990): Bildung und sozialer Wandel. – Weinheim: Deutscher Studienverlag.

Tippelt, R. (2015): Lifeworld (Lebenswelt) Orientation and the Construction of Social Milieus. In: Elm – European Lifelong Learning Magazine (01/2015). – URL: http://www.elmmagazine.eu/articles/milieus-and-lifeworld-research. – Aufruf vom 06.11.2014.

Tippelt, R. (2023): Bildung an Volkshochschulen vor neuen Herausforderungen – sozial, kulturell, ökonomisch. In: Egger, R./Bisovsky, G. (Hrsg.) (2023): Die Volkshochschule im 21. Jahrhundert. Gemeinsam lernend (Aus-)Wege finden. – Wiesbaden: Springer VS, S. 23–46. – https://doi.org/10.1007/978-3-658-42107-6_3.

Tippelt, R. (2024): Weiterbildungsrepublik ganzheitlich? Allgemeine Weiterbildung und Erwachsenenbildung in der Weiterbildungsrepublik. In: weiter bilden – Bonn: DIE, S. 24 – 27. – https://doi.org/10.3278/WBDIE2402W006.

Tippelt, R./Eckert, T./Barz, H. (1996). Markt und integrative Weiterbildung. Zur Differenzierung von Weiterbildungsanbietern und Weiterbildungsinteressen. – Bad Heilbrunn: Klinkhardt.

Tippelt, R./Schmidt-Hertha, B. (2020): Sozialisation und informelles Lernen. – Bielefeld: utb. – https://doi.org/10.36198/9783838556215.

Trägerkonsortium BiSS-Transfer (Hrsg.) (2024): BiSS-Transfer: Potenziale sichern. Arbeitsergebnisse, Länderperspektiven und Impulse. – Köln: Mercator-Institut für Sprachförderung und Deutsch als Zweitsprache. – https://doi.org/10.3278/9783763978014.

Tränkmann, J./Schulze, P. (2021): Von der gemeinsamen Sicht auf Daten profitieren. Ein Werkstattbericht über das neue Format der „Datenkonferenz". In: Hamburg macht Schule, Jg. 33, H. 1, S. 32–33.

Tremp, P./Eugster, B. (Hrsg.) (2020): Doing Higher Education: Klassiker der Hochschuldidaktik? – Kartografie einer Landschaft. – Wiesbaden/Heidelberg: Springer VS. – https://doi.org/10.1007/978-3-658-28124-3.

Triandis, H. C./Gelfand, M. J. (2012): A theory of individualism and collectivism. In: Lange, P. van/ Kruglanski, A./Higgins, T. (Hrsg.) (2012): Handbook of theories of social psychology, Vol. 2. – Thousand Oaks, CA: Sage Publications, pp. 498–520. – https://doi.org/10.4135/9781446249222.n51.

Uhly, A./Neises, F. (2023): Vorzeitige Vertragslösungen in der dualen Berufsausbildung. Aktuelle empirische Befunde der Berufsbildungsstatistik und Maßnahmen – Ein Überblick. – Bonn: Bundesinstitut für Berufsbildung.

Ulferts, H./Wolf, K. M./Anders, Y. (2019): Impact of Process Quality in Early Childhood Education and Care on Academic Outcomes: Longitudinal Meta-Analysis. In: Child Development, Vol. 90, No. 5, pp. 1474–1489. – https://doi.org/10.1111/cdev.13296.

vbw 2007 = vbw – Vereinigung der Bayerischen Wirtschaft e. V. (Hrsg.) (2007): Bildungsgerechtigkeit. Jahresgutachten 2007. – Wiesbaden: Springer VS.

vbw 2010 = vbw – Vereinigung der Bayerischen Wirtschaft e. V. (Hrsg.) (2010): Bildungsautonomie: Zwischen Regulierung und Eigenverantwortung. Jahresgutachten 2010. – Wiesbaden: Springer VS.

vbw 2011a = vbw – Vereinigung der Bayerischen Wirtschaft e. V. (Hrsg.) (2011a): Gemeinsames Kernabitur. Zur Sicherung von nationalen Bildungsstandards und fairem Hochschulzugang. – Münster: Waxmann.

vbw 2011b = vbw – Vereinigung der Bayerischen Wirtschaft e. V. (Hrsg.) (2011b): Bildungsreform 2000 – 2010 – 2020. – Münster: Waxmann.

vbw 2018 = vbw – Vereinigung der Bayerischen Wirtschaft e. V. (Hrsg.) (2018): Digitale Souveränität und Bildung. – Münster: Waxmann.

vbw 2021 = vbw – Vereinigung der Bayerischen Wirtschaft e. V. (Hrsg.) (2021b): Führung, Leitung, Governance: Verantwortung im Bildungssystem. – Münster: Waxmann. – https://doi.org/10.31244/9783830994008.

vbw 2022 = vbw – Vereinigung der Bayerischen Wirtschaft e. V. (Hrsg.) (2022): Bildung und Resilienz. – Münster: Waxmann. – https://doi.org/10.31244/9783830995500.

vbw 2023 = vbw – Vereinigung der Bayerischen Wirtschaft e. V. (Hrsg.) (2023): Bildung und berufliche Souveränität. – Münster: Waxmann. – https://doi.org/10.31244/9783830997078.

vbw 2024 = vbw – Vereinigung der Bayerischen Wirtschaft e. V. (Hrsg.) (2024): Bildung und sozialer Zusammenhalt. – Münster: Waxmann. – https://doi.org/10.31244/9783830998709.

Verband Bildung und Erziehung (2023): Umfrage unter Schulleitungen zur Anzahl der nicht besetzten Lehrkräftestellen an Schulen nach Schulform in Deutschland im Jahr 2023. – URL: https://de.statista.com/statistik/daten/studie/1398492/umfrage/lehrkraeftemangel-unbesetzte-stellen/. – Aufruf vom 10.04.2024.

Vester, M. (2010): Soziale Ungleichheiten aus milieutheoretischer Perspektive. In: Budowski, M./Nollert, M. (Hrsg.) (2010): Soziale Ungleichheiten. – Zürich: Seismo.

Viernickel u. a. 2013 = Viernickel, S./Nentwig-Gesemann, I./Nicolai, K./Schwarz, S./Zenker, L. (2013): Schlüssel zu guter Bildung, Erziehung und Betreuung. Bildungsaufgaben, Zeitkontingente und strukturelle Rahmenbedingungen in Kindertageseinrichtungen (Forschungsbericht). – Berlin: Der Paritätische Wohlfahrtsverband/Diakonie/GEW. – URL: https://www.nifbe.de/pdf_show.php?id=226. – Download vom 17.01.2025.

Vodafone Stiftung (2024): Pioniere des Wandels. Wie Schüler:innen KI im Unterricht nutzen möchten. – URL: https://www.vodafone-stiftung.de/jugendstudie-kuenstliche-intelligenz/. – Aufruf vom 23.09.2024.

Wang, S./Rubie-Davies, C. M./Meissel, K. (2018): A systematic review of the teacher expectation literature over the past 30 years. In: Educational Research and Evaluation, Vol. 24, No. 3–5, pp. 124–179. – https://doi.org/10.1080/13803611.2018.1548798.

Watermann u. a. 2003 = Watermann, R./Stanat, P./Kunter, M./Klieme, E./Baumert, J. (2003): Möglichkeiten und Grenzen der Nutzung von Schulrückmeldungen im Rahmen von Schulleistungsuntersuchungen: Das Disseminationskonzept von PISA 2000. In: Zeitschrift für Pädagogik, Bd. 49, H. 1, S. 92–111. – https://doi.org/10.1007/978-3-322-97590-4_14.

Weigand u. a. 2022 = Weigand, G./Fischer, C./Käpnick, F./Perleth, C./Preckel, F./Vock, M./Wollersheim, H.-W. (Hrsg.) (2022): Dimensionen der Begabungs- und Begabtenförderung in der Schule. – 1. Aufl., Bd. 2. – Bielefeld: wbv. – https://doi.org/10.3278/9783763967858.

Wendekamm, M./Model, T. (2019): Arbeitskultur und Berufsbilder der Polizei. Zwischen gesellschaftlichen Megatrends und Herausforderungen der Inneren Sicherheit. In: Lange, H.-J./Model, T./Wendekamm, M. (Hrsg.) (2019): Zukunft der Polizei. – Wiesbaden: Springer VS, S. 261–279. – https://doi.org/10.1007/978-3-658-22591-9_16.

Weßeler, J./Ophuysen, S. van (2021): Studierverhalten jenseits von Anwesenheitspflicht – Wie begründen Studierende ihre An- und Abwesenheit in universitären Lehrveranstaltungen? In: Bohndick, C./Bülow-Schramm, M./Paul, D./Reinmann, G. (Hrsg.) (2021): Hochschullehre im Spannungsfeld zwischen individueller und institutioneller Verantwortung. Tagungsband der 15. Jahrestagung der Gesellschaft für Hochschulforschung. – Springer eBook Collection. – 1. Aufl. – Wiesbaden: Springer VS, S. 213–225. – https://doi.org/10.1007/978-3-658-32272-4_16.

Wieczorek, M./Roos, S. (2022): Vom musikalischen Praxis- zum Onlineseminar. Dokumentation und Reflexion eines neuen Weges in der Hochschullehre. In: Ludwigsburger Beiträge zur Medienpädagogik, Nr. 22 (Online), S. 1–12. – https://doi.org/10.21240/lbzm/22/04.

Wilbers, K. (2021): Chance genutzt: Verankerung von Lehrenden-Teams im neuen Qualitätsmanagement QMS für Schulen in Österreich. In: Erziehung & Unterricht: Österreichische pädagogische Zeitschrift, Jg. 97, H. 10, S. 797–805.

Wilbers, K. (2023a): Wirtschaftsunterricht gestalten. – 6. Aufl. – Berlin: Epubli.

Wilbers, K. (2023b): Datengestützte Schulentwicklung an beruflichen Schulen (DGSE) in Baden-Württemberg. Gutachterliche Stellungnahme. – Nürnberg.

Wilbers, K. (2024): Qualitätsmanagement für berufliche Schulen: Wissenschaftliche Bezüge und Perspektiven. In: Ständige Konferenz der Kultusminister der Länder Bundesrepublik Deutschland (Hrsg.) (2024): Qualität Beruflicher Schulen. Empfehlung für die Analyse und Bewertung der Arbeit beruflicher Schulen als Beitrag für die kontinuierliche Qualitätsentwicklung. Beschluss der Kultusministerkonferenz vom 14.03.2024, S. 15–31. – URL: https://www.kmk.org/fileadmin/pdf/PresseUndAktuelles/2024/2024_03_14-Qualitaet-Beruflicher-Schulen.pdf. – Download vom 29.10.2024.

Wilbers u. a. 2024 = Wilbers, K./Schäfer, M./Schiefner-Rohs, M./Krein, U./Bastian, J./Haupenthal, C. (2024): Distributed Digital Leadership. Annäherung und Arbeitsdefinition. Arbeitspapier im Projekt LeadCom.

Wildgruber u. a. 2016 = Wildgruber, A./Wertfein, M./Wirts, C./Kammermeier, M./Danay, E. (2016): Situative Unterschiede der Interaktionsqualität im Verlauf des Kindergartenalltags. In: Frühe Bildung, Jg. 5, H. 4, S. 206–213. – https://doi.org/10.1026/2191-9186/a000283.

Wildt, J. (2009): Forschendes Lernen: Lernen im „Format" der Forschung. In: Journal Hochschuldidaktik, Jg. 20, Nr. 2, S. 4–7.

Wildt, J. (2013): Entwicklung und Potentiale der Hochschuldidaktik. In: Heiner, M./Wildt, J. (Hrsg.) (2013): Blickpunkt Hochschuldidaktik – Professionalisierung der Lehre. Perspektiven formeller und informeller Entwicklung von Lehrkompetenz im Kontext der Hochschulbildung, Bd. 123. – Bielefeld: W. Bertelsmann, S. 27–57. – https://doi.org/10.3278/6004341w027.

Wilke u. a. 2014 = Wilke, F./Hachfeld, A./Höhl, H.-U./Anders, Y. (2014): Welche Familien erreichen Angebote zur Familienbildung? Eine Analyse der Teilnehmerstruktur am Beispiel des modularen Projekts Chancenreich. In: Empirische Sonderpädagogik, Jg. 6, H. 3, S. 195–210.

Wirth u. a. 2020 = Wirth, J./Stebner, F./Trypke, M./Schuster, C./Leutner, D. (2020): An Interactive Layers Model of Self-Regulated Learning and Cognitive Load. In: Educational Psychology Review, Vol. 32, No. 4, pp. 1127–1149. – https://doi.org/10.1007/s10648-020-09568-4.

Wissenschaftsrat (2017): Strategien für die Hochschullehre. In: Positionspapier 6190-17. – Bonn. – URL: https://epflicht.ulb.uni-bonn.de/download/pdf/328193. – Download vom 29.02.2024.

Wissenschaftsrat (2024): Was kommt nach dem Wachstum? Der demografische Wandel erreicht das Hochschulsystem – Bericht des Vorsitzenden zu aktuellen Tendenzen im Wissenschaftssystem (Wintersitzungen des Wissenschaftsrats, 24.–26. Januar 2024 in Berlin: German Science and Humanities Council).

Wolf, K. M./Schroeders, U./Kriegbaum, K. (2016): Metaanalyse zur Wirksamkeit einer Förderung der phonologischen Bewusstheit in der deutschen Sprache. In: Zeitschrift für Pädagogische Psychologie, H. 30, Bd. 1, S. 9–33. – https://doi.org/10.1024/1010-0652/a000165.

Wolf u. a. 2011 = Wolf, K. M./Felbrich, A./Stanat, P./Wendt, W. (2011): Evaluation der kompensatorischen Sprachförderung in Brandenburger Kindertagesstätten. In: Empirische Pädagogik, Jg. 25, H. 4, S. 423–438. – URL: https://www.vep-landau.de/produkt/empirische-paedagogik-2011-25-4. – Aufruf vom 13.01.2025.

Wolf u. a. 2015 = Wolf, K. M./Roick, T./Wendt, W./Stanat, P. (2015): Beobachtungsbogen, Sprachscreening und informelle Beurteilung. In: Frühe Bildung, H. 4, Nr. 2, S. 93–101. – https://doi.org/10.1026/2191-9186/a000178.

Wongdaeng, M./Higgins, S. (2023): Effectiveness of metacognitive interventions in tertiary EFL contexts: Evidence from a systematic review and meta-analysis. In: Innovation in Language Learning and Teaching, Vol. 17, No. 4, pp. 795–811. – https://doi.org/10.1080/17501229.2022.2146122.

Wood u. a. 2014 = Wood, J./Joe, J. N./Cantrell, S./Tocci, C. M./Holtzman, S. L./ Archer, J. (2014): Building Trust in Observations: A Blueprint for Improving Systems to Support Great Teaching. Policy and Practice Brief. MET Project. – URL: https://files.eric.ed.gov/fulltext/ED582993.pdf. – Download vom 28.10.2024.

Wößmann, L. (2015): Warum PISA-Leistungen ein wichtiger Indikator der Schülerkompetenzen im internationalen Vergleich sind. In: Pfeiffer, F. (Hrsg.) (2015): Bildungsindikatoren im internationalen Vergleich: Bestandsaufnahme und kritische Würdigung. – Mannheim: Zentrum für Europäische Wirtschaftsforschung, S. 48–55.

Wößmann, L. (2024): Erkenntnisse aus aktuellen Schulleistungsstudien zur Evaluation des Bildungssystems: Eine bildungsökonomische Perspektive. In: McElvany, N./Becker, M./Gaspard, H./Lauermann, F./Ohle-Peters, A. (Hrsg.) (2024): Evaluation des Bildungssystems: Welche Erkenntnisse liefern aktuelle Schulleistungsstudien? Dortmunder Symposium der Empirischen Bildungsforschung, Bd. 7. – Münster: Waxmann, S. 9–32.

Wößmann u. a. 2023 = Wößmann, L./Schoner, F./Freundl, V./Pfaehler, F. (2023): Der ifo-„Ein Herz für Kinder"-Chancenmonitor: Wie (un-)gerecht sind die Bildungschancen von Kindern aus verschiedenen Familien in Deutschland verteilt? In: Ifo-Schnelldienst, Bd. 76, H. 4, S. 29–47.

Wößmann u. a. 2024 = Wößmann, L./Schoner, F./Freundl, V./Pfaehler, F. (2024): Ungleiche Bildungschancen: Ein Blick in die Bundesländer. In: ifo Schnelldienst, Bd. 5, H. 77, S. 49–62.

Wu, Q./Cormican, K./Chen, G. (2020): A meta-analysis of shared leadership: antecedents, consequences, and moderators. In: Journal of Leadership & Organizational Studies, Vol. 27, No. 1, pp. 49–64. – https://doi.org/10.1177/1548051818820862.

Xu u. a. 2023 = Xu, Z./Zhao, Y./Zhang, B./Liew, J./Kogut, A. (2023): A meta-analysis of the efficacy of self-regulated learning interventions on academic achievement in online and blended environments in K-12 and higher education. In: Behaviour & Information Technology, Vol. 42, No. 16, pp. 2911–2931. – https://doi.org/10.1080/0144929X.2022.2151935.

Zhang, Q./Ji, W. (2023): Overparenting and offspring depression, anxiety, and internalizing symptoms: A meta-analysis. In: Development and Psychopathology, pp. 1–16. – https://doi.org/10.1017/S095457942300055X.

Zhang u. a. 2023 = Zhang, J./Martella, R. C./Kang, S./Yenioglu, B. Y. (2023): Response to Intervention (RTI)/Multi-Tiered Systems of Support (MTSS): A Nationwide Analysis. In: Journal of Educational Leadership and Policy Studies, Vol. 7, No. 1, pp. 1–26. – https://doi.org/10.3102/2016430.

Zimmerman, B. J. (2002): Becoming a Self-Regulated Learner: An Overview. In: Theory into Practice, Vol. 41, No. 2, pp. 64–70. – https://doi.org/10.1207/s15430421tip4102_2.

Zimmermann, T. (2018): Die Bedeutung signifikanter Anderer für eine Erklärung sozial differenzierter Bildungsaspirationen. In: Zeitschrift für Erziehungswissenschaft, Bd. 20, H. 2, S. 339–360. – https://doi.org/10.1007/s11618-017-0781-z.

Abbildungsverzeichnis

Tabellenverzeichnis

Verzeichnis der Mitglieder des AKTIONSRATS**BILDUNG**

Anders, Yvonne, Prof. Dr. phil., Inhaberin des Lehrstuhls für Frühkindliche Bildung und Erziehung an der Otto-Friedrich-Universität Bamberg, Leiterin verschiedener Drittmittelprojekte beziehungsweise Teilprojekte von Verbundvorhaben, z. B. Evaluation des Gute-Kita-Gesetzes (BMFSFJ), Evaluation des Bundesprogramms „Sprachkitas“ (gefördert vom BMFSFJ), des Projekts „NaQua“ (Qualität naturwissenschaftlicher Bildung in der Kita; gefördert von der DFG), „DigiFam: Untersuchung der Auswirkungen einer digitalisierten Familienbildungskomponente“ (gefördert durch die Carina Stiftung), „ISOTIS“ (gefördert von der Europäischen Kommission), wissenschaftliche Leitung der Säule „Bildungsprozesse in lebenslaufspezifischen Lernumwelten, Mitherausgeberin der Zeitschrift für Erziehungswissenschaft und Mitglied der Ständigen Wissenschaftlichen Kommission der Kultusministerkonferenz.
Arbeitsschwerpunkte: Pädagogische Qualität in der frühen Bildung und ihre Auswirkungen, Familienbildung und Zusammenarbeit mit Familien, professionelle Kompetenzen von (früh-)pädagogischen Fachkräften, digitalisierte Lernumgebungen, Umgang mit Diversität im Kindergarten und der Schule, internationale Vergleichsanalysen, Evaluationsforschung.

Hannover, Bettina, Prof. Dr. phil., Leiterin des Arbeitsbereichs Schul- und Unterrichtsforschung an der Freien Universität Berlin, Mitglied diverser Zeitschriften-Herausgeberteams und wissenschaftlicher Beiräte, Leiterin verschiedener Drittmittelprojekte, z. B. der DFG oder des BMBF, Mentorin in diversen Graduierten- und Postgraduiertenprogrammen. Von 2012 bis 2017 Mitglied des Fachkollegiums Psychologie der Deutschen Forschungsgemeinschaft, von 2012 bis 2019 Mitglied der Jury des Deutschen Schulpreises der Robert Bosch Stiftung, seit 2005 Mitglied des Vorstandes oder Beirates des Instituts für Schulqualität der Länder Berlin und Brandenburg, seit 2013 Mitglied der Deutschen Akademie der Technikwissenschaften, seit 2021 Stellvertretende Direktorin und seit 2023 Direktorin der Dahlem School of Education der Freien Universität Berlin.
Arbeitsschwerpunkte: Schulische Interessen- und Fähigkeitsentwicklung, Selbst und Identität, Geschlecht, Migration, Kulturvergleich.

Jungbauer-Gans, Monika, Prof. Dr. rer. pol, Wissenschaftliche Geschäftsführerin des Deutschen Zentrums für Hochschul- und Wissenschaftsforschung (DZHW), seit 2014 Mitglied und 2020 bis 2024 Vorsitzende des Rats für Sozial- und Wirtschaftsdaten (RatSWD), seit 2020 Mitglied im Hochschulrat der Universität Duisburg-Essen, im Stiftungsrat der Technischen Informationsbibliothek (TIB) Hannover und seit 2021 im Verwaltungsrat des Berlin Institute of Health (BIH), 2017 bis 2021 Mitglied des Konzils der Deutschen Gesellschaft für Soziologie, seit 2002 Mitglied der Sektion Modellbildung und Simulation der DGS (seit 2008 stellvertretende Sprecherin der Sektion), seit 1997 Mitglied der Sektion Medizin- und Gesundheitssoziologie der DGS, seit 1994 Mitglied der Deutschen Gesellschaft für Soziologie, Mitherausgeberin Soziale Welt – Zeitschrift für sozialwissenschaftliche Forschung und Herausgeberbeirat der Zeitschrift für empirische Hochschulforschung (ZeHf).
Arbeitsschwerpunkte: Wissenschafts- und Hochschulforschung, Bildungssoziologie, Arbeitsmarktforschung, Medizin- und Gesundheitssoziologie, qualitative und quantitative Methoden der empirischen Sozialforschung.

Lenzen, Dieter, Prof. em. Dr. Dr. h. c., Vorsitzender des AKTIONSRATS**BILDUNG**, 03/2010 bis 02/2022 Präsident der Universität Hamburg, von 2003 bis 2010 Präsident der Freien Universität Berlin, von 2007 bis 2016 Vizepräsident der Hochschulrektorenkonferenz (HRK), Universitätsprofessor für Philosophie der Erziehung an der Freien Universität Berlin, Gastprofessuren (1986 bis 1994) an den Universitäten Stanford, Columbia, Tokyo, Hiroshima und Nagoya, Gründer der Zeitschrift für Erziehungswissenschaft, Herausgeber der zwölfbändigen Enzyklopädie der Erziehungswissenschaft.
Arbeitsschwerpunkte: Bildungsforschung, Bildungspolitik, Bildungsphilosophie.

McElvany, Nele, Prof. Dr. phil., seit 2020 Prorektorin Forschung der Technischen Universität Dortmund, seit 2014 geschäftsführende Direktorin des Instituts für Schulentwicklungsforschung (IFS), seit 2009 Professorin für Empirische Bildungsforschung und Leiterin der Arbeitsgruppe „Empirische Bildungsforschung mit dem Schwerpunkt Lehren und Lernen im schulischen Kontext"; Wissenschaftliche Leiterin verschiedener Drittmittelprojekte (DFG, BMBF/KMK, Stiftungen), u. a. von IGLU 2021 und 2026 sowie NEPS-Etappe 4, Associate Editor von „Educational Assessment", Organisatorin der IFS-Bildungsdialoge und der Dortmunder Symposien der Empirischen Bildungsforschung.
Arbeitsschwerpunkte: Empirische Bildungsforschung im schulischen Kontext, Kompetenzen von Lehrkräften und Unterrichtsqualität, Schriftsprach-/Lesekompetenzen, Bildung und Migration, pädagogisch-psychologische Diagnostik und Evaluation.

Seidel, Tina, Prof. Dr. phil., Technische Universität München, Direktorin des TUM Center for Educational Technologies, Inhaberin des Lehrstuhls für Pädagogische Psychologie, Leitung mehrerer DFG- und BMBF-Forschungsprojekte, Mitglied des Senats der Technischen Universität München.
Arbeitsschwerpunkte: Unterrichtsforschung mit Schwerpunkt Sekundarstufe, Professionalisierung von Lehrenden an Schulen und Hochschulen, Forschungssynthesen zu Unterrichtseffektivität, effektiver Einsatz von Bildungstechnologien.

Tippelt, Rudolf, Prof. em. Dr. phil., Lehrstuhl für Allgemeine Pädagogik und Bildungsforschung an der Ludwig-Maximilians-Universität München, Gründungsmitglied der World Education Research Association (WERA), Mitherausgeber der Zeitschrift für Pädagogik, Durchführung mehrerer Repräsentativstudien zur Weiterbildung, u. a. Vorsitzender des Kuratoriums des Leibniz-Instituts für Bildungsverläufe (LIfBi) bis 2018, Vorsitzender des Beirats der Weiterbildungsinitiative Frühpädagogischer Fachkräfte (WIFF), stellv. Direktor des Seniorenstudiums und des Studium Generale an der LMU München, Mitglied des wissenschaftlichen Beirats des Deutschen Jugendinstituts (DJI) und im Verwaltungsrat der telc gGmbH des Deutschen Volkshochschulverbands (DVV), derzeit „Goethe Teaching Professorship" an der Universität Frankfurt.
Arbeitsschwerpunkte: Bildungsforschung, Weiterbildung/Erwachsenenbildung, Bildungsprozesse über die Lebensspanne, Übergang von Bildung in Beschäftigung, Professionalisierung und Fortbildung des pädagogischen Personals, insbesondere auch im internationalen Kontext.

Wilbers, Karl, Prof. Dr., Inhaber des Lehrstuhls für Wirtschaftspädagogik und Personalentwicklung der Friedrich-Alexander-Universität Erlangen-Nürnberg in Nürnberg, Studiendekan des Fachbereichs Wirtschafts- und Sozialwissenschaften (WiSo), Vorsitzender des wissenschaftlichen Beirats des Bundesinstituts für Berufsbildung (BIBB), Mitglied der Deutschen Gesellschaft für Erziehungswissenschaft, Sektion „Berufs- und Wirtschaftspädagogik" (DGfE).
Arbeitsschwerpunkte: Berufsbildung, Personalentwicklung, digitale Transformation, Didaktik, Qualitätsmanagement, Durchlässigkeit von akademischer und beruflicher Bildung.

Wößmann, Ludger, Prof. Dr. sc. pol., Universitätsprofessor für Bildungsökonomie an der Volkswirtschaftlichen Fakultät der Ludwig-Maximilians-Universität München, Leiter des ifo Zentrums für Bildungsökonomik, Distinguished Visiting Fellow der Hoover Institution an der Stanford University, Mitglied der Nationalen Akademie der Wissenschaften Leopoldina, der Deutschen Akademie der Technikwissenschaften acatech und des Wissenschaftlichen Beirats beim Bundeswirtschaftsministerium, Fellow der International Academy of Education, Preisträger des Hermann-Heinrich-Gossen-Preises und des Gustav-Stolper-Preises des Vereins für Socialpolitik, Mitherausgeber des Handbook of the Economics of Education.
Arbeitsschwerpunkte: Bildungsökonomik, wirtschaftliche Erträge von Bildung, Effizienz und Chancengleichheit im Schulsystem, internationale Schülerleistungen.

Verzeichnis der externen Experten

Becher, Laura, M. A., geb. 1997, wissenschaftliche Mitarbeiterin am Institut für Schulentwicklungsforschung an der Technischen Universität Dortmund im Projekt „Internationale Grundschul-Lese-Untersuchung 2026“ (IGLU). Arbeitsschwerpunkte: Schuleffektivität, Unterrichtsqualität, Primarstufe.